# 진짜 하루만에 끝내는

# 일러스트레이터

원데이클래스

# 진짜 하루만에 끝내는

# 일러스트레이터

**박혜린** 지음

T.W.I.G
티더블유아이지

CONTENTS

PART 2

# 유튜버(크리에이터)를 위한 일러스트레이터

## PART 3

# 프레젠테이션(PPT)을 위한 일러스트레이터



## PART 4

# 대학생·취준생을 위한 일러스트레이터

PART 5

# 굿즈 제작을 위한 일러스트레이터



• 실습에 필요한 자료를 다운로드 받을 수 있는 [진짜 하루만에 시리즈] 학습자료실
(업데이트 되는 내용들도 학습자료실에서 확인하실 수 있습니다.)
네이버카페 주소 ▶https://cafe.naver.com/realonedayclass

• 포토샵과 일러스트 강의를 무료로 들을 수 있는 쏘이 작가님의 유튜브 채널
유튜브채널 주소 ▶https://www.youtube.com/c/So2Design

## 일러스트레이터는 무엇이고 어디에 쓰이는 프로그램인가요?

일러스트레이터는 포토샵과 마찬가지로 어도비(Adobe)에서 만든 그래픽 디자인 프로그램 중 하나입니다. 포토샵이 사진을 다루는데 최적화되어있는 프로그램이라면, 일러스트레이터는 무언가를 처음부터 만들어내는 데 적합한 프로그램으로써 로고, 캐릭터, 아이콘, 패턴 등을 만들 때 주로 사용합니다. 또한 포토샵에서 제작 가능한 카드뉴스, 배너, 포스터 등도 동일하게 제작이 가능합니다.
일러스트레이터를 알면 포토샵만 다룰 때보다 훨씬 퀄리티 높은 작업물을 만들 수 있습니다. 나만의 로고나 캐릭터를 만들어 유튜브 프로필이나 채널 아트에 사용할 수 있고, 아이콘 혹은 픽토그램을 직접 만들어 PPT 퀄리티를 높일 수도 있으며 청첩장에 직접 만든 약도를 넣는 등의 다양한 작업을 할 수 있습니다.

## 포토샵과 일러스트레이터

포스터, 카드뉴스, 유튜브 썸네일 등을 만들고 싶으면 포토샵을 배우라는 말을 종종 듣습니다. 이때 포토샵과 함께 배우면 좋다고 자주 거론되는 프로그램이 바로 일러스트레이터입니다. 일러스트레이터는 포토샵과 어떤 차이가 있을까요? 또 일러스트레이터를 함께 배우면 무엇이 더 좋을까요?

우선 포토샵은 기본적으로 '사진'을 다루는 프로그램입니다. 그래서 사진 보정을 위한 기능, 즉 사진의 적목 현상이나 굴절 현상을 제거하는 기능, 우리가 '뽀샵'이라고 알고 있는 얼굴 보정 기능, 사진의 색감을 보정하는 기능 등이 포토샵 프로그램의 주기능이라고 할 수 있습니다.

반면에 일러스트레이터는 사진 같은 어떤 소스를 활용하는 프로그램이 아니라 온전히 새로운 것을 창작하는 데 쓰이는 프로그램입니다. 보통 캐릭터, 로고, 아이콘, 그래프 등 기존에 없던 것을 만들어 내기 위해 사용합니다. 포토샵과는 다르게 사진 보정에 대한 기능이 거의 없고, 글씨와 도형을 새로 그리거나 변형하는 것에 관한 기능들이 많습니다. 그래서 만들고자 하는 작업물에 쓰이는 사진을 보정할 필요가 없다면 나머지 작업은 일러스트레이터에서 하는 것이 포토샵에서 하는 것보다 훨씬 편리할 수 있습니다.

또한 일러스트레이터는 파워포인트처럼 여러 개의 페이지를 두고 작업하기에 용이하고, 깨지지 않는 벡터 형태(11~12p 참조)를 취하고 있으므로, 발표 자료(PPT)를 만들거나 대형 출력물을 작업할 때도 자주 사용합니다. 포토샵과 일러스트레이터의 차이를 잘 알고 사용한다면 원하는 작업물을 좀 더 효율적으로 만들 수 있습니다.

**일러두기**

본문에서는 문맥에 따라 일러스트, 일러스트레이터를 혼용해서 사용했습니다. 모두 같은 의미이니 참고하세요.

# 일러스트레이터 인터페이스와 용어 구경하기

일러스트레이터는 크게 4가지 인터페이스로 구성되어 있습니다.

① **도구(혹은 툴):** 일러스트레이터 작업에 필요한 모든 도구들이 모여 있는 곳입니다. 이 도구들을 활용해 아트보드에 새로운 것들을 만들거나 만든 것을 수정할 수 있습니다.

② **창:** 저장, 작업 환경 설정 등을 할 수 있는 인터페이스로 일러스트레이터에서 쓰이는 모든 기능들을 찾을 수 있는 곳입니다. 또한 이곳에서 우측의 패널들을 활성화할 수 있습니다.

③ **아트보드(대지 혹은 캔버스):** 그림 그릴 도화지를 의미합니다.

④ **패널:** 창에서 자주 사용하는 기능들을 고정해두고 사용할 수 있는 곳입니다.

## 포토샵과 일러스트레이터의 가장 큰 차이, 비트맵과 벡터

그래픽 이미지는 크게 두 가지 형식으로 분류할 수 있습니다. 바로 비트맵과 벡터입니다.

**① 비트맵은 픽셀(정사각형 모양의 점) 단위로 이루어진 이미지 형식입니다.**

화질이 좋지 않은 사진을 확대했을 때, 사진이 깨지는 것을 본 적 있으신가요? 사진을 확대했을 때 보이는 정사각형 한 칸을 1픽셀이라고 합니다. 비트맵 이미지는 수많은 픽셀이 모여 형성되기 때문에 한 이미지에 픽셀이 많을 경우 고화질 이미지, 픽셀이 적을 경우 저화질 이미지가 됩니다. 포토샵이 바로 비트맵 형식입니다. 사진을 크게 확대했을 때 사진의 화질이 낮아지는 것처럼, 포토샵으로 저장한 이미지도 확대하면 화질이 낮아져 작업물 퀄리티가 떨어집니다. 따라서 포토샵으로 작업할 때는 출력할 용지와 동일하거나 더 큰 사이즈로 작업해야 합니다. 출력 용지보다 작은 사이즈로 제작 후 나중에 이미지를 늘리면 이미지가 깨지기 때문입니다.

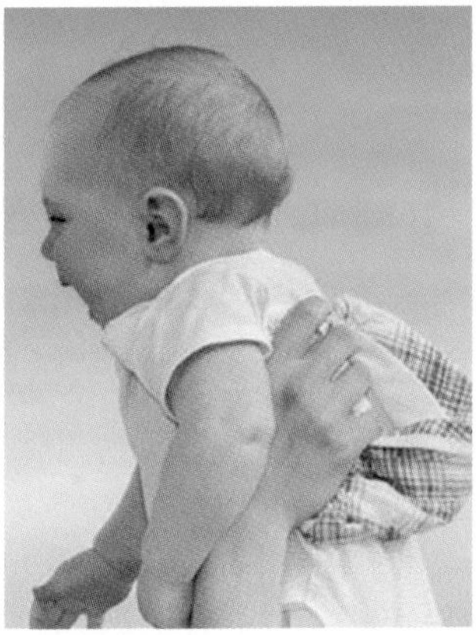

사진 원본

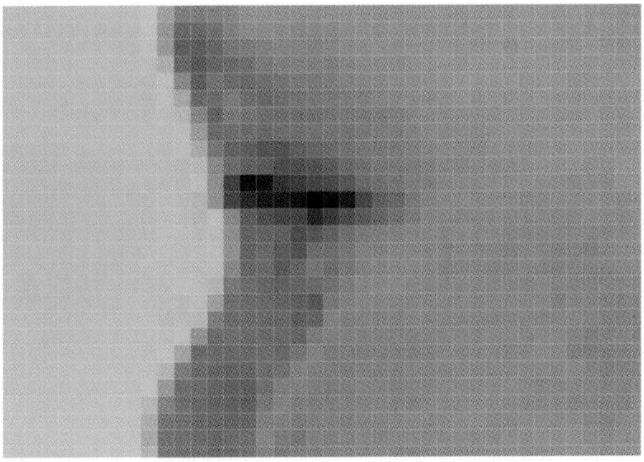

사진의 눈 부분을 확대한 모습

**② 벡터는 그래프로 저장되는 이미지 형식입니다.**

벡터 이미지는 이미지 자체가 변하지 않는 한 동일한 그래프로 기억되기 때문에, 크기를 아무리 확대해도 깨지지 않습니다. 일러스트레이터가 이에 해당합니다. 그래서 커다란 현수막이나 배너 등은 일러스트로 제작하는 경우가 많습니다.

일러스트로 만든 이미지

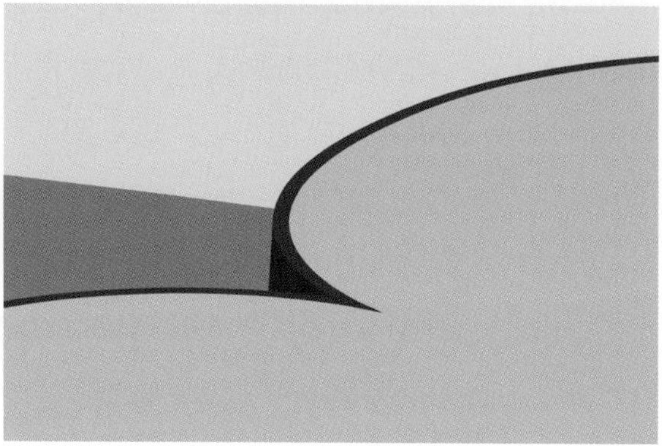

식빵 윗부분을 확대한 모습

## 여러분의 일러스트레이터는 어떤 버전인가요?

본 책은 illustrator cc 2020 한글판을 기반으로 작성되었습니다. 다만 illustrator cc 2017 버전까지는 어려움 없이 따라오실 수 있도록 표기해 두었습니다. 그러므로 cs6 이하 버전의 일러스트레이터를 설치하신 분들은 업그레이드를 추천드립니다(업그레이드하시면 보다 다양한 기능으로 일러스트레이터를 사용하실 수 있습니다).

## 미리 알아두면 좋은 일러스트레이터 단축키

**화면을 확대하고 싶다면! 아트보드 확대:** Ctrl + (+)

**화면을 축소하고 싶다면! 아트보드 축소:** Ctrl + (−)

**화면을 이동하고 싶다면! 아트보드 이동:** Space + 드래그

**이전으로 되돌아가고 싶다면! 뒤로 가기:** Ctrl + Z

**다시 원래대로 되돌리고 싶다면! 앞으로 가기:** Ctrl + Shift + Z

## 인터페이스 설정 맞추기 ★중요

책을 보며 따라 하는데 혼선이 없도록, 책의 설명과 동일하게 일러스트레이터의 인터페이스를 맞춰봅시다(제 유튜브 채널에 영상을 올려두었으니, 필요하신 분들은 영상을 보면서 함께 따라해 주세요 – https://www.youtube.com/c/So2Design).

❶ 일러스트레이터를 켭니다.

❷ ❶새로 만들기(File – New) → ❷인쇄(Print) → ❸A4 → ❹제작(Create) 순으로 눌러 A4 사이즈의 아트보드를 하나 만들어줍니다.

❸ ❶도구 패널, ❷제어 패널, ❸기타 패널 이렇게 세 가지 부분의 설정을 맞춰줍시다.

❹ 세 가지 패널의 설정은 모두 윈도우(Window) 창에서 변경이 가능합니다.

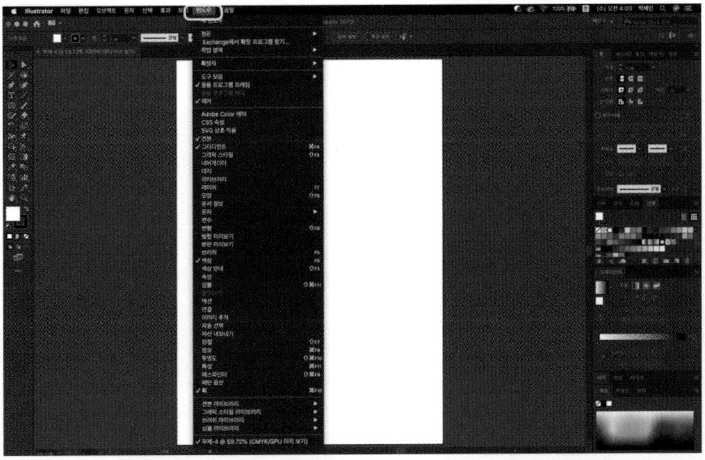

❺ 먼저 도구 패널 설정을 맞춰줍시다. 윈도우(Window) 클릭 후, 도구 모음(Tools)을 고급(Advanced)으로 지정해줍니다. illustrator cc 2018 이하 버전은 기본 설정이 고급으로 되어있어 따로 변경할 수 없으니 이 단계는 건너뛰어 주세요.

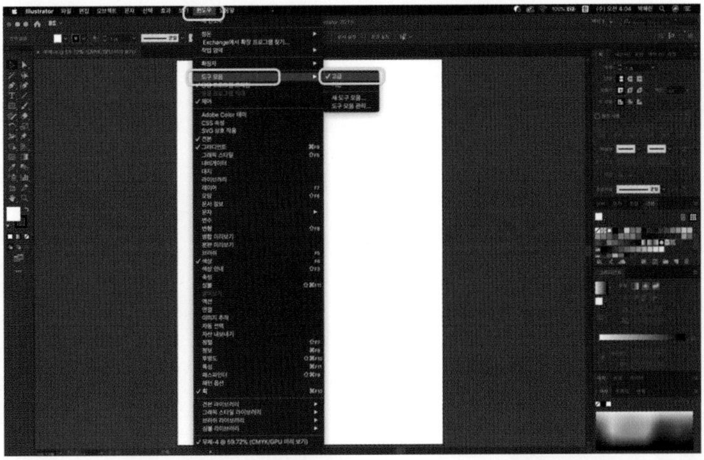

❻ 그다음 제어 패널을 열어줍시다. 윈도우(Window) 클릭 후, 제어(Control)를 클릭해 체크된 상태로 설정합니다. 이미 체크되어 있다면 열려있는 상태이므로 클릭하지 않으셔도 됩니다.

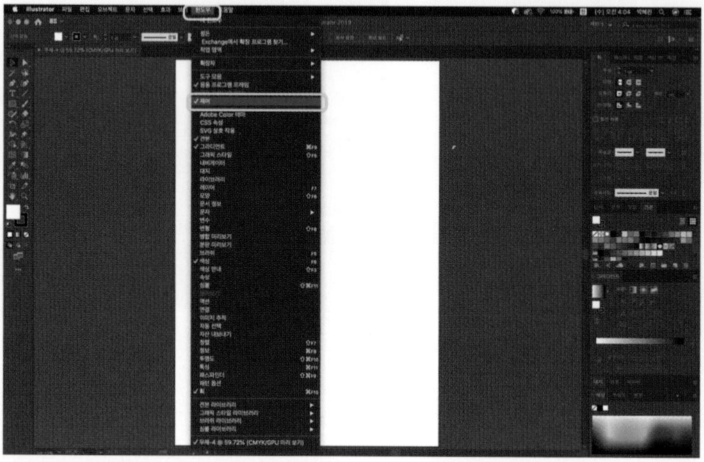

❼ 마지막으로 자주 쓰는 패널들을 열어서 우측에 고정시켜 봅시다. 윈도우(Window)에서 견본(Swatches), 그라디언트(Gradient), 대지(Artboards), 모양(Appearance), 문자(Type)

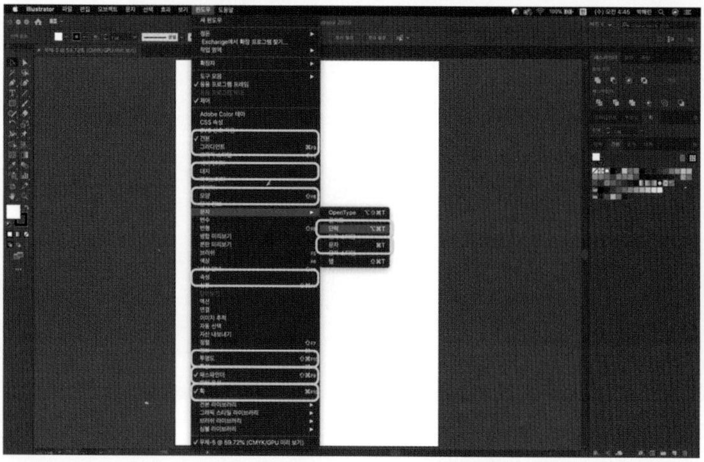

에서 단락(Paragraph)과 문자(Character), 속성(Properties), 투명도(Transparency), 패스파인더(Pathfinder), 획(Stroke)을 클릭해 열어줍니다.

❽ 열린 패널들을 비슷한 기능들끼리 합쳐서 정리해봅시다. 문자(Character) 패널의 글씨 옆으로 단락(Paragraph) 패널을 드래그해서 둘을 합쳐 봅니다.

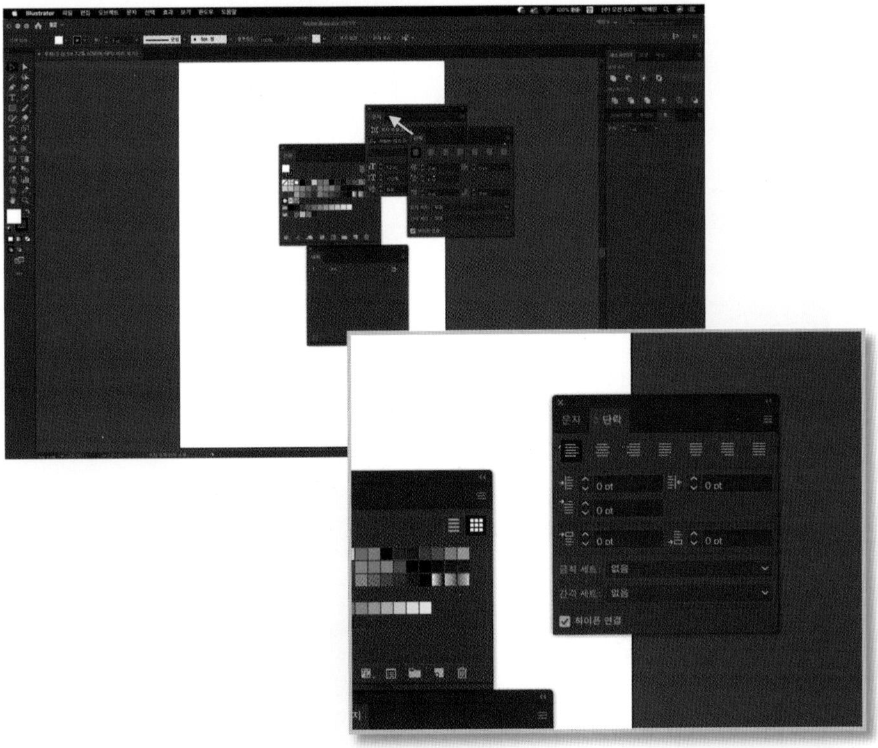

❾ 같은 방식으로 ① 문자(Character), 단락(Paragraph), 견본(Swatches), 대지(Artboards) ② 그라디언트(Gradient), 투명도(Transparency), 획(Stroke) ③ 패스파인더(Pathfinder), 모양(Appearance), 속성(Properties) 세 가지 묶음으로 패널들을 합쳐줍니다. 이외의 패널들은 모두 닫아줘도 됩니다.

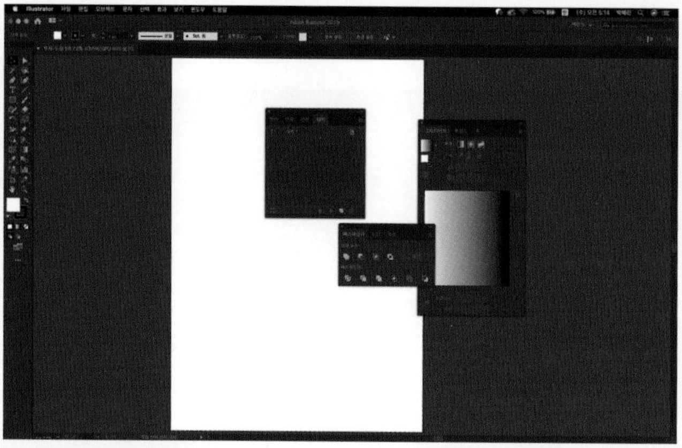

❿ 패널들을 우측에 고정시켜 봅시다. 패널 묶음 ①을 우측 끝으로 드래그해서 파란 선 (혹은 회색 선)이 뜰 때 마우스를 놓아 우측에 고정시킵니다.

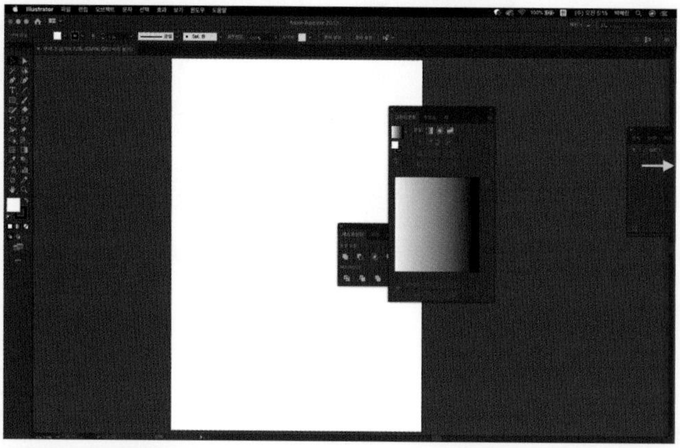

⑪ 패널 묶음 ②를 고정된 패널 윗부분에 드래그해 고정시켜줍니다.

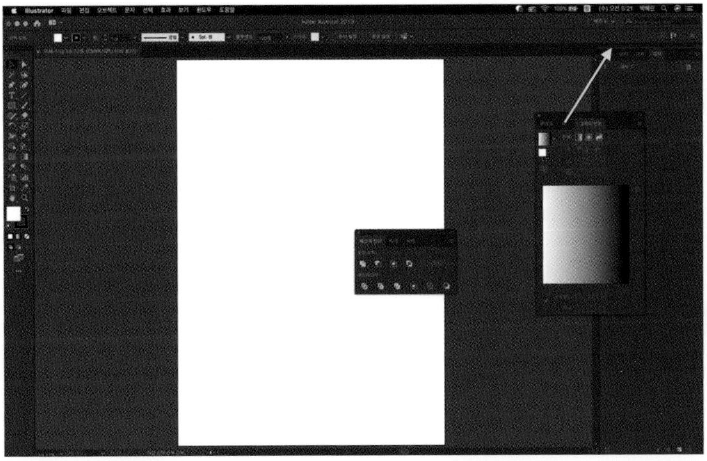

⑫ 패널 묶음 ③도 동일하게 진행해줍니다.

인터페이스 설정 완료입니다!

# PART 00

### '그림 못 그려도' 일러스트레이터를 쓸 수 있는 이유

흔히들 일러스트레이터는 그림을 잘 그려야 사용할 수 있는 프로그램이라고 생각합니다. 그림판과 비슷하거나 혹은 태블릿 등으로 그림을 그리는 프로그램이라고 오해하는 경우도 많습니다. 그러나 일러스트레이터는 드로잉 프로그램이 아닙니다. 마우스로 클릭하고 드래그하여 도형을 그려내고 그렇게 그린 도형들을 합치고 나눠 새로운 모양을 만들어 내는 도구입니다.

일러스트레이터 프로그램 내에서, 클릭과 드래그로 도형을 그려내는 툴을 '펜 도구(펜 툴)'라고 부릅니다. 일러스트레이터에서 펜 도구만 사용할 줄 알아도 원하는 모양을 80% 이상 구현해 낼 수 있습니다. 그만큼 필수적이고 중요한 툴입니다. 일러스트레이터를 본격적으로 연습하기 전, 핵심 도구인 '펜 도구'를 먼저 익히고 들어갑시다.

# 일러스트레이터 시작 전, 꼭 연습해야 하는 것 (필수)

**CHAPTER 01** 펜 도구 연습하기

직선 도형 그려보기(삼각형, 사각형, 십자가)
곡선 도형 그려보기(하트, 물방울)
도형 모양 다듬기

CHAPTER 01

# 펜 도구 연습하기

일러스트레이터에서 가장 어려운 기능이자 가장 중요한 기능인 펜 도구를, 다양한 도형들을 그리며 익혀봅시다.

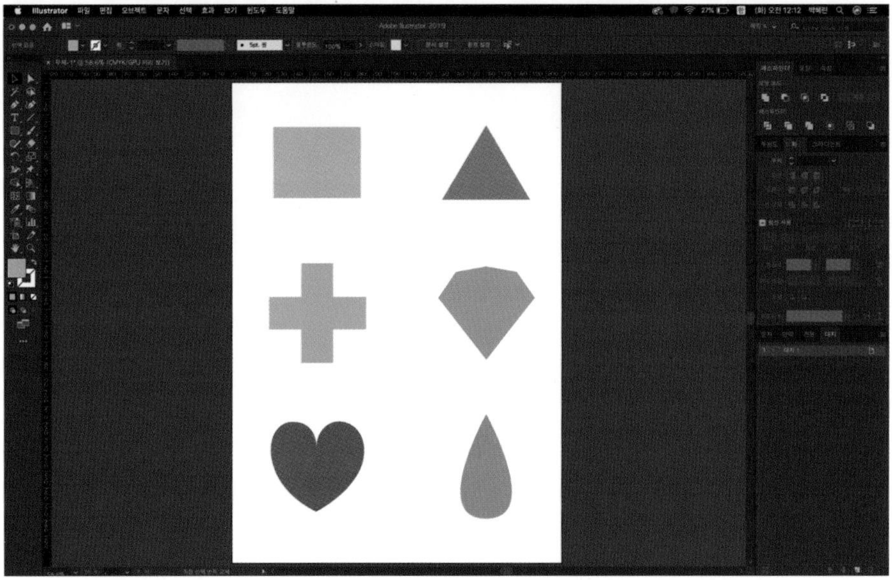

## 1 직선 도형 그려보기(삼각형, 사각형, 십자가)

사각형, 삼각형 등 기본 도형부터 별, 십자가 등 다양한 형태의 도형들까지 직선만으로 그릴 수 있는 도형들을 펜 도구를 이용해 그려봅시다.

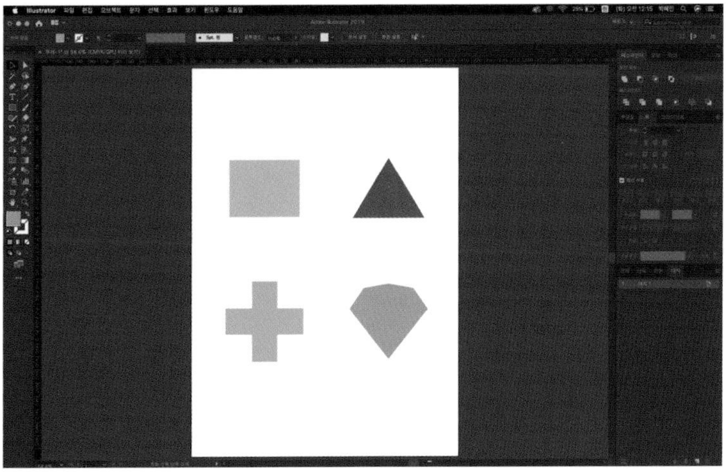

❶ 일러스트를 켜고, ❶새로 만들기(File - New) → ❷인쇄(Print) → ❸A4 → ❹제작(Create) 순으로 눌러 A4 사이즈의 아트보드를 하나 만듭니다. (연습용이므로 대지 사이즈는 크게 상관이 없습니다. 그러나 설명을 잘 따라할 수 있게 똑같이 맞춰주세요!)

❷ Ctrl + 0을 눌러 아트보드를 화면 크기에 맞춰줍니다.

**여기서 잠깐!**

Ctrl + 0은 아트보드 크기 화면 맞춤, Ctrl + (+)는 아트보드 크기 확대, Ctrl + (-)는 아트보드 크기 축소 단축키입니다. 알아두세요!

❸ 펜 도구를 연습하기 전, 사용하기에 편리하도록 펜 도구의 선과 면 색깔을 지정해봅시다. 먼저 도구 패널 하단에서 ❶선 모양(▣)을 더블클릭 후 ❷,❸색을 빨간색으로 설정한 후 ❹확인을 누릅니다.

❹ 선 모양 옆 ❶칠 모양(□)을 클릭해 앞으로 나오게 한 뒤, ❷하단의 없음 표시(◪)를 눌러 칠을 없음으로 설정해줍니다.

**여기서 잠깐!**

선은 빨간색, 칠은 없음을 꼭 기억해두고 펜 도구를 사용할 때마다 항상 설정 후 시작해주세요. 선을 빨간색으로 설정하면 눈에 잘 띄고, 파란색의 보조선 및 점들과 확실히 구분할 수 있어 좋습니다.

❺ 이제 본격적으로 펜 도구를 사용해 봅시다. 우선 도구 패널에서 펜 도구를(🖋) 선택합니다. 선이 잘 보이도록 획 패널에서 획 두께를 10pt 이상으로 설정해주시면 더 좋습니다.

❻ 아트보드 위에서 ❶ → ❷ → ❸ → ❹ 순으로 클릭합니다.

❼ 처음 시작했던 점 부분에 펜 도구를 갖다 댔을 때 펜 도구 근처에 원 모양이 뜨면 클릭해서 도형을 완성해줍니다.

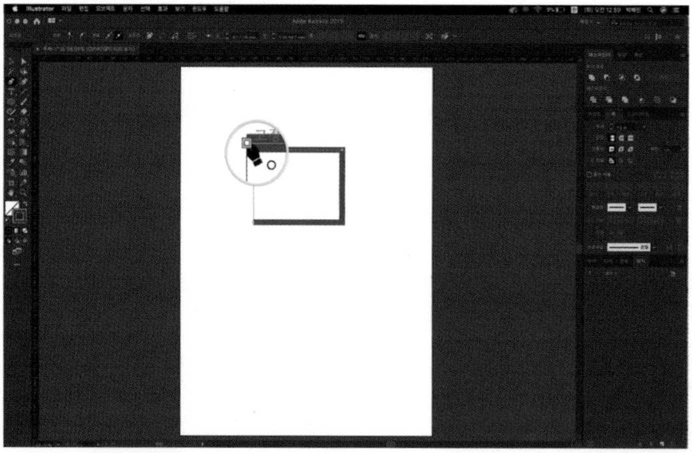

**여기서 잠깐!**

동그라미가 뜨지 않을 때 클릭해서 마무리하면 육안으로는 도형처럼 보이지만 일러스트는 이것을 도형이 아니라 선으로 인식하기 때문에 일부 기능을 사용할 수가 없습니다. 꼭 동그라미가 뜰 때 클릭해 마무리해 주세요!

❽ 같은 방식으로 삼각형 등 다각형 혹은 십자가, 간단한 로고 등을 만들 수 있습니다. 아래 그림을 보고 펜 도구로 똑같이 그리는 연습을 해봅시다.

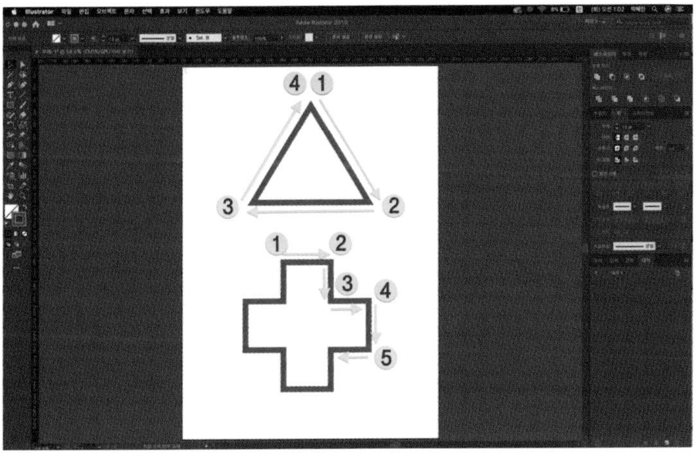

## 2 곡선 도형 그려보기(하트, 물방울)

물방울, 하트, 구름 등 곡선이 들어간 도형들을 펜 도구를 이용해 그려봅시다.

❶ ❶새로 만들기(File - New) → ❷인쇄(Print) → ❸A4 → ❹제작(Create) 순으로 눌러 새 아트보드를 만들어주세요. (앞부분에 이어서 진행하려면, 이전에 그렸던 도형들을 선택한 후 Backspace를 눌러 지우고 아트보드를 처음의 깨끗한 상태로 만들어주세요.)

❷ 앞에서 배운 〈직선 도형 그려보기〉의 2~5번과 동일하게 일러스트 펜 도구( ) 선과 칠 색을 맞춰줍니다. (24~25p)

❸ 물방울 모양을 만들어봅시다. 우선 펜 도구()선택 후 아트보드를 클릭합니다. (위치 상관없이 아무 곳이나 클릭해주세요.)

❹ 클릭한 부분에서 직선으로 5~10cm가량 아래에서 한 번 더 클릭을 하고 그대로 마우스를 누른 채 오른쪽으로 드래그해줍니다. 그다음 사진과 같은 모양이 나오면 마우스에서 손을 뗍니다.

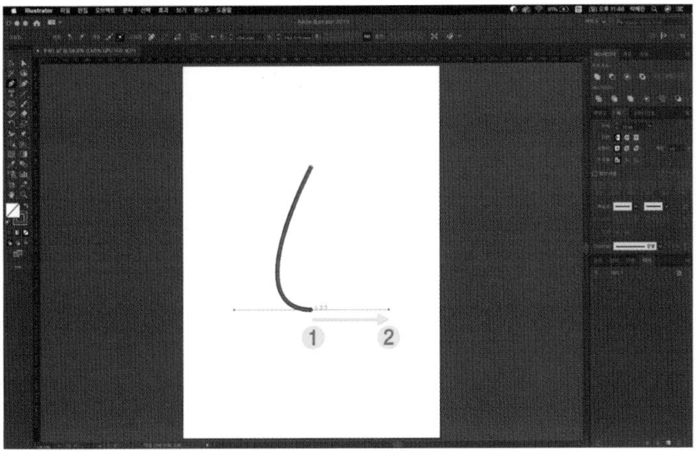


**여기서 잠깐!**

펜 도구 사용에서 가장 어려운 부분입니다. 잘 안되시는 분들은 ❶클릭 후 ❷손을 떼지 않고 클릭을 유지한 채 오른쪽으로 드래그한다고 생각하시면 보다 쉽습니다.

❺ 그다음 처음 시작했던 점 부분에서 펜 도구 근처에 원 모양이 뜰 때 클릭해주면 완성입니다! (직선 도형과 동일하게 꼭 원이 뜰 때 마무리해줘야 도형이 됩니다.)

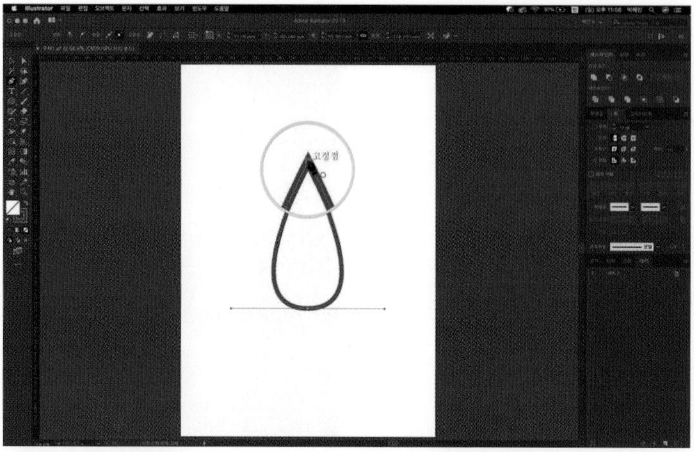


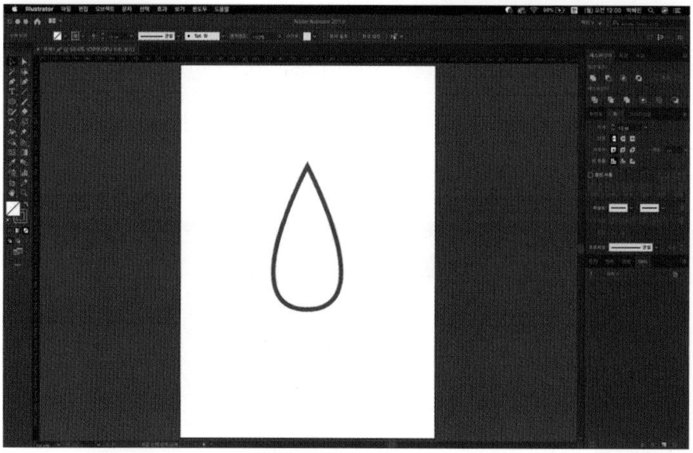

❻ 비슷한 방법으로 이번에는 하트를 연습해봅시다. 물방울과 동일하게 위치 상관없이 펜 도구로 아트보드를 클릭합니다.

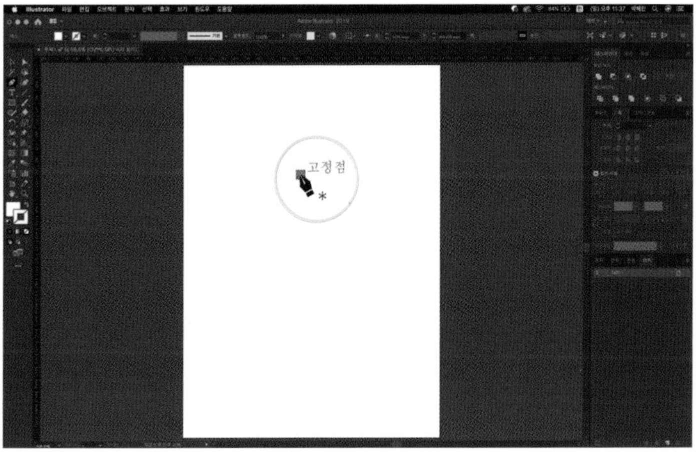


❼ 클릭한 점에서 상단 좌측 45도 즈음에 마우스를 두고 클릭한 뒤 마우스를 누른 채 그대로 왼쪽으로 드래그합니다. 아래와 같은 '호 모양'이 나오면 손을 뗍니다. 물방울 곡선 부분을 그릴 때와 동일한 방식으로 해주시면 됩니다. (29p 4번)

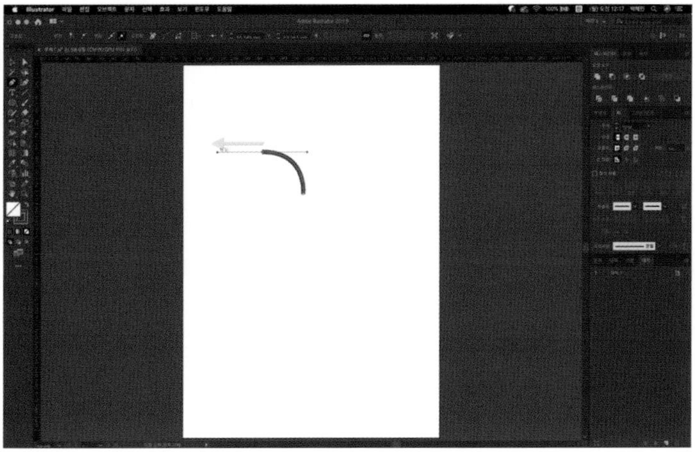

❽ 이번에는 처음 클릭한 점에서 직선으로 5~10cm가량 아랫부분에 마우스를 두고 클릭한 뒤 우측 하단으로 드래그합니다. 하트의 반쪽 모양이 예쁘게 나오면 손을 뗍니다.

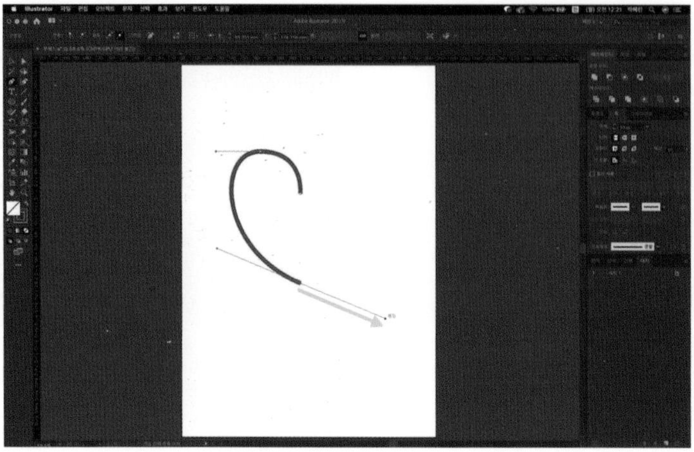

❾ 하트의 하단 뾰족한 부분을 만들어주기 위해 방금 만든 점을 한 번 클릭해서 핸들을 끊어줍니다. 클릭하면 점 우측 하단의 핸들이 없어진 것을 보실 수 있습니다.

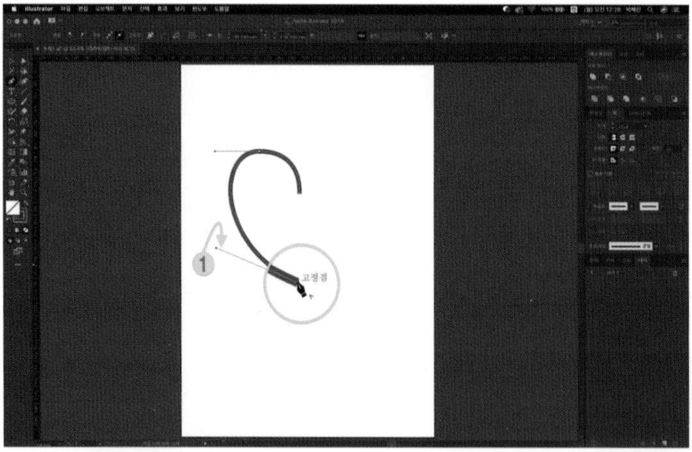


**여기서 잠깐!**

핸들이란? 사진 속 ❶번 선을 의미합니다. 핸들은 곡선의 곡률을 보여주는 보조선입니다. 핸들을 통해 선의 곡률을 추후 수정할 수 있습니다.

⑩ 이번에는 방금 그린 점의 우측 상단 부분(사진 참조)을 클릭한 채로 드래그해서 왼쪽 하트의 하단 부분과 비슷한 모양이 나오면 손을 뗍니다.

⑪ 마지막으로, 처음 시작한 점으로 돌아와 펜 도구 옆에 동그라미가 뜨면 클릭하고, 아래로 살짝 드래그 한 뒤 손을 떼서 하트를 완성합니다.

⑫ 하트와 물방울 모양을 그리며 연습했던 곡선 그리는 법을 이용해, 다양한 도형들을 연습해보세요.

**여기서 잠깐!**

아무리 책을 봐도 따라하기 어렵다면 유튜브 영상을 참고해주세요. https://www.youtube.com/c/So2Design

## 3 도형 모양 다듬기

그려 놓은 도형들을 수정, 변형하는 방법에 대해 알아봅시다.

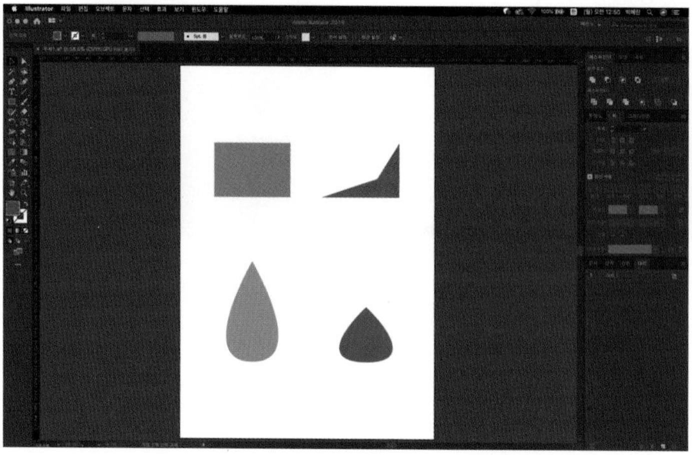

❶ 앞부분 〈직선 도형 그려보기〉와 〈곡선 도형 그려보기〉를 참고하여 사각형과 물방울을 그려줍니다. (23~30p)

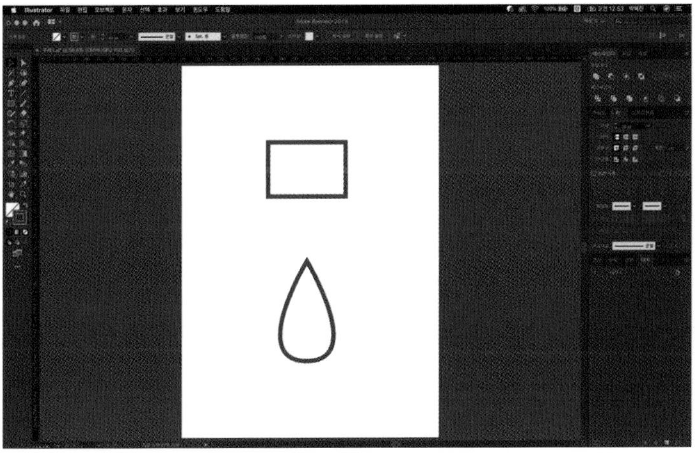

❷ 먼저 직선 도형의 모양을 변형하는 방법에 대해 알아봅시다. 도구 패널에서 직접 선택 도구(▶)를 선택합니다.

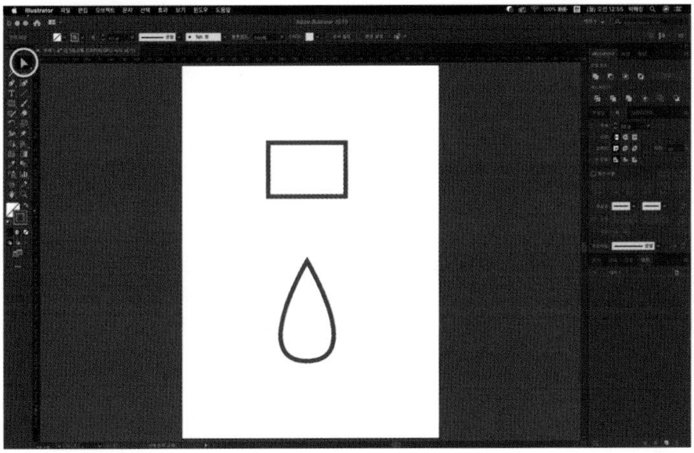

**여기서 잠깐!**

직접 선택 도구는 도형의 점 하나하나를 선택 및 이동할 수 있는 도구입니다.

❸ 사각형의 네 꼭짓점 중 하나를 클릭합니다.

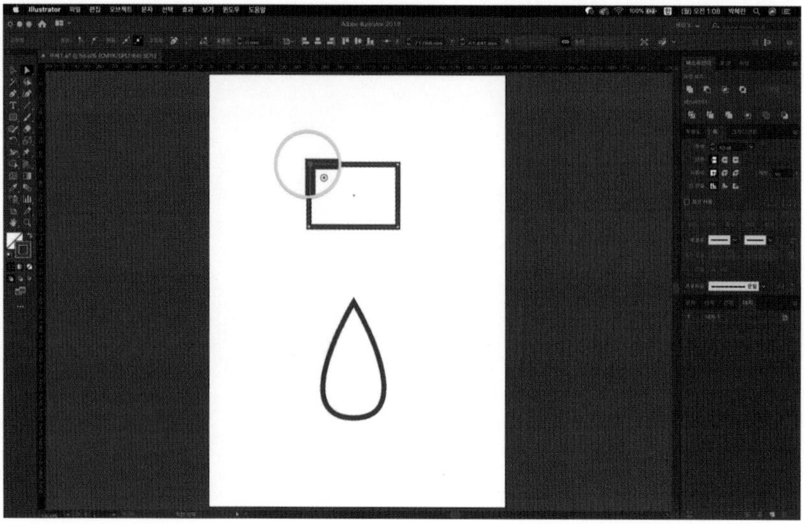

❹ 클릭한 점을 드래그해서 이동시켜봅시다.

❺ 다른 점들도 클릭 후 드래그로 이동이 가능합니다.

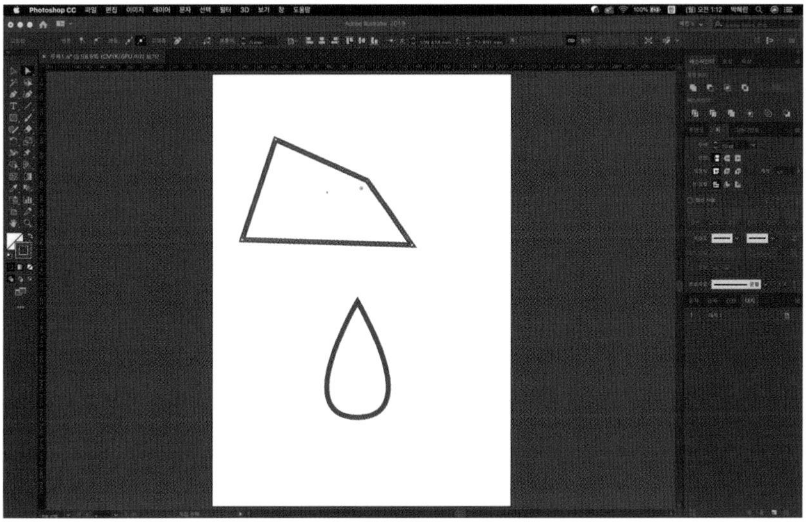

❻ 이번에는 물방울을 이용해 곡선 도형을 수정하는 방법에 대해 알아봅시다. 직접 선택 도구(▶)로 물방울의 꼭짓점을 클릭합니다.

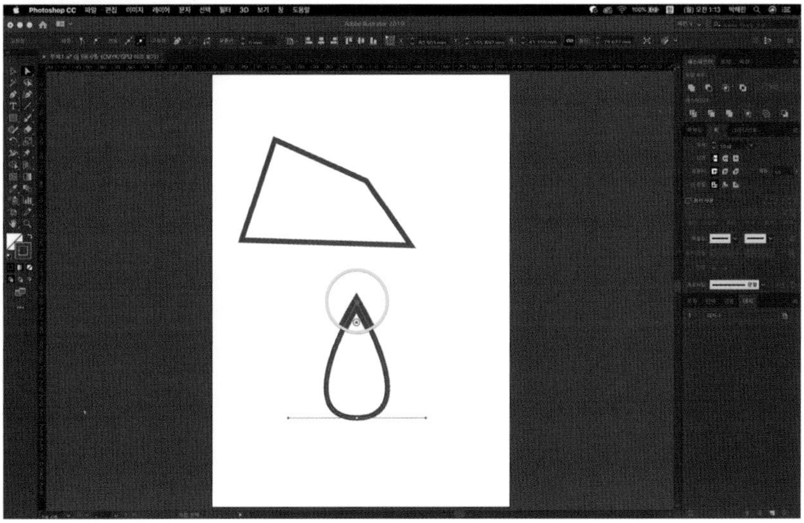

❼ 사각형과 마찬가지로 드래그해서 꼭지점을 이동시켜봅니다.

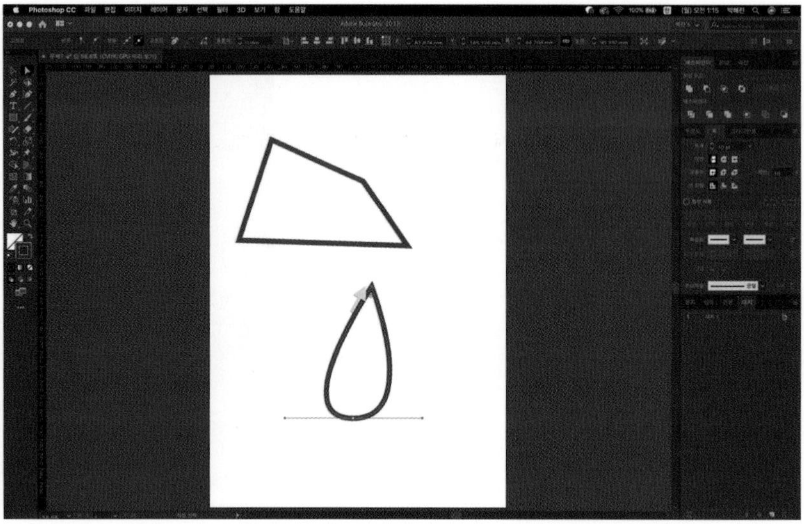

❽ 이번에는 하단 곡면의 점을 클릭합니다.

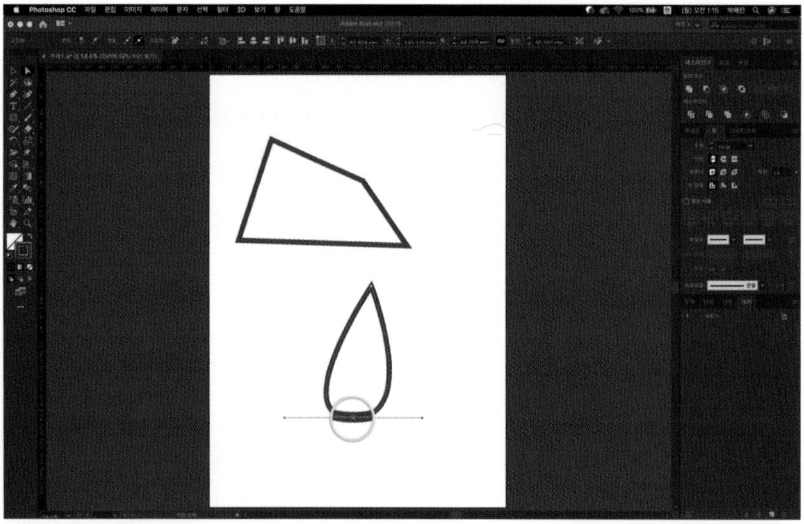

❾ 점이 아닌 핸들을 드래그해서 곡면을 변형시켜봅시다.

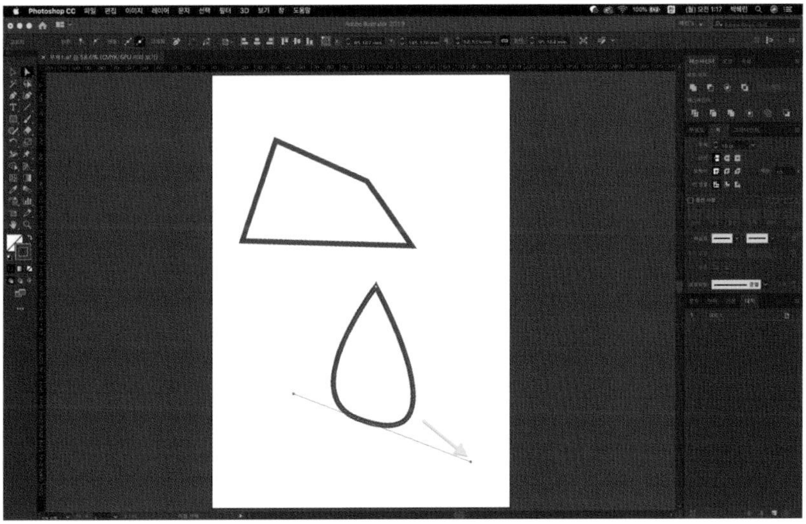

❿ 위와 같은 방식으로 모든 도형들을 수정하고 변형할 수 있습니다. 따라서 만약 처음에 그렸던 도형이 마음에 들지 않더라도 직접 선택 도구를 활용하여 얼마든지 수정이 가능합니다.

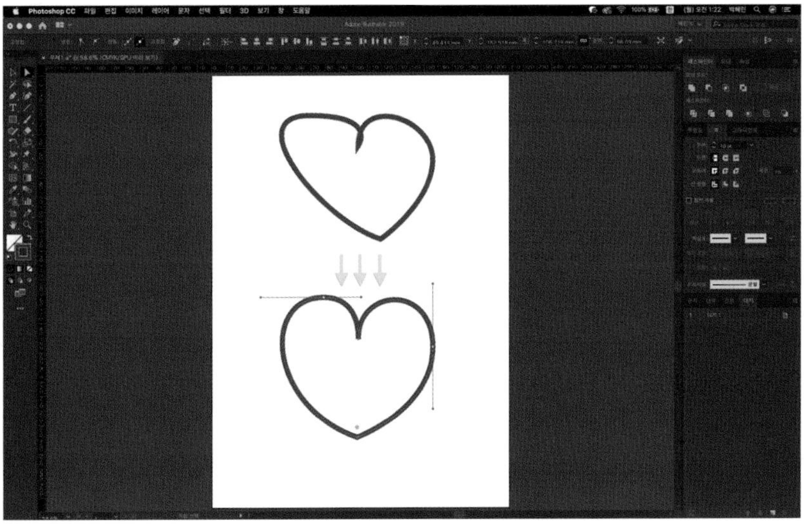

PART

# 01

**“SNS 이용자 혹은 SNS 마케팅을 하는 마케터라면 필수!”**

카드뉴스부터 인스타그램, 페이스북 광고 그리고 블로그 게시글까지. SNS에 업로드할 수 있는 다양한 마케팅 콘텐츠를 만들기 위한 기능들을 배워봅시다. 단순히 글이나 사진으로만 구성된 SNS 게시물보다 훨씬 재미있고 다채로운 효과를 준 게시물을 만들 수 있습니다. 이제 PPT는 그만! 일러스트레이터로 깔끔한 카드뉴스와 눈에 띄는 광고를 만들어서 SNS 조회 수와 광고 효율을 높여봅시다.

# SNS 마케팅을 위한 일러스트레이터



실습에 필요한 자료를 다운로드 받을 수 있는 [진짜 하루만에 시리즈] 학습자료실

네이버카페 주소 ▶ https://cafe.naver.com/realonedayclass

CHAPTER 01

이제 PPT는 그만! 퀄리티 높은

# 카드뉴스 만들기

PPT로 아무리 열심히 디자인해도 뭔가 임팩트가 부족하고 2% 아쉽다는 느낌이 들었다면? 일러스트레이터를 이용해 글씨에 임팩트를 주고, 이미지를 그려 넣어 조금 더 퀄리티 높은 카드뉴스 첫 페이지를 만들어봅시다. 게시물이 사람들에게 노출될 기회도 늘어나겠죠?

## 1 사진과 글씨가 함께 있는 카드뉴스 만들기

사진과 글씨가 조화롭게 어우러지면서도 글씨가 눈에 띄는 카드뉴스를 만들어 봅시다.

**여기서 배울 수 있는 기능**

❶ 도형 도구를 이용해 사진 위에 테두리 넣기
❷ 도형 그리기
❸ 글씨와 도형에 획 넣기
❹ 펜 도구를 이용하여 글씨를 강조하는 획 그리기

**심화과정**

❶ 글씨에 이중 획 적용하기
❷ 클리핑 마스크를 이용하여 글씨 위에 하이라이트(밝은 부분) 넣기

❶ 일러스트를 실행한 뒤, ❶새로 만들기(New) → ❷모바일(Mobile) → ❸너비와 높이를 각각 900px로 입력 → ❹제작(Create)을 눌러 카드뉴스에 적합한 사이즈의 아트보드를 만들어줍니다.

**여기서 잠깐!**

900*900px(픽셀)은 SNS 게시물에 가장 많이 쓰이는 사이즈이므로 기억해두시면 좋습니다.

❷ 먼저 배경에 사용할 사진을 드래그해서 일러스트에 불러옵니다.

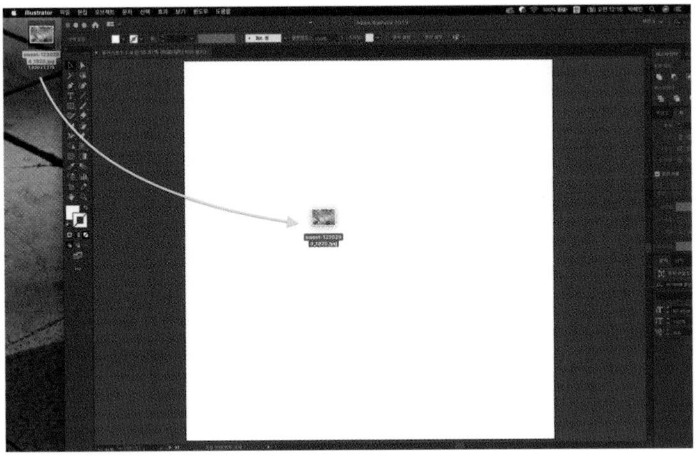

❸ 사진의 모서리를 드래그해 아트보드의 흰 면이 안 보이게 크기를 키워줍니다. 이때 사진의 비율이 깨지지 않도록 사진 사이즈를 조절할 때 반드시 Shift를 함께 눌러주셔야 합니다.

**여기서 잠깐!**

'Shift = 비율 고정의 단축키'로 알아두세요.

❹ 사진을 알맞게 채워 넣었다면, Ctrl + 2를 눌러 더 이상 사진이 움직이지 않도록 고정시켜주세요.

**여기서 잠깐!**

Ctrl + 2는 고정, Ctrl + Alt + 2 는 고정 풀기로 알아두세요!

❺ 사진에 사각형 테두리를 넣어 봅시다. ❶사각형 도구(■)를 선택한 뒤, 아트보드에서 ❷대각선으로 드래그해 큰 사각형을 하나 그려줍니다.

❻ 사각형의 칠은 없애고, 선은 흰색으로 만들어 봅시다. 우선 ❶칠 모양(□)을 클릭한 뒤 하단의 ❷없음 표시(▨)를 클릭해서 칠을 없애줍니다.

❼ 이번에는 선을 흰색으로 바꾸고 선의 두께를 좀 더 두껍게 만들어 봅시다. ❶선 모양(▣)을 더블클릭해서 색상 창을 연 뒤, ❷색을 흰색으로 설정하고, ❸확인을 눌러 설정을 완료합니다.

❽ 획(Stroke) 패널에서 두께를 7pt으로 설정해주고, 배경 사진과 마찬가지로 Ctrl + 2를 눌러 움직이지 않도록 만들어줍니다.

❾ 이제 글씨를 써봅시다. ❶문자 도구(T)를 선택한 뒤 ❷아트보드를 한 번 클릭하고 글자를 써줍니다.

**여기서 잠깐!**

반드시 클릭한 후 글자를 써주세요. 드래그로 텍스트 박스를 만든 다음 글자를 쓰면 글자 크기나 폰트를 변경했을 때 글자가 안 보일 수 있습니다.

⑩ 글자를 썼다면 폰트와 글자 크기를 적절한 사이즈로 변경해봅시다. 글자를 드래그한 후, 상단 제어 패널에서 변경할 수 있습니다.

➔ **여기서 쓰인 폰트:** 여기어때 잘난체, 자간 -10, 크기 100pt

⑪ 윗줄 글자(홍대 마카롱 추천)를 다 썼다면 아랫줄(BEST 10)도 동일하게 진행해주시면 됩니다. (9~10번) 글을 다 적었다면 선택 도구( )를 사용해 글자를 적절한 위치에 배치해주세요.

➔ **여기서 쓰인 폰트:** 여기어때 잘난체, 크기 142pt

**여기서 잠깐!**

두 줄을 따로따로 적고 작업해야 이후 설명도 잘 따라올 수 있습니다.

⑫ 이제 글자의 색을 원하는 대로 바꿔봅시다. ❶변경할 글자 부분을 더블클릭 후 드래그 한 뒤 ❷칠 모양(■)을 더블클릭해 ❸원하는 색으로 변경 후 확인을 눌러주시면 됩니다.

⓭ 글자가 배경 사진과 분리되어 더 눈에 띄도록 테두리를 넣어봅시다. 먼저 글자를 클릭한 뒤, Ctrl + C 와 Ctrl + B 를 눌러 원래 글자 뒤에 복사본을 만들어줍니다.

**여기서 잠깐!**

우리가 알고 있는 복사/붙여넣기(Ctrl + C / Ctrl + V)에서 V 대신 B를 누르면 원래 개체 뒤에 복사 됩니다. Ctrl + C / Ctrl + B는 알아 두면 편리합니다.

⓮ 복사된 글자에 검은색 선을 넣어 줍시다. ❶선 모양(◘)을 더블클릭한 뒤, 색상 창에서 ❷색을 검은색으로 지정하고 ❸확인을 눌러 설정을 완료합니다.

⑮ 획(Stroke) 패널에서 선 두께를 15~18pt 정도로 지정해줍니다.

⑯ 아래 글자도 동일하게 작업해줍니다. (13~15번) 선 두께는 23~25pt 정도로 조금 더 두껍게 조절해 주세요.

⑰ 마지막으로 글자 주변에 꾸밈 요소들을 넣어 봅시다. 사각형 도구(■)를 길게 누른 뒤 다른 도형 도구들이 뜨면 그중 원형 도구(●)를 클릭해서 선택해줍니다.

⑱ 아트보드 위에 적절한 크기로 원을 만들어주고, 획(Stroke) 패널에서 두께를 8pt 정도로 줄여줍니다.

⑲ ❶칠 모양(◪)을 더블클릭해 ❷원하는 색을 선택한 뒤 ❸확인을 눌러 적용해줍니다.

⑳ 선택 도구(▷)를 클릭한 뒤 원을 적절한 위치에 배치합니다.

㉑ 원을 글자 뒤로 보내고 싶다면, Ctrl + [ 를 여러 번 눌러 글자 뒤로 보내줍니다.

**여기서 잠깐!**

Ctrl + [ 는 '레이어 뒤로 보내기', Ctrl + ] 는 '레이어 앞으로 보내기'의 단축키입니다. 자주 쓰이므로 기억해주세요!

㉒ 동일한 방법으로 다양한 크기와 색의 원들을 그려서 배치해줍니다. (17~21번)

㉓ 이번에는 '추천' 글자를 강조하는 선을 그려봅시다. ❶펜 도구( )를 선택한 뒤, '추천' 글자 윗부분에 ❷클릭 두 번으로 선을 하나 그려 줍니다. 그린 뒤, Enter를 눌러 선을 끊어주세요.

㉔ 획(Stroke) 패널 옆 더 보기 모양( )을 클릭한 뒤 옵션 표시(View Option)를 클릭해 옵션 창을 열어줍니다.

㉕ 열린 옵션 창에서 단면(Cap)을 두 번째 옵션( ) 둥근 단면으로 선택해줍니다.

㉖ 같은 방식으로 선을 두 개 더 그려 완성해줍니다. (23번과 동일)

27 완성입니다. 로고가 있다면 로고를 넣어주세요!

**심화과정** 조금 어려울 수 있어요!

- 카드뉴스의 퀄리티를 좀 더 높이고 싶다면 따라 해보세요!
- 심화 과정을 건너뛰려면 41번 과정으로 이동해주세요.

글자에 이중선을 넣고, 하이라이트 표시로 생동감 있는 글자를 만들어 카드뉴스의 완성도를 더 높여봅시다.

㉘ 글자가 한층 더 돋보이도록 바깥 부분에 흰색 선을 하나 더 추가해봅시다. 우선 선택 도구로 글 두 줄(윗줄 아랫줄 각각)을 클릭해서 선택한 후 Ctrl + 2를 눌러 고정시켜줍니다.

**여기서 잠깐!**

개체를 한 번에 같이 선택하고 싶다면, 글자 하나를 먼저 클릭해서 선택한 후 Shift를 누른 채로 나머지 개체들을 클릭해서 선택해주시면 됩니다.

㉙ 선택 도구로 윗줄 글자를 다시 선택합니다. Ctrl + C / Ctrl + B를 눌러 제자리에 글자를 복사한 뒤, ❶선 모양(□)을 더블클릭해, ❷흰색으로 설정하고 ❸확인을 눌러 기존 검은색 선을 흰색으로 바꿔줍니다.

㉚ 획 두께를 29pt 정도로 올려줍니다.

㉛ 아랫줄 글자와 원 모양들도 동일한 방식으로 선을 넣어주면 됩니다. (29~30번)

㉜ 이번엔 글자 윗부분이 조금 더 밝도록 하이라이트를 넣어봅시다. 선( )은 없음( ), 칠( )은 흰색으로 설정해줍니다.

㉝ 사각형 도구( )를 선택합니다.

㉞ 사각형을 글자 윗부분이 가려지도록 그려줍니다.

㉟ ❶선택 도구( )로 방금 그린 ❷사각형을 클릭해 선택한 후 ❸투명도(Transparency) 패널에서 불투명도를 30% 정도로 낮춰 투명하게 만들어줍니다.

㊱ 투명하게 만든 사각형을 글자 모양 안에만 적용되도록 만들어봅시다. 우선 잠가두었던 글자의 잠금을 Ctrl + Alt + 2를 눌러 풀어줍니다.

㊲ 아트보드 바깥 부분을 클릭해 선택 해제해준 뒤, 글자 두 줄을 같이 클릭 (Shift 누른 채 클릭)해서 동시에 선택해줍니다. 그다음 Ctrl + C / Ctrl + B 를 눌러 제자리에 복사해준 뒤 바로 Ctrl + Shift + ] 를 눌러 복사한 글자를 맨 위로 올려줍니다.

㊳ Shift를 누른 채로 투명한 사각형과 윗줄 글자를 클릭해 같이 선택해준 뒤, 우클릭해서 클리핑 마스크 만들기 (Create Clipping Mask)를 선택합니다.

㊴ 사진과 같이 반투명 사각형이 글자 모양 안에만 적용되어 있는 모습을 보실 수 있습니다.

**여기서 잠깐!**

방금 사용한 '클리핑 마스크'는 두 개의 도형이 겹쳐있을 때 위의 도형 안에 아래의 도형을 가두는 액자 같은 기능이라고 생각해주시면 됩니다.

㊵ 동일한 방식으로 아래 글씨도 작업해주시면 완성입니다. (38번)

㊶ 마지막으로 저장을 합시다. 나중에도 수정할 수 있도록 일러스트 원본 파일로 먼저 저장을 합니다. 파일(File) → 저장(Save)을 눌러주면 됩니다.

**여기서 잠깐!**

저장 마지막 단계에서 '연결 파일 포함'을 반드시 체크한 후 저장을 눌러주세요. 체크하지 않으면 저장 파일에 사진이 포함되지 않습니다.

❹❷ 이번에는 SNS에 사용할 수 있도록 이미지 파일로 저장해봅시다. 파일(File) → 내보내기 (Export) → 내보내기 형식(Export As)을 클릭합니다.

➔ 포맷은 JPEG로 설정하고, 반드시 '대지 사용(Use Artboard)'을 체크한 후 내보내기를 눌러주세요. 체크하지 않으면 처음 설정했던 900*900 사이즈가 아니라 사진의 전체 사이즈로 저장됩니다.

→ 색상 모델 RGB, 해상도 72ppi, 앤티 앨리어싱을 아트 최적화로 설정한 뒤 확인을 눌러 저장해주세요.

43 저장된 이미지 파일을 확인합니다.

## 2 글씨가 강조된 카드뉴스 만들기

카드뉴스를 만들 때, 꼭 사진을 넣어야 좋은 것은 아닙니다. 글씨만으로도 충분히 원하는 바를 표현할 수 있습니다. 사진 없이도 통통 튀면서 눈에 띄는 카드뉴스 첫 페이지를 만들어봅시다.

**여기서 배울 수 있는 기능**

❶ 원하는 기울기로 글씨 기울이기
❷ 블렌드 도구를 이용하여 롱쉐도우 그리기
❸ 회전 도구를 이용해 폭죽 아이콘 만들기
❹ 일정한 크기로 퍼지는 원 모양 그리기

❶ 일러스트를 실행한 뒤 ❶새로 만들기(New) → ❷모바일(Mobile) → ❸너비와 높이를 각각 900px로 입력 → ❹제작(Create)을 눌러 카드뉴스에 적합한 사이즈의 아트보드를 만들어줍니다.

❷ 사각형 도구를 이용해 배경색을 채워봅시다. Ctrl + 0을 눌러 아트보드를 화면에 맞춰 준 뒤, Ctrl + (-)를 눌러 화면에 보이는 아트보드를 살짝 작게 만들어줍니다.

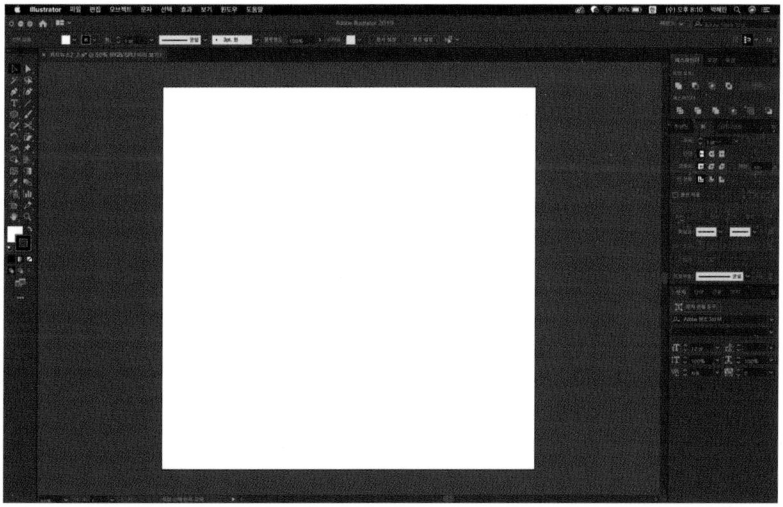

❸ ❶사각형 도구( )를 선택한 뒤 ❷대각선으로 드래그해서 아트보드 사이즈보다 크게 사각형을 하나 그려줍니다.

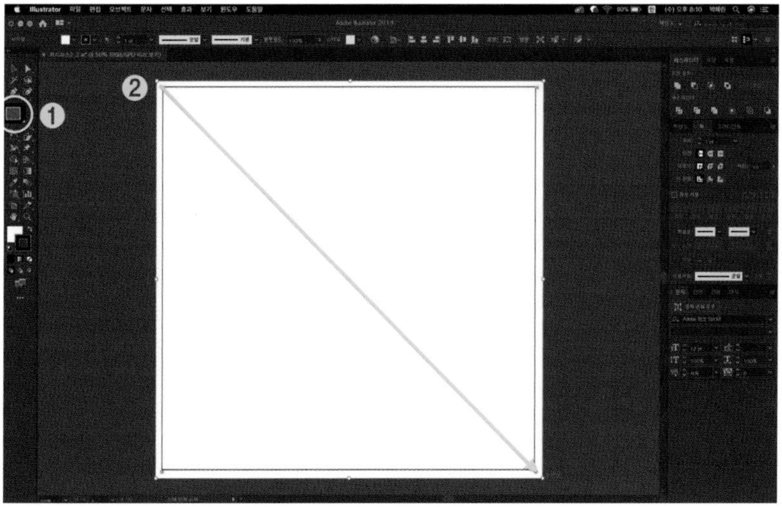

❹ 배경색을 어둡게 바꿔줍시다. ❶칠 모양(□)을 더블클릭한 뒤 ❷짙은 회색으로 컬러를 선택하고 ❸확인을 눌러 적용해줍니다. 직접 지정된 색을 사용하고 싶다면 #뒤에 색 넘버를 써주면 됩니다.

→ **여기서 쓰인 색:** #1c1c1c

❺ 배경이 움직이지 않도록 고정시켜봅시다. Ctrl + 2를 누르면 고정됩니다.

**여기서 잠깐!**

Ctrl + 2는 배경뿐 아니라 사진, 도형 등 모든 개체를 고정시킬 수 있는 단축키입니다. 알아둡시다!

❻ 배경 위에 디자인의 메인이 되는 글씨를 써봅시다. 먼저 ❶문자 도구(T)를 클릭한 뒤, ❷아트보드를 한 번 클릭하고 글씨를 써주세요.

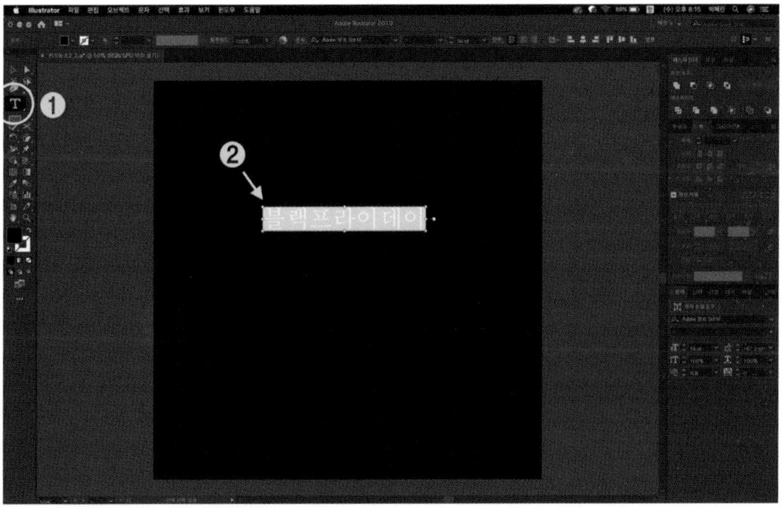


❼ 동일하게 아랫줄 글자도 써줍니다.

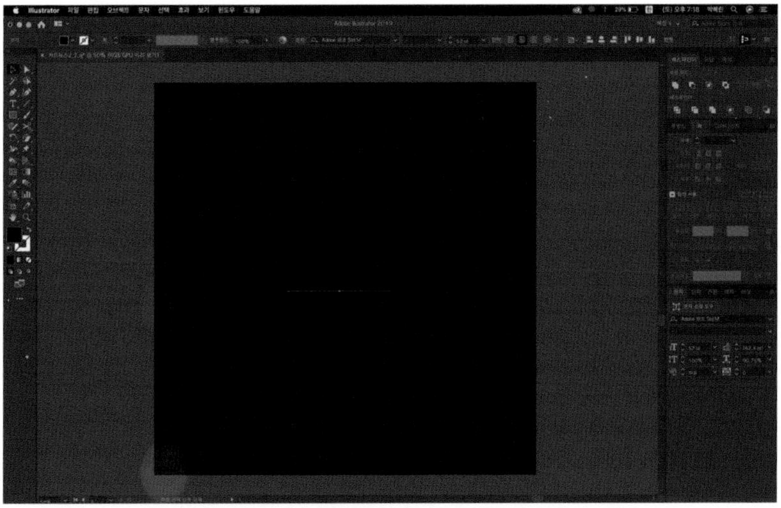

❽ 글자의 폰트 종류와 크기를 변경해봅시다. 글자를 드래그한 후, 상단 제어 패널에서 변경할 수 있습니다.

➔ **여기서 쓰인 폰트:** 검은 고딕(BlackHanSans), 자간 -50, 크기 윗줄 135pt / 아랫줄 190pt

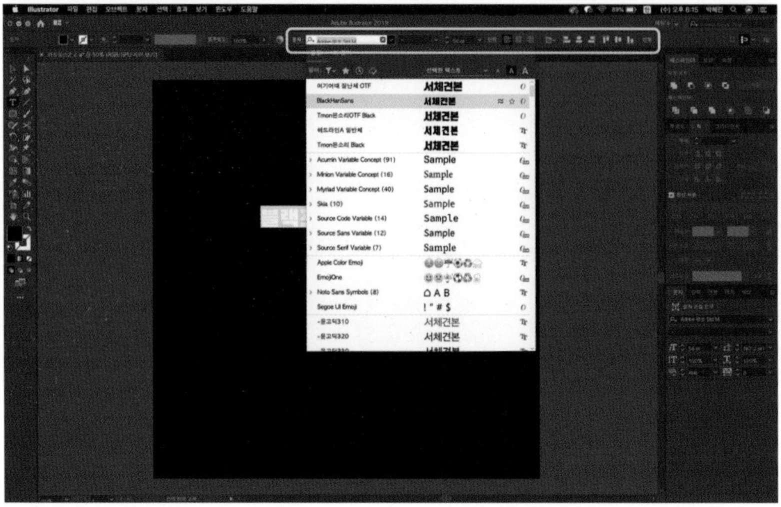

❾ 글자색을 바꿔봅시다. 색깔은 도형과 동일하게 변경해주면 됩니다. 색을 바꾸고 싶은 글자를 선택하고 ❶칠 모양(■)을 더블클릭한 뒤, ❷원하는 색을 설정하고 ❸확인을 누릅니다. 우선 흰색으로 설정해줍시다.

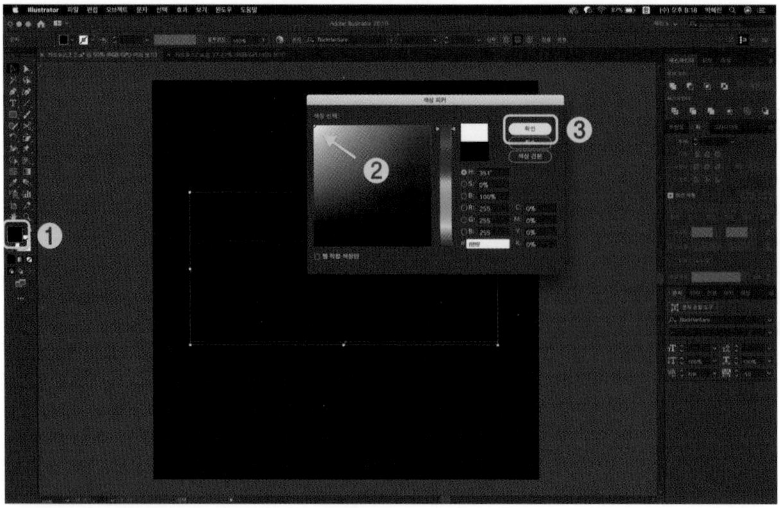

⑩ 원하는 부분만 다른 색으로 설정해봅시다. 문자 도구( T )를 선택하고 바꾸고 싶은 글자 부분을 드래그한 뒤, 9번 과정처럼 색을 변경해주면 됩니다.

➔ **여기서 쓰인 색:** #f22a42

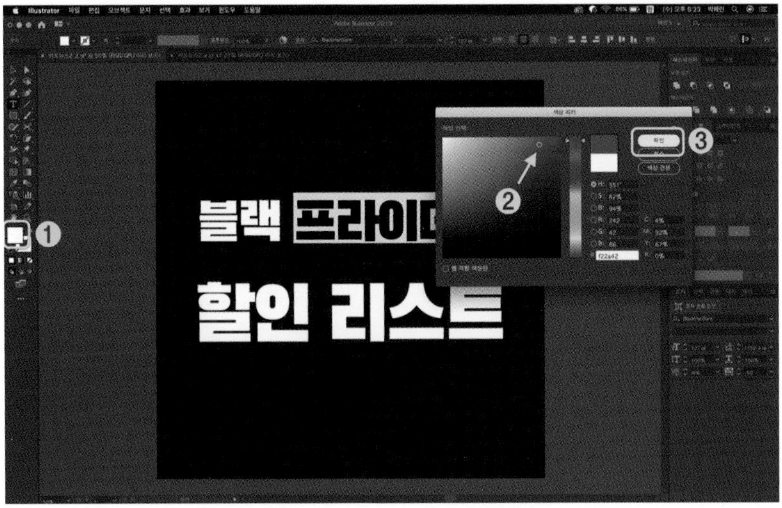

⑪ 상단에 부가적인 글자를 써주고 선택 도구(▷)를 이용해 원하는 위치에 배치해줍니다.

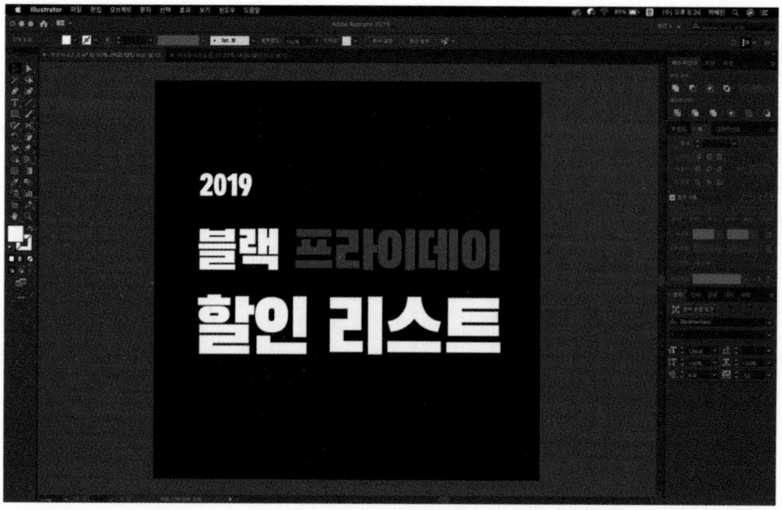


⑫ 글자가 좀 더 역동적으로 보이도록 약간 기울여봅시다. 우선 선택 도구로 글자를 모두 선택해줍니다.

**여기서 잠깐!**

여러 글자를 한꺼번에 선택하려면 전체 글자를 드래그하거나 Shift를 누른 채로 하나씩 클릭해주면 됩니다.

⑬ 크기 조절 도구( )를 길게 눌러 기울이기 도구( )를 선택해줍니다.

⑭ ❶Alt를 누른 채로 글씨 가운데 부분을 클릭해 중심점을 만들어 줍니다. ❷중심점을 만들 때 뜨는 창은 취소를 눌러 닫아주세요.

⑮ 글씨를 잡고 위쪽으로 드래그해 살짝 기울여줍니다.

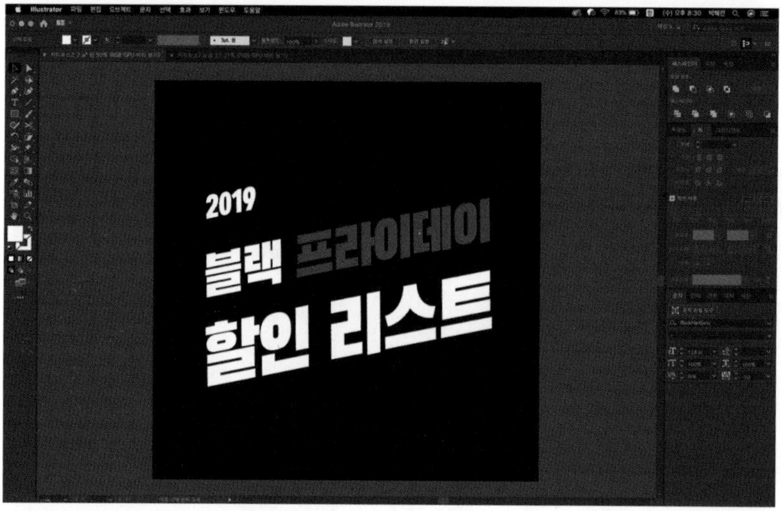

⑯ 아랫줄 글자에 롱쉐도우를 넣어 강조해봅시다. 우선 Ctrl + (-)를 눌러 아트보드를 더 작게 줄여줍니다.

⑰ 하단의 '할인 리스트' 글씨만 클릭해 선택한 뒤, Ctrl+C / Ctrl+B를 눌러 제자리에 글자를 복사합니다.

⑱ Alt를 누른 채로 글자를 드래그해 우측 하단에 글자를 하나 더 복사합니다.

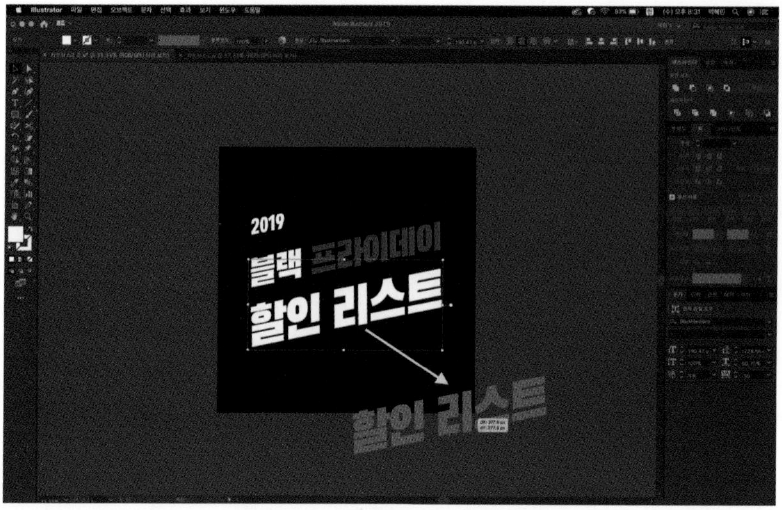


**여기서 잠깐!**

Alt + 드래그는 '복사'의 단축키입니다. 알아둡시다!

⑲ Shift를 누른 채 복사한 글자와 원래 글자를 클릭해 같이 선택합니다.

⑳ 두 글자의 색을 변경해줍니다. (9번과 동일)

➾ **여기서 쓰인 색:** #f22a42

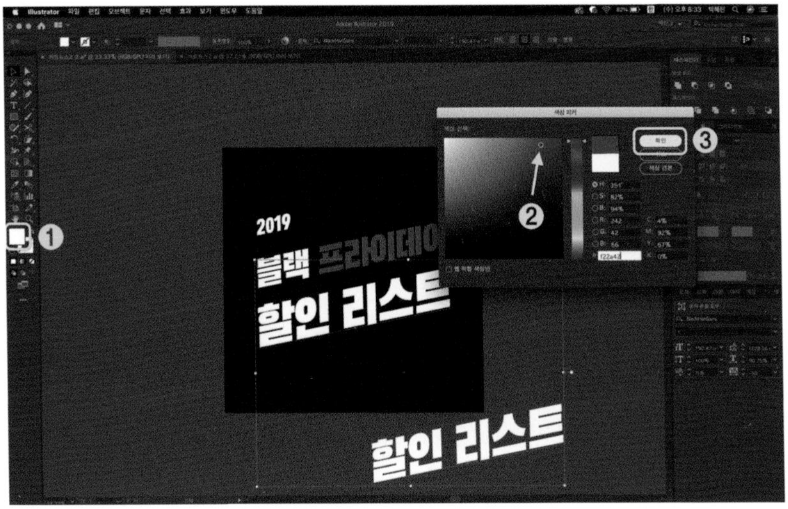


㉑ 이제 본격적으로 롱쉐도우를 만들어봅시다. ❶먼저 블렌드 도구( )를 선택한 다음 ❷번 글자를 클릭한 뒤 Alt를 누른 상태로 ❸번 글자를 클릭합니다.

㉒ 블렌드 옵션 창이 뜨면 ❶지정된 거리(Specified Distance) ❷0.1로 설정한 뒤 ❸확인을 누릅니다.

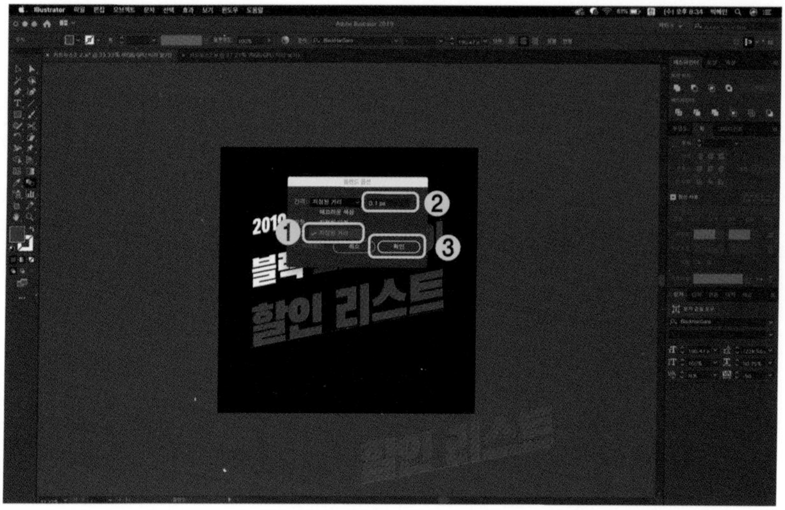


㉓ 생성된 롱쉐도우를 확인합니다.

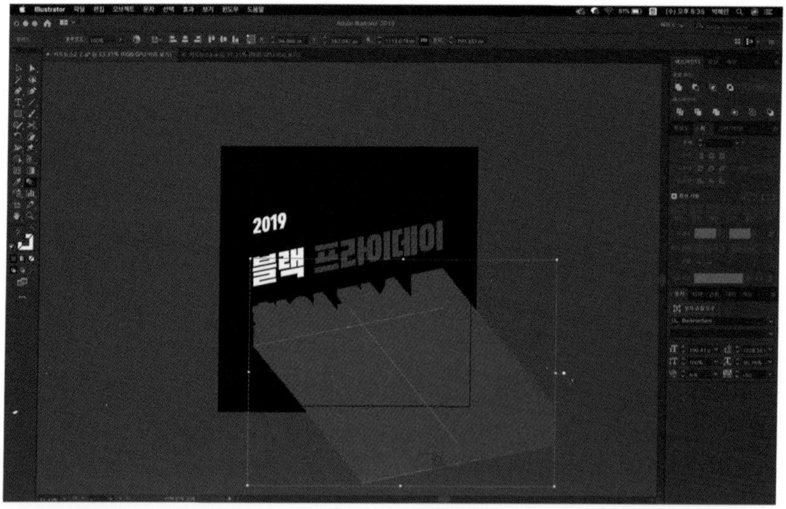


**여기서 잠깐!**

롱쉐도우가 생성되지 않았다면 블렌드 도구로 글자를 한 번씩 더 클릭해주세요.

㉔ 롱쉐도우를 선택한 뒤 Ctrl + [ 를 여러 번 눌러 원래 글씨 아래로 롱쉐도우를 옮겨주면 완성입니다.

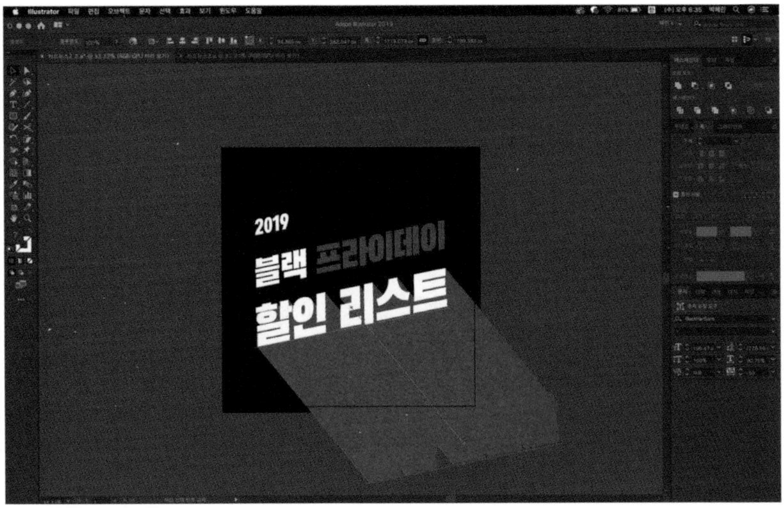


㉕ 이제 빈 공간을 원과 폭죽 모양으로 꾸며서 채워 봅시다. 먼저 원을 그려봅시다. 사각형 도구( )를 길게 누른 뒤 원형 도구( )를 선택합니다.

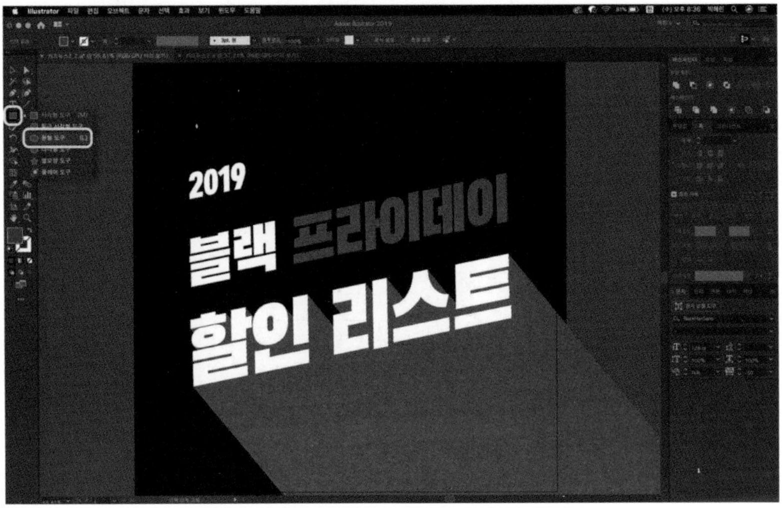

㉖ 드래그해서 원을 그려줍니다.

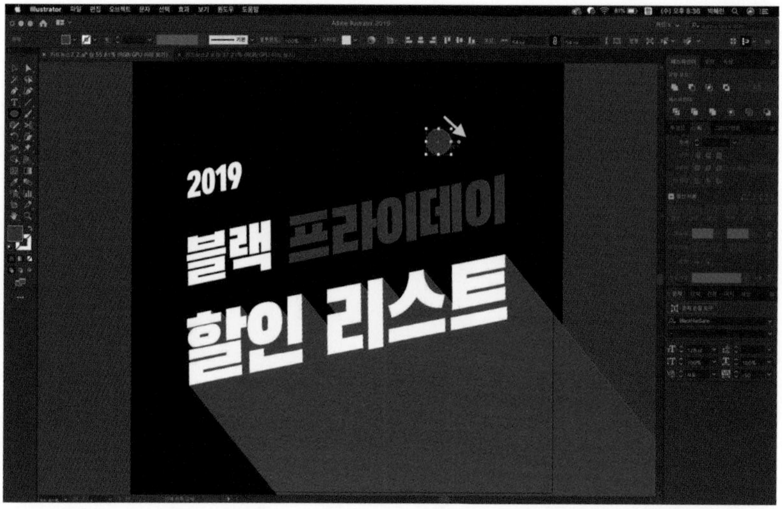


㉗ 원이 선택된 상태에서 칠 모양(■)을 클릭하고 없음(☒)을 눌러 색을 없애줍니다. 선 모양(▣)은 더블클릭해서 선을 흰색(혹은 분홍색)으로 채워줍니다.

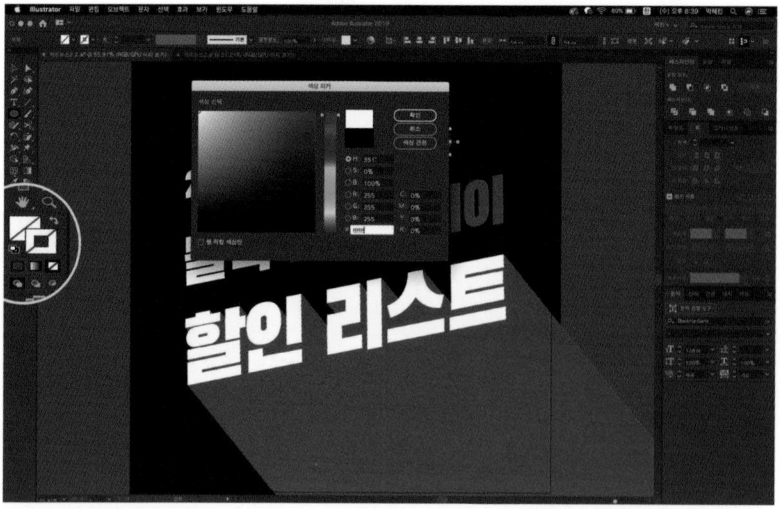

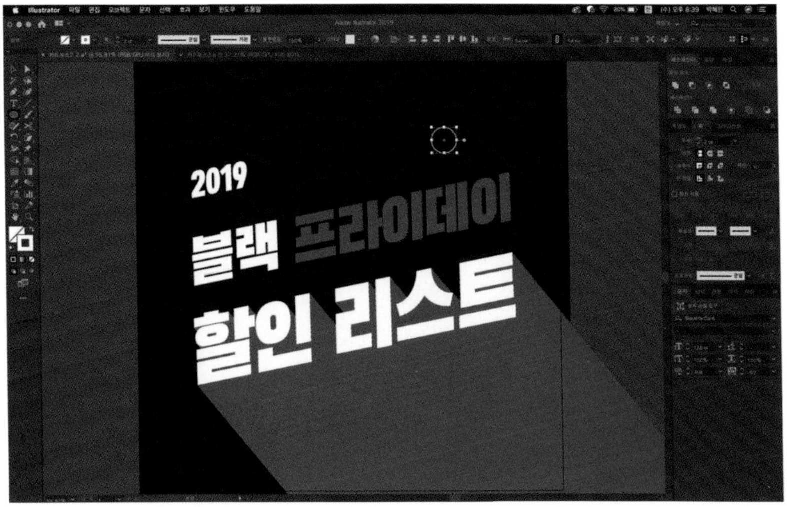


㉘ 같은 방식으로 원을 여러 개 그려 적절한 위치에 배치해줍니다. (26~27번)

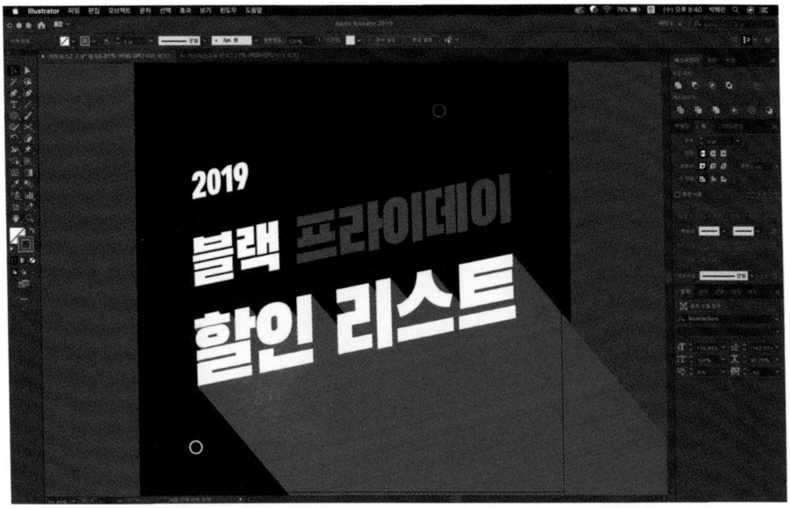

㉙ 이번에는 일정한 크기로 퍼지는 원 모양을 만들어봅시다. 우선 앞의 과정처럼 원을 하나 그려줍니다. (26~27번)

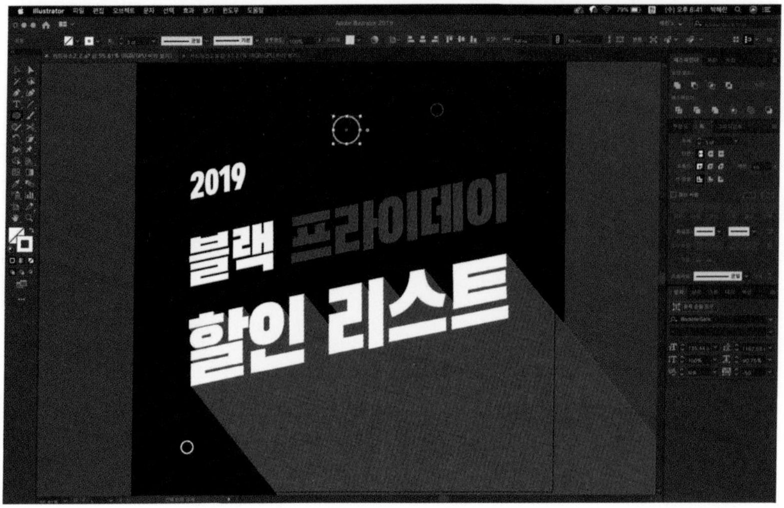


㉚ Ctrl + C / Ctrl + B를 눌러 제자리에 복사한 뒤, ❶선택 도구( )를 클릭하고 ❷원의 바깥쪽으로 드래그해 원 크기를 키워줍니다. 이때, 원의 중심을 기점으로 크기가 커지도록 하려면 Alt를 누른 채 크기를 키워주세요. 동시에 찌그러진 타원이 아니라 원을 그리려면 Shift를 누르며 크기를 키워주세요.

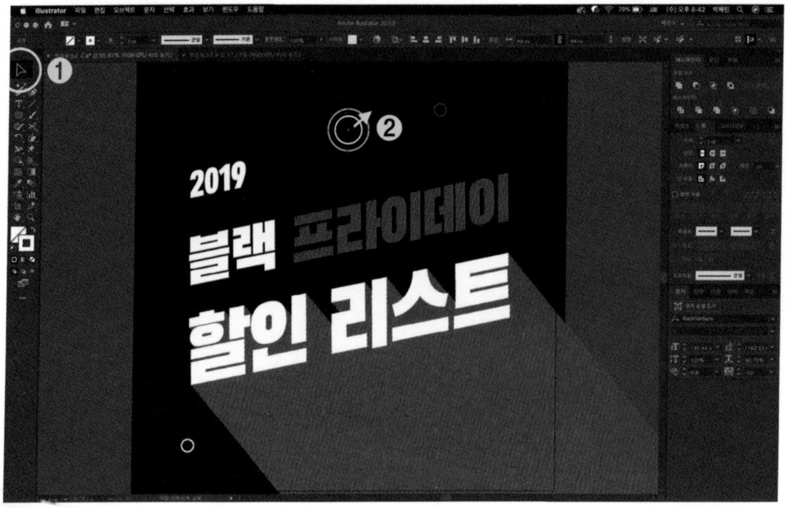

㉛ 두 개의 원을 드래그해 같이 선택한 뒤 원하는 위치에 이동시켜주면 됩니다.

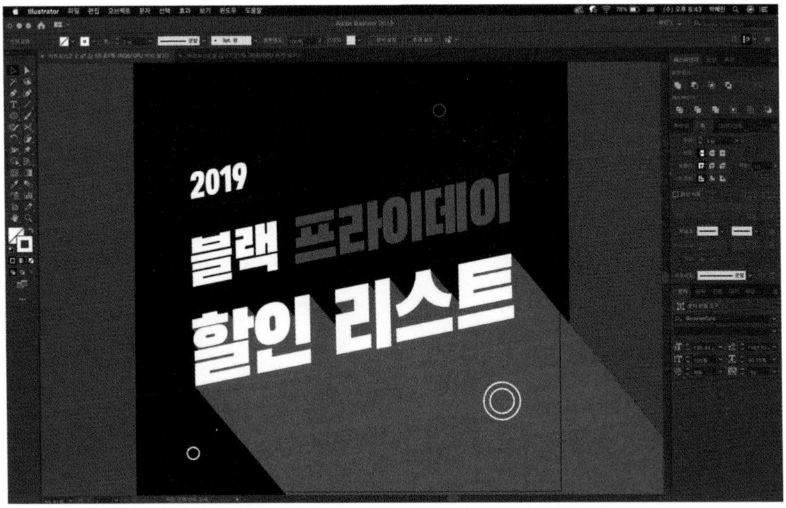


㉜ 이번엔 폭죽이 터지는 듯한 모양을 그려봅시다. 먼저 ❶선 도구(▨)를 선택한 뒤, 아트보드에서 ❷드래그해 짧은 선을 하나 그려줍니다.

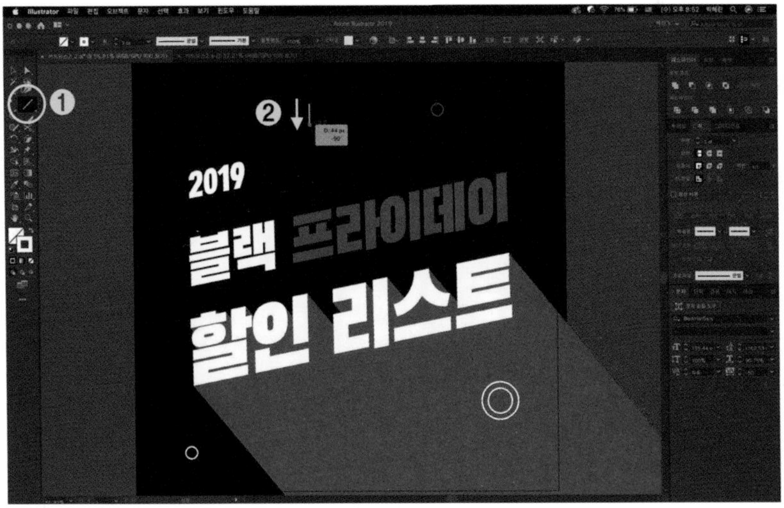

㉝ 그린 선을 회전 도구를 이용해 일정한 각도로 돌려 봅시다. ❶회전 도구( )를 선택한 다음 선에서 조금 떨어진 아랫부분을 ❷Alt를 누른 채로 클릭해서 중심을 지정합니다.

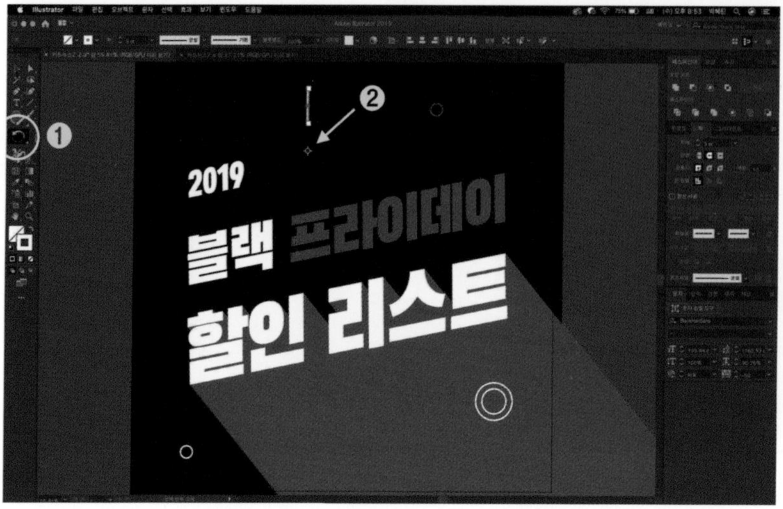


㉞ 새로 뜨는 회전 창에서 각도를 90도로 지정하고 복사(Copy)를 누릅니다.

㉟ Ctrl + D를 눌러 이전 행동을 반복합니다. 두 번 반복해주세요.

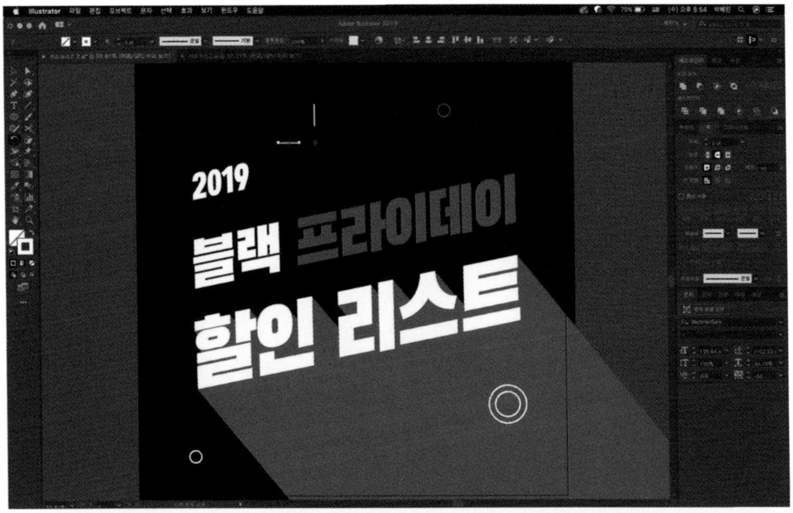


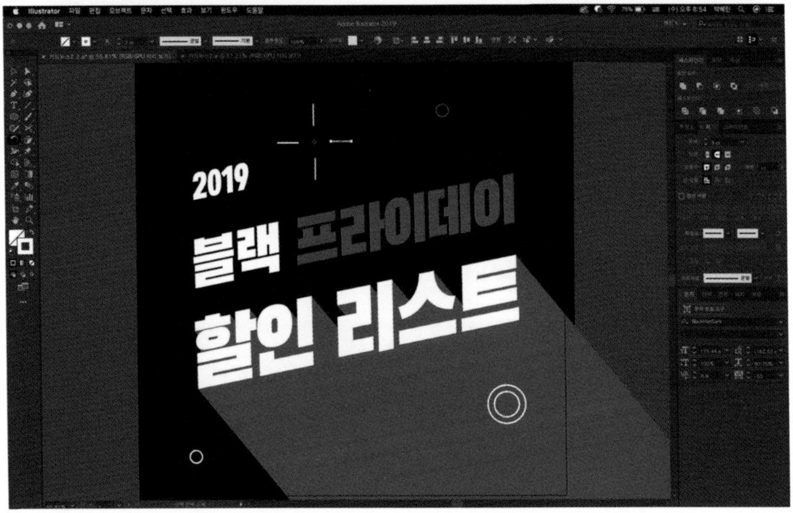

㊱ 만들어진 네 개의 획을 선택 도구로 모두 선택한 뒤, 획(Stroke) 패널에서 단면을 두 번째 선택지(둥근 단면)로 선택하고 획 두께를 4pt 정도로 조절해줍니다. Ctrl + G를 눌러 그룹으로 묶은 뒤 드래그로 크기도 적절하게 조절합니다.

**여기서 잠깐!**

Ctrl +G는 그룹 묶기의 단축키입니다. 그룹을 묶으면 한 개체만 선택해도 묶어 놓은 나머지 개체들까지 동시에 선택, 이동 됩니다. 반대로 그룹을 풀고 싶다면 Ctrl + Shift + G를 눌러주세요.

㊲ 앞의 내용을 반복하거나 복사 (Alt +드래그) 해서 적절한 위치에 배치합니다.

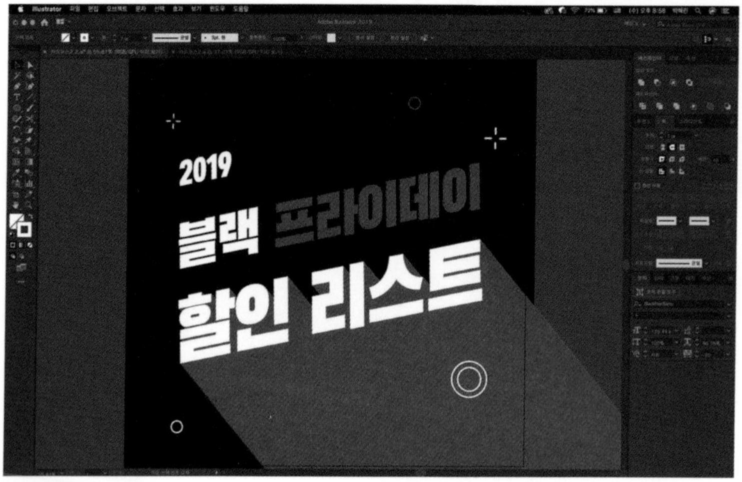

㊳ 마지막으로 로고가 있다면 로고를 넣어 완성해주세요.

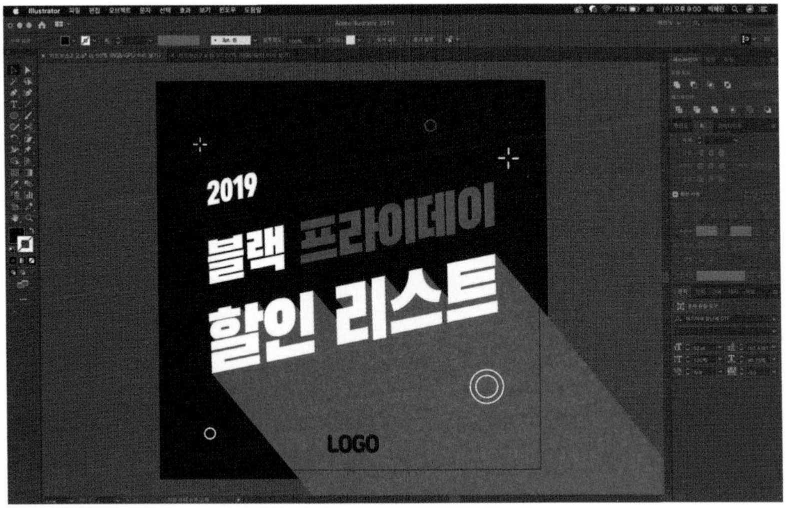


㊴ 이제 두 가지 형식의 파일로 저장해봅시다. 파일(File) → 저장(Save)을 눌러 추후에도 수정할 수 있도록 일러스트 파일로 저장합니다.

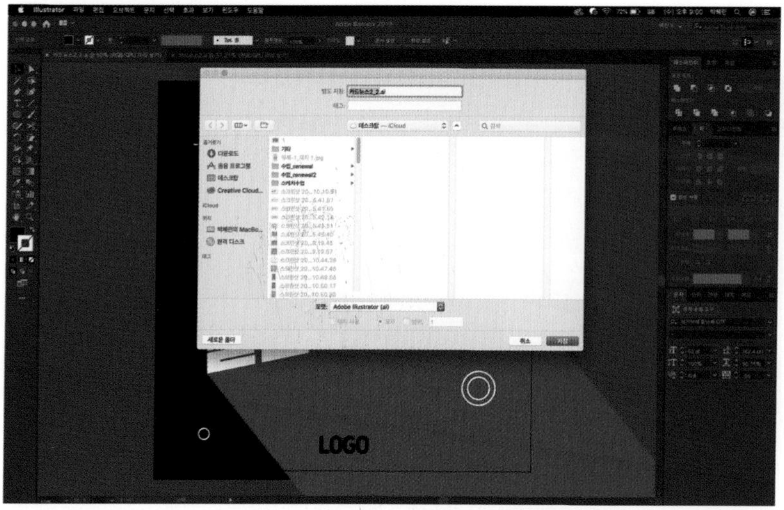

㊵ 파일(File) → 내보내기(Export) → 내보내기 형식(Export As)를 클릭해 JPEG 파일로 저장합니다.

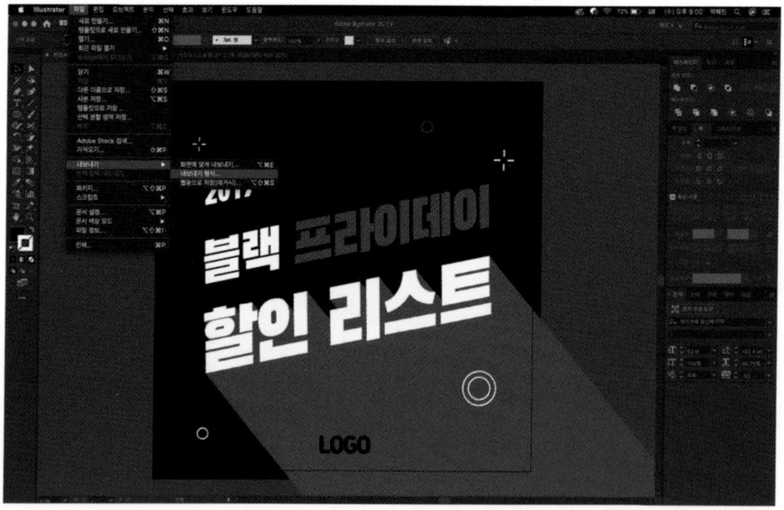

➔ 저장할 때 반드시 대지 사용(Use Artboard)을 클릭한 뒤 저장해주세요.

㊶ 저장된 이미지 파일(JPEG)를 확인합니다.

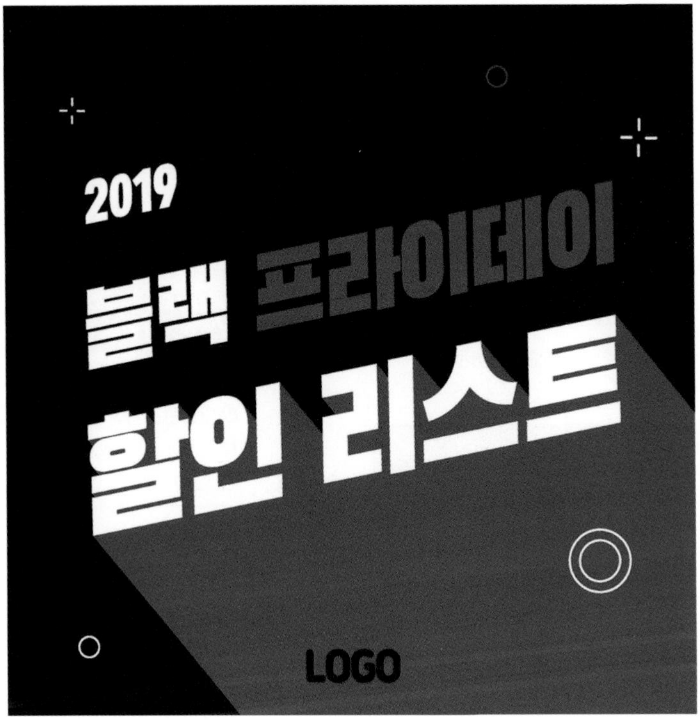

CHAPTER 02

서비스 홍보도 제대로!

# 인스타그램 광고 만들기

회사 제품을 더 센스 있게, 더 눈에 띄게 SNS에서 홍보하고 싶다면? 회사 웹사이트에 더 많은 사람들이 들어오게 만들고 싶다면? 일러스트를 이용하여 수많은 광고들, 게시물들 사이에서 우리 광고가 더 돋보일 수 있도록 디자인해봅시다.

## 1 이벤트 페이지 만들기

EVENT
SNS에 공유하고
기프티콘 받자!
| SNS에 공유하면 추첨을 통해 선물을 드립니다. |
아메리카노 (30명)
과일빙수(10명)
행사 기간 2019. 10.16 ~ 2019. 11.8
참여 방법 인스타그램, 페이스북에 게시물 공유 후 #이벤트 해시태그로 후기를 남겨주세요.
결과 발표 2019. 11. 13
이벤트 참여하러 가기

많은 기업들이 SNS 이벤트를 통해 제품이나 프로모션, 서비스를 홍보합니다. SNS에서 이벤트 홍보용으로 사용하기 좋은 광고 이미지를 만들어봅시다.

**여기서 배울 수 있는 기능**

❶ 둥근 사각형으로 버튼 만들기
❷ 고정점 추가 도구로 리본 모양 만들기
❸ 글자에 그림자 넣기
❹ 지그재그 모양 만들기

❶ 일러스트를 실행하고 ❶새로 만들기(New) → ❷모바일(Mobile) → ❸너비와 높이를 각각 900px로 입력한 뒤 → ❹제작(Create)을 눌러 SNS 업로드에 적합한 사이즈로 아트보드를 하나 만들어줍니다.

❷ Ctrl + 0을 눌러 아트보드를 화면 맞춤으로 정렬한 뒤, Ctrl + (-)를 두 번 정도 눌러서 아트보드 크기를 줄여줍니다. (배경색을 넣기 위함입니다.)

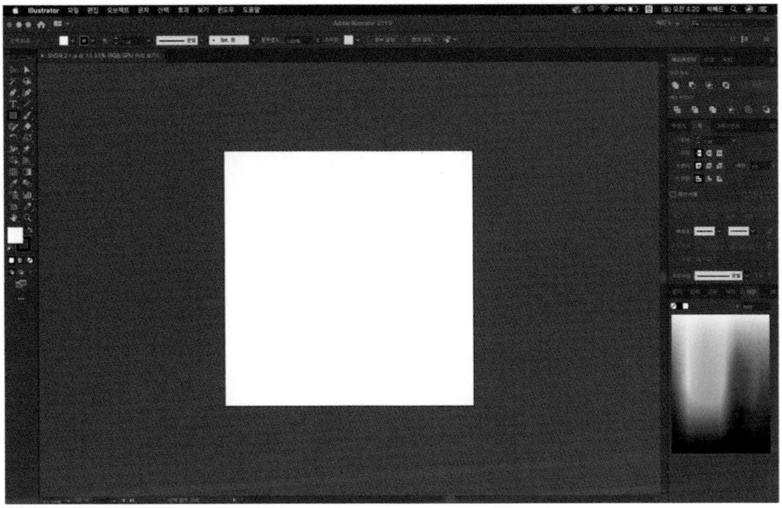

❸ ❶사각형 도구(■)를 선택한 뒤, ❷아트보드 사이즈보다 크게 드래그해 사각형을 그려줍니다.

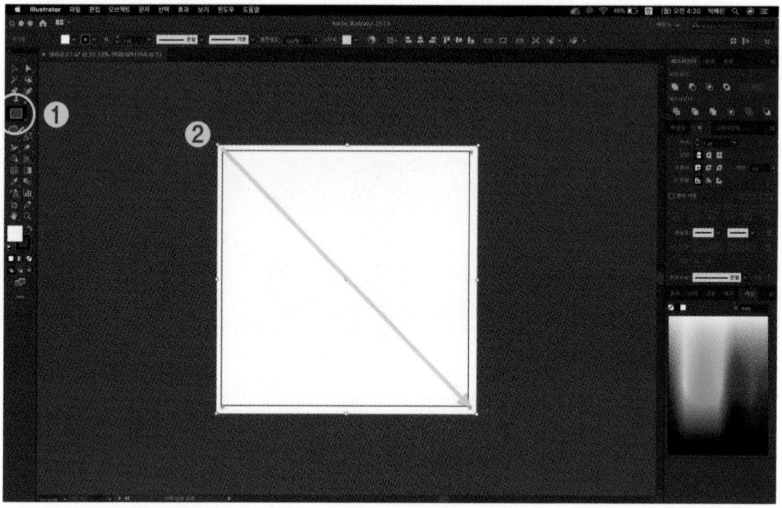


❹ ❶칠 모양(□)을 더블클릭해서 색상 피커 창을 연 뒤, ❷분홍색(#ff5069)으로 설정하고 ❸확인을 눌러 사각형 색을 바꿔줍니다.

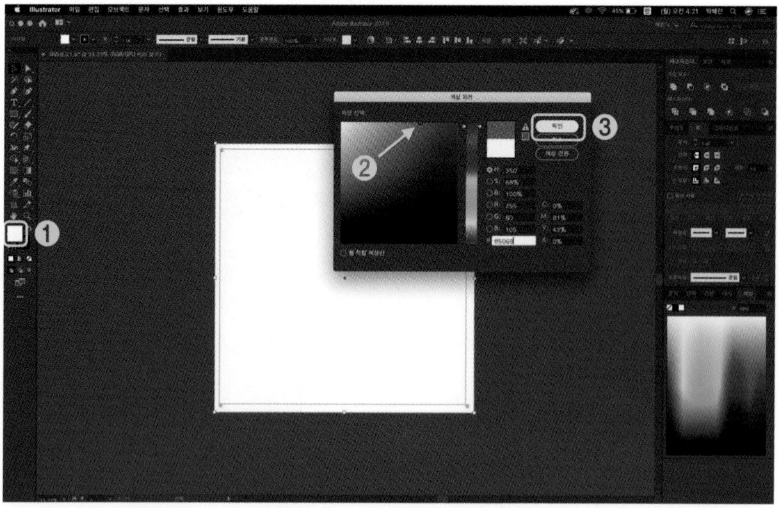

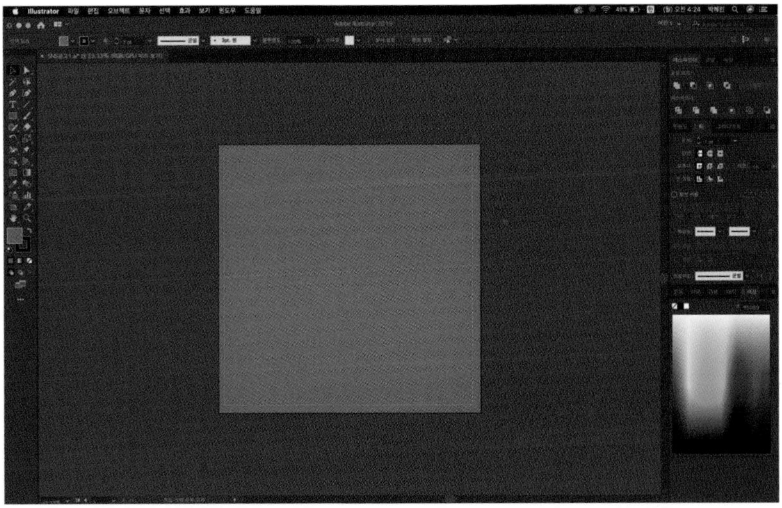

❺ Ctrl + 2를 눌러 분홍색 사각형이 움직이지 않도록 고정시킨 뒤, Ctrl + 0을 눌러 아트보드 크기를 키워줍니다.

❻ 사각형 도구( )를 길게 누른 뒤 둥근 사각형 도구( )를 선택합니다.

❼ 아트보드 하단 부분에서 드래그해 모서리가 둥근 사각형을 그려줍니다.

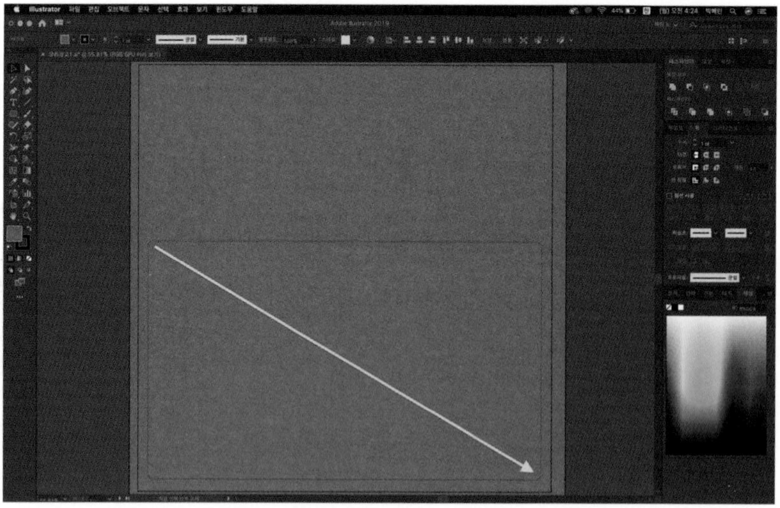

❽ ❶칠 모양(■)을 더블클릭해 ❷흰색(#ffffff)으로 설정하고 ❸확인을 눌러 사각형의 색을 흰색으로 바꿔줍니다.

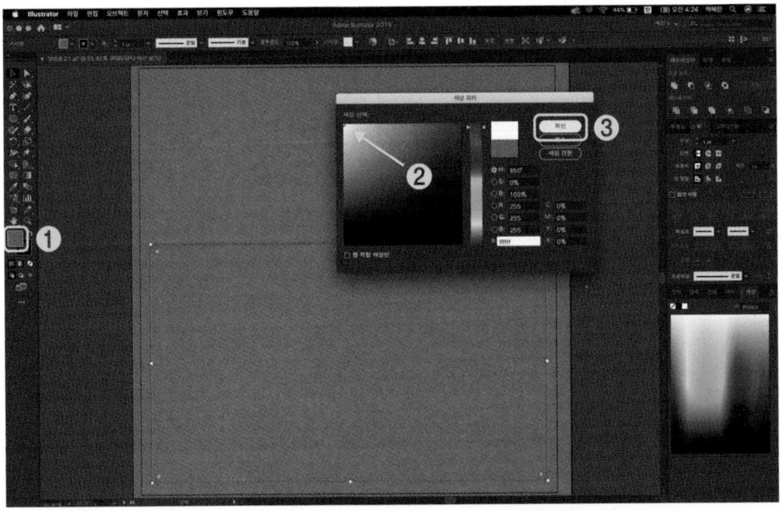

**여기서 잠깐!**

FFFFFF는 흰색의 컬러 넘버입니다. 검정색의 컬러 넘버는 000000입니다.

❾ Ctrl + 2를 눌러 방금 그린 사각형이 움직이지 않도록 고정시켜줍니다.

❿ 문자 도구(T)를 선택한 뒤, 아트보드를 한 번 클릭하고 메인이 되는 글자를 써줍니다.

EVENT
SNS에 공유하고
기프티콘 받자!

⑪ 글자를 드래그한 뒤 상단 제어 패널에서 폰트 종류, 크기, 정렬을 설정합니다.

➔ **여기서 쓰인 폰트:** 빙그레체, 자간 0, 크기 33pt / 64pt / 70pt)

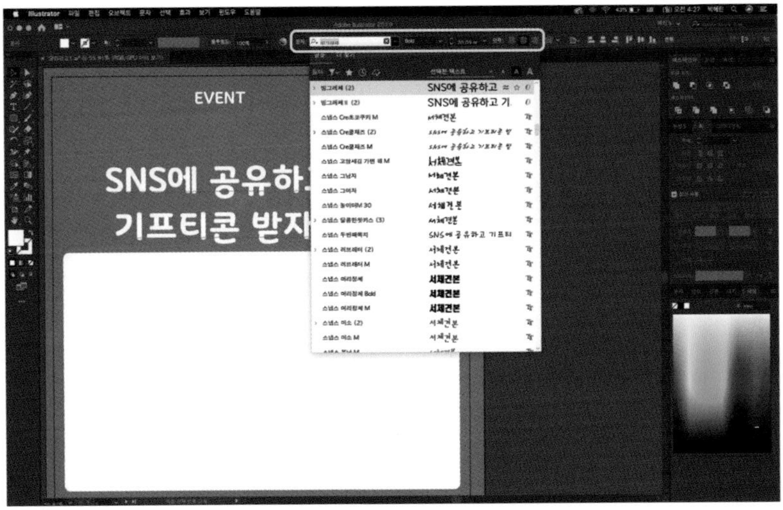
EVENT
SNS에 공유하고
기프티콘 받자

⑫ 글자를 가운데로 정렬시켜 봅시다. 우선 ❶선택 도구( )를 클릭하고 Shift를 누른 채로 ❷,❸두 글자를 각각 클릭해 같이 선택합니다.

EVENT
SNS에 공유하고
기프티콘 받자!

⓭ 제어 패널에서 ❶정렬 → ❷선택 항목에 정렬 모양(▦)을 클릭합니다. 정렬 글자가 없다면 제어 패널에서 바로 선택 항목에 정렬 모양(▦)을 클릭합니다.

정렬
1
2
EVENT
SNS에 공유하고
기프티콘 받자!

⓮ 대지에 정렬(▣)로 바꿔줍니다.

EVENT
SNS에 공유하고
기프티콘 받자!

⑮ '대지에 정렬'로 변경한 뒤, 가운데 정렬 모양(■)을 누르면 글자가 가운데로 정렬됩니다.

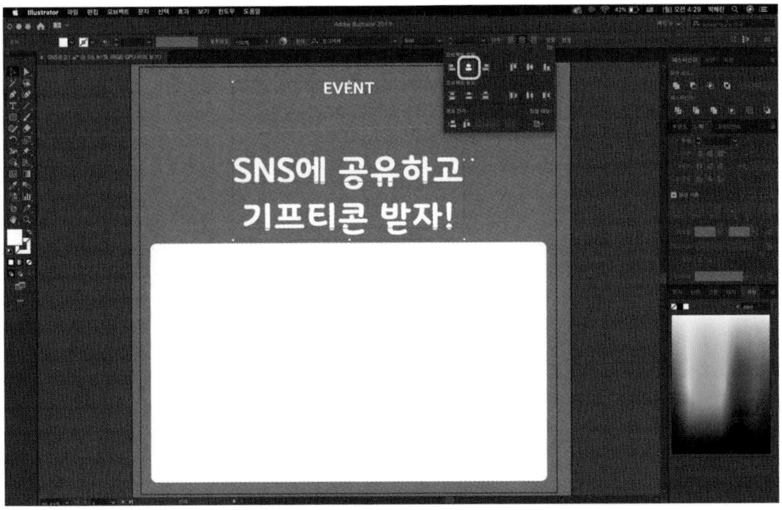
EVENT
SNS에 공유하고
기프티콘 받자!

⑯ 이번에는 EVENT 뒤에 리본 모양 박스를 넣어봅시다. 먼저 둥근 사각형 도구(■)를 길게 눌러서 다시 사각형 도구(■)를 선택합니다.

EVENT
SNS에 공유하고
기프티콘 받자!

⑰ 글자가 가려지게끔 사각형을 그립니다.

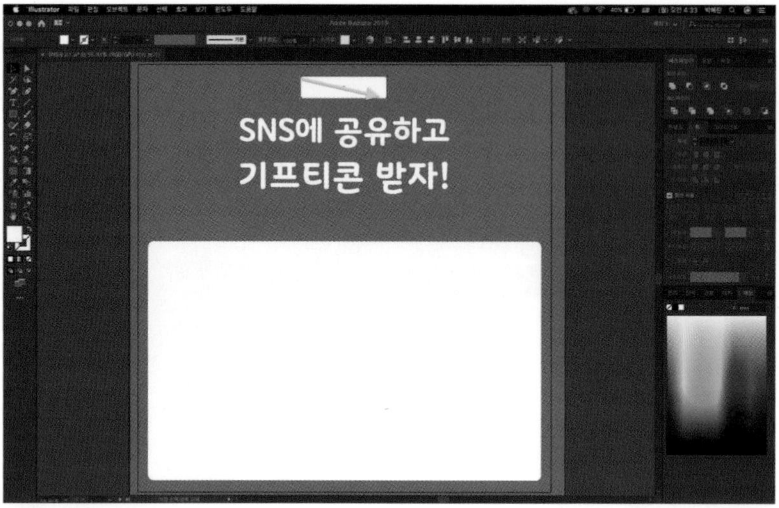
SNS에 공유하고
기프티콘 받자!

⑱ ❶칠 모양을 더블클릭한 뒤 열은 ❷노란색(#fdffa1)으로 선택하고 ❸확인을 눌러 사각형 색을 변경합니다.

SNS에 공
기프티콘
①
②
③

⓳ 펜 도구( )를 길게 눌러서 고정점 추가 도구( )를 선택합니다.

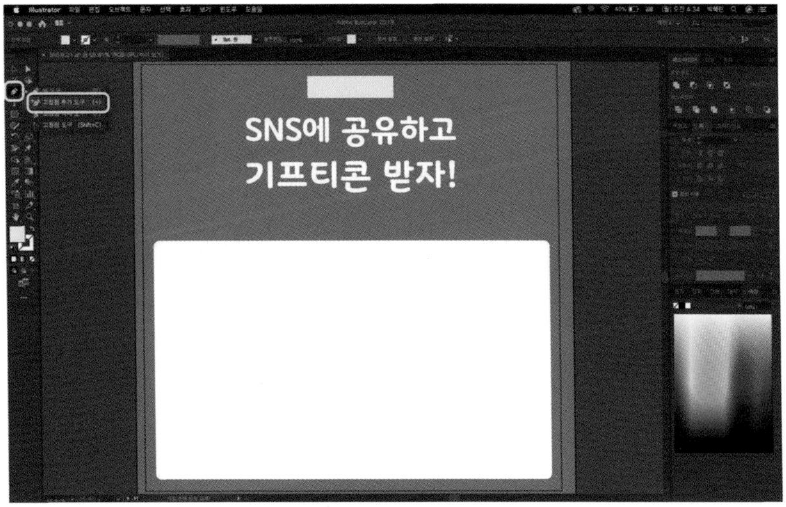
SNS에 공유하고
기프티콘 받자!

⓴ 사각형 양옆 부분의 중심을 각각 클릭합니다.

SNS에 공유하고
기프티콘 받자!

㉑ 직접 선택 도구(▶)로 방금 만들었던 고정점을 클릭한 후 안쪽으로 드래그합니다.

①
②
SNS에 공유하고
기프티콘 받자!

**여기서 잠깐!**

반드시 클릭 먼저 하신 후, 나중에 드래그를 해주셔야 선택한 점이 움직입니다.

㉒ 양쪽 동일하게 진행하면 리본이 완성됩니다.

SNS에 공유하고
기프티콘 받자!

㉓ 글씨가 보이게 리본 모양을 뒤로 옮겨 봅시다. Ctlr +[ 를 여러 번 눌러 뒤로 보내 줍니다.

EVENT
SNS에 공유하고
기프티콘 받자!

㉔ 글자가 더 잘 보이도록 글자 색을 바꿔봅시다. ❶글자가 클릭된 상태에서 ❷칠 모양(□)을 더블클릭한 뒤 ❸원하는 색을 지정하고 확인을 누릅니다.

1
EVENT
SNS에 공
기프티콘
3
2

㉕ 이번에는 원하는 글자 부분만 다른 색으로 변경해 봅시다. 문자 도구(T)를 선택한 뒤 색을 바꾸고 싶은 글자만 드래그합니다.

EVENT
SNS에 공유하고
기프티콘 받자!

㉖ 스포이드 도구( )를 선택하고 리본을 클릭해서 리본의 색과 동일한 색으로 글자 색을 변경합니다.

2
EVENT
SNS에 공유하고
기프티콘 받자!
1

㉗ PNG로 저장된 사진을 드래그해서 불러옵니다.

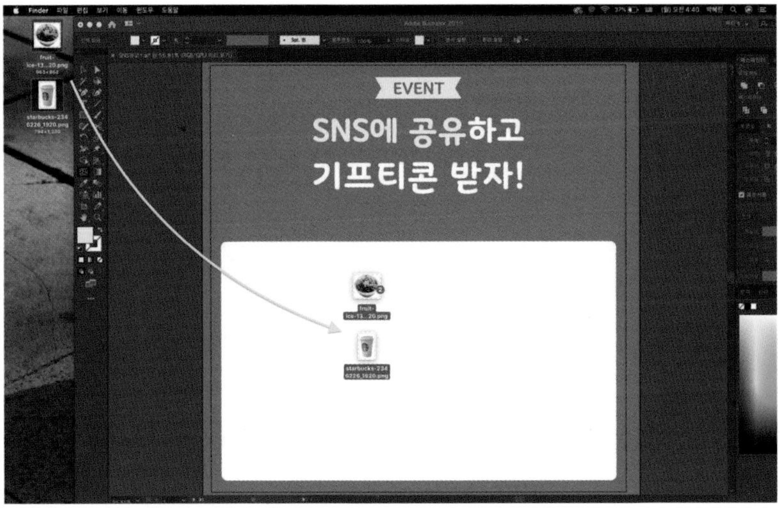
EVENT
SNS에 공유하고
기프티콘 받자!

㉘ 크기 및 위치를 조절해줍니다.

EVENT
SNS에 공유하고
기프티콘 받자!

㉙ 문자 도구(T)를 이용해 나머지 글자들도 써넣어 줍니다. (10~11번과 동일)

EVENT
SNS에 공유하고
기프티콘 받자!
| SNS에 공유하면 추첨을 통해 선물을 드립니다. |
아메리카노
(30명)
행사 기간 2019. 10.16 ~ 2019. 11.8
참여 방법 인스타그램, 페이스북에 게시물
공유 후 #이벤트 해시태그로 후기를
남겨주세요.
결과 발표 2019. 11. 13
과일빙수(10명)

㉚ 하단에 행동을 유도할 수 있는 버튼을 넣어봅시다. 먼저 사각형 도구(▢)를 길게 눌러 둥근 사각형 도구(▢)를 선택한 뒤 아트보드에 그려주고 컬러도 지정해줍니다. (18번과 동일)

➔ **여기서 쓰인 색:** #6c8cff

EVENT
SNS에 공유하고
기프티콘 받자!
| SNS에 공유하면 추첨을 통해 선물을 드립니다. |
아메리카노
(30명)
행사 기간 2019. 10.16 ~ 2019. 11.8
참여 방법 인스타그램, 페이스북에 게시물
공유 후 #이벤트 해시태그로 후기를
남겨주세요.
결과 발표 2019. 11. 13
과일빙수(10명)

**여기서 잠깐!**

모서리의 둥글기를 조절하고 싶다면, 각 모서리 근처에 있는 동그란 모양의 점을 드래그해주세요. 모서리 둥글기를 마음대로 조절할 수 있습니다.

㉛ 문자 도구(T)를 이용해 사각형 위에 글자를 써줍니다. (10~11번과 동일)

EVENT
SNS에 공유하고
기프티콘 받자!
| SNS에 공유하면 추첨을 통해 선물을 드립니다. |
아메리카노
(30명)
행사 기간 2019. 10.16 ~ 2019. 11.8
참여 방법 인스타그램, 페이스북에 게시물
공유 후 #이벤트 해시태그로 후기를
남겨주세요.
결과 발표 2019. 11. 13
과일빙수(10명)
이벤트 참여하러 가기

㉜ 둥근 사각형 도구를 이용해 행사 기간, 참여 방법, 결과 발표 글자 위에도 둥근 사각형을 그려줍니다. (30번과 동일)

EVENT
SNS에 공유하고
기프티콘 받자!
| SNS에 공유하면 추첨을 통해 선물을 드립니다. |
아메리카노
(30명)
2019. 10.16 ~ 2019. 11.8
인스타그램, 페이스북에 게시물
공유 후 #이벤트 해시태그로 후기를
남겨주세요.
2019. 11. 13
과일빙수(10명)
이벤트 참여하러 가기

㉝ 선택 도구( )를 선택하고 Shift를 누른 채로 방금 그린 세 사각형을 클릭해 한 번에 선택한 뒤 Ctrl +[ 를 여러 번 눌러 사각형을 글자 뒤로 보내줍니다.

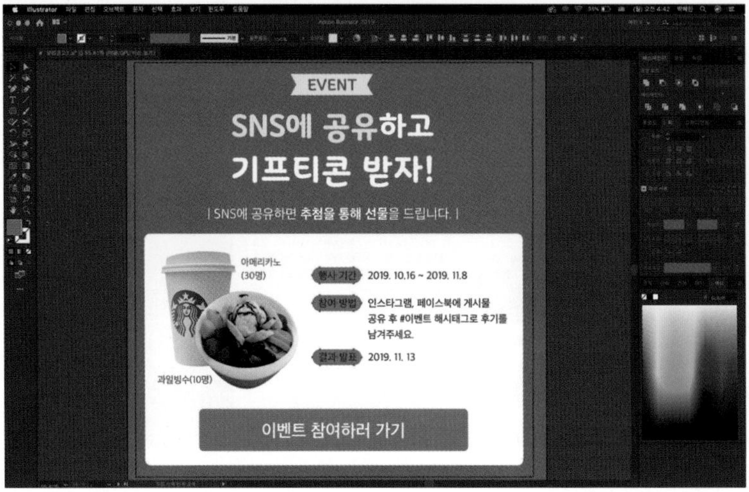
EVENT
SNS에 공유하고
기프티콘 받자!
| SNS에 공유하면 추첨을 통해 선물을 드립니다. |
아메리카노
(30명)
행사 기간
2019. 10.16 ~ 2019. 11.8
참여 방법
인스타그램, 페이스북에 게시물
공유 후 #이벤트 해시태그로 후기를
남겨주세요.
결과 발표
2019. 11. 13
과일빙수(10명)
이벤트 참여하러 가기

㉞ 글자 색을 흰색으로 바꿔 눈에 잘 보이게 만들어 줍니다. 글자 색 변경은 도형 색 변경과 동일하게 칠 모양을 눌러 변경해줄 수 있습니다. (18번)

EVENT
SNS에 공유하고
기프티콘 받자!
| SNS에 공유하면 추첨을 통해 선물을 드립니다. |
아메리카노
(30명)
행사 기간
2019. 10.16 ~ 2019. 11.8
참여 방법
인스타그램, 페이스북에 게시물
공유 후 #이벤트 해시태그로 후기를
남겨주세요.
결과 발표
2019. 11. 13
과일빙수(10명)
이벤트 참여하러 가기

㉟ 작업물 퀄리티를 좀 더 높이기 위해 그림자를 넣어봅시다. 먼저 선택 도구( )로 그림자 넣을 개체들을 Shift 누른 채로 모두 선택합니다.

EVENT
SNS에 공유하고
기프티콘 받자!
| SNS에 공유하면 추첨을 통해 선물을 드립니다. |
아메리카노
(30명)
행사 기간
2019. 10.16 ~ 2019. 11.8
참여 방법
인스타그램, 페이스북에 게시물
공유 후 #이벤트 해시태그로 후기를
남겨주세요.
결과 발표
2019. 11. 13
과일빙수(10명)
이벤트 참여하러 가기

㊱ 효과(Effect) → 스타일화(Stylize) → 그림자 만들기(Drop Shadow)를 눌러줍니다.

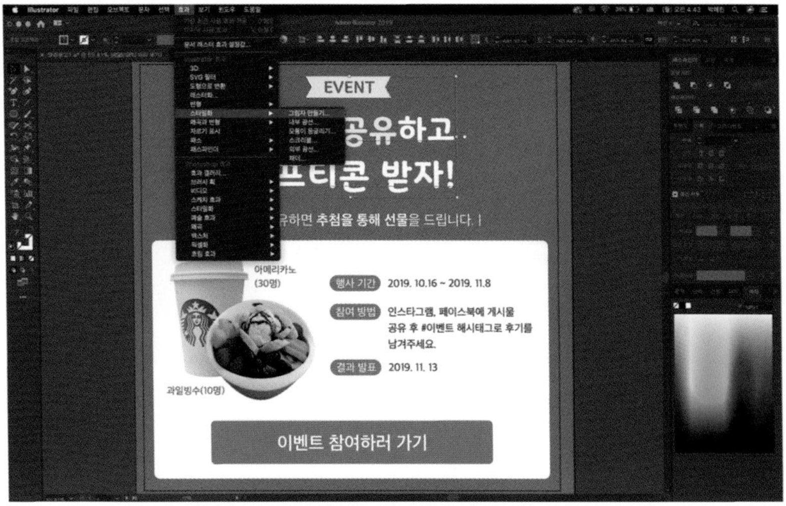
EVENT
공유하고
프티콘 받자!
유하면 추첨을 통해 선물을 드립니다. |
아메리카노
(30명)
행사 기간
2019. 10.16 ~ 2019. 11.8
참여 방법
인스타그램, 페이스북에 게시물
공유 후 #이벤트 해시태그로 후기를
남겨주세요.
결과 발표
2019. 11. 13
과일빙수(10명)
이벤트 참여하러 가기

㊲ 미리보기를 클릭하고 적절하게 수치를 조절한 뒤 확인을 누릅니다.

➔ **여기서 사용된 값:** 불투명도 30%, X옵셋 2px, Y옵셋 1px, 흐림 효과 2px, 색상 검정

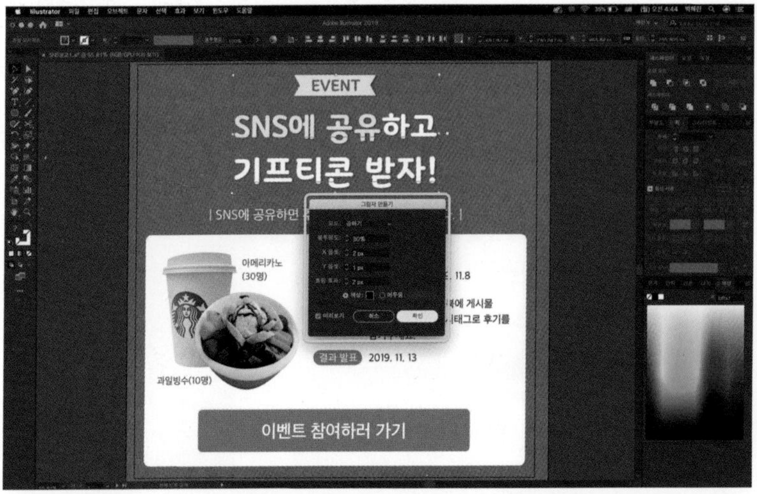
EVENT
SNS에 공유하고
기프티콘 받자!
아메리카노
(30명)
과일빙수(10명)
결과 발표
2019. 11. 13
이벤트 참여하러 가기

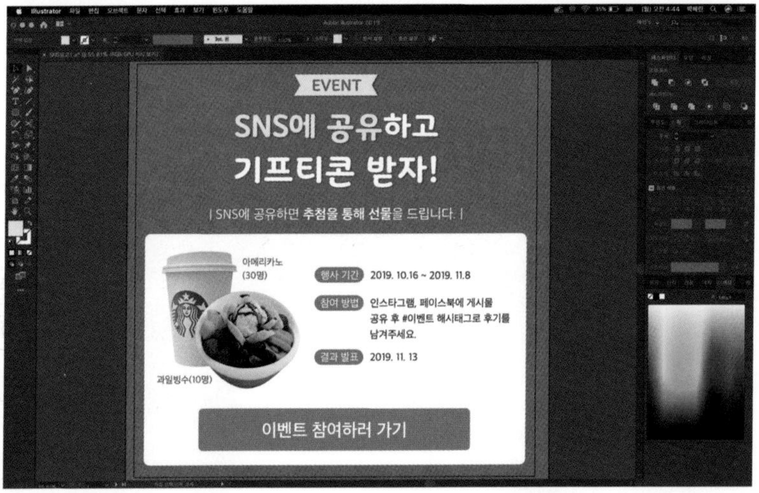
EVENT
SNS에 공유하고
기프티콘 받자!
| SNS에 공유하면 추첨을 통해 선물을 드립니다. |
아메리카노
(30명)
행사 기간
2019. 10.16 ~ 2019. 11.8
참여 방법
인스타그램, 페이스북에 게시물
공유 후 #이벤트 해시태그로 후기를
남겨주세요.
결과 발표
2019. 11. 13
과일빙수(10명)
이벤트 참여하러 가기

㊳ 주변을 꾸며 주기 위해 지그재그 모양을 넣어봅시다. 우선 선 도구( )를 클릭한 뒤 드래그해 짧은 선을 하나 그려줍니다.

EVENT
SNS에 공유하고
기프티콘 받자!
| SNS에 공유하면 추첨을 통해 선물을 드립니다. |
아메리카노
(30명)
행사 기간
2019. 10.16 ~ 2019. 11.8
참여 방법
인스타그램, 페이스북에 게시물
공유 후 #이벤트 해시태그로 후기를
남겨주세요.
결과 발표
2019. 11. 13
과일빙수(10명)
이벤트 참여하러 가기

㊴ 획(Stroke) 패널에서 획 두께를 6pt 정도로 설정해주고, 단면과 모퉁이를 두 번째 선택지인 둥근 단면( ), 둥근 모퉁이( )로 선택해 선의 단면을 둥글게 만들어줍니다.

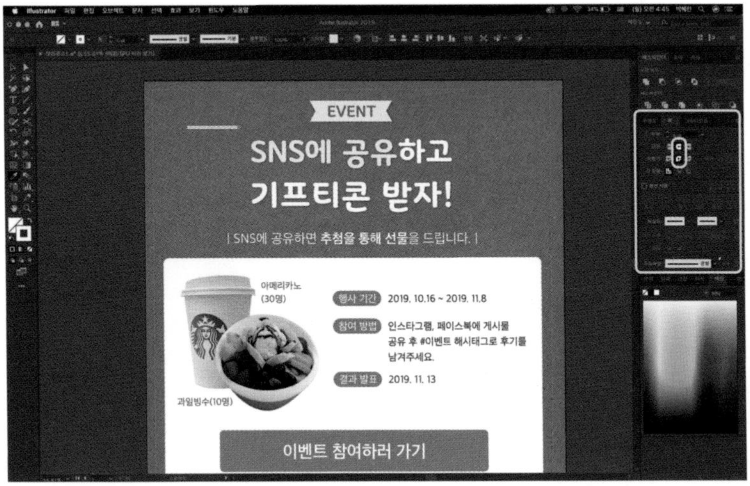
EVENT
SNS에 공유하고
기프티콘 받자!
| SNS에 공유하면 추첨을 통해 선물을 드립니다. |
아메리카노
(30명)
행사 기간
2019. 10.16 ~ 2019. 11.8
참여 방법
인스타그램, 페이스북에 게시물
공유 후 #이벤트 해시태그로 후기를
남겨주세요.
결과 발표
2019. 11. 13
과일빙수(10명)
이벤트 참여하러 가기

**여기서 잠깐!**

단면, 모퉁이 옵션이 보이지 않는다면 획 패널 글씨 우측 더 보기 아이콘을 눌러 옵션 표시를 활성화해준 뒤 진행해주세요.

㊵ 효과(Effect) → 왜곡과 변형(Distort & Transform) → 지그재그(Zig Zag)를 선택합니다.

EVENT
에 공유하고
기프티콘 받자!
에 공유하면 추첨을 통해 선물을 드립니다. |
아메리카노
(30명)
행사 기간
2019. 10.16 ~ 2019. 11.8
참여 방법
인스타그램, 페이스북에 게시물
공유 후 #이벤트 해시태그로 후기를
남겨주세요.
결과 발표
2019. 11. 13
과일빙수(10명)
이벤트 참여하러 가기

㊶ 크기 10px, 선분별 이랑 4로 설정하고 확인을 누릅니다.

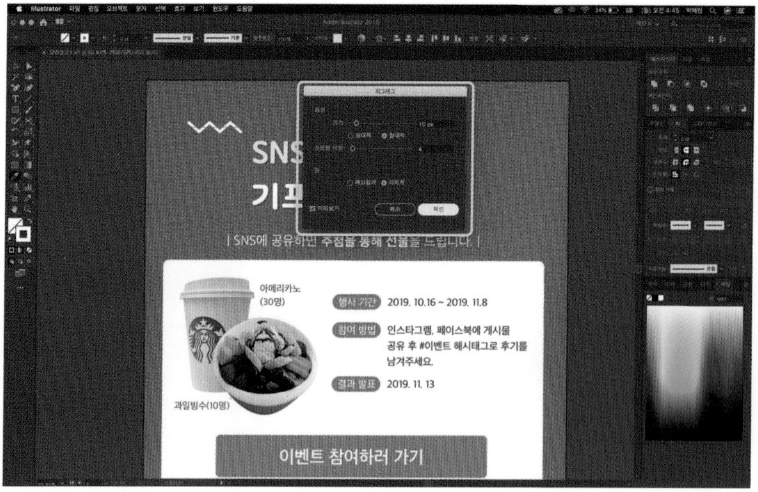
SNS
기프
| SNS에 공유하면 추첨을 통해 선물을 드립니다. |
아메리카노
(30명)
행사 기간
2019. 10.16 ~ 2019. 11.8
참여 방법
인스타그램, 페이스북에 게시물
공유 후 #이벤트 해시태그로 후기를
남겨주세요.
결과 발표
2019. 11. 13
과일빙수(10명)
이벤트 참여하러 가기

㊷ 38~41번 과정을 반복해 선과 지그재그, 그리고 도형을 이용해 꾸며줍니다.

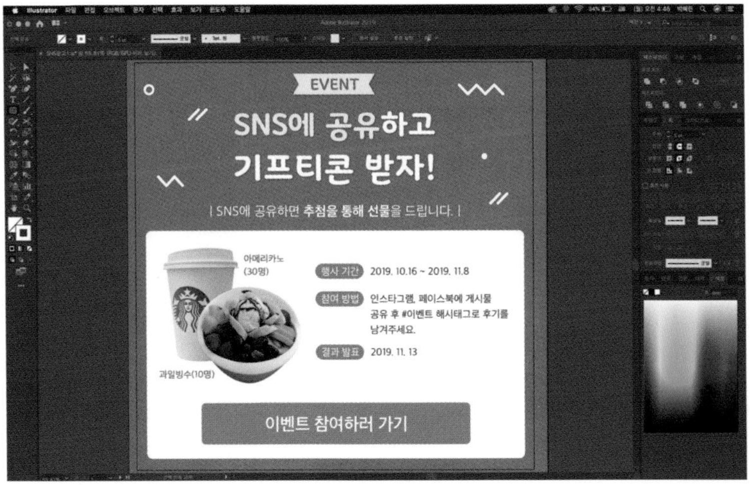
EVENT
SNS에 공유하고
기프티콘 받자!
| SNS에 공유하면 추첨을 통해 선물을 드립니다. |
아메리카노
(30명)
행사 기간 2019. 10.16 ~ 2019. 11.8
참여 방법 인스타그램, 페이스북에 게시물
공유 후 #이벤트 해시태그로 후기를
남겨주세요.
결과 발표 2019. 11. 13
과일빙수(10명)
이벤트 참여하러 가기

㊸ 일러스트(AI), JPEG 두 가지 형식으로 저장을 해봅시다. 먼저 파일(File) → 저장(Save)을 눌러 일러스트 원본 파일(AI)로 저장합니다.

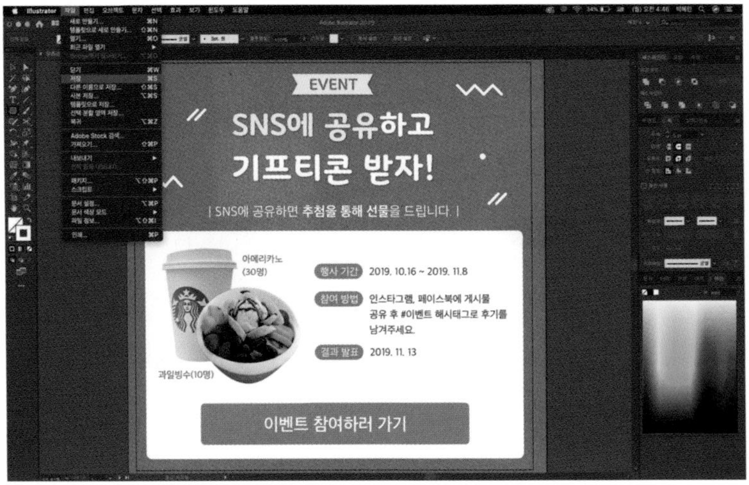
EVENT
SNS에 공유하고
기프티콘 받자!
| SNS에 공유하면 추첨을 통해 선물을 드립니다. |
아메리카노
(30명)
행사 기간 2019. 10.16 ~ 2019. 11.8
참여 방법 인스타그램, 페이스북에 게시물
공유 후 #이벤트 해시태그로 후기를
남겨주세요.
결과 발표 2019. 11. 13
과일빙수(10명)
이벤트 참여하러 가기

㊹ 파일(File) → 내보내기(Export) → 내보내기 형식(Export As)을 클릭해 JPEG 파일로도 저장합니다.

EVENT
SNS에 공유하고
프티콘 받자!
| SNS에 공유하면 추첨을 통해 선물을 드립니다. |
아메리카노
(30명)
행사 기간
2019. 10.16 ~ 2019. 11.8
참여 방법
인스타그램, 페이스북에 게시물
공유 후 #이벤트 해시태그로 후기를
남겨주세요.
결과 발표
2019. 11. 13
과일빙수(10명)
이벤트 참여하러 가기

결과 발표
2019. 11. 13
과일빙수(10명)
이벤트 참여하러 가기

➜ JPEG 파일 형식을 선택한 뒤 반드시 대지 사용(Use Artboard)을 체크하고 저장해주세요.

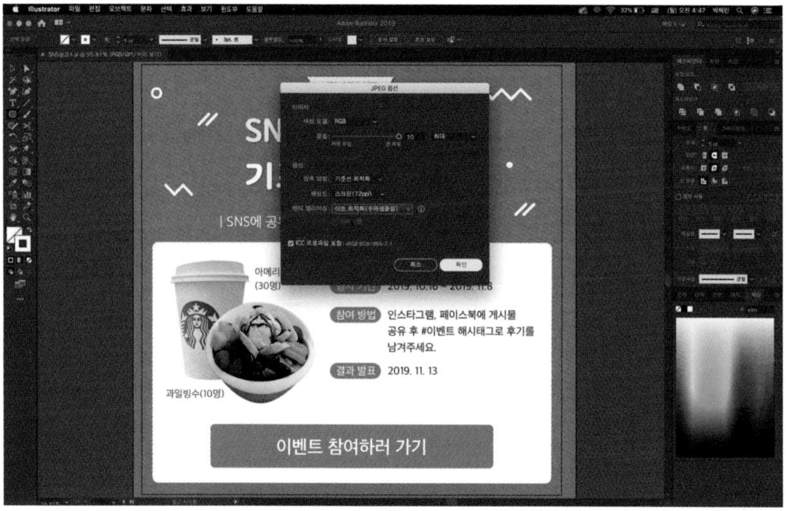

➔ 최종 저장 시 앤티 앨리어싱을 아트 최적화로 바꿔주시면 좋습니다.

㊺ 저장된 이미지 파일을 확인합니다.

EVENT
SNS에 공유하고
기프티콘 받자!
| SNS에 공유하면 추첨을 통해 선물을 드립니다. |
아메리카노
(30명)
행사 기간 2019. 10.16 ~ 2019. 11.8
참여 방법 인스타그램, 페이스북에 게시물
공유 후 #이벤트 해시태그로 후기를
남겨주세요.
결과 발표 2019. 11. 13
과일빙수(10명)
이벤트 참여하러 가기

## 2 쿠폰이 포함된 광고 만들기

지금 가입하면
1만원 즉시할인
• 신규 가입 쿠폰 •
10,000원
*아이디 당 1회 / 타 쿠폰과 중복 사용 불가
쿠폰 받으러 가기 >
주의 사항
앱 다운로드 후 마이페이지에서 확인하실 수 있습니다.
해당 쿠폰은 신규 회원가입자에게만 해당됩니다.
해당 쿠폰은 아이디당 1회, 타 쿠폰과 중복 사용이 불가합니다.

할인 쿠폰은 소비자를 유입시키기 가장 좋은 광고 소재입니다. 할인 쿠폰, 이벤트 쿠폰, 첫 결제 쿠폰 등 쿠폰이 포함된 페이지를 만들어봅시다.

**여기서 배울 수 있는 기능**

❶ 패스파인더로 쿠폰 모양 만들기
❷ 그라데이션 넣기
❸ 패스 이동을 활용하여 쿠폰에 선 넣기

**심화과정**

❶ 일러스트 이미지 다운로드 받기
❷ SVG 이미지 사용하기

❶ 일러스트를 켜서, ❶새로 만들기(New) → ❷모바일(Mobile) → ❸너비와 높이를 각각 900px로 입력한 뒤 → ❹제작(Create)을 눌러 SNS에 적합한 사이즈로 아트보드를 하나 만듭니다.

❷ 배경에 색을 넣기 위해, Ctrl + 0을 눌러 아트보드를 화면 맞춤으로 정렬한 뒤 Ctrl + (-)를 두 번 정도 눌러서 아트보드 크기를 줄여줍니다.

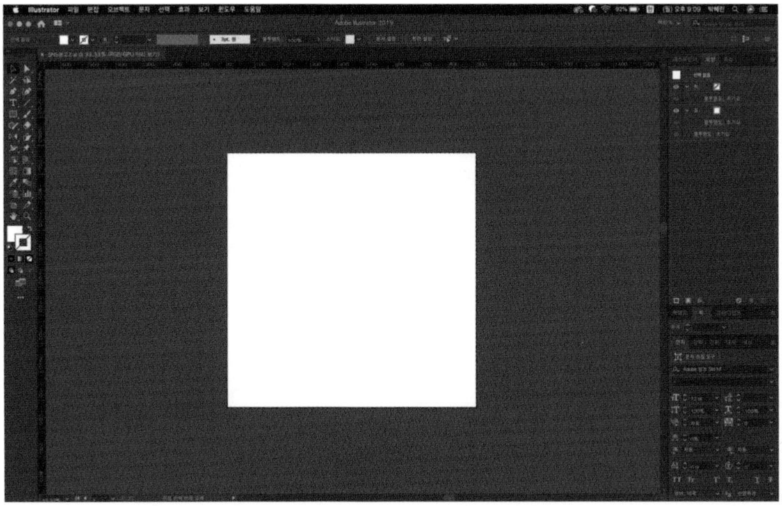

❸ ❶칠 모양(□)을 더블클릭해서 ❷배경에 들어갈 색을 지정하고 ❸확인을 누릅니다. 선 모양(■)은 클릭 후 없음 표시(▨)를 눌러 색을 없애줍니다.

→ **여기서 쓰인 색:** #6df7dd

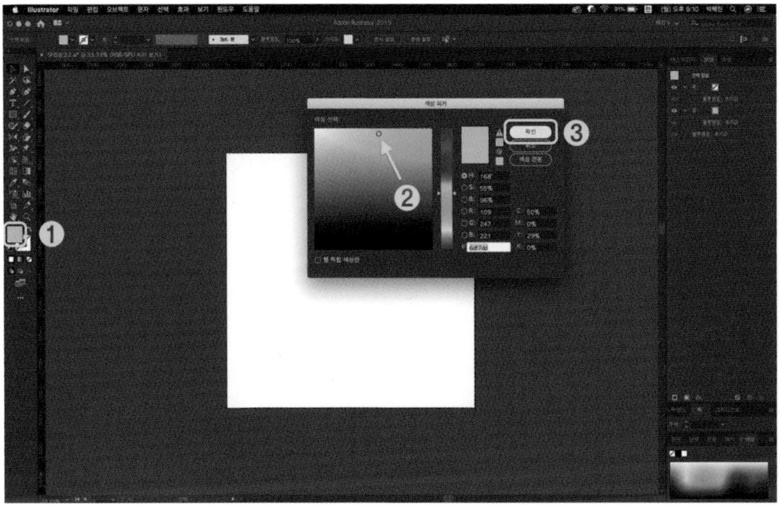

❹ ❶사각형 도구(■)를 클릭한 뒤 ❷드래그해서 아트보드 사이즈보다 살짝 큰 사각형을 그려 배경색을 채워줍니다. 사각형이 선택된 상태로 Ctrl + 2를 눌러 배경을 고정시켜줍니다.

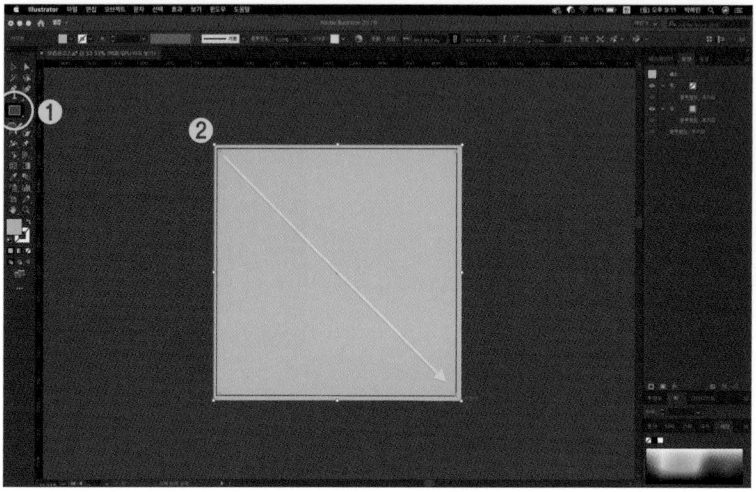

❺ 이번에는 하단 부분에 분홍색(#ff618e) 사각형을 그려봅시다. 마찬가지로 사각형을 그려준 후 Ctrl +2로 고정시켜줍니다. (3~4번과 동일)

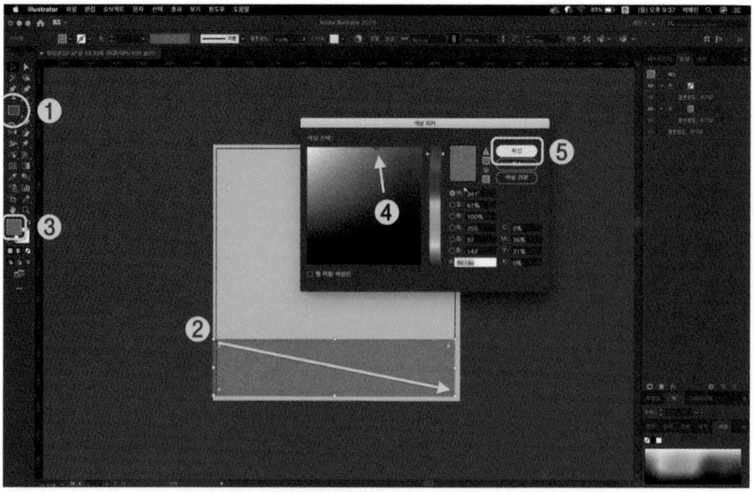

❻ 이번에는 쿠폰 모양을 만들어 봅시다. 우선 사각형 도구(■)를 길게 눌러 둥근 사각형 도구(■)를 선택하고 아트보드에 둥근 사각형을 그려줍니다.

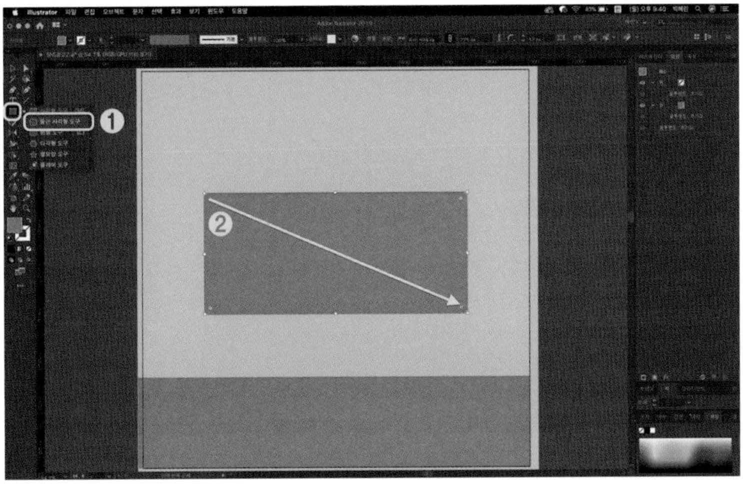

❼ 그다음 다시 둥근 사각형 도구(■)를 길게 눌러 원형 도구(●)를 클릭하고 사각형 우측 부분에 원을 겹치도록 그려줍니다.

**여기서 잠깐!**

타원이 아니라 원을 그리고 싶다면 원을 그리는 도중 Shift를 함께 눌러주세요. Shift는 비율 고정의 단축키입니다.

❽ 두 도형을 전체 드래그하거나 혹은 Shift를 누른 채로 같이 선택합니다.

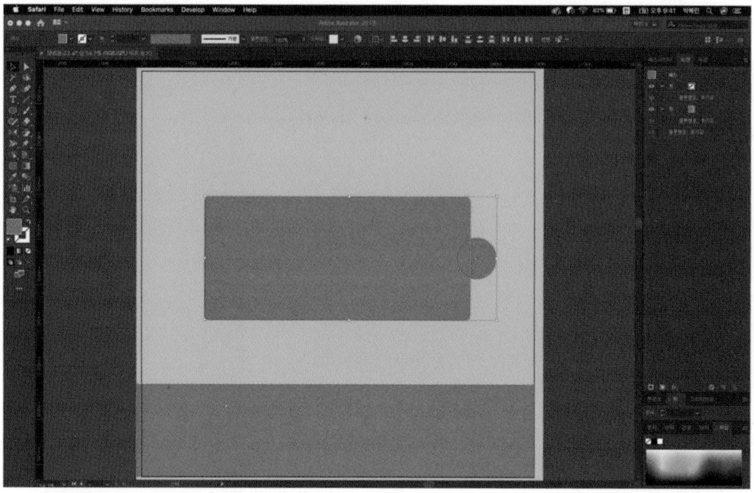

❾ 패스파인더(Pathfinder) 패널에서 두 번째에 위치한 앞면 오브젝트 제외()를 눌러 사각형에서 원 모양이 제외되도록 만들어줍니다.

⑩ 이번에는 쿠폰 안에 쿠폰 모양과 동일한 선을 넣어 봅시다. 먼저 오브젝트(Object) 창에서 → 패스(Path) → 패스 이동(Offset Path)을 눌러줍니다.

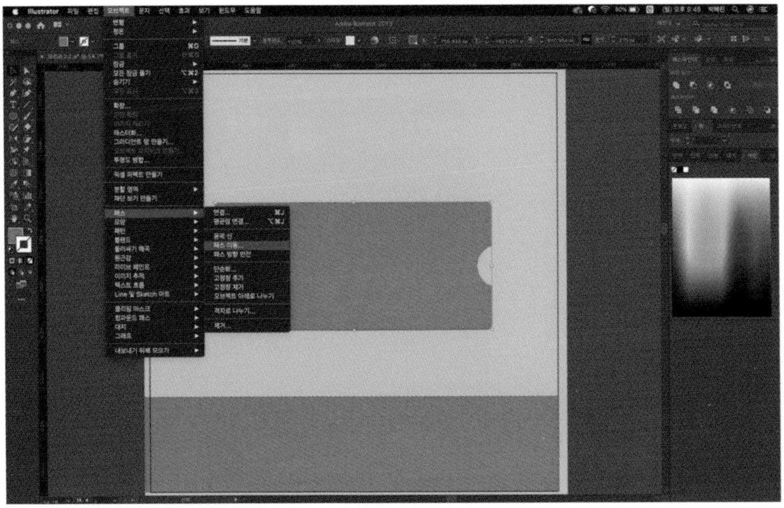

⑪ 이동(Offset)을 -20px로 설정한 뒤 확인을 누릅니다.

⑫ 칠(□)은 없음(☒), 선(■)은 흰색으로 지정하고 확인을 눌러 흰색 선만 남도록 만듭니다.

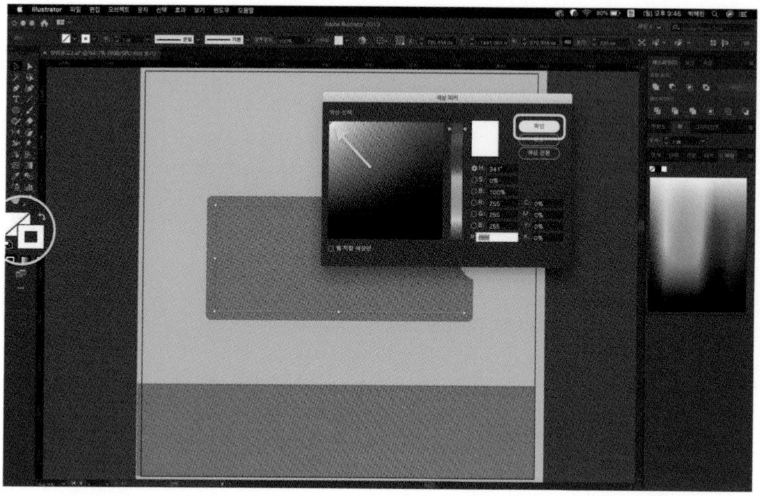

⑬ 만들어진 선의 모퉁이만 약간 둥글게 만들어 봅시다. 직접 선택 도구(▶)를 클릭한 뒤 Shift를 누른 채로 네 모퉁이의 파란 점을 클릭해 둥글기를 조절할 부분을 선택해 줍니다.

⑭ 귀퉁이 근처의 동그란 점을 안쪽으로 드래그해 둥글기를 조절해줍니다.

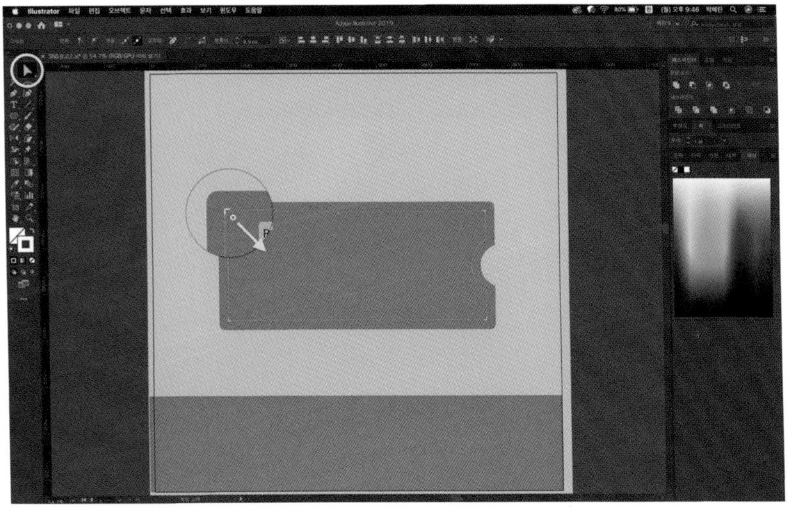

⑮ 쿠폰 모양에 그라데이션을 넣어 봅시다. 선택 도구(▶)로 쿠폰 모양을 클릭해 선택합니다.

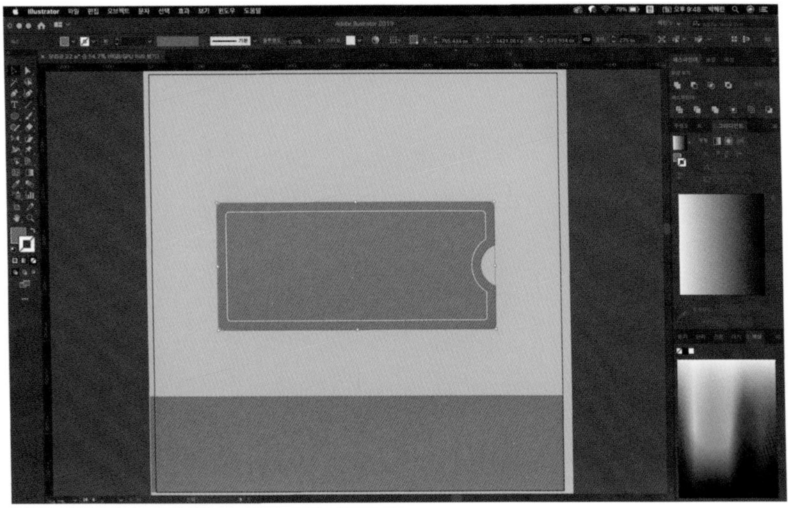

⑯ 그라디언트(Gradient) 패널에서 칠 모양(■)을 드래그해 그라데이션 박스 안으로 끌어넣습니다.

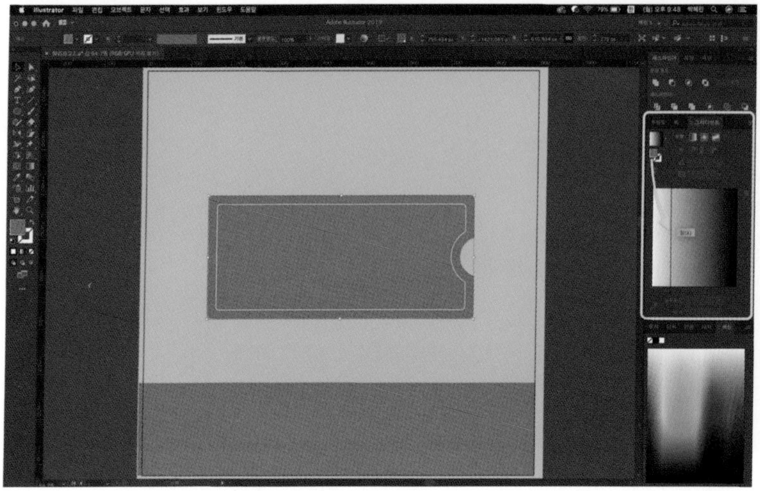

⑰ 생성된 그라데이션에서 필요 없는 색은 아래로 드래그해서 빼줍니다.

⓲ 그라디언트 패널에서 바꾸고 싶은 색상은 ❶점(혹은 화살표)을 클릭한 뒤,❷칠 모양(■)을 더블클릭해 ❸원하는 색으로 지정하고(#ff3a70) ❹ 확인을 눌러주면 됩니다.

⓳ 그라디언트 패널에서 점을 드래그하면 색의 범위도 조절할 수 있습니다.

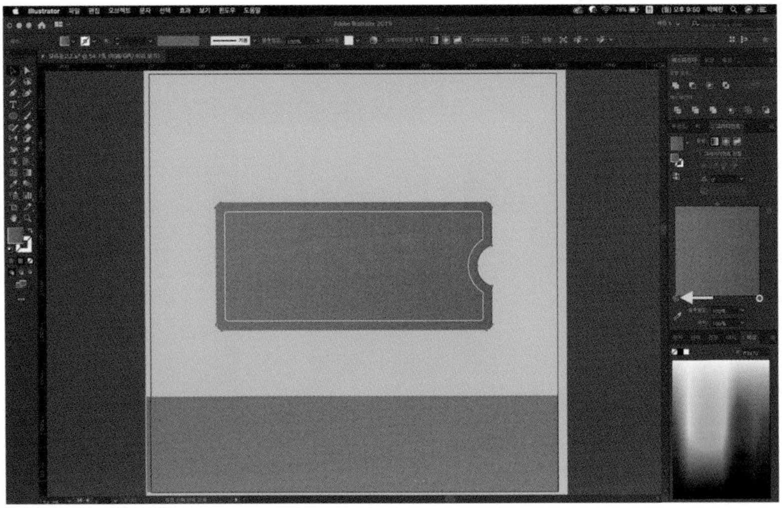

⑳ 이번엔 그라데이션의 방향을 설정해봅시다. ❶그라디언트 도구(■)를 클릭한 다음, 쿠폰 위에서 ❷드래그해 방향을 지정해주면 됩니다.

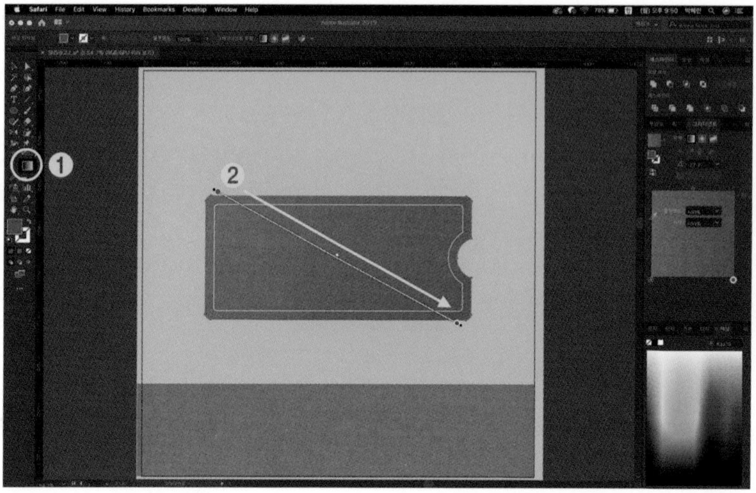


㉑ 쿠폰에 그림자를 넣어 봅시다. 효과(Effect) → 스타일화(Stylize) → 그림자 만들기(Drop Shadow)를 클릭합니다.

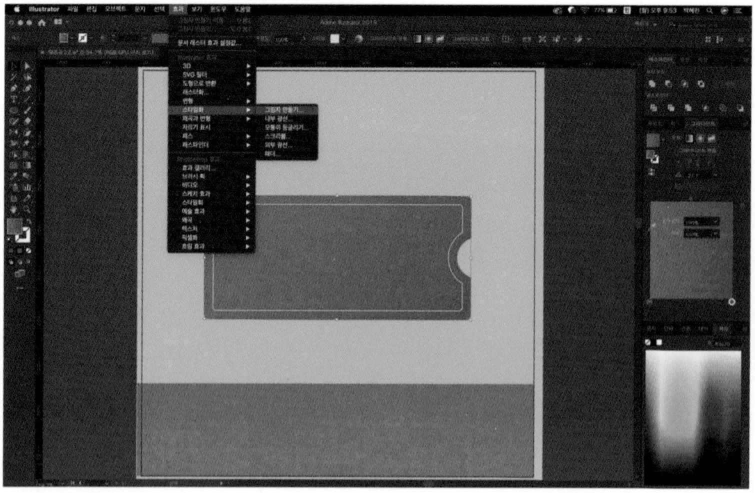

㉒ 불투명도와 옵셋(위치) 등을 설정한 뒤 확인을 누릅니다.

➔ **여기서 사용한 설정:** 21%, 7px, 7px, 7px, #2d2d2d

㉓ 선택 도구( )로 쿠폰을 선택해 적절한 위치에 배치한 뒤 Ctrl + 2를 눌러 더 이상 움직이지 않도록 고정시켜줍니다.

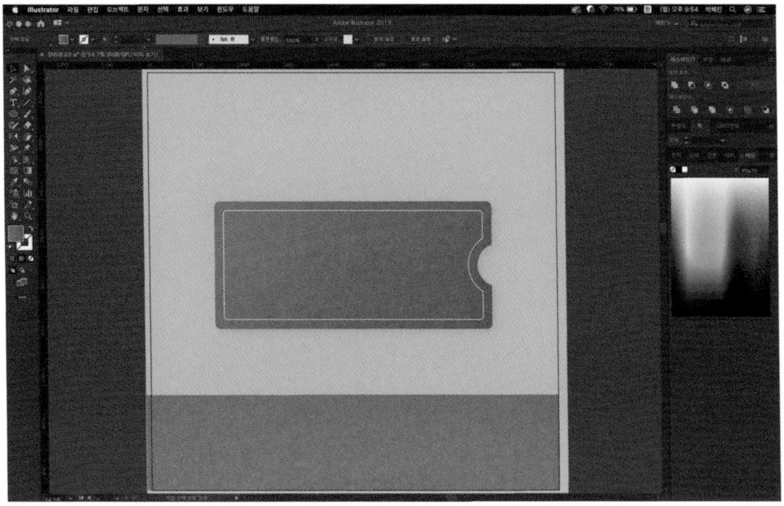

㉔ 문자 도구(T)를 선택한 뒤 아트보드를 한 번 클릭하고 글자를 써줍니다.

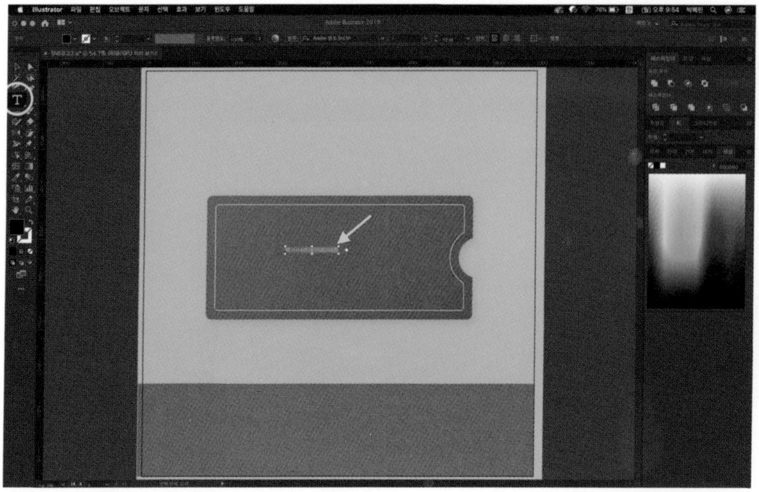

㉕ 폰트 종류, 크기, 정렬 등은 글자를 드래그한 후 제어 패널에서, 컬러는 도형과 마찬가지로 도구 패널의 칠 모양에서 변경하실 수 있습니다.

➜ **여기서 쓰인 폰트:** Apple SD 산돌고딕 Neo

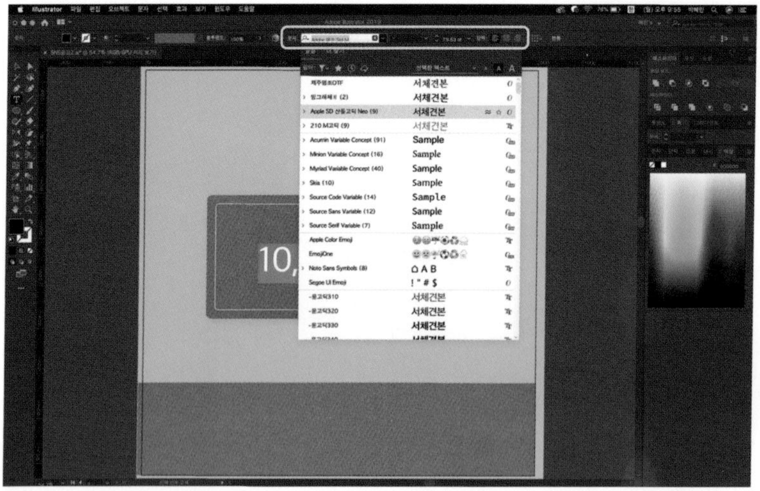

㉖ 동일한 방법으로 쿠폰 내의 글자들을 다 써줍니다.

㉗ Ctrl +(+)로 화면을 확대한 다음, '신규 가입 쿠폰' 양쪽에 원형 도구( )를 이용해 원을 두 개 그려줍니다.

**여기서 잠깐!**

두 원의 크기를 동일하게 하려면, 원을 한 개 그린 후 선택 도구로 선택하고, Alt를 누른 채 드래그해 복사해서 사용해주세요.

㉘ Ctrl + 0을 눌러 전체 화면으로 다시 돌아온 뒤, 하단의 글자들을 써줍니다. (24~25번 과 동일)

• 신규 가입 쿠폰 •
10,000원
주의 사항
앱 다운로드 후 마이페이지에서 확인하실 수 있습니다.
해당 쿠폰은 신규 회원가입자에게만 해당됩니다.
해당 쿠폰은 아이디당 1회, 타 쿠폰과 중복 사용이 불가합니다.

㉙ 선 도구( )를 사용해 구분선을 그려줍니다.

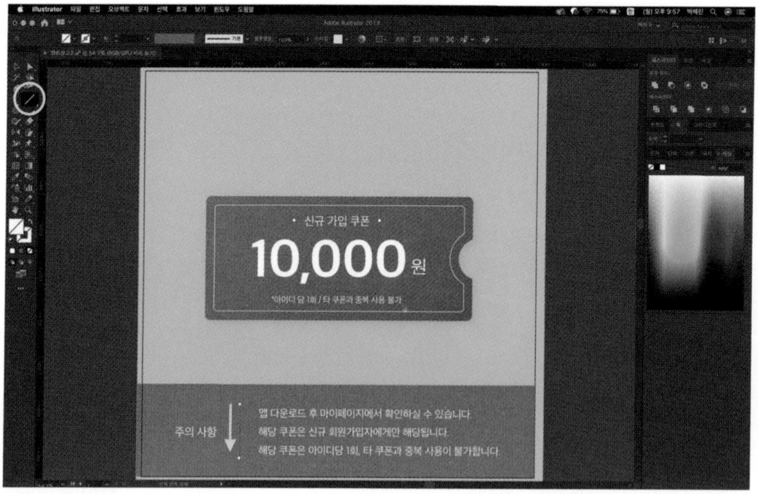
• 신규 가입 쿠폰 •
10,000원
주의 사항
앱 다운로드 후 마이페이지에서 확인하실 수 있습니다.
해당 쿠폰은 신규 회원가입자에게만 해당됩니다.
해당 쿠폰은 아이디당 1회, 타 쿠폰과 중복 사용이 불가합니다.

㉚ 획 패널에서 획 두께를 0.5pt 정도로 설정합니다.

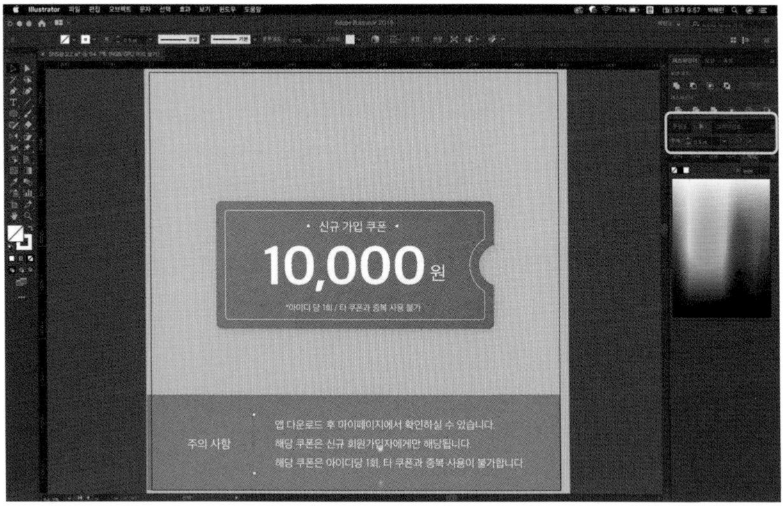
• 신규 가입 쿠폰 •
10,000원
*아이디 당 1회 / 타 쿠폰과 중복 사용 불가
주의 사항
앱 다운로드 후 마이페이지에서 확인하실 수 있습니다.
해당 쿠폰은 신규 회원가입자에게만 해당됩니다.
해당 쿠폰은 아이디당 1회, 타 쿠폰과 중복 사용이 불가합니다.

㉛ 쿠폰 위쪽에 제목이 되는 글자들도 써줍니다. (24~25번과 동일)

지금 가입하면
1만원 즉시할인
• 신규 가입 쿠폰 •
10,000원
*아이디 당 1회 / 타 쿠폰과 중복 사용 불가
주의 사항
앱 다운로드 후 마이페이지에서 확인하실 수 있습니다.
해당 쿠폰은 신규 회원가입자에게만 해당됩니다.
해당 쿠폰은 아이디당 1회, 타 쿠폰과 중복 사용이 불가합니다.

㉜ 마지막으로 버튼을 넣어 마무리해봅시다. 둥근 사각형 도구( )를 선택한 뒤 사각형을 그려줍니다.

지금 가입하면
1만원 즉시할인
• 신규 가입 쿠폰 •
10,000 원
*아이디 당 1회 / 타 쿠폰과 중복 사용 불가
주의 사항
앱 다운로드 후 마이페이지에서 확인하실 수 있습니다.
해당 쿠폰은 신규 회원가입자에게만 해당됩니다.
해당 쿠폰은 아이디당 1회, 타 쿠폰과 중복 사용이 불가합니다.

㉝ 버튼에 들어갈 글자를 써주면 끝입니다.

지금 가입하면
1만원 즉시할인
• 신규 가입 쿠폰 •
10,000 원
*아이디 당 1회 / 타 쿠폰과 중복 사용 불가
쿠폰 받으러 가기 >
주의 사항
앱 다운로드 후 마이페이지에서 확인하실 수 있습니다.
해당 쿠폰은 신규 회원가입자에게만 해당됩니다.
해당 쿠폰은 아이디당 1회, 타 쿠폰과 중복 사용이 불가합니다.

심화과정 조금 어려울 수 있어요!

- 좀 더 센스 있는 이미지를 원한다면 따라 해보세요!
- 심화 과정을 패스하려면 51번 과정으로 이동해주세요.

SVG 이미지를 이용하여 분위기를 업그레이드시켜 봅시다.

34 이미지를 꾸며줄 수 있는 일러스트를 다운로드 받아 사용해 봅시다. 먼저 일러스트 이미지 사이트에 접속합니다. (일러스트는 실습 파일에 첨부되어 있습니다.)

→ **이미지 사이트:** Drawkit (https://www.drawkit.io/)

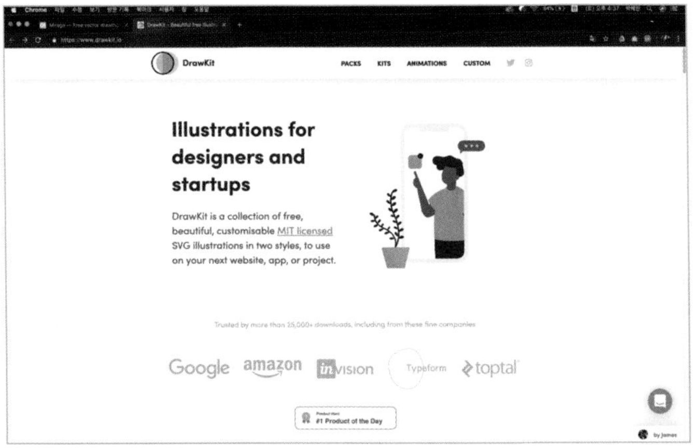

DrawKit
PACKS
KITS
ANIMATIONS
CUSTOM
Illustrations for designers and startups
DrawKit is a collection of free, beautiful, customisable MIT licensed SVG illustrations in two styles, to use on your next website, app, or project.
Google
amazon
invision
Typeform
toptal
#1 Product of the Day

35 원하는 이미지를 선택합니다.

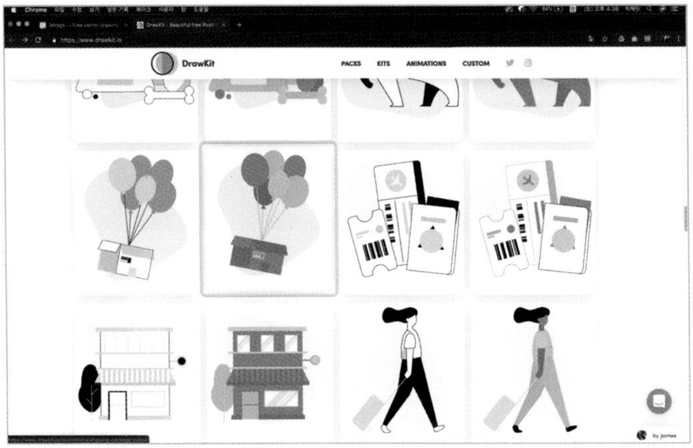

DrawKit
PACKS
KITS
ANIMATIONS
CUSTOM

㊱ 다운로드 버튼(화면 상 초록색 버튼)을 누릅니다.

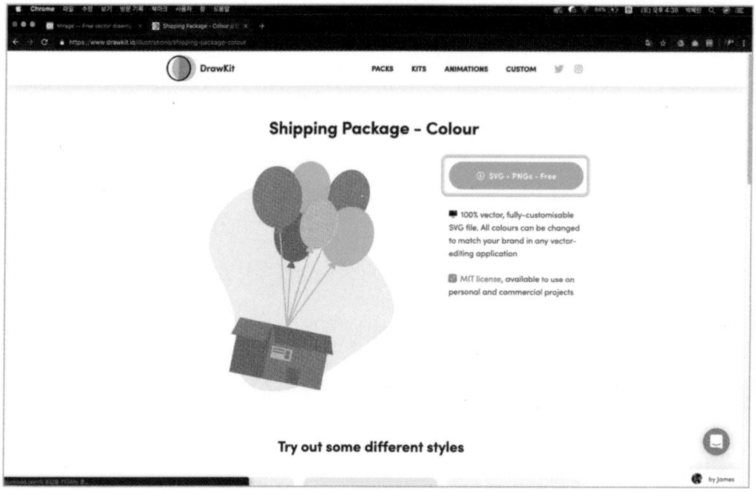
DrawKit
PACKS
KITS
ANIMATIONS
CUSTOM
Shipping Package - Colour
SVG + PNGs - Free
100% vector, fully-customisable SVG file. All colours can be changed to match your brand in any vector-editing application
MIT license, available to use on personal and commercial projects
Try out some different styles

㊲ price를 0으로 입력하고 Add to cart 버튼을 누릅니다.

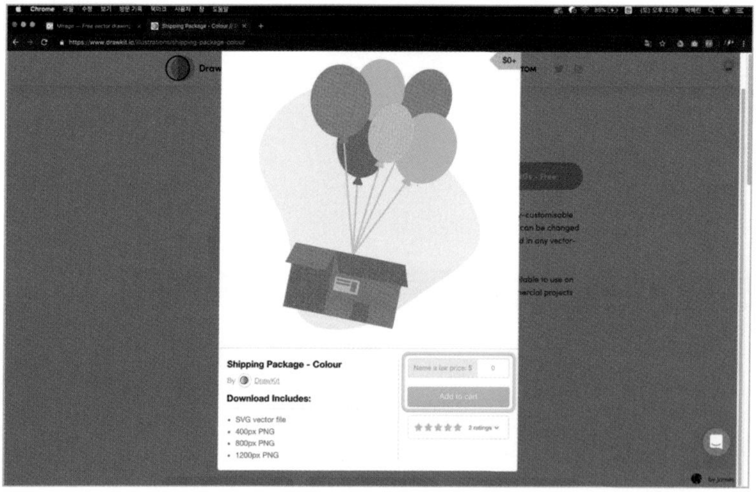
Shipping Package - Colour
Download Includes:
SVG vector file
400px PNG
800px PNG
1200px PNG
Add to cart

㊳ 오른쪽 구석에 새로 나타난 Pay 버튼을 누릅니다.

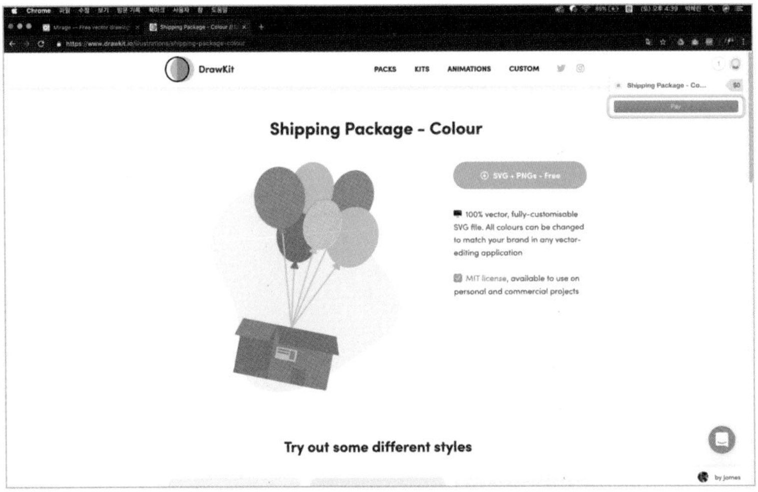
DrawKit
PACKS
KITS
ANIMATIONS
CUSTOM
Shipping Package - Colour
SVG + PNGs - Free
100% vector, fully-customisable SVG file. All colours can be changed to match your brand in any vector-editing application
MIT license, available to use on personal and commercial projects
Try out some different styles

㊴ 메일 주소 입력 후 Get을 누르면 됩니다.

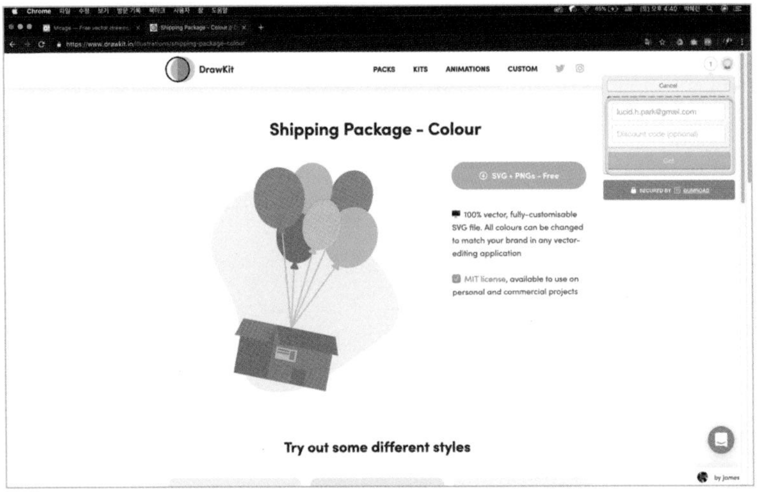
DrawKit
PACKS
KITS
ANIMATIONS
CUSTOM
Shipping Package - Colour
SVG + PNGs - Free
100% vector, fully-customisable SVG file. All colours can be changed to match your brand in any vector-editing application
MIT license, available to use on personal and commercial projects
Try out some different styles

㊵ 메일함에서 View product 혹은 Download 버튼을 클릭합니다.

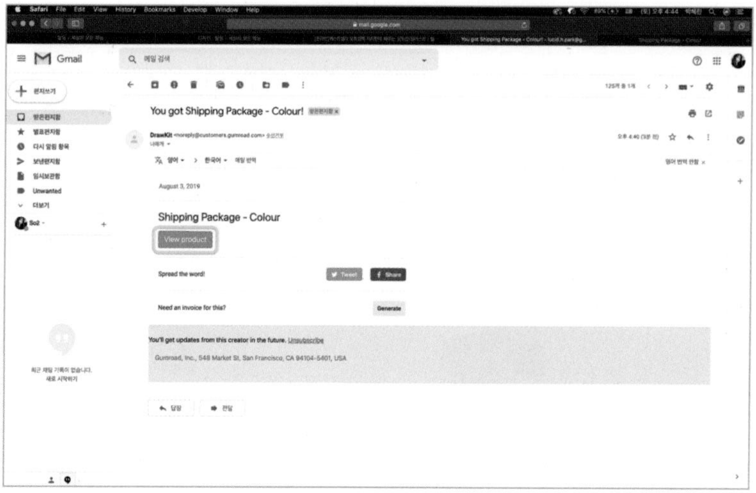
Gmail
You got Shipping Package - Colour!
August 3, 2019
Shipping Package - Colour
View product
Spread the word!
Need an invoice for this?
Generate
You'll get updates from this creator in the future. Unsubscribe
Gumroad, Inc., 548 Market St, San Francisco, CA 94104-5401, USA

㊶ 가장 아래에 있는 SVG 파일을 다운로드 합니다.

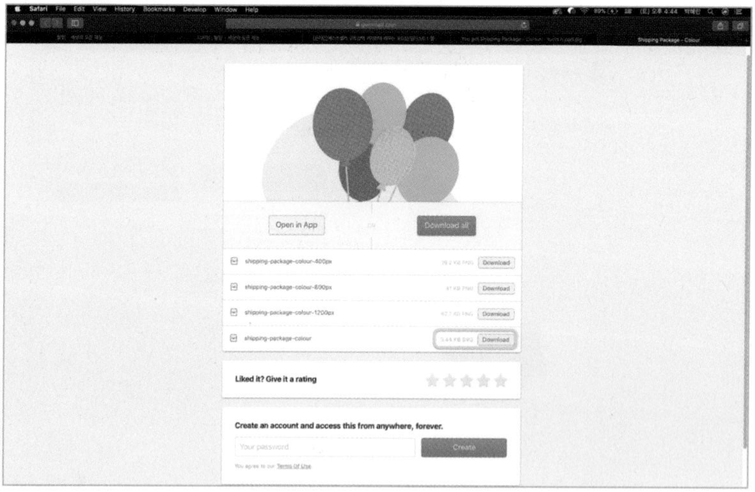
Open in App
Download all
shipping-package-colour-400px
shipping-package-colour-800px
shipping-package-colour-1200px
shipping-package-colour
Download
Liked it? Give it a rating
Create an account and access this from anywhere, forever.
Create

**여기서 잠깐!**

SVG 파일은 PNG 파일과 다르게 일러스트 파일처럼 추후에 수정이 가능한 파일 형식입니다.

㊷ 다운로드 받은 일러스트 파일을 더블클릭해서 열어줍니다. (열리지 않는다면 '다음으로 열기 → Adobe illustrator' 로 설정한 뒤 열어주세요.)

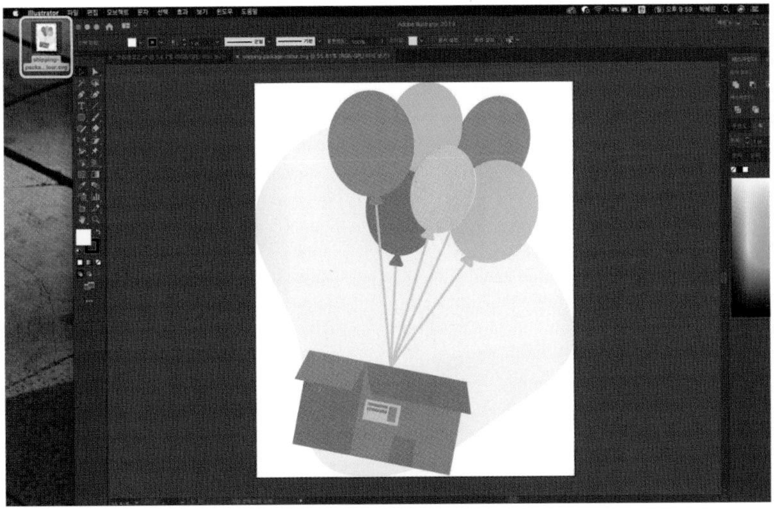

㊸ 열린 파일을 확인합니다. 일러스트와 같은 형태로 열리는 것을 볼 수 있습니다.

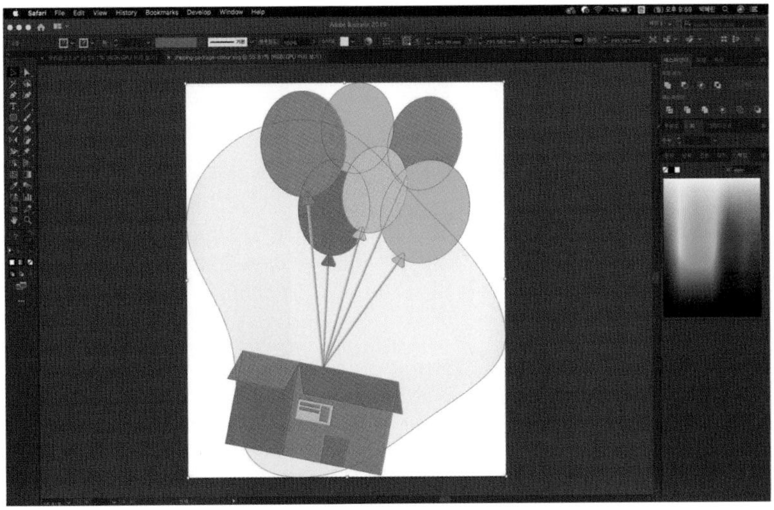

44 Ctrl +Shift + G 를 두 번 이상 눌러 그룹을 모두 해제하고 아트보드를 한 번 클릭한 뒤 회색 배경을 지워줍니다.

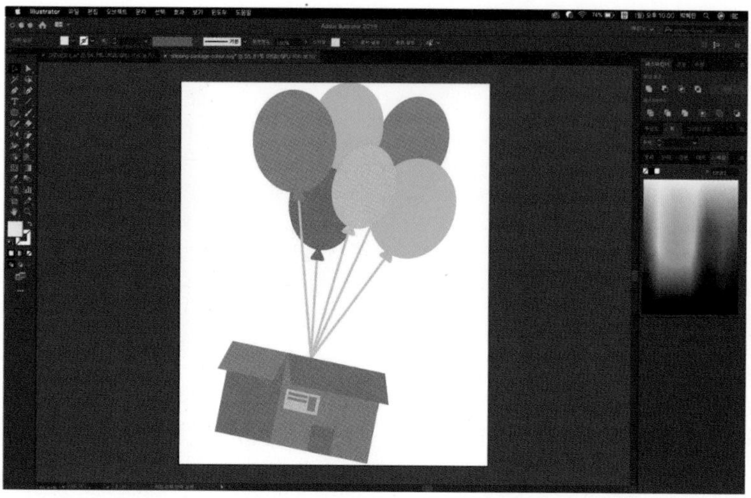

45 나머지를 전체 드래그해서 선택한 뒤, Ctrl + C 를 눌러 복사합니다.

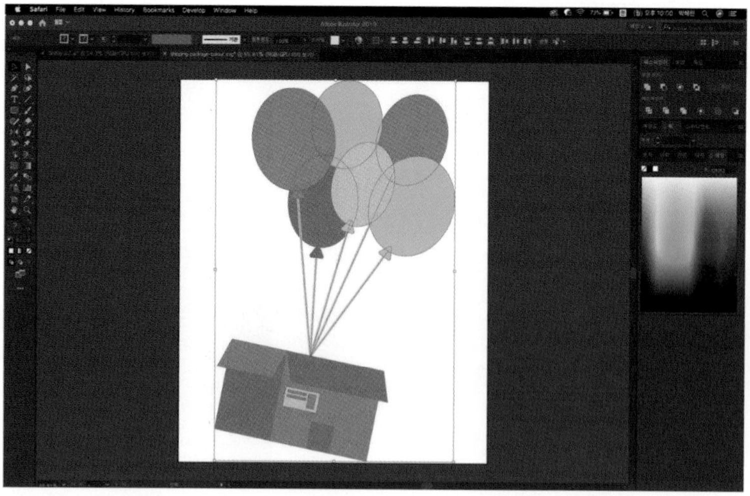

㊻ 작업하던 창으로 돌아와 Ctrl + V 를 눌러 붙여넣기하고 크기를 조절해 적절한 곳에 배치합니다.

지금 가입하면
1만원 즉시할인
• 신규 가입 쿠폰 •
10,000원
*아이디 당 1회 / 타 쿠폰과 중복 사용 불가
쿠폰 받으러 가기 >
주의 사항
앱 다운로드 후 마이페이지에서 확인하실 수 있습니다.
해당 쿠폰은 신규 회원가입자에게만 해당됩니다.
해당 쿠폰은 아이디당 1회, 타 쿠폰과 중복 사용이 불가합니다.

㊼ Ctrl + [ 를 여러 번 눌러 글자와 쿠폰 뒤로 이미지를 보내줍니다.

지금 가입하면
1만원 즉시할인
• 신규 가입 쿠폰 •
10,000원
*아이디 당 1회 / 타 쿠폰과 중복 사용 불가
쿠폰 받으러 가기 >
주의 사항
앱 다운로드 후 마이페이지에서 확인하실 수 있습니다.
해당 쿠폰은 신규 회원가입자에게만 해당됩니다.
해당 쿠폰은 아이디당 1회, 타 쿠폰과 중복 사용이 불가합니다.

㊽ 풍선의 색을 작업물에 맞게 바꿔줍니다.

지금 가입하면
1만원 즉시할인
• 신규 가입 쿠폰 •
10,000원
*아이디 당 1회 / 타 쿠폰과 중복 사용 불가
쿠폰 받으러 가기 >
주의 사항
앱 다운로드 후 마이페이지에서 확인하실 수 있습니다.
해당 쿠폰은 신규 회원가입자에게만 해당됩니다.
해당 쿠폰은 아이디당 1회, 타 쿠폰과 중복 사용이 불가합니다.

㊾ 일러스트의 풍선을 Ctrl + C , Ctrl + V 로 복사해 다른 곳을 꾸며줄 수도 있습니다.

지금 가입하면
1만원 즉시할인
• 신규 가입 쿠폰 •
10,000원
*아이디 당 1회 / 타 쿠폰과 중복 사용 불가
쿠폰 받으러 가기 >
주의 사항
앱 다운로드 후 마이페이지에서 확인하실 수 있습니다.
해당 쿠폰은 신규 회원가입자에게만 해당됩니다.
해당 쿠폰은 아이디당 1회, 타 쿠폰과 중복 사용이 불가합니다.

㊿ 완성입니다.

지금 가입하면
1만원 즉시할인
• 신규 가입 쿠폰 •
10,000원
*아이디 당 1회 / 타 쿠폰과 중복 사용 불가
쿠폰 받으러 가기 >
주의 사항
앱 다운로드 후 마이페이지에서 확인하실 수 있습니다.
해당 쿠폰은 신규 회원가입자에게만 해당됩니다.
해당 쿠폰은 아이디당 1회, 타 쿠폰과 중복 사용이 불가합니다.

51 파일(File) → 저장(Save)을 눌러 일러스트 원본 파일(AI)로 저장하고, 파일(File) → 내보내기(Export) → 내보내기 형식(Export As)을 눌러 이미지 파일(JPEG)로도 저장해 줍니다.

지금 가입하면
1만원 즉시할인
• 신규 가입 쿠폰 •
10,000원
*아이디 당 1회 / 타 쿠폰과 중복 사용 불가
쿠폰 받으러 가기 >
주의 사항
앱 다운로드 후 마이페이지에서 확인하실 수 있습니다.
해당 쿠폰은 신규 회원가입자에게만 해당됩니다.
해당 쿠폰은 아이디당 1회, 타 쿠폰과 중복 사용이 불가합니다.

지금 가입하면
1만원 즉시할인
• 신규 가입 쿠폰 •
10,000원
*아이디 당 1회 / 타 쿠폰과 중복 사용 불가
쿠폰 받으러 가기 >
주의 사항
앱 다운로드 후 마이페이지에서 확인하실 수 있습니다.
해당 쿠폰은 신규 회원가입자에게만 해당됩니다.
해당 쿠폰은 아이디당 1회, 타 쿠폰과 중복 사용이 불가합니다.

52 저장된 이미지 파일을 확인합니다.

지금 가입하면
1만원 즉시할인
• 신규 가입 쿠폰 •
10,000원
*아이디 당 1회 / 타 쿠폰과 중복 사용 불가
쿠폰 받으러 가기 >
주의 사항
앱 다운로드 후 마이페이지에서 확인하실 수 있습니다.
해당 쿠폰은 신규 회원가입자에게만 해당됩니다.
해당 쿠폰은 아이디당 1회, 타 쿠폰과 중복 사용이 불가합니다.

막간 꿀팁

## 작업물의 퀄리티를 높여주는 일러스트 사이트 모음

작업물의 퀄리티를 높여주는 무료 일러스트 사이트들을 알아봅시다.

### 1 Drawkit

https://www.drawkit.io

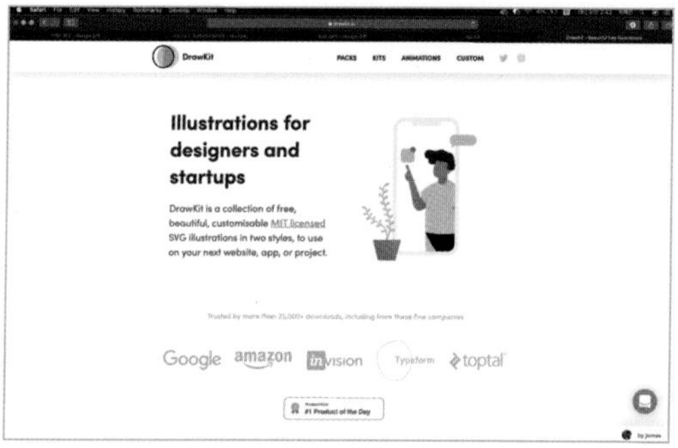
DrawKit
PACKS KITS ANIMATIONS CUSTOM
Illustrations for designers and startups
DrawKit is a collection of free, beautiful, customisable MIT licensed SVG illustrations in two styles, to use on your next website, app, or project.
Google amazon invision Typeform toptal
#1 Product of the Day

주로 사람 일러스트가 올라와 있는 사이트.
개인적, 상업적 용도로 무료 사용 가능하지만, 상세 라이센스는 다운로드 전에 확인해야 합니다.

### 2 icons8 ouch

https://icons8.com/ouch/

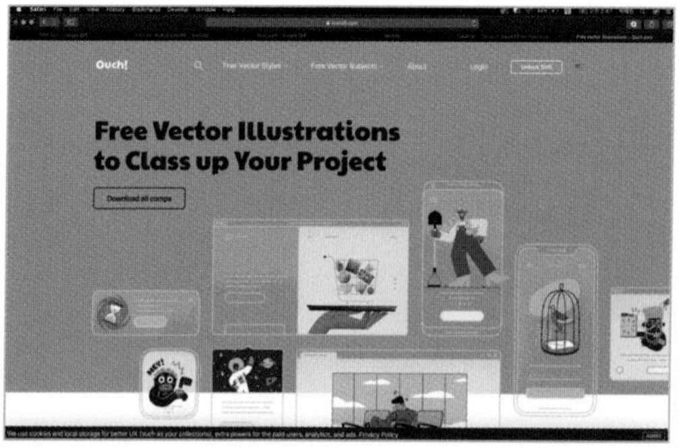
Ouch!
Free Vector Illustrations to Class up Your Project
Download all comps

다양한 그림체의 일러스트들이 모여 있는 사이트.
개인적, 상업적 용도로 무료 사용이 가능하나, 상업적으로 이용 시 출처를 표기해야 합니다.

## 3 pngtree

https://kor.pngtree.com

매우 많은 무료 일러스트들이 모여 있는 곳.
PSD, AI, PNG, SVG 등 다양한 형식의 일러스트들을 골라 다운로드 받을 수 있습니다. 상세 라이센스는 다운로드 페이지에서 확인해야 하며, 하루 2개까지만 무료입니다.

## 4 Urbanbrush

http://www.urbanbrush.net

패러디물을 비롯한 다양한 일러스트들을 다운로드 받을 수 있는 곳.
대부분 개인적, 상업적 용도로 무료 사용이 가능하지만 상세 라이센스는 페이지에서 확인해야 합니다.

# PART 02

**"유튜브 채널을 예쁘게 꾸며보고 싶어!"**

유명한 유튜버들 채널을 보면, 채널 아트도 있고 로고도 있던데… 전문가에게 맡기지 않고도 채널 아트, 로고 정도는 간단하게 만들어 볼 수 있지 않을까? 이제 일러스트를 이용해 좀 더 느낌 있는 채널 아트와 로고를 직접 만들어 봅시다.

# 유튜버(크리에이터)를 위한 일러스트레이터

CHAPTER 01 채널을 더 매력 있게! 채널 아트 만들기

CHAPTER 02 채널을 대표하는 로고 만들기

실습에 필요한 자료를 다운로드 받을 수 있는 [진짜 하루만에 시리즈] 학습자료실
네이버카페 주소 ▶ https://cafe.naver.com/realonedayclass

CHAPTER 01

채널을 더 매력 있게!

# 채널 아트 만들기

유튜브 채널에 처음 들어갔을 때 보이는 대문을 '채널 아트'라고 합니다. 영상이 마음에 들어 채널을 방문했는데 채널 아트가 없거나 엉망이면 구독을 망설이게 될 수도 있겠죠? 채널의 첫인상을 결정하는 채널 아트를 좀 더 매력적으로 꾸며 봅시다!

## 1 사진이 들어간 느낌 있는 채널 아트 만들기

사진과 분위기가 잘 드러나면 좋은 브이로그 채널, 반려동물 채널 등에 적합한 형식입니다. 사진과 문구가 잘 어우러지는 느낌 있는 채널 아트를 만들어 봅시다.

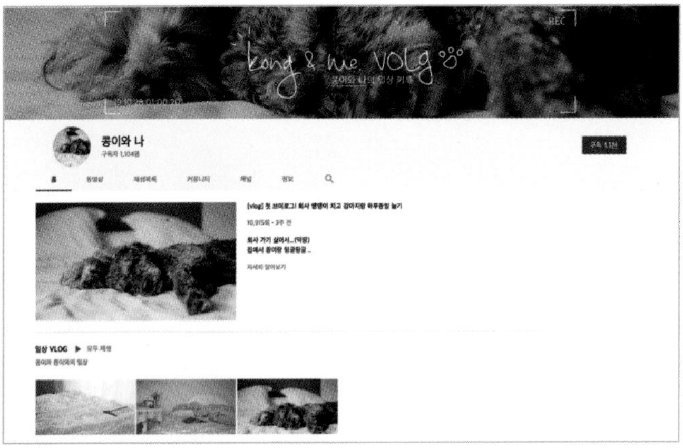


**여기서 배울 수 있는 기능**

❶ 가이드 선 만들기
❷ 브러시 도구로 그림 그리기, 포인트 주기
❸ '영상 촬영 중' 모양 만들기

❶ 먼저 채널 아트에 적합한 사이즈로 아트보드를 만들어줍시다. 일러스트를 켜서, ❶새로 만들기(New) → ❷웹(Web) → ❸폭과 높이를 각각 2560px, 1440px로 입력한 뒤 → ❹제작(Create)을 눌러줍니다.

❷ Ctrl + 0을 눌러 아트보드를 화면 크기에 맞춰줍니다.

③ 배경으로 쓰일 사진을 아트보드로 드래그해서 사진을 불러옵니다.

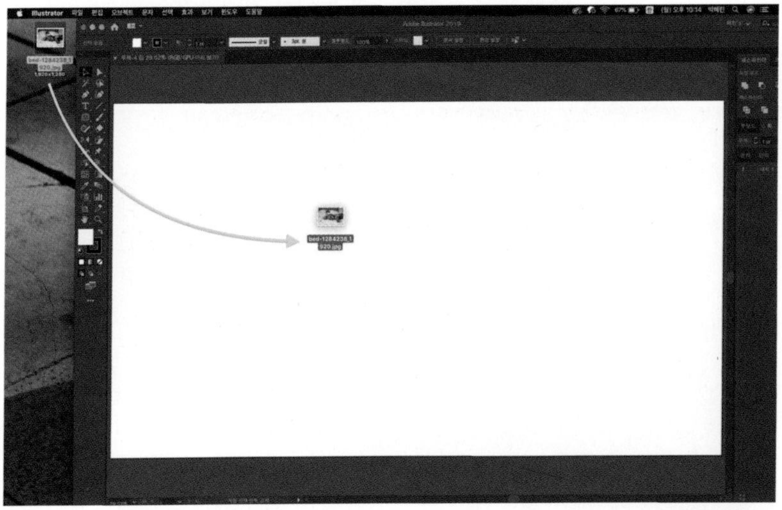

④ 사진을 아트보드 크기보다 크게 키워 아트보드를 채워줍니다.

**여기서 잠깐!**

아트보드가 너무 커서 사진을 키우기 힘들다면 Ctrl + (-)를 한 번 이상 눌러 아트보드를 줄여준 뒤 사진을 늘려주세요.

❺ 실제로 PC나 핸드폰에서 보이는 부분만큼 가이드 선을 만들고 가이드 선 안쪽을 디자인해봅시다. 먼저 사각형 도구( )를 선택한 뒤 아트보드를 한 번 클릭합니다. 사각형 창이 뜨면 너비 1546px, 높이 423px로 설정해 채널 아트가 실제로 보이는 부분과 크기가 동일한 사각형을 그려줍니다.

❻ 사각형을 정가운데로 옮겨봅시다. 제어 패널에서 '선택 항목에 정렬' 표시( ) 혹은 ❶정렬 글씨를 클릭한 뒤 ❷'선택 항목에 정렬' 표시( )를 눌러 정렬 대상을 ❸'대지에 정렬'로 선택해줍니다.

❼ 사각형이 선택된 상태에서 세로 가운데 정렬( ), 가로 가운데 정렬( )을 눌러 가운데로 정렬시켜줍니다.

❽ Ctrl + R을 눌러 눈금자를 실행시켜준 뒤, 눈금자를 클릭한 채로 아트보드 방향으로 드래그합니다. 방금 그린 사각형의 네 변에 맞춰 총 네 개의 가이드 선을 만들어줍니다.

❾ Backspace를 눌러 사각형을 지워준 뒤, 채널 아트에 보여줄 사진의 부분이 가이드 선 안쪽에 잘 나타나도록 사진을 이동시켜줍니다. (가이드 선 바깥 부분은 빈 아트보드가 보여도 괜찮습니다.)

⑩ 사진과 가이드 선이 더 이상 움직이지 않도록 고정시켜 줍니다. 선택 도구(▶)로 드래그해서 사진과 가이드 선을 한 번에 선택한 뒤, Ctrl + 2를 눌러주면 고정됩니다.

⑪ 사진 위에 글자를 써봅시다. ❶문자 도구(T)로 아트보드를 한 번 클릭한 뒤, 글자를 써주면 됩니다. 폰트 종류나 글자 크기를 바꾸고 싶다면, ❷글자를 드래그한 상태로 제어 패널에서 변경하면 됩니다.

➜ **여기서 쓰인 폰트:** September Mornings, Regular, 285pt

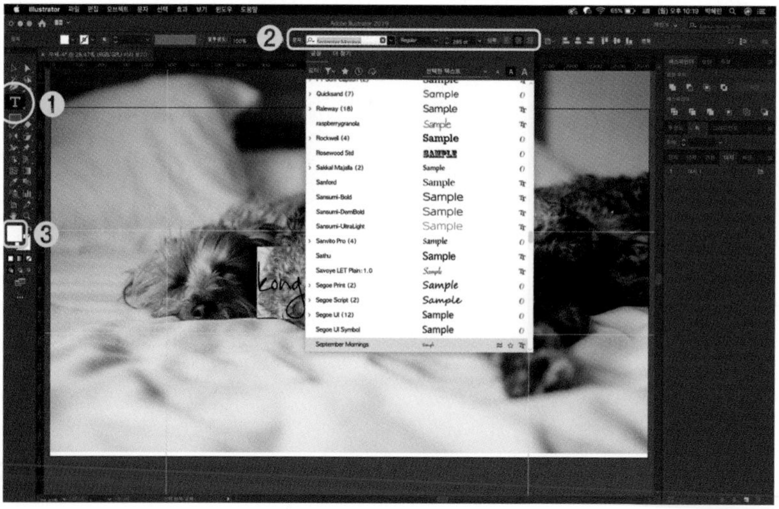

**여기서 잠깐!**

글자의 색은 ❸칠 모양(□)을 더블클릭한 뒤 바꿔줄 수 있습니다. 이 방식은 도형의 색을 변경할 때도 동일합니다.

⑫ 영상으로 찍고 있는듯한 모양을 만들어봅시다. 먼저 도구 패널에서 칠 모양(□) 클릭 후 없음 표시(◩)를 클릭해서 칠을 없애주고, 선 모양(▣)을 더블클릭한 뒤 흰색으로 설정해 선을 흰색으로 만들어 줍니다. 선 색 설정 후, 획 패널에서 두께를 3pt 정도로 설정해 선의 두께를 두껍게 설정해주세요.

⑬ 펜 도구를 선택한 뒤, 가이드 선 안쪽 왼쪽 상단 모서리 부분에서 ❶ →❷ →❸ 순서로 클릭해서 아래와 같은 모양을 만들어줍니다.

⑭ 만들어진 모양을 다른 쪽 모서리에 복사해 봅시다. 우선 ❶선택 도구(▶)를 클릭하고 ❷Alt를 누른 채로 모양을 아랫부분으로 드래그해 복사해줍니다.

**여기서 잠깐!**

Alt + 드래그는 '복사'의 단축키입니다. 복사가 잘 되지 않을 경우에는 Ctrl + (+)를 눌러 화면을 확대한 후 선을 잘 클릭해서 드래그해주세요.

⑮ 복사한 개체 위에서 우클릭한 뒤, 변형(Transform) → 반사(Reflect)를 클릭해주세요.

⑯ ❶가로를 클릭한 뒤, ❷확인을 눌러 설정을 완료해주세요.

⑰ 비슷한 방식으로 우측 모서리에도 같은 모양을 만들어줍니다.

⑱ 이번에는 우측 구석에 REC와 빨간 점을 추가해 녹화 중 이미지를 만들어 봅시다. 우선 사각형 도구()를 길게 눌러 원형 도구()를 선택합니다.

⑲ 우측 구석 부분에 드래그해서 원을 하나 그려줍니다.

**여기서 잠깐!**

우측으로 화면(아트보드)를 이동하고 싶다면 Space를 누른 채로 드래그해주세요.

⑳ 칠 모양(□)을 더블클릭한 뒤 원의 색을 빨간색으로 바꿔줍니다.

㉑ 문자 도구(T)를 선택하고 아트보드를 한 번 클릭한 뒤 글자를 써줍니다.

→ **여기서 쓰인 폰트:** Apple SD 산돌고딕 Neo, Medium, 34pt

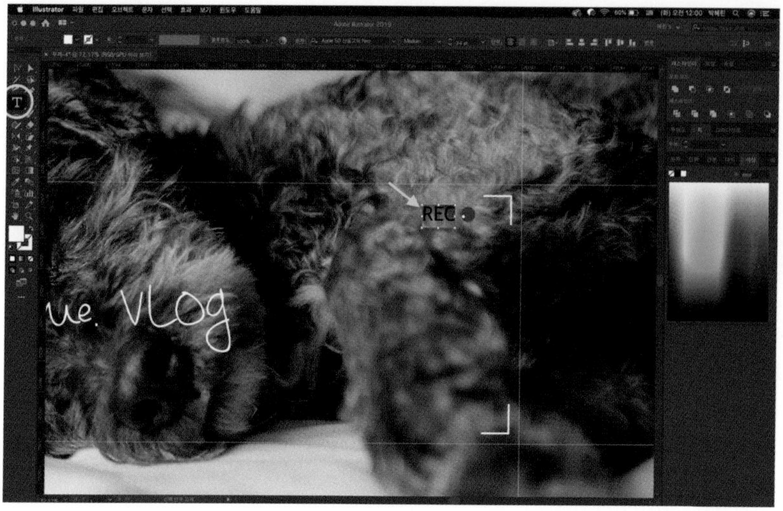


㉒ 동일한 방식으로 좌측 하단에 녹화 시간이 표시되는 듯한 숫자를 써주세요.

㉓ 흰색으로 쓴 글자들이 더욱 잘 보이도록 사진과 글자 사이에 반투명한 검은색 레이어를 넣어봅시다. 우선 Ctrl + 0을 눌러 아트보드를 화면에 맞춰준 뒤, Ctrl + (-)를 두 번 정도 눌러 아트보드를 화면보다 작게 만들어줍니다.

㉔ ❶ 칠 모양(□)을 더블클릭해 색상 피커를 열어주고, ❷검은색으로 설정한 다음 ❸확인을 눌러 칠 색을 검정으로 먼저 지정해줍니다.

㉕ ❶ 사각형 도구(■)를 선택한 뒤, ❷아트보드 사이즈보다 큰 사각형을 그려줍니다.

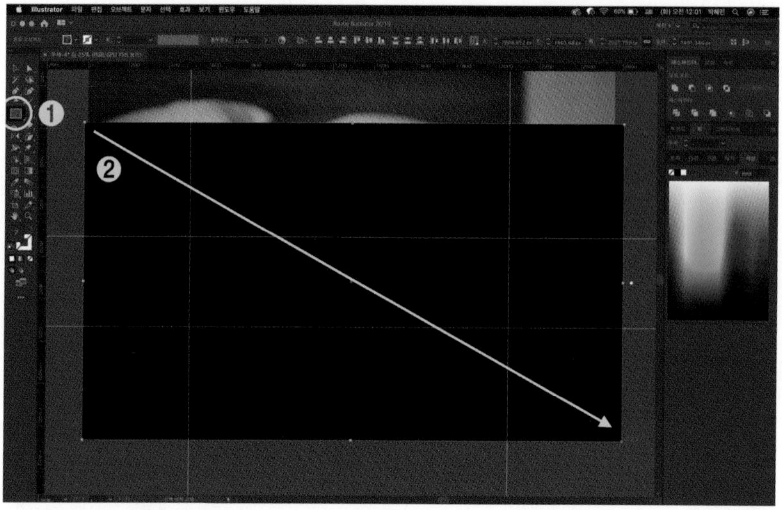


㉖ Ctrl + [ 를 여러 번 눌러 사각형 위로 글자와 모양이 드러나도록 해줍니다.

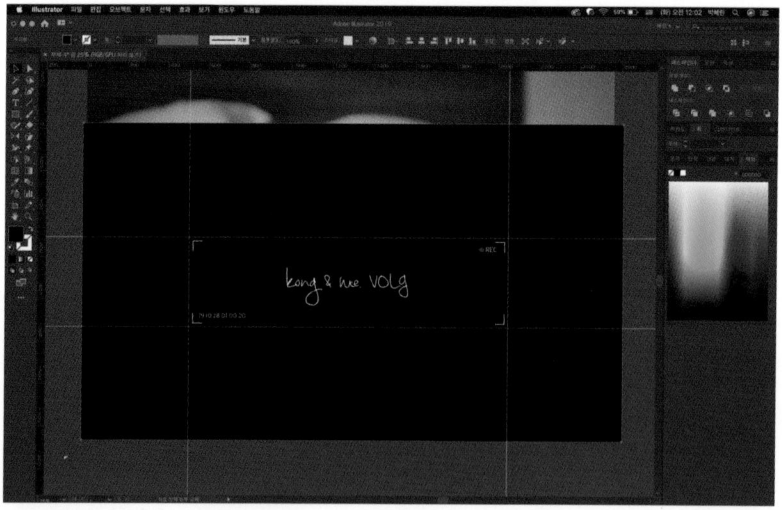


**여기서 잠깐!**

Ctrl + [ 는 뒤로 보내기, Ctrl + ] 는 앞으로 보내기입니다.

㉗ 이번에는 불투명도를 조절해봅시다. 투명도(Transparency) 패널에서 불투명도를 50% 정도로 낮춰줍니다. 불투명도 조절 후 Ctrl + 2를 눌러 고정시켜줍시다.

㉘ 이제 세부 내용을 적고 분위기에 맞게 꾸며보는 작업을 해봅시다. 우선 메인 글자 하단에 세부 내용을 써줍니다. (11번과 동일)

➜ **여기서 쓰인 폰트:** 빙그레체 II, Regular, 28pt

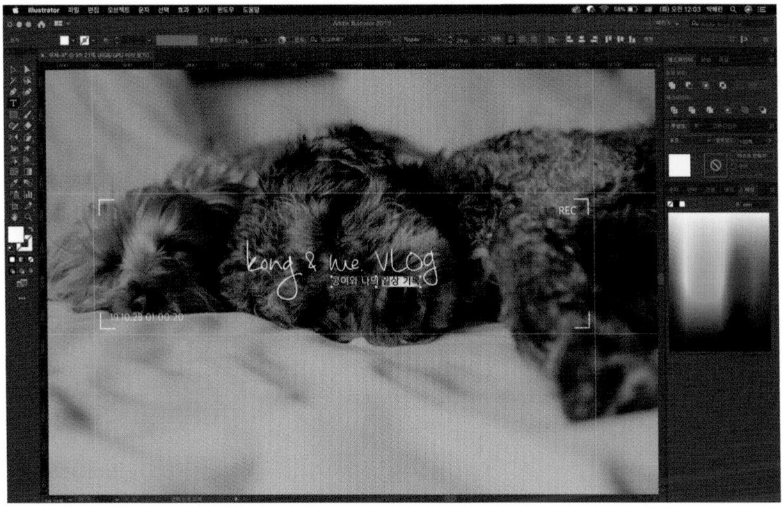

㉙ 이번에는 브러시 도구를 이용해 자유롭게 그림을 그려봅시다. ❶먼저 브러시 도구()를 선택하고 ❷아트보드에서 그림판에 그림을 그리듯 드래그해 선을 그려줍니다.

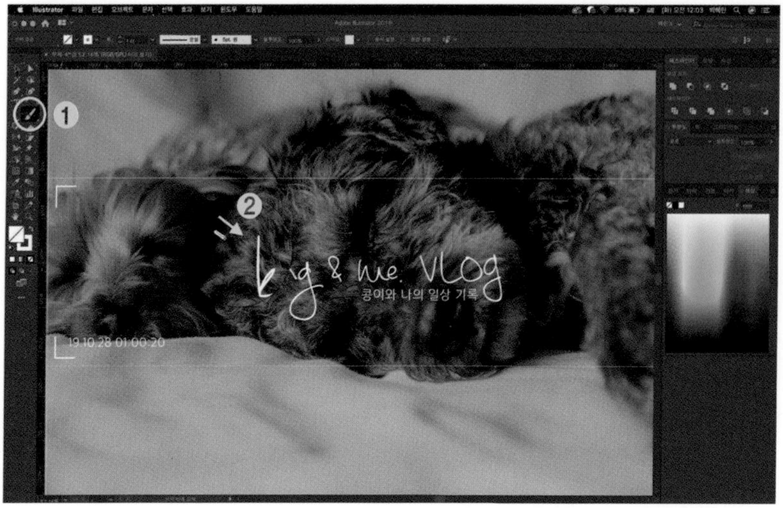


㉚ 동일한 방식으로 강조 선을 여러 개 그려줍니다.

㉛ 강조하고 싶은 부분에 밑줄을 그어주거나, 그림을 그려줄 수도 있습니다.

㉜ 완성입니다!

㉝ 파일(File) → 저장(Save)을 눌러 일러스트 원본 파일로 저장하고, 파일(File) → 내보내기(Export) → 내보내기 형식(Export As)을 눌러 이미지 파일(JPEG)로도 저장해줍시다.

➔ 내보내기를 할 때는 반드시 대지 사용(Use Artboard)을 체크해주세요! 체크하지 않으면, 설정한 사이즈 바깥 부분의 개체들까지 같이 저장됩니다.

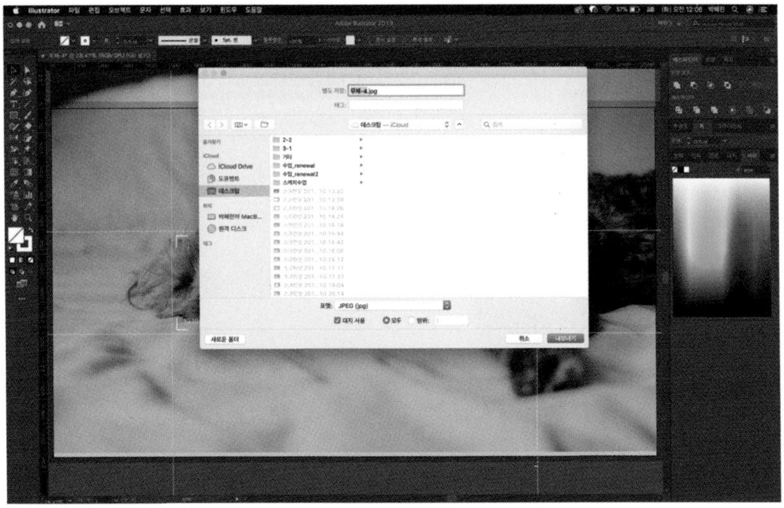

㉞ 저장된 이미지 파일을 확인합니다.

㉟ 채널에 적용해봅니다.

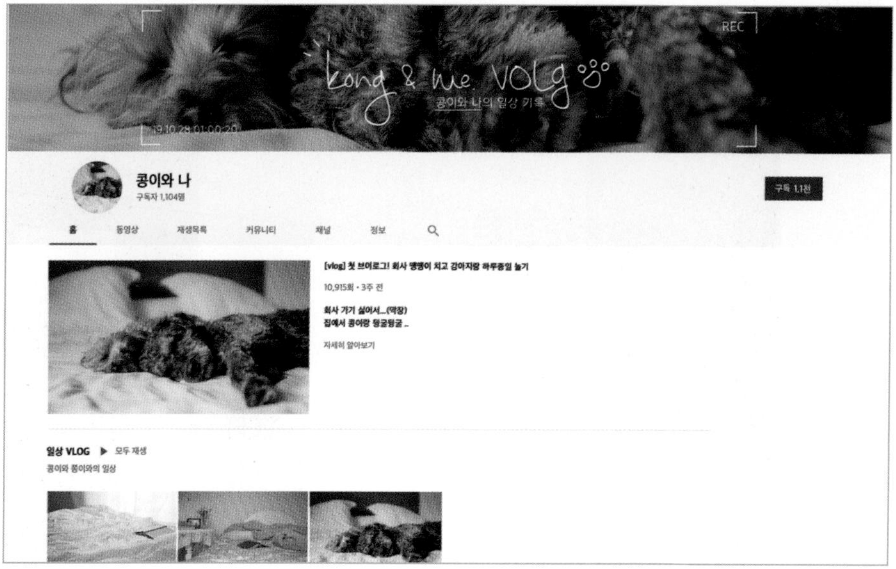


## 2 사진이 없는 통통 튀는 채널 아트 만들기

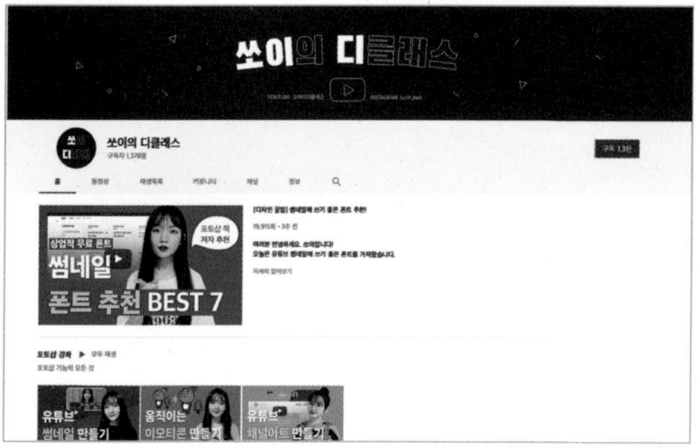


채널을 대표할만한 사진이 없거나, 얼굴이 드러나지 않는 채널에 쓰기 좋은 형식입니다. 사진 없이 글씨와 도형만으로 통통 튀는 느낌의 채널 아트를 만들어봅시다.

**여기서 배울 수 있는 기능**

❶ 곡선 모양으로 글자 쓰기
❷ 글자에 선만 남기기
❸ 유튜브 로고 모양 만들기
❹ 다각형 도구를 이용해 삼각형 그리기

❶ 일러스트를 켜서, ❶새로 만들기(New) → ❷웹(Web) → ❸폭과 높이를 각각 2560px, 1440px로 입력한 뒤 → ❹제작(Create)을 눌러 채널 아트에 적합한 사이즈의 아트보드를 하나 만듭니다.

❷ Ctrl + 0을 눌러 아트보드를 화면 크기에 맞춰줍니다.

❸ 먼저 가이드 선을 그려줍시다. ❶사각형 도구( )를 선택하고 ❷아트보드를 한 번 클릭한 뒤, ❸너비 1546px, 높이 423px로 설정하고 확인을 눌러 사각형을 하나 그려줍니다.

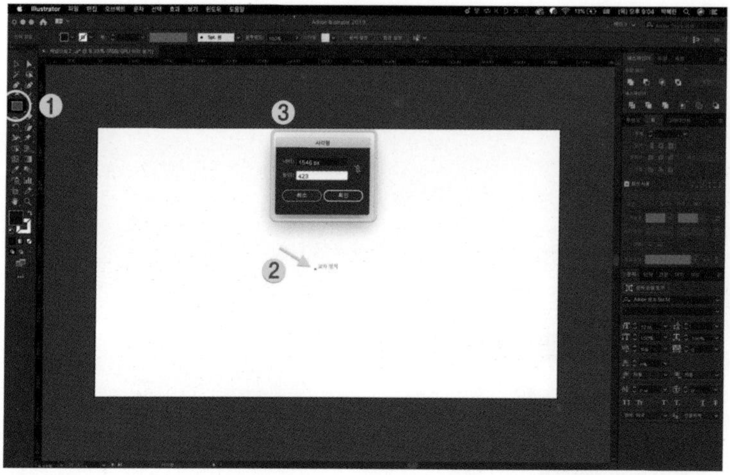


❹ 제어 패널에서 '선택 항목에 정렬' 표시( ) 혹은 ❶정렬 글씨를 클릭한 뒤 ❷'선택 항목에 정렬' 표시( )를 누르고 ❸대지에 정렬을 선택합니다.

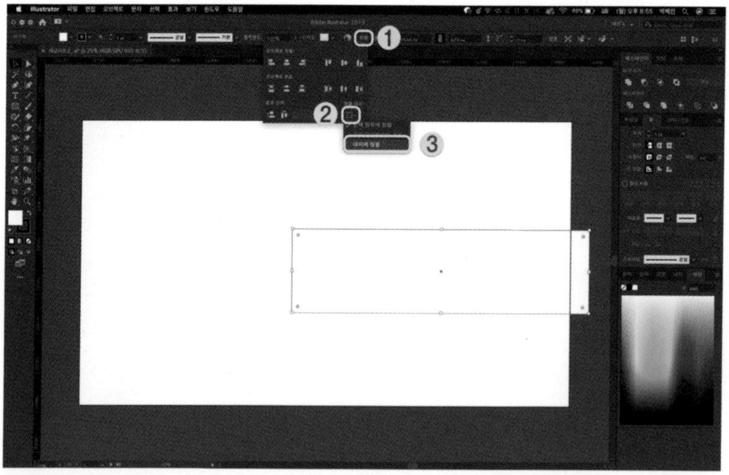


**여기서 잠깐!**

처음부터 '대지에 정렬( )'로 되어 있었다면 4번 단계는 건너뛰셔도 됩니다.

❺ 사각형이 선택된 상태에서 세로 가운데 정렬( ), 가로 가운데 정렬( )을 눌러 방금 그린 사각형을 정가운데로 정렬시켜줍니다.

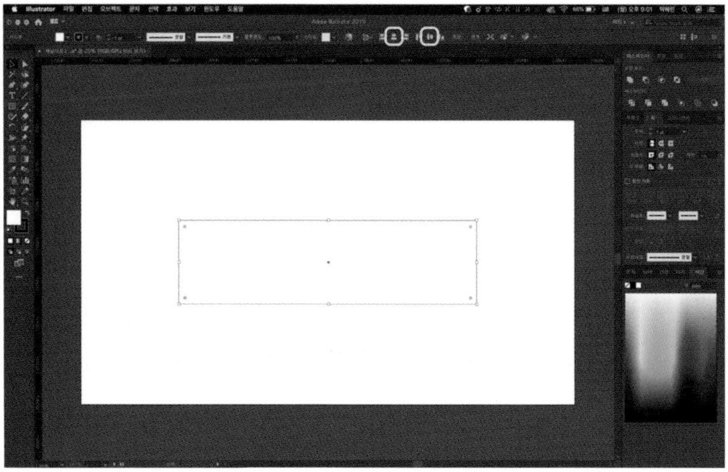

❻ 좌측과 상단의 눈금자를 클릭한 채로 아트보드 방향으로 드래그해서 사각형에 맞게 가이드 선을 만들어줍니다. 사각형의 네 변에 모두 가이드 선을 그려줍니다.

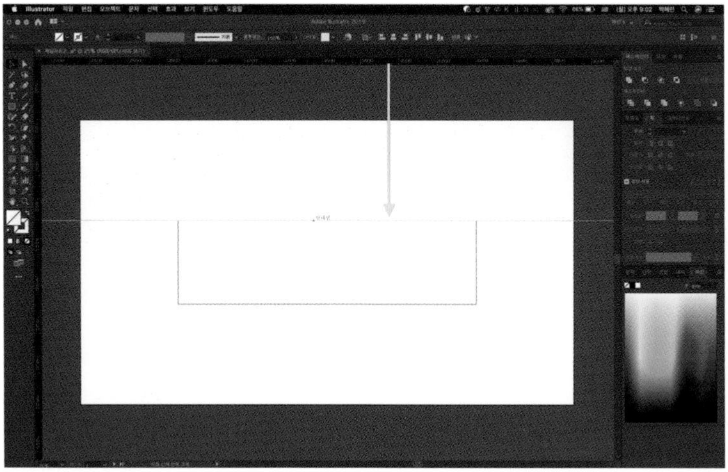

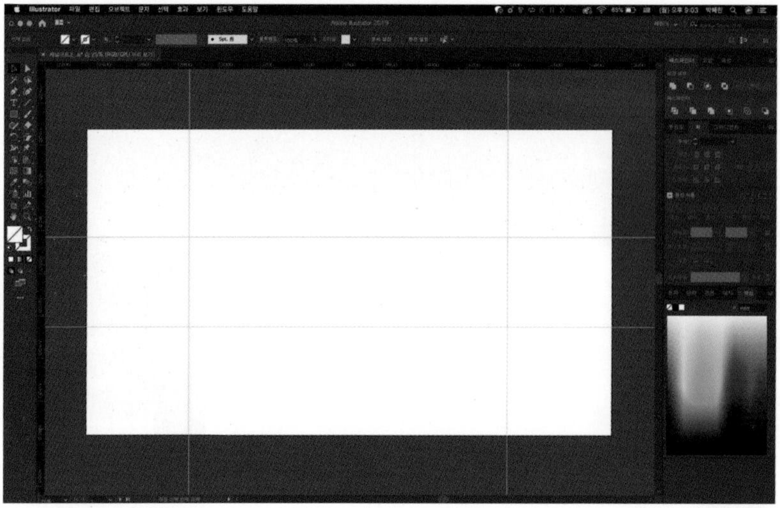

**여기서 잠깐!**

눈금자가 없다면 Ctrl + R을 눌러 눈금자를 실행시켜주세요.

❼ 가이드 선을 위해 그려뒀던 사각형을 지워줍시다. 선택 도구( )로 가이드 안쪽의 사각형을 선택한 뒤 Backspace를 눌러 지워줍니다.

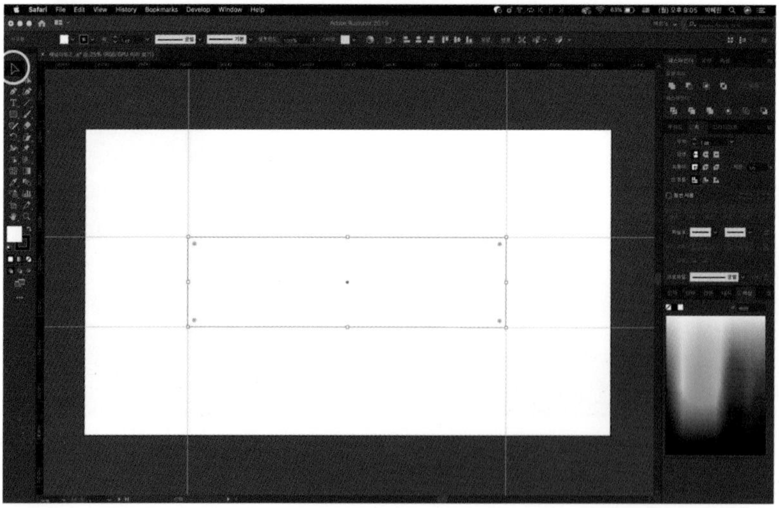

❽ 가이드 선 네 개를 드래그해서 모두 선택한 뒤, Ctrl + 2를 눌러 움직이지 않도록 고정시켜줍니다.

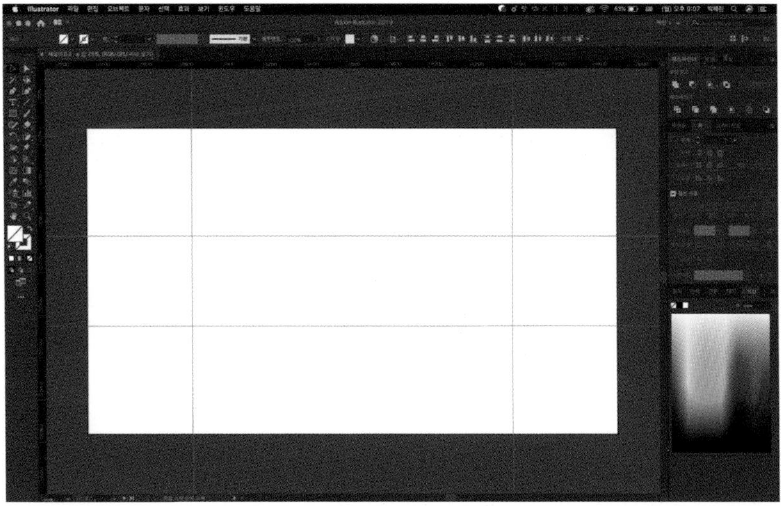

❾ 배경색을 채워봅시다. 사각형 도구를 선택한 뒤, 아트보드보다 큰 사각형을 그려줍니다.

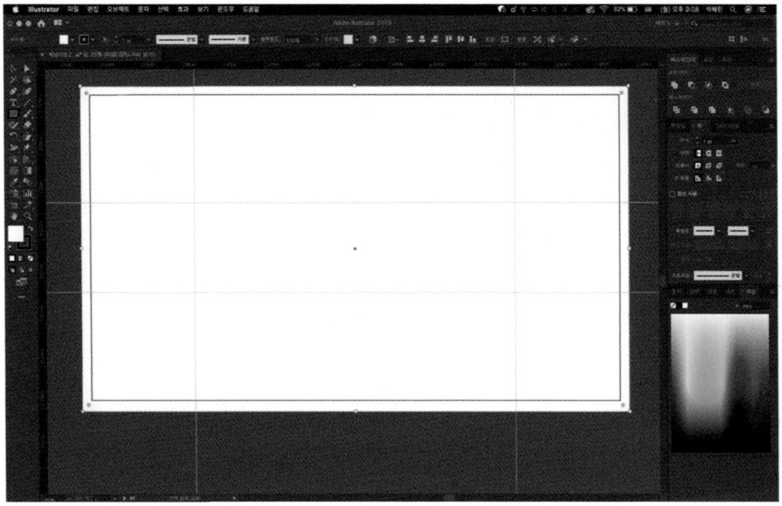

⑩ 사각형이 선택된 상태에서 ❶칠 모양을 더블클릭해 ❷원하는 색으로 지정하고 ❸확인을 누릅니다.

➔ **여기서 쓰인 색:** #2a2a84

⑪ 선 모양(■)을 클릭한 후 없음 표시(☒)를 눌러 선을 없애줍니다. 완료되었으면 Ctrl +2를 눌러 배경색도 고정시켜줍니다.

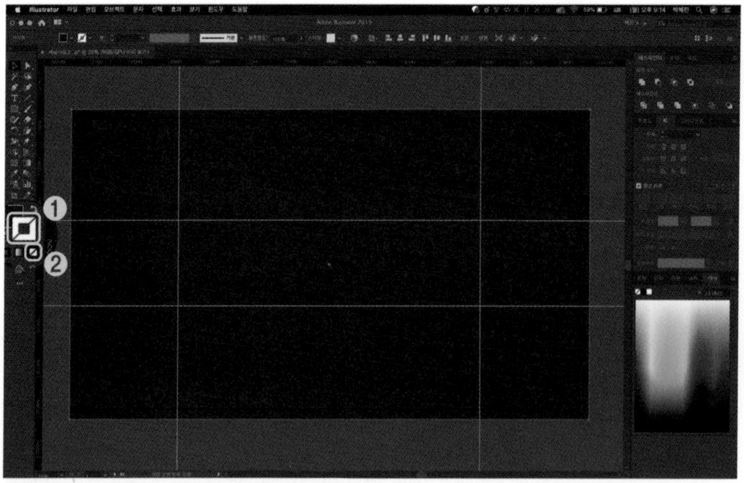

**여기서 잠깐!**

배경색을 다시 바꿔주고 싶다면 고정을 풀어야 합니다. 고정 풀기는 Ctrl + Alt + 2입니다.

⑫ 메인이 될 글자를 일직선이 아니라 살짝 휘어진 형태로 써봅시다. 먼저 펜 도구(✒)를 이용해 글자를 적을 곳에 곡선을 그려줍니다.

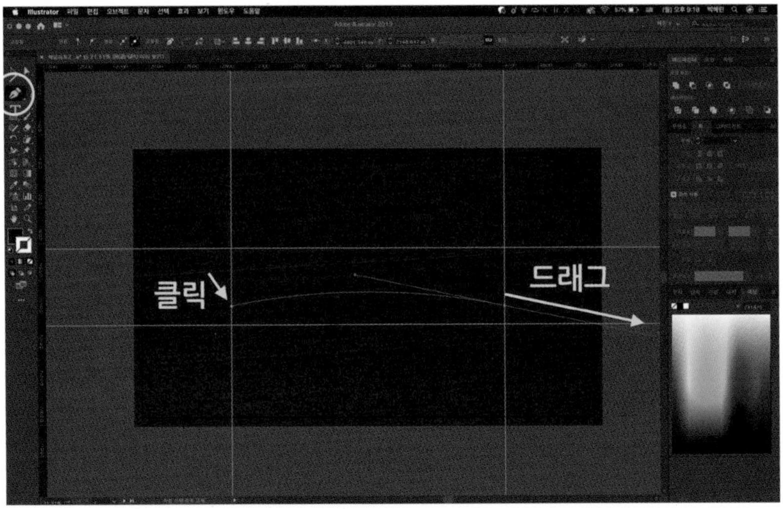


⑬ 문자 도구(T)를 선택하고 방금 그린 선의 시작 부분을 클릭합니다. 마우스를 선 위에 갖다 댔을 때 커서의 모양이 바뀌면 클릭해주세요.

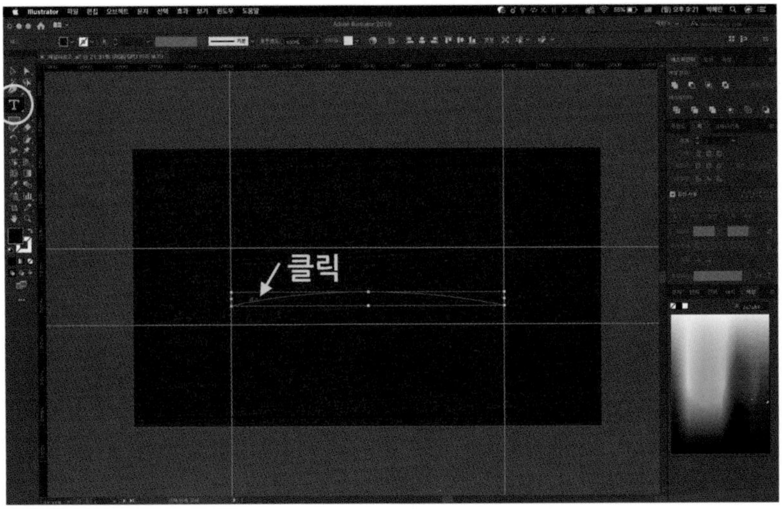

⑭ 클릭하면 바로 글자가 생성됩니다. 글자가 작아 잘 안 보인다면 제어 패널에서 글자 크기를 키워주세요.

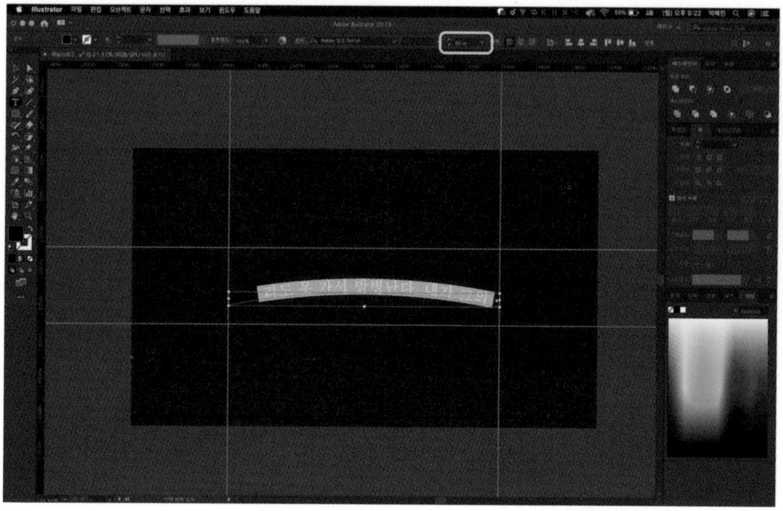

⑮ ❶제어 패널과 ❷칠과 선 색상 창에서 원하는 폰트, 크기, 색상을 설정해줍니다.

➔ **여기서 쓰인 폰트:** 검은 고딕(BlackHanSans), 135pt, 흰색

⑯ 일부 글자들은 윤곽선만 남겨봅시다. 문자 도구(T)로 ❶원하는 글자를 드래그합니다. ❷선 모양(◘)을 더블클릭한 뒤 ❸색을 흰색으로 설정하고 ❹확인을 눌러 글자에 흰 선을 만들어줍니다.

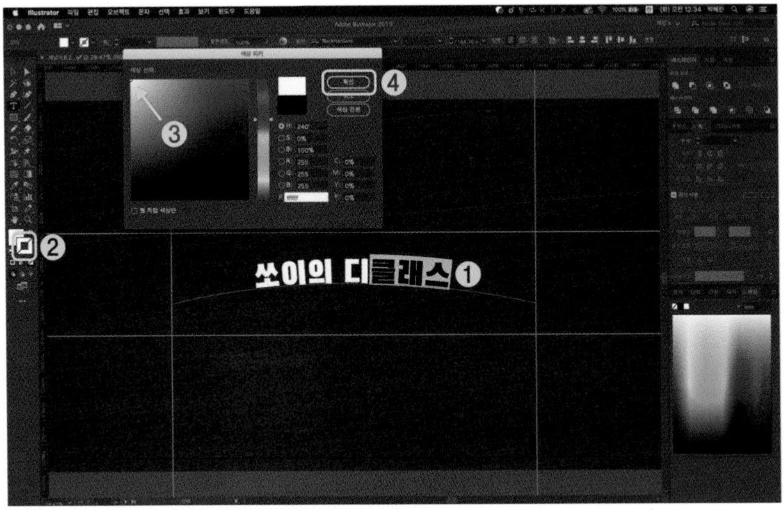


⑰ ❶칠 모양(□)을 클릭한 뒤 ❷없음 표시(⧄)를 눌러 색을 없애줍니다.

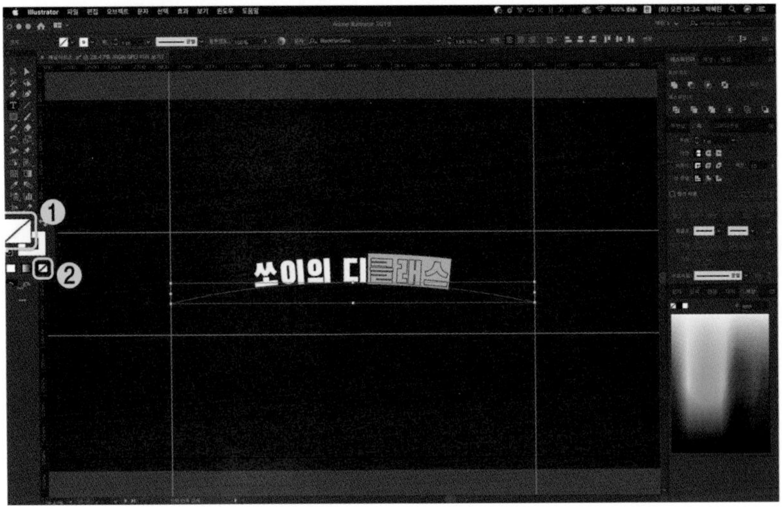

⑱ 다른 부분도 동일하게 진행합니다.

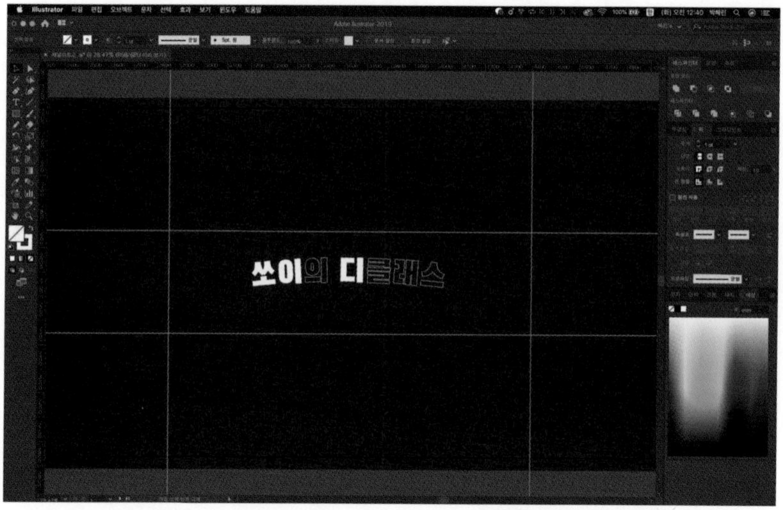

⑲ 유튜브 로고를 그려봅시다. 먼저 사각형 도구( )를 길게 눌러 둥근 사각형 도구( )를 선택합니다.

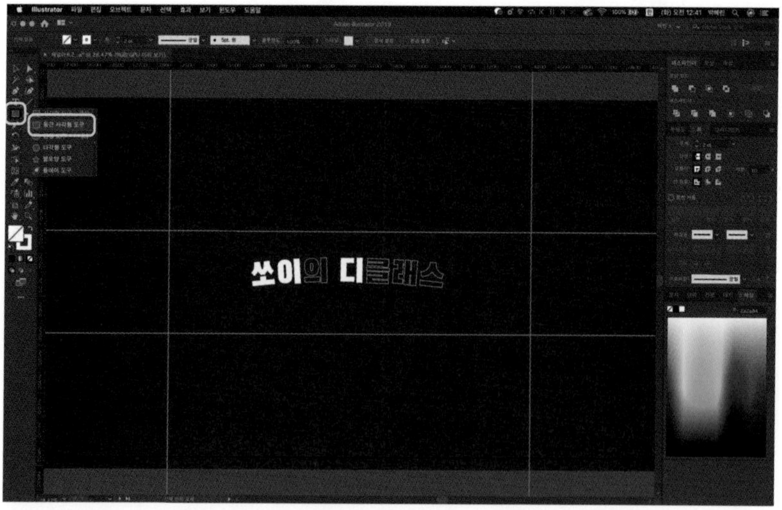

⑳ 원하는 위치에 드래그해 사각형을 하나 그려줍니다.

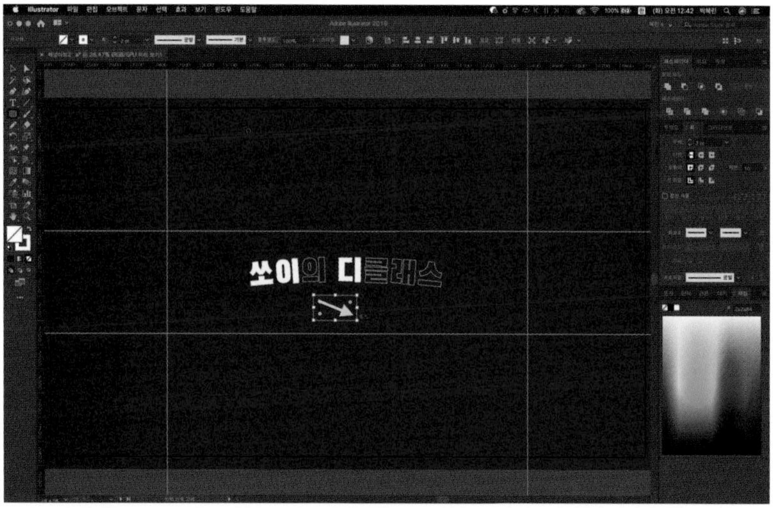


㉑ 선택 도구(▷)로 사각형 모퉁이의 둥근 점을 도형 안쪽으로 드래그해, 사각형 모퉁이의 둥글기를 조절합니다.

㉒ 이번에는 플레이 버튼 모양의 세모를 그려봅시다. 먼저 둥근 사각형 도구( )를 길게 눌러 다각형 도구( )를 선택합니다.

㉓ 아트보드에 드래그하면서 동시에 도형이 삼각형이 될 때까지 방향키 아래(↓)를 여러 번 눌러줍니다. 방향키 아래(↓)를 누르면 다각형의 각의 줄어들고, 방향키 위(↑)를 누르면 각이 늘어납니다.

㉔ 적절한 위치에 놓아준 뒤, Ctrl + (+)를 눌러 화면을 확대해서 사각형과 동일하게 모서리를 둥글게 만들어줍니다. (21번과 동일)

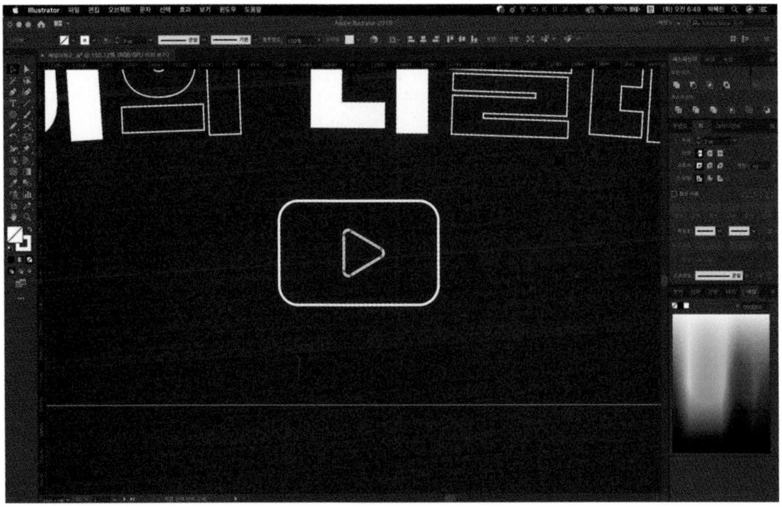

㉕ 문자 도구(T)를 선택한 후, 아트보드를 한 번 클릭하고 세부적인 글자를 써줍니다. 글자의 속성은 제어 패널에서 변경할 수 있습니다. (15번과 동일)

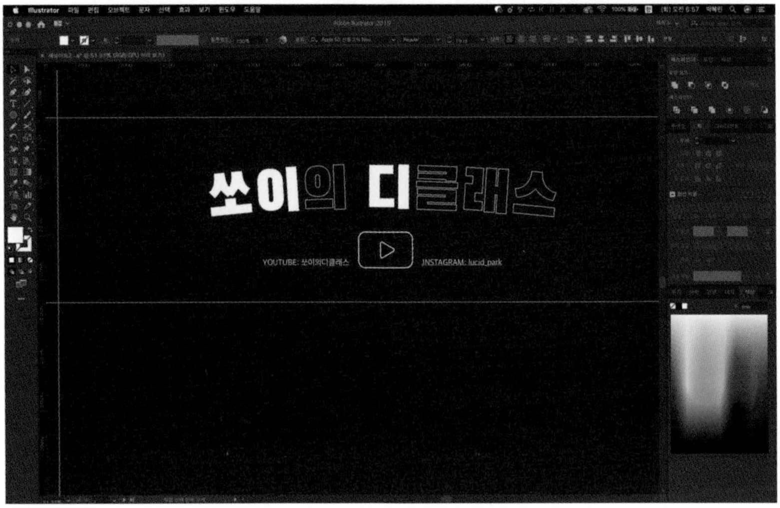

㉖ 마지막으로 배경에 세모, 동그라미 등 도형을 그려 꾸며 봅시다. 다각형 도구( ), 원형 도구( ), 선분 도구( )를 이용해 도형을 그리고 배치해주면 됩니다.

㉗ 선의 두께를 조절하고 싶다면, 선택 도구로 선택해, 획 패널에서 조절할 수 있습니다.

㉘ 완성입니다.

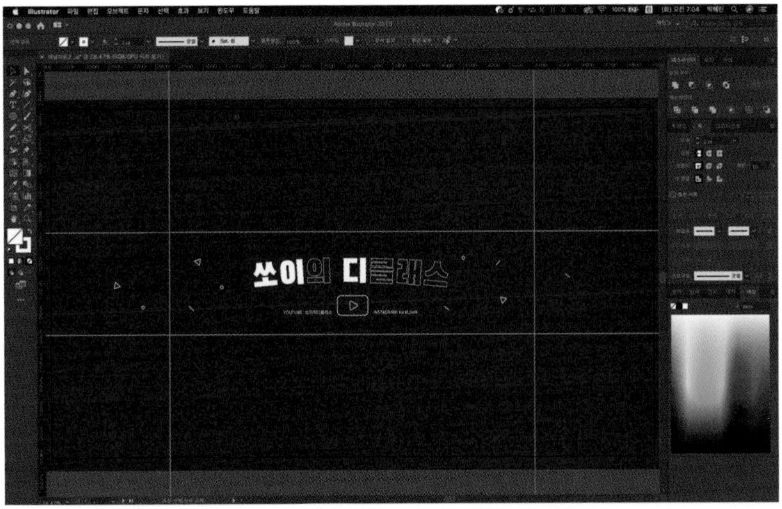


㉙ 파일(File) → 저장(Save)을 눌러 일러스트 원본 파일로 저장하고, 파일(File) → 내보내기(Export) → 내보내기 형식(Export As)을 눌러 이미지 파일(JPEG)로도 저장해줍니다.

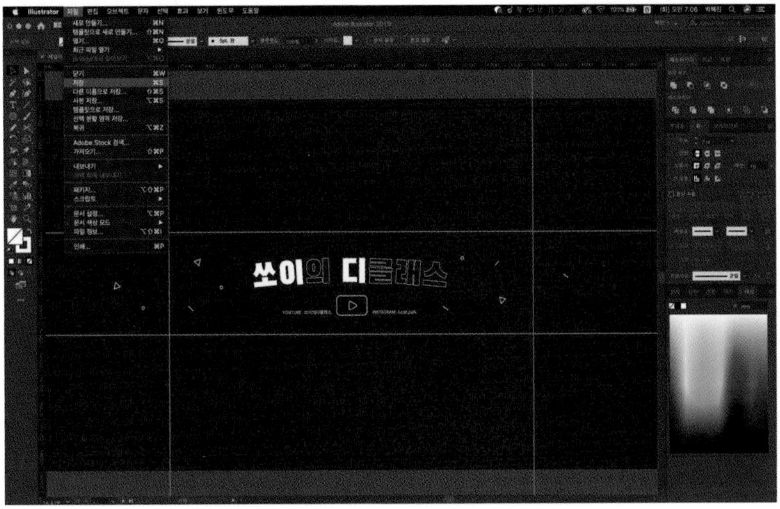

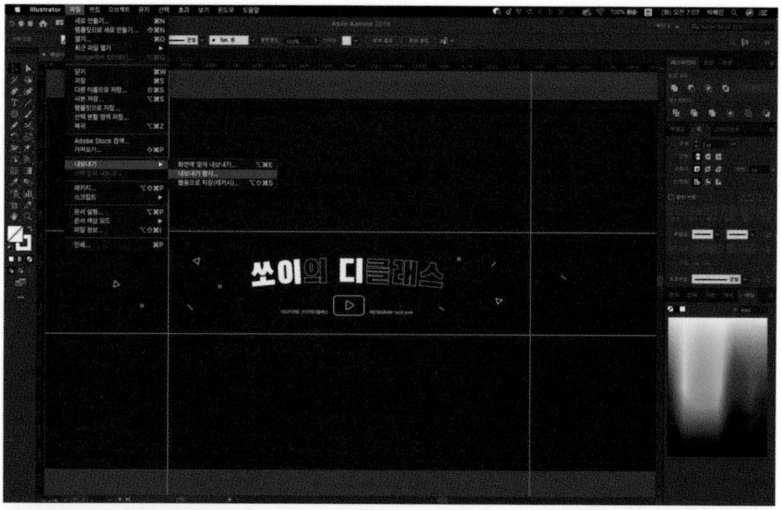


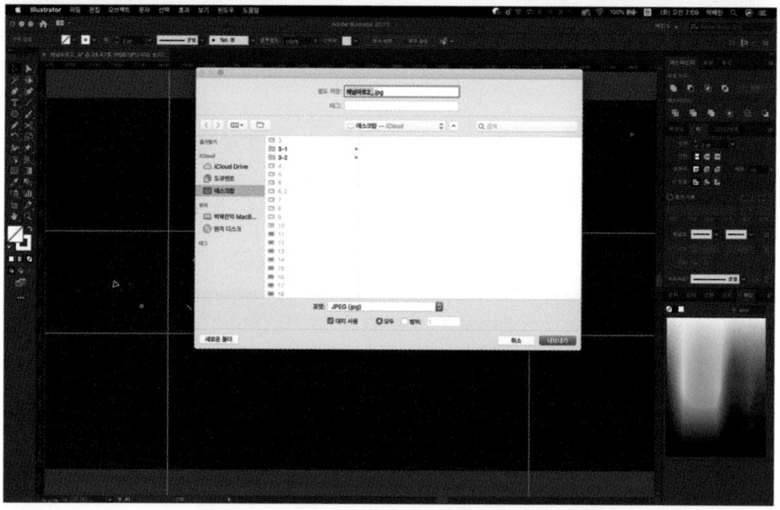


➔ 내보내기로 저장할 때는 반드시 대지 사용(Use Artboard)을 체크해주세요!

㉚ 저장된 이미지 파일을 확인합니다.

㉛ 채널에 적용시켜봅니다.

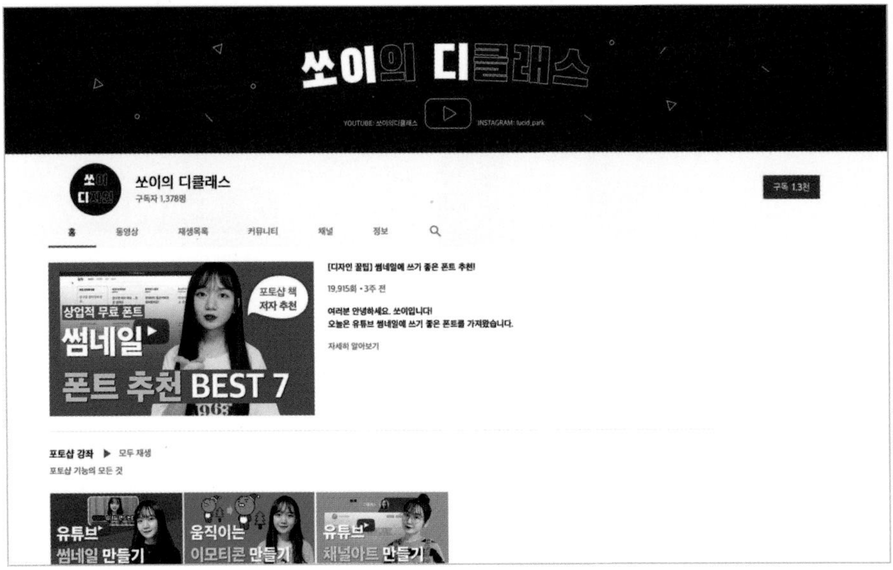

CHAPTER 02

# 채널을 대표하는 로고 만들기

유명 유튜버들은 대부분 채널을 대표하는 로고 혹은 캐릭터가 있다는 것을 알고 계신가요? 로고가 있으면 채널 아트와 프로필을 만들기 편리하고, 내 채널만의 아이덴티티를 강조할 수 있습니다. 채널을 대표하는 로고를 만들어봅시다.

## 1 글자를 활용한 로고 만들기

채널 이름의 첫 글자를 이용해 깔끔하고 프로페셔널한 느낌의 로고를 만들어봅시다.

**여기서 배울 수 있는 기능**

- ❶ 확장을 이용하여 글자를 도형으로 만들기
- ❶ 직접 선택 도구로 확장된 글자 변형하기
- ❶ 패스파인더로 도형 분리하기

**심화 과정**

- ❶ 그라데이션을 이용하여 입체감 주기

❶ 일러스트를 켜서, ❶새로 만들기(New) → ❷웹(Web) → ❸웹용 대형으로 선택한 뒤 → ❹제작(Create)을 눌러 아트보드를 하나 만듭니다.

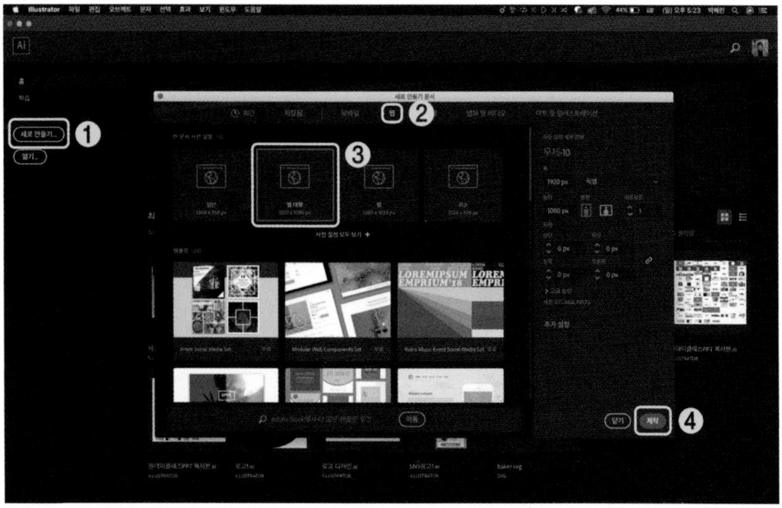

**여기서 잠깐!**

로고를 만들 때 아트보드의 사이즈는 크게 상관없으나 웹에서 보여지는 개체이므로 웹용으로 설정해 만들어줍시다.

❷ 문자 도구(T)를 선택하고 아트보드를 한 번 클릭한 뒤, 알파벳 D를 써줍니다.

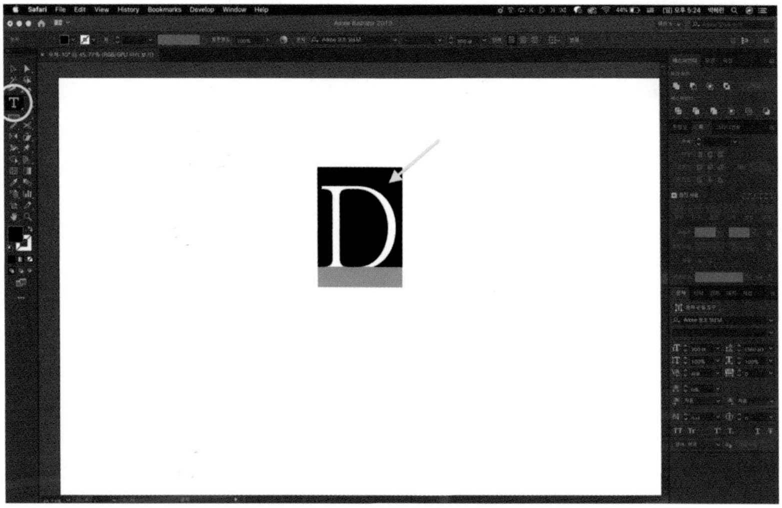

❸ 글자를 드래그한 뒤 상단 제어 패널에서 폰트 종류, 크기, 두께 등을 설정할 수 있습니다.

➔ **여기서 쓰인 폰트:** Acumin Variable Concept, Bold, 500pt

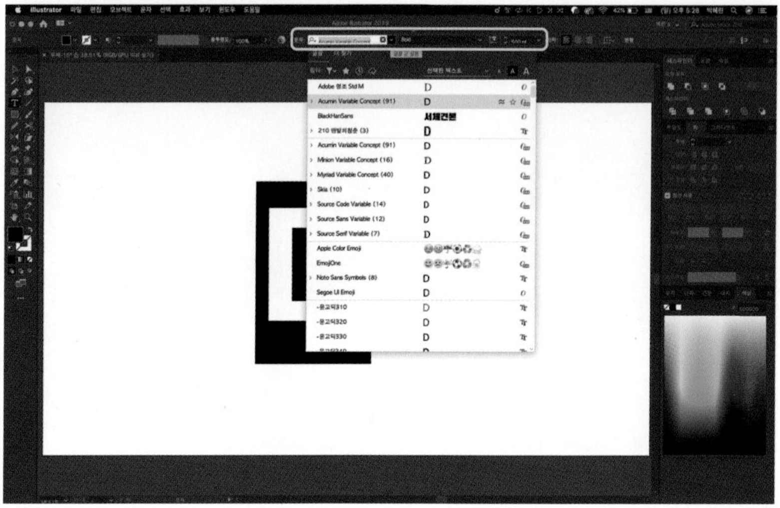

❹ 글자를 선택한 뒤 ❶칠 모양(■)을 더블클릭해서 색상 피커를 열어주고 ❷원하는 색으로 글자 색을 변경한 뒤 ❸확인을 눌러 적용합니다.

➔ **여기서 쓰인 색:** #496fce

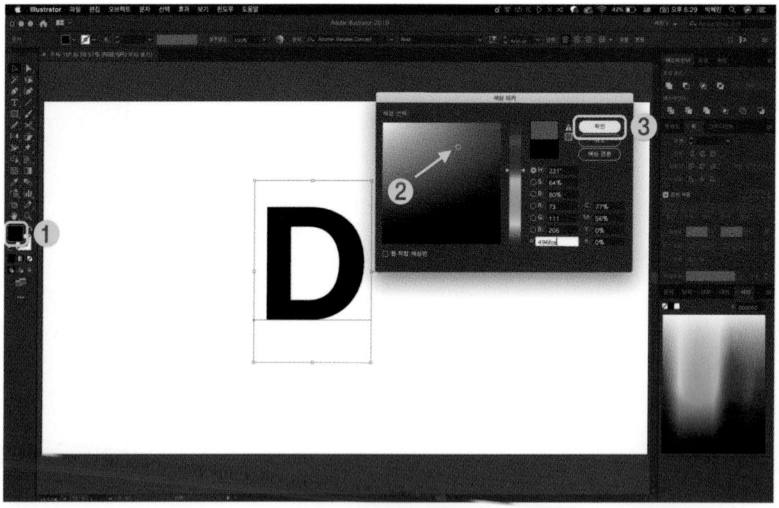

❺ 글자를 변형하기 위해 도형으로 확장해봅시다. 글자가 클릭된 상태에서 오브젝트(Object) → 확장(Expand)을 눌러줍니다.

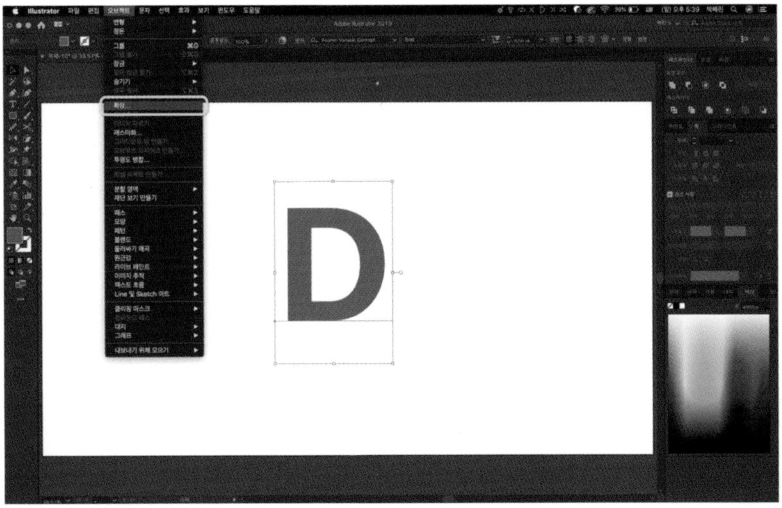

**여기서 잠깐!**

글자가 드래그된 상태가 아니라 반드시 사진처럼 클릭된 상태여야 합니다. 드래그 상태에서는 확장 기능이 활성화되지 않습니다.

❻ 새로 뜨는 확장(Expand)창에서 바로 확인을 눌러줍니다.

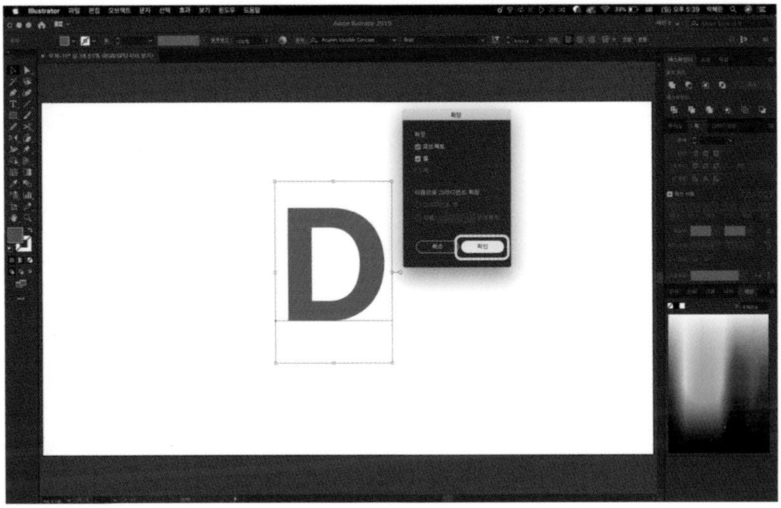

❼ 폰트 두께를 일정하게 맞춰봅시다. Ctrl + (+) 를 두 번 정도 눌러 화면을 확대합니다. 직접 선택 도구(▶)를 선택한 뒤, Shift를 누른 채로 ❶,❷번 점을 순서대로 클릭해 선택합니다.

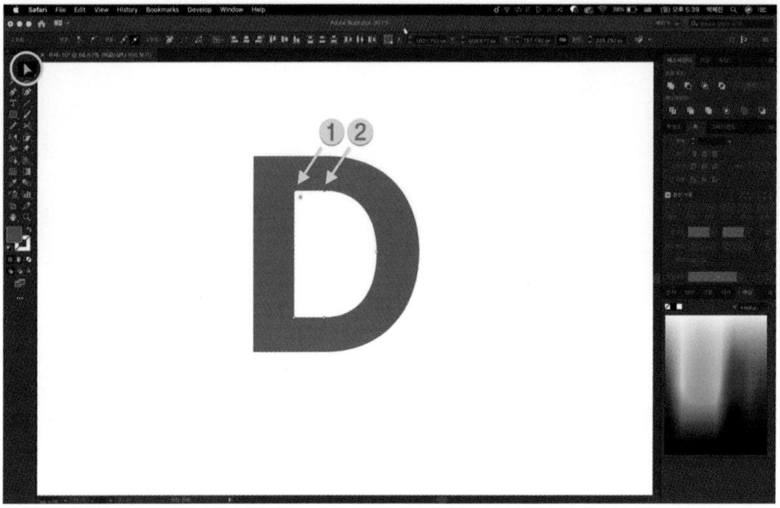


❽ 점 두 개가 선택된 상태에서 방향키 아래(↓)를 10번 정도 눌러 점을 아래로 이동시켜 알파벳의 두께를 일정하게 맞춰줍니다.

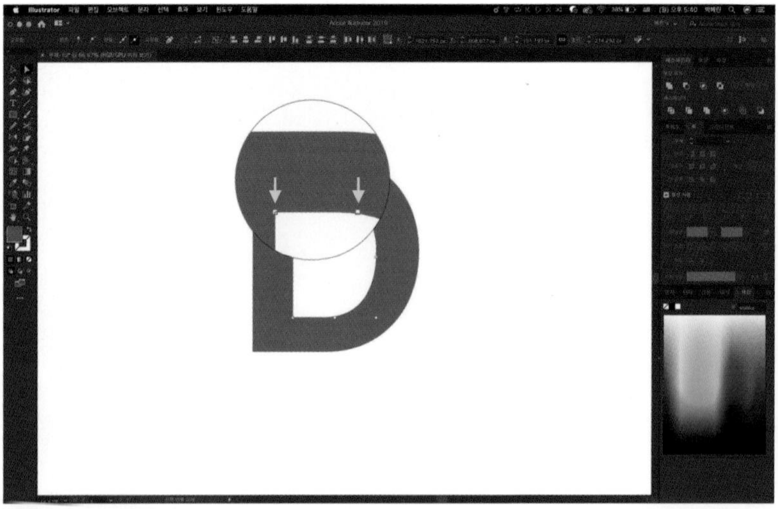

❾ 아래쪽 점도 동일한 방식으로 선택(7~8번)한 뒤 방향키 위(↑)를 눌러 알파벳 모든 곳의 두께가 일정하도록 맞춰줍니다.

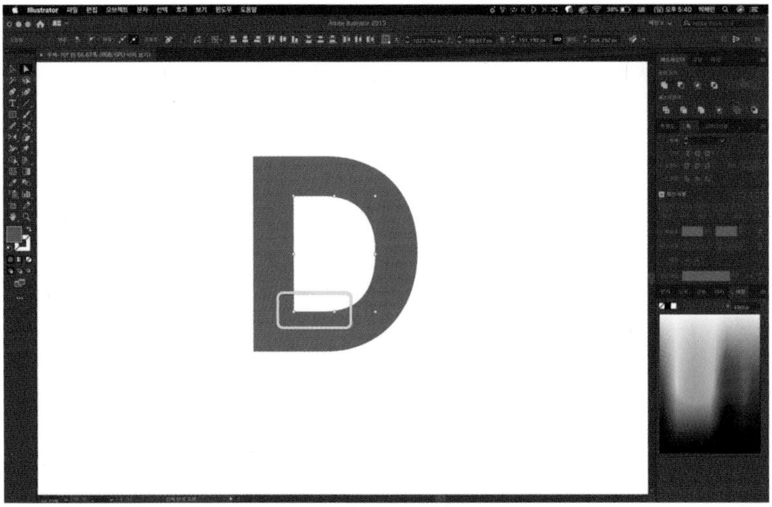


❿ 알파벳의 모서리를 둥글게 만들어봅시다. 직접 선택 도구(▶)를 선택한 뒤 알파벳 모서리 부분의 둥근 점을 한 번 클릭하고 안쪽으로 적절히 드래그해 원하는 정도로 둥글기를 설정합니다.

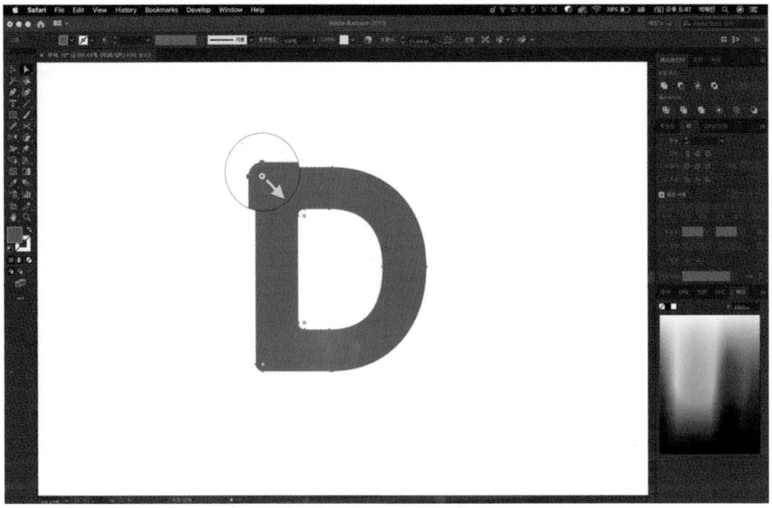

⓫ 알파벳에 입체감을 주는 작업을 해봅시다. 우선 밝은 부분의 색을 달리하기 위해 도형을 분리해줍시다. 노란 선을 기준으로 도형이 나뉘도록 펜 도구( )를 이용해 사진과 같이 도형을 그려줍니다. (펜 도구가 어렵다면 Part 0을 참고해주세요.)

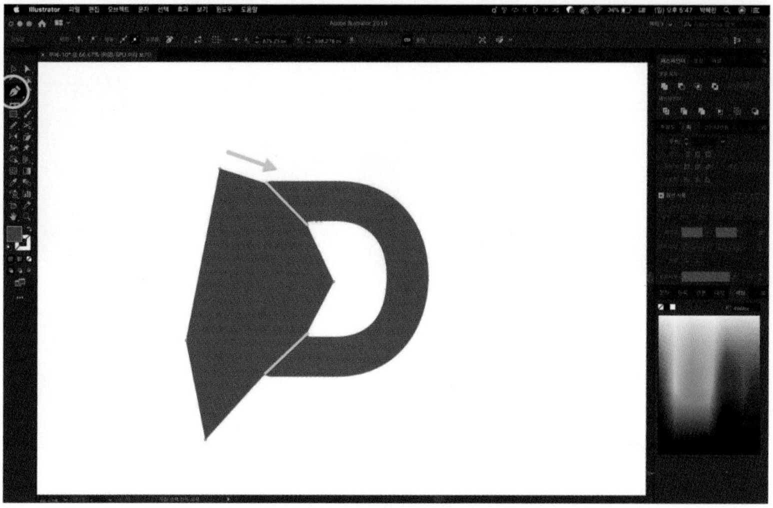

⓬ 선택 도구( )를 클릭하고 Shift를 누른 채로 두 도형을 클릭해 같이 선택합니다.

⑬ 패스파인더(Pathfinder) 패널에서 아랫줄 첫 번째 아이콘인 나누기()를 눌러 도형을 분리합니다.

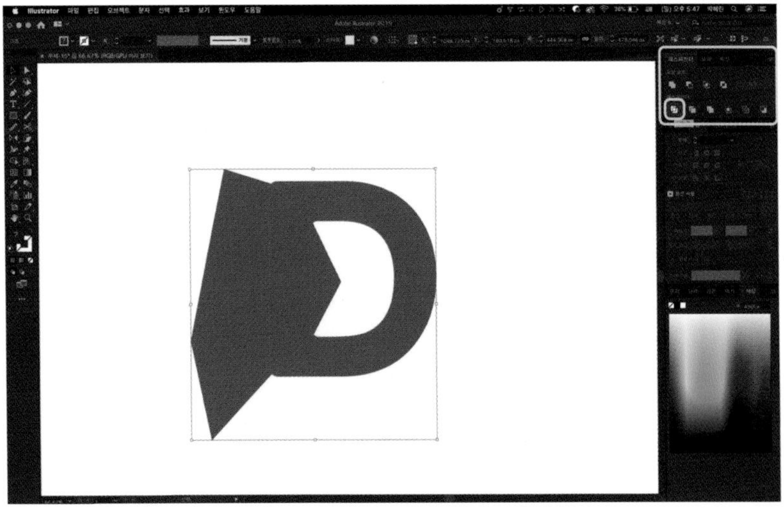

⑭ Ctrl + Shift +G를 눌러 자동으로 묶인 그룹을 풀어주고 아트보드를 한 번 클릭해서 선택 해제해줍니다. 글자 외의 필요 없는 도형들을 클릭한 뒤 Backspace를 눌러 지워줍니다.

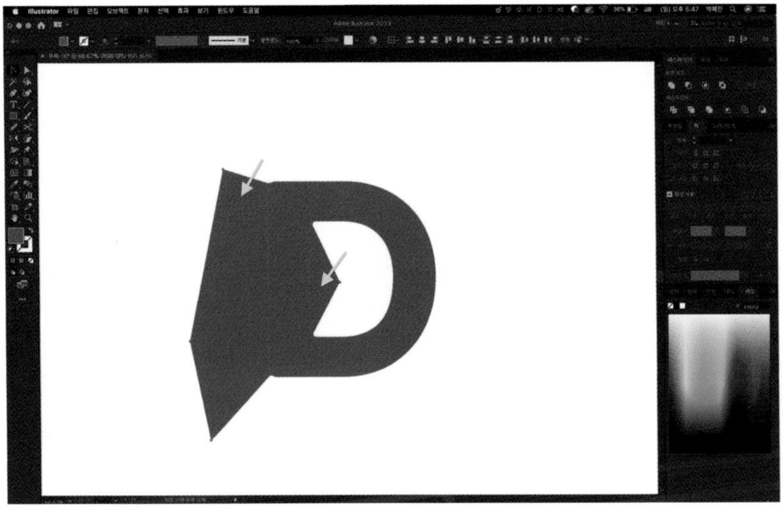

⑮ 이제 자른 부분의 색을 바꿔봅시다. ❶번 부분을 클릭해 선택한 뒤, ❷ 칠 모양(■)을 더블클릭해 색상 피커를 열어 ❸원래 컬러보다 살짝 밝은 색으로 지정하고 ❹확인을 누릅니다.

➔ **여기서 쓰인 색:** #a2bbed

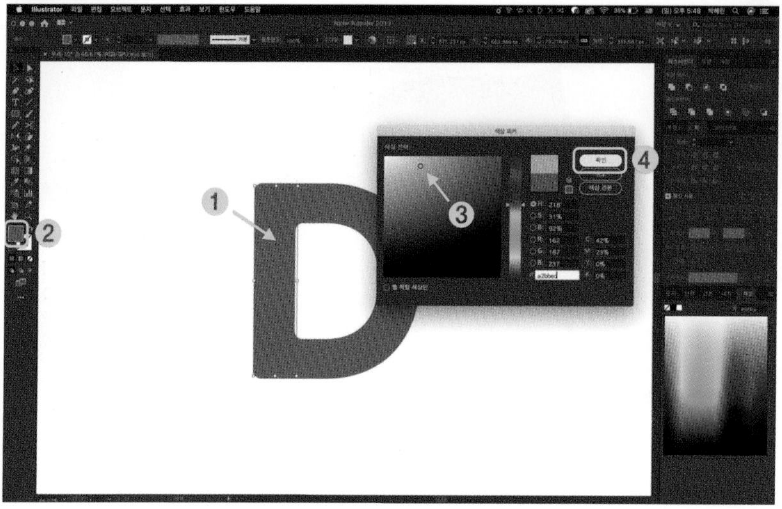


⑯ 만들어진 모양을 하나 복사해 입체감을 줘봅시다.

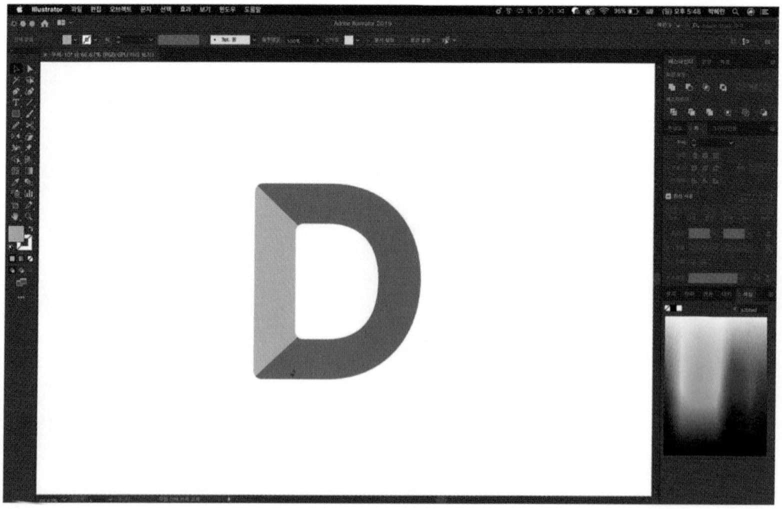

⑰ 먼저 선택 도구( )로 두 도형을 드래그해 한 번에 선택한 뒤 Ctrl + C, Ctrl + B를 눌러 제자리에 복사합니다.

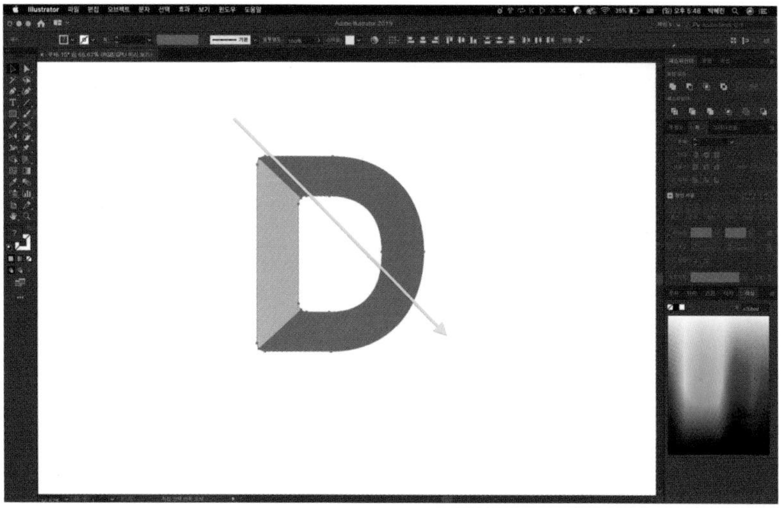

**여기서 잠깐!**

Ctrl + C, Ctrl + B 는 '개체 뒤에 제자리 복사'입니다. 자주 쓰이니 알아둡시다.

⑱ Shift과 Alt를 동시에 누른 채로 안쪽으로 드래그해 크기를 줄여줍니다.
Shift는 비율 고정, Alt는 중심으로 축소/확대의 단축키입니다.

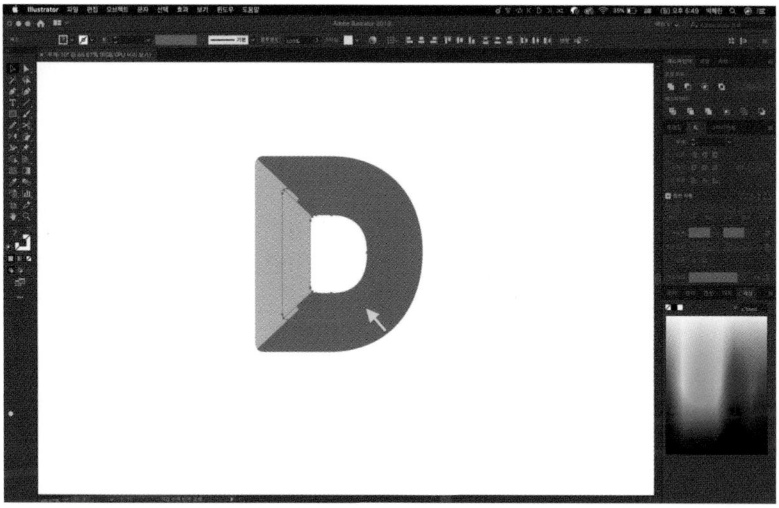

⑲ 복사한 ❶번 도형을 선택한 뒤, ❷스포이드 도구( )를 누르고 ❸번 도형을 클릭해 스포이드로 색을 추출합니다. 같은 방식으로 ❹번 도형을 클릭하고 스포이드로 ❺번 도형을 클릭해 색을 추출하면 됩니다.

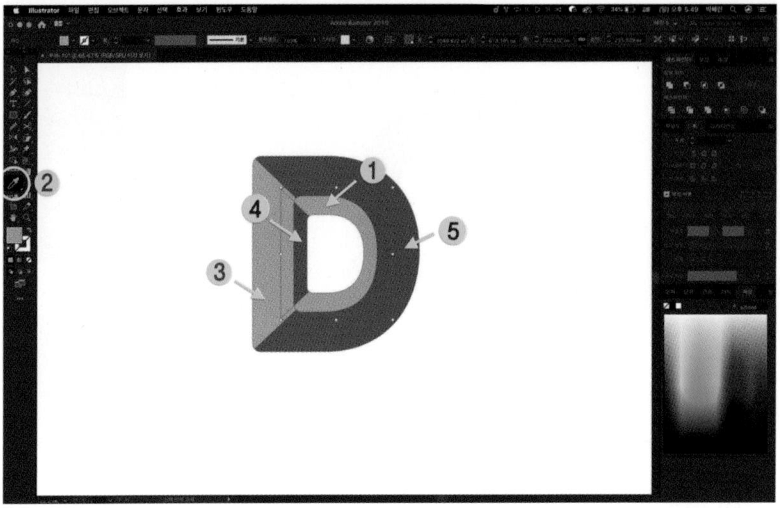


⑳ 직접 선택 도구( )를 선택한 뒤, 복사한 도형 중 왼쪽 도형을 클릭합니다. 도형을 클릭하면 생기는 점들 중 ❶번 점을 클릭하고, ❷번 모서리 부분으로 ❶번 점을 드래그해 연결된 모양으로 만들어줍니다.

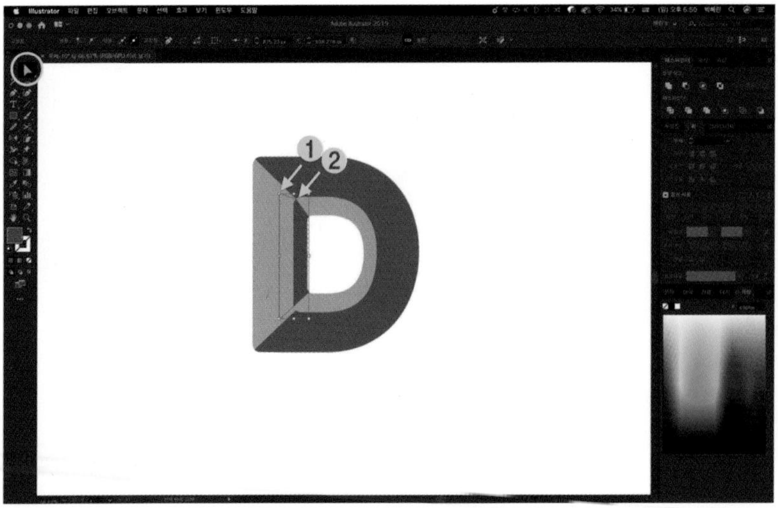

㉑ 아랫부분도 동일하게 진행합니다.

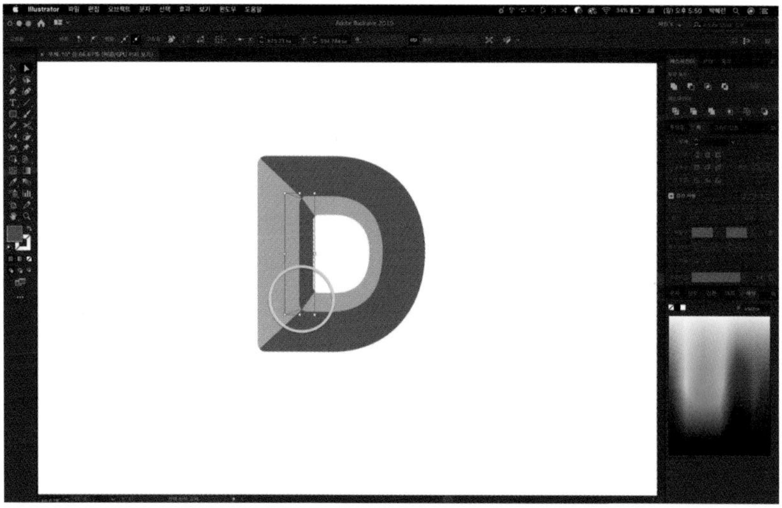

㉒ 이번에는 복사한 도형 중 오른쪽 도형을 클릭합니다. ❶번 도형을 클릭해서 선택한 뒤 방향키 왼쪽(←)을 5번 이상 눌러 모양의 두께를 일정하게 맞춰줍니다.

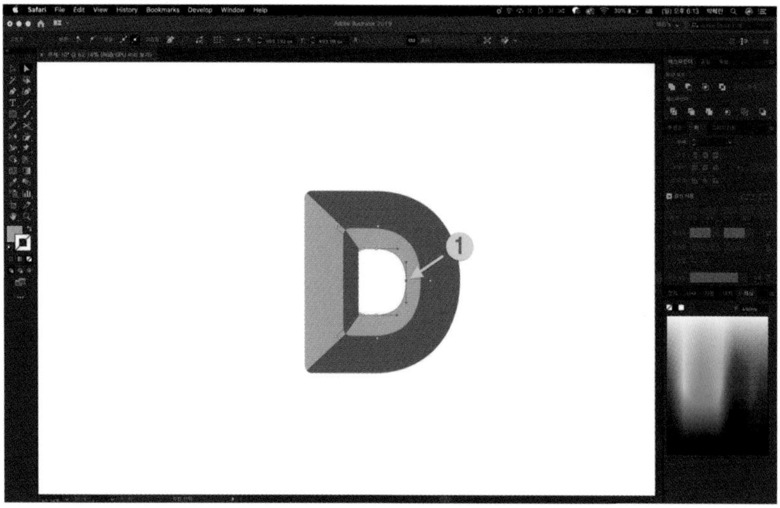

㉓ 사진과 같은 모양이 만들어지면 완성입니다.

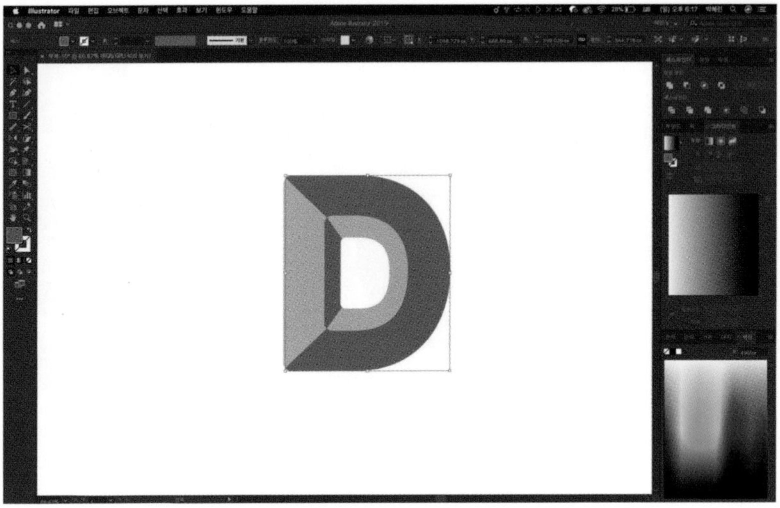

**심화과정** 조금 어려울 수 있어요!

- 좀 더 고퀄리티의 로고를 원한다면 따라해 보세요!
- 심화 과정을 건너뛰려면 33번 과정으로 이동해주세요.

그라데이션을 이용하여 입체감과 프로페셔널한 느낌을 줘봅시다.

㉔ 먼저 선택 도구(▶)로 그라데이션 넣을 도형을 선택합니다. 그다음 그라디언트 (Gradient) 패널에서 색상을 그라데이션 박스 안으로 드래그해 끌어 넣습니다. (그라디언트 패널이 없다면 윈도우에서 열어주세요.)

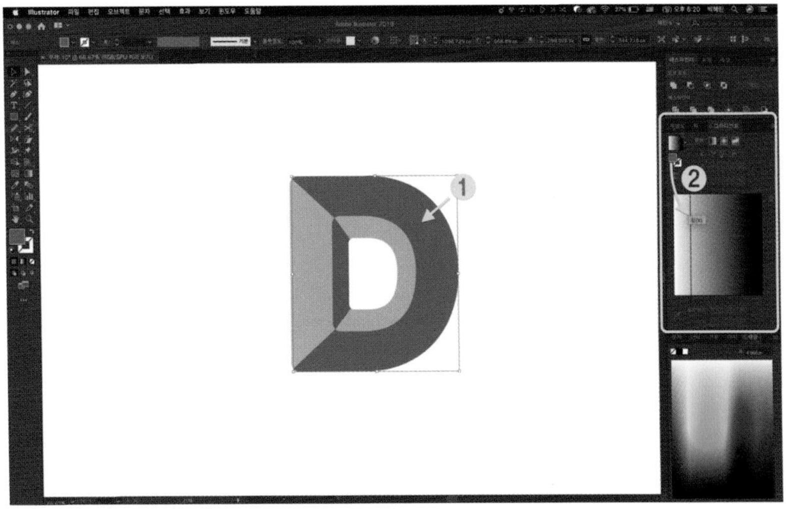


㉕ 그라데이션 박스에서 필요 없는 컬러가 있다면 동그라미 혹은 화살표 모양을 아래로 드래그해 빼줍니다.

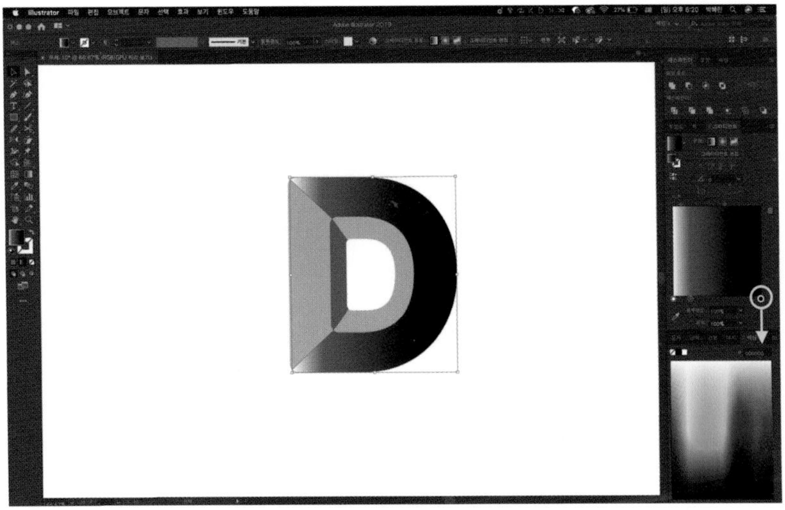

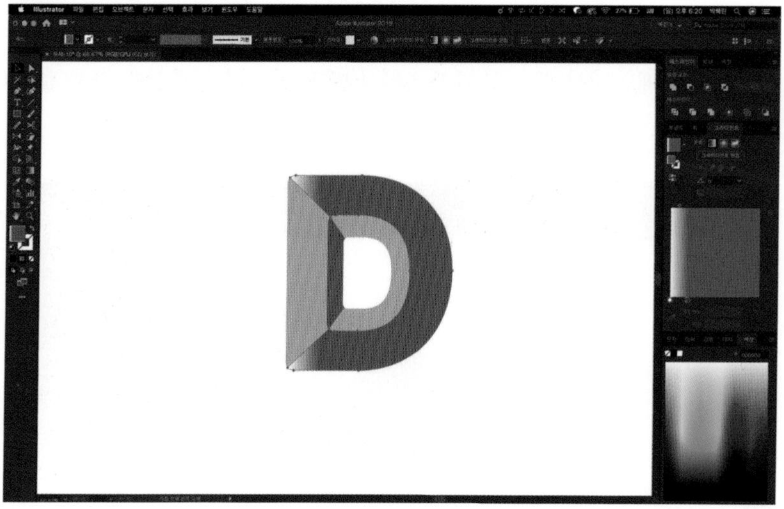

㉖ 그라데이션 박스에 있는 흰색을 다른 색으로 바꿔봅시다. 그라디언트 패널에서 흰색 동그라미 혹은 화살표 모양을 클릭해서 선택한 뒤, 칠 모양(■)을 더블클릭하고 색상 피커에서 원하는 색으로 지정해 바꿔줍니다.

➔ **여기서 쓰인 색:** #a2bbed

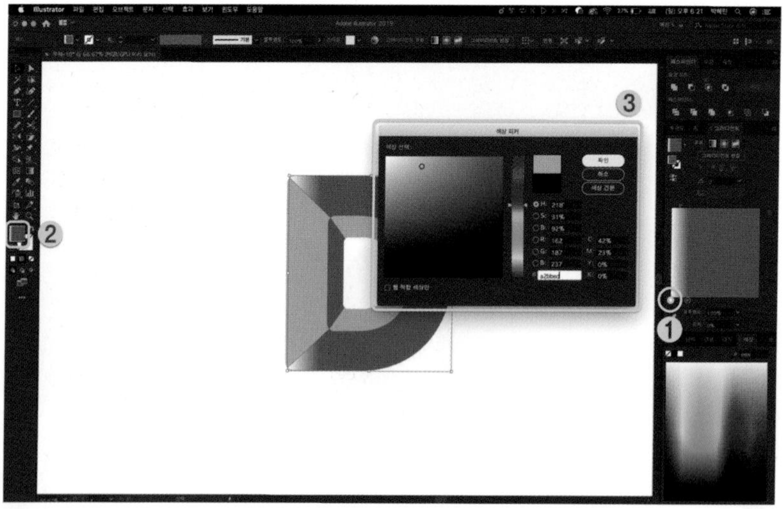

㉗ 조금 더 진한 색을 넣어 어두운 부분을 표현해봅시다. 그라디언트 패널에서 색 동그라미(화살표)들 사이 빈 곳을 클릭하면 새로운 동그라미(화살표)가 생깁니다. 26번 과정과 동일하게 색을 변경해주면 됩니다.

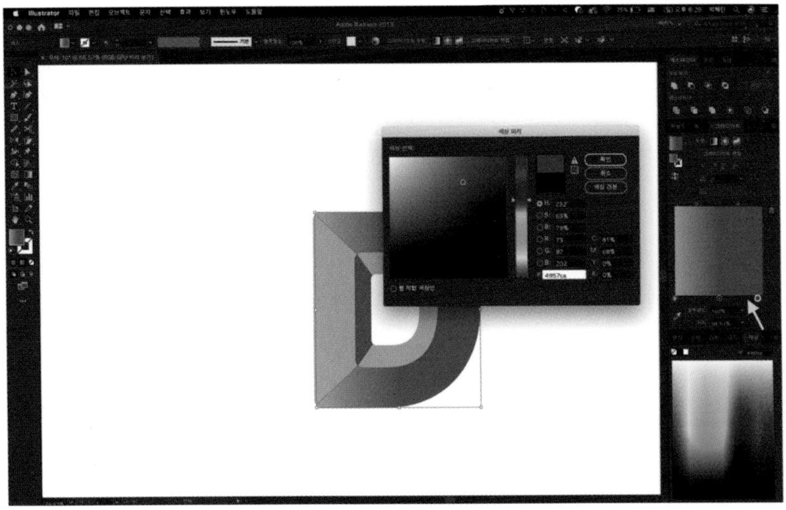

㉘ 왼쪽 도형에는 밝은 색을 넣어 빛이 닿는 부분을 표현해 봅시다. 먼저 선택 도구로 도형을 클릭해 선택합니다.

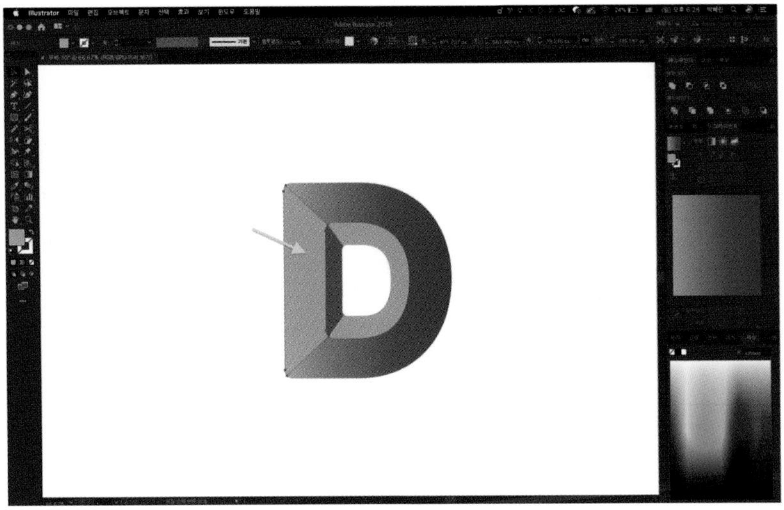

㉙ 24번~ 26번 과정과 동일하게 그라디언트 패널을 이용해 색을 지정해줍니다.

➔ **여기서 쓰인 색:** #d4e5ff, #a2bbed

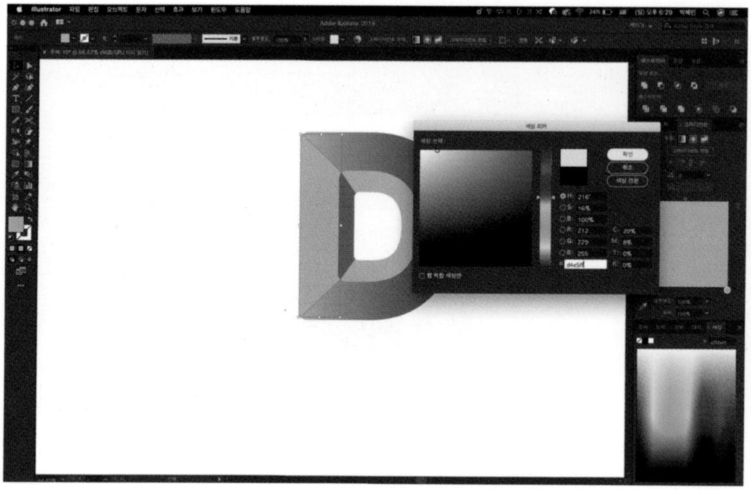

㉚ 이번에는 그라데이션의 방향을 지정해봅시다. 먼저 그라디언트 도구(■)를 선택한 뒤 도형 위에서 원하는 방향으로 드래그해 방향을 지정합니다.

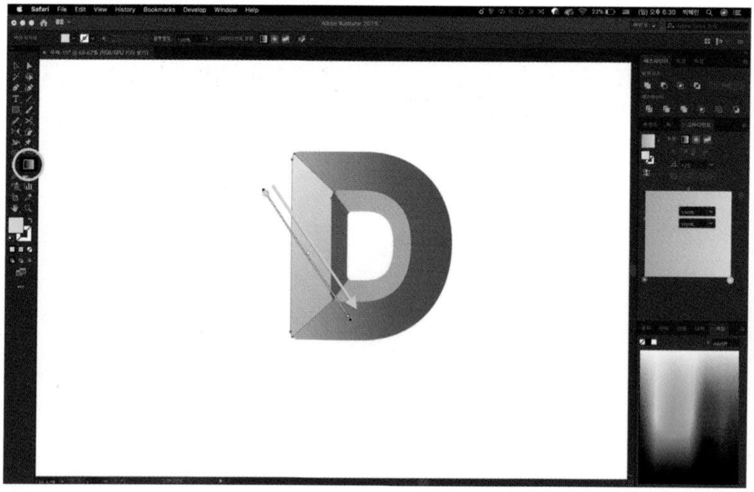

**여기서 잠깐!**

방향이 바뀌지 않는다면 도형이 잘 선택되어 있는지 확인해보세요.

㉛ 안쪽 도형들도 동일하게 진행합니다. ❶번 도형을 클릭한 뒤 스포이드 도구( )를 클릭하고 ❷번 도형을 클릭해서 색을 동일하게 복사해주면 더 간편하게 만들 수 있습니다.

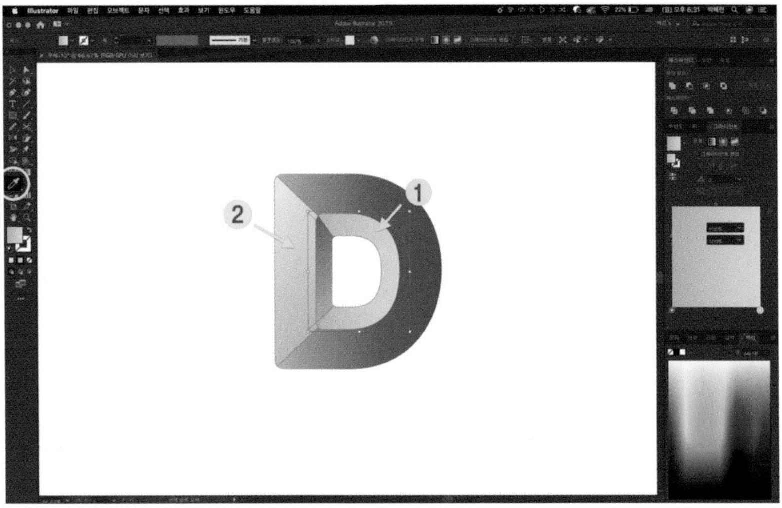


㉜ 완성입니다.

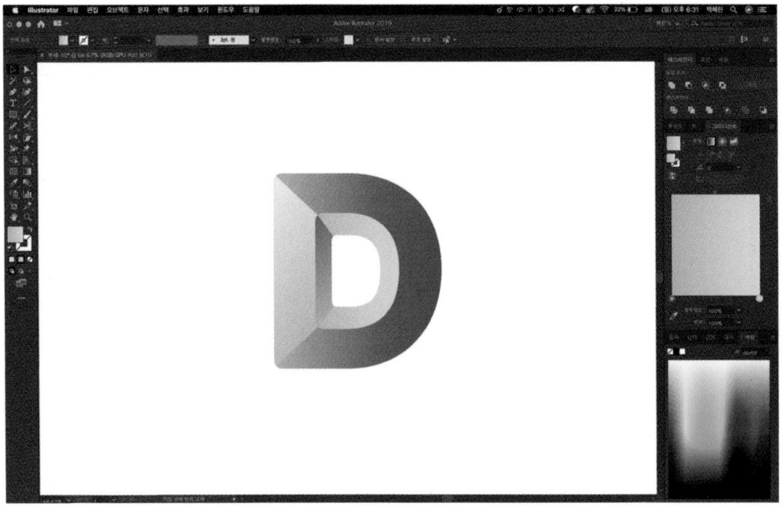

㉝ 로고로 쓸 수 있도록 배경이 없는 이미지로 저장해봅시다. 먼저 선택 도구( )로 드래그해 도형 전부를 선택합니다.

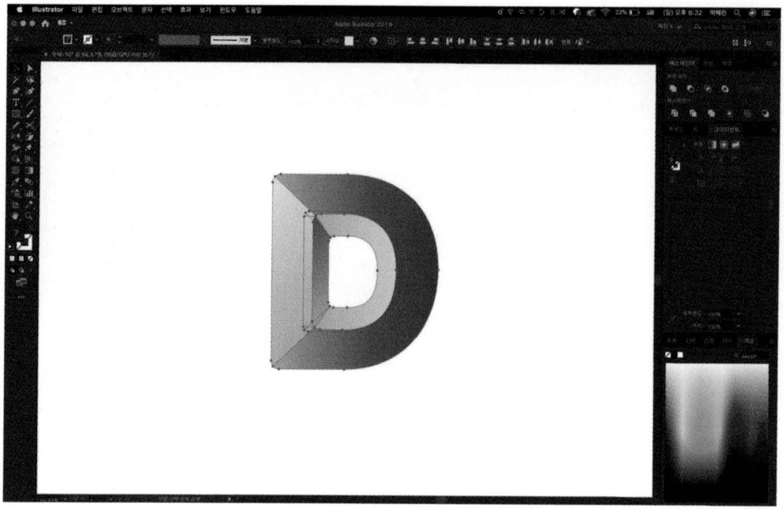

㉞ 도형 위에서 우클릭한 뒤, 내보내기 위해 모으기(Collect For Export) → 단일 자산(As Single Asset)을 클릭합니다.

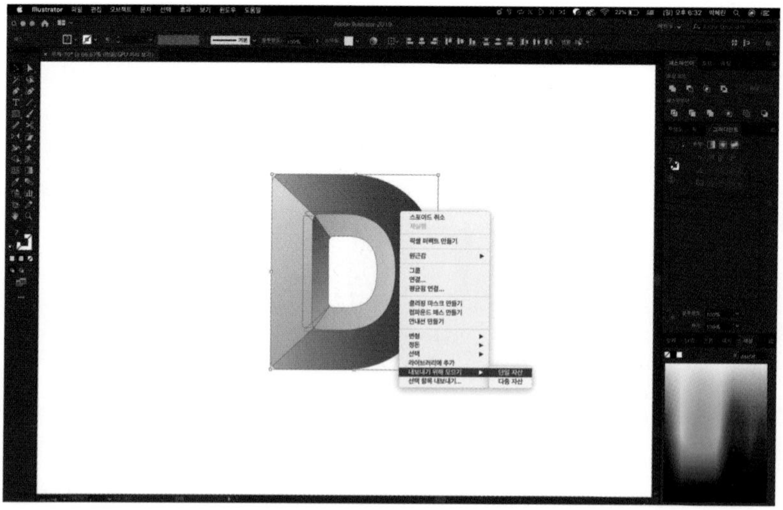

㉟ 새로 뜨는 창에서 내보내기(Export)를 클릭한 뒤 저장할 위치를 지정하고 선택을 누르면 됩니다.

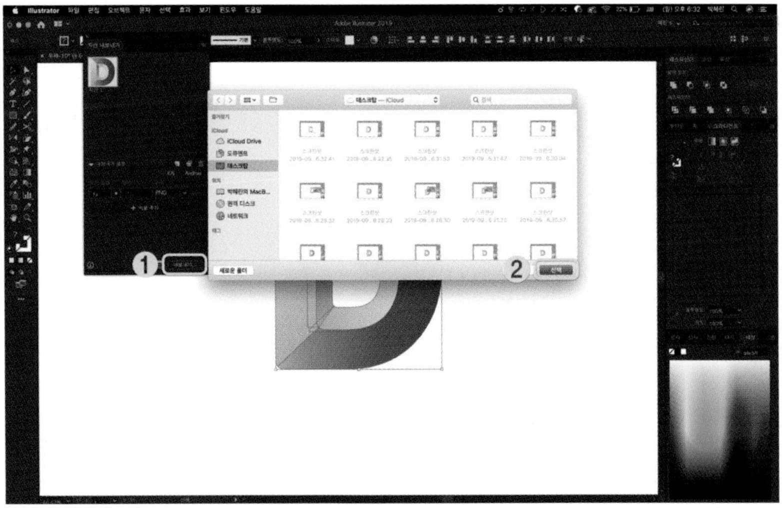

㊱ 저장된 이미지 파일(PNG)을 확인합니다.

㊲ 추후 변형이 용이하도록 illustrator 파일로도 저장해두시면 좋습니다.

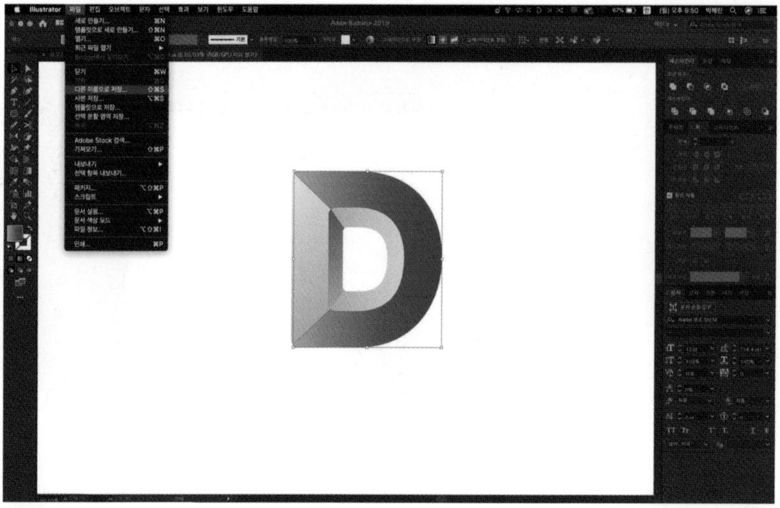

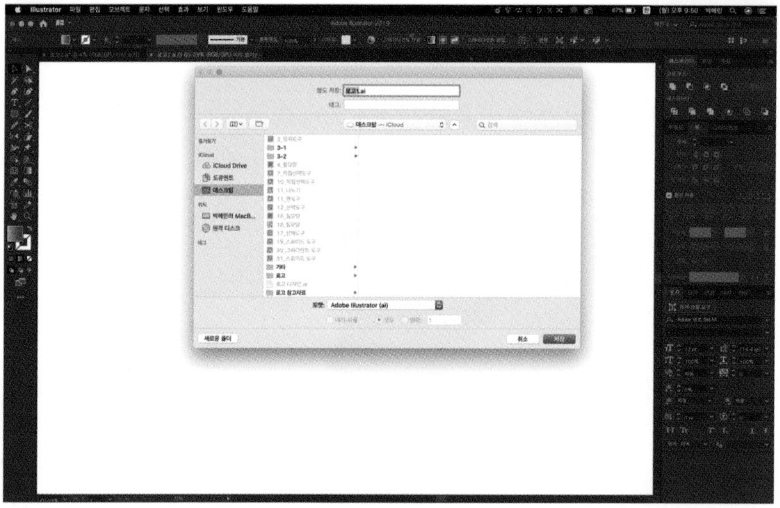

38 유튜브 프로필에 적용해봅니다.

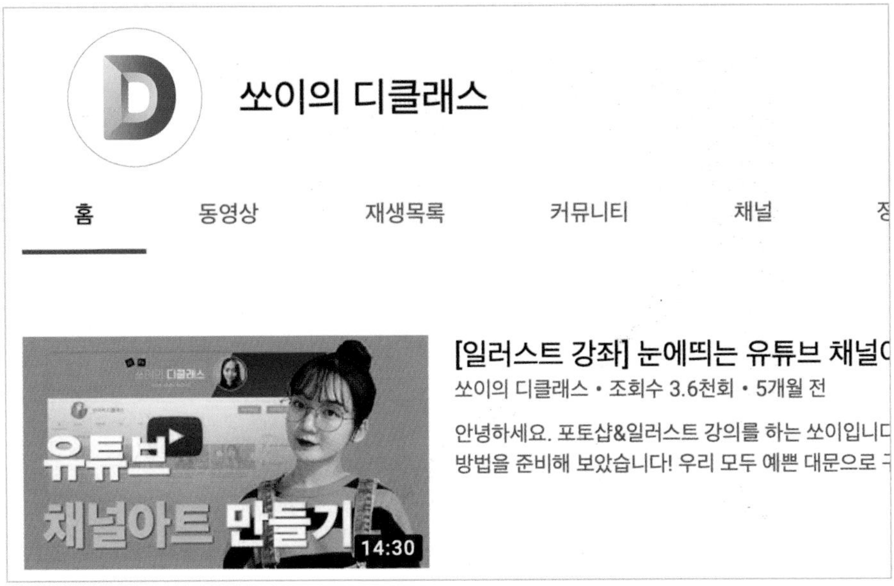


## 2 캐릭터를 활용한 로고 만들기

채널을 대표할 수 있는 캐릭터가 들어간 개성 있는 로고를 만들어 봅시다. 캐릭터가 없다면 무료 이미지를 활용해 만들 수도 있습니다.

**여기서 배울 수 있는 기능**

1. 아이콘(캐릭터) 다운로드 하기
2. SVG 파일 변형해 나만의 캐릭터 만들기
3. 클리핑 마스크 사용하여 원하는 모양으로 이미지 자르기

❶ 일러스트를 켜고 ❶새로 만들기(New) → ❷웹(Web) → ❸웹용 대형으로 선택한 뒤 → ❹제작(Create)을 눌러 아트보드를 먼저 만듭니다.

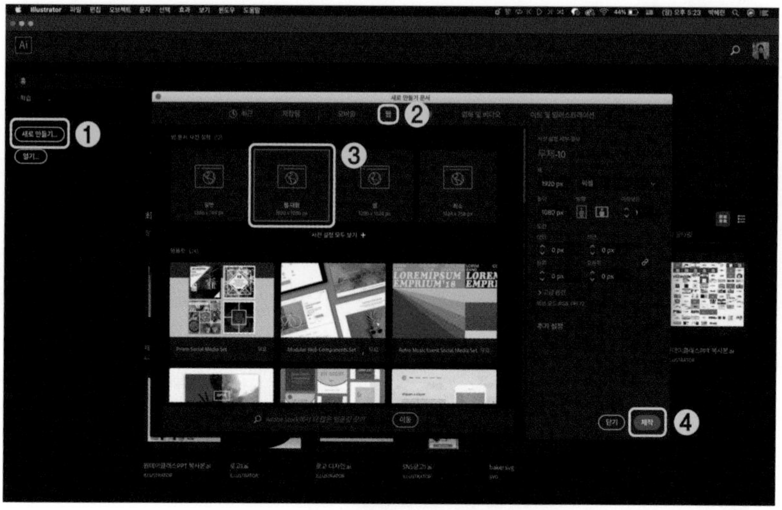

❷ 캐릭터 이미지를 먼저 다운로드해봅시다. 구글에서 flaticon을 검색합니다.

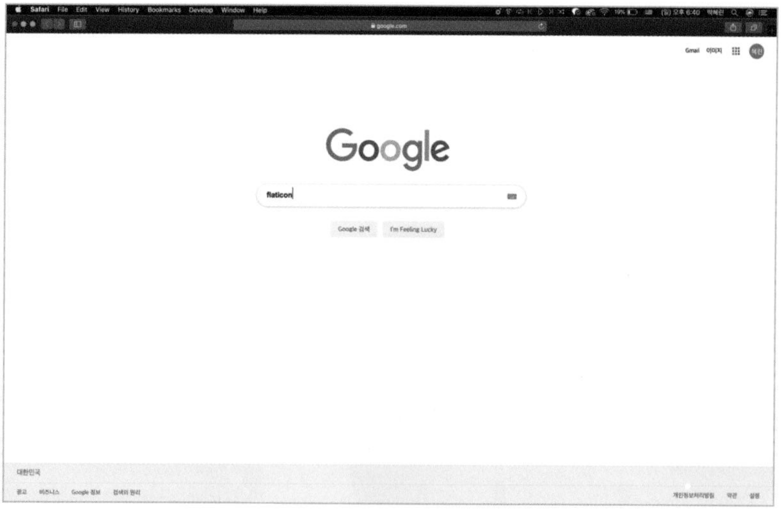

❸ flaticon 사이트를 클릭합니다.

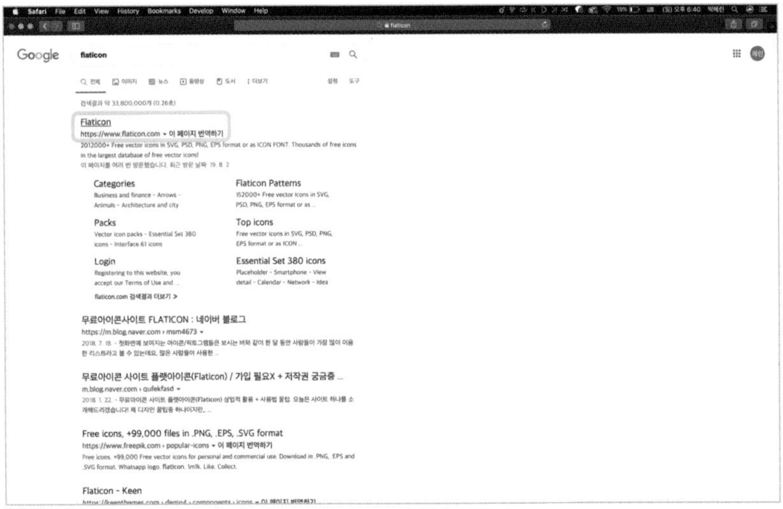


❹ 원하는 이미지를 영어로 검색합니다. 요리 채널 로고에 들어갈 요리사 이미지를 찾기 위해 baker라고 검색했습니다.

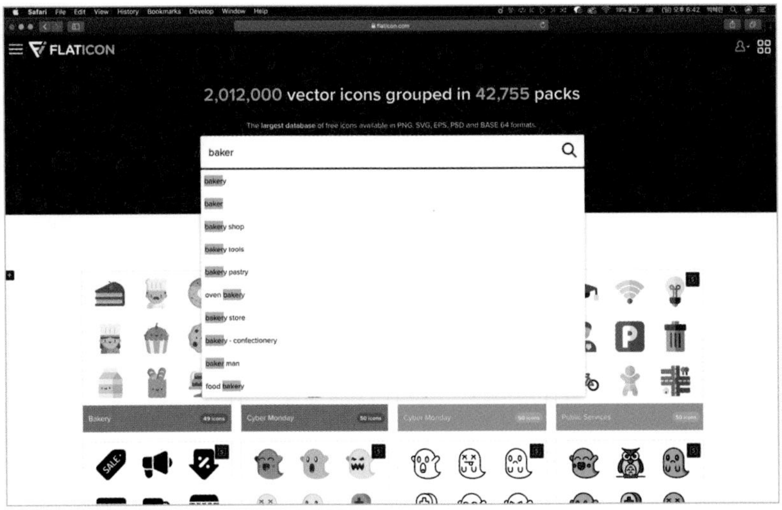

❺ 원하는 이미지를 클릭합니다.

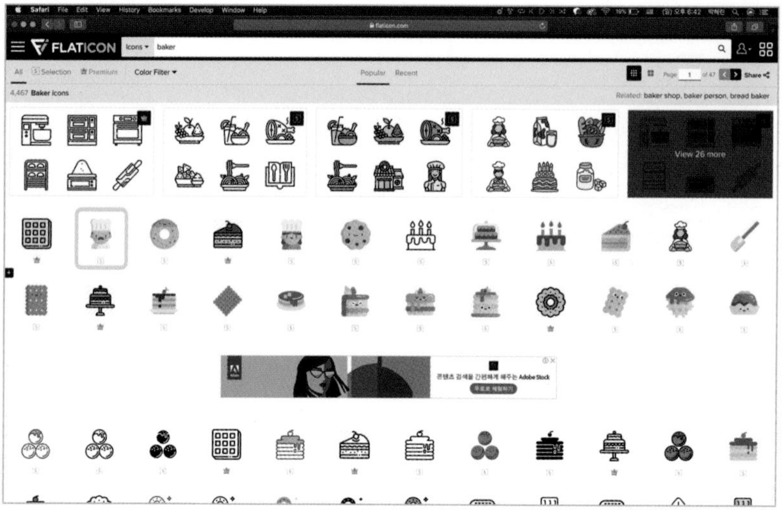


❻ SVG 형태를 선택합니다.

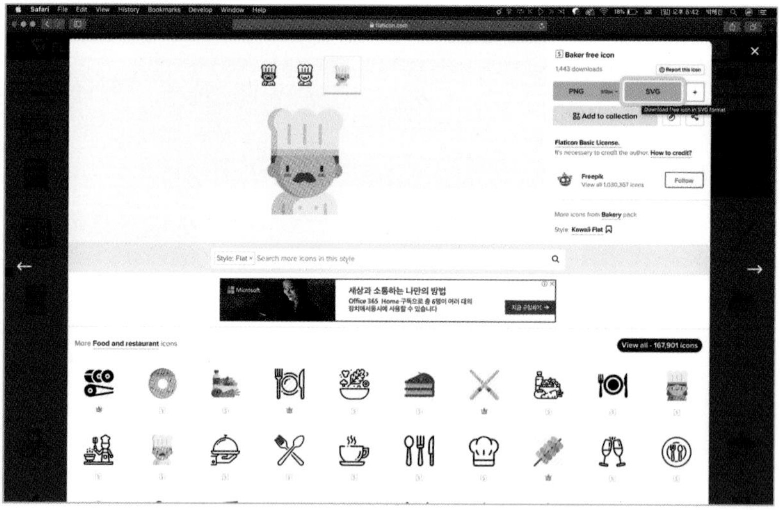

❼ Free Download를 클릭해서 다운로드해주시면 됩니다.

(해당 이미지는 저작권 표기를 전제로 무료로 사용 가능한 아이콘입니다.)

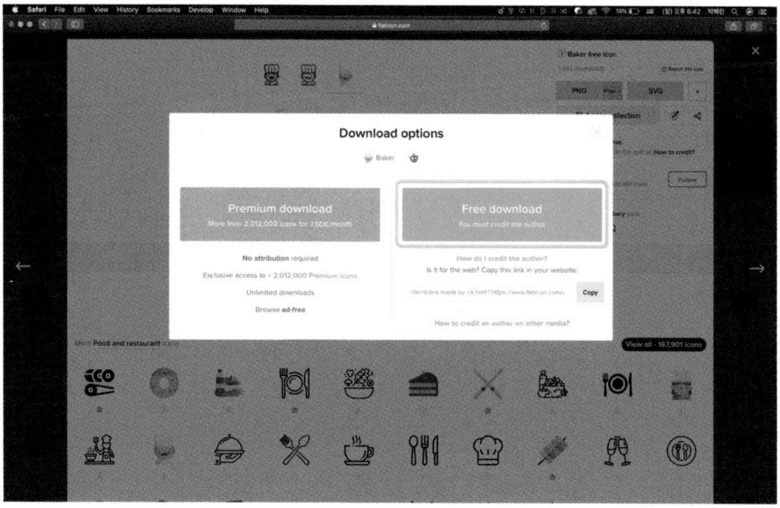


❽ 다운로드 받은 이미지를 더블클릭하면 자동으로 일러스트레이터로 열리게 됩니다. 열리지 않거나 다른 형식으로 열린다면 이미지에서 우클릭한 뒤 다음으로 열기 → illustrator를 지정해주세요.

Icon made by Freepik from www.flaticon.com

❾ 선택 도구( ▷ )로 이미지를 전부 드래그해서 선택한 뒤, Ctrl + C를 눌러 복사해줍니다.

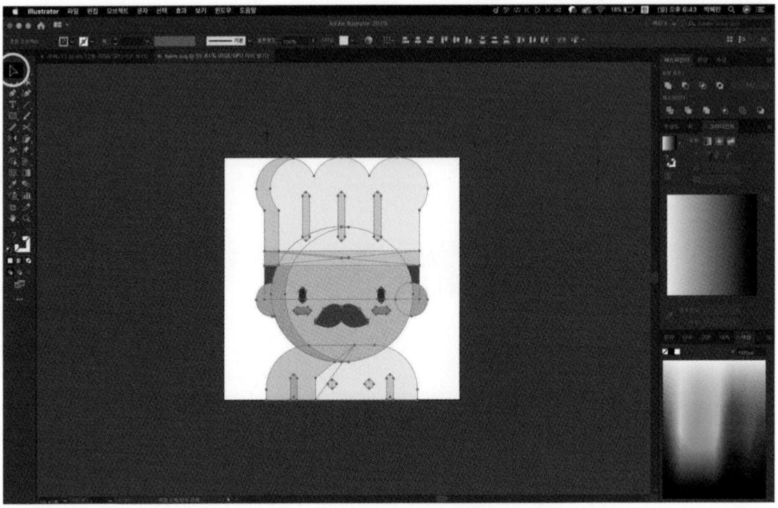

Icon made by Freepik from www.flaticon.com

❿ 상단에서 미리 열어둔 아트보드 창으로 다시 돌아간 뒤 Ctrl + V를 눌러 붙여 넣습니다.

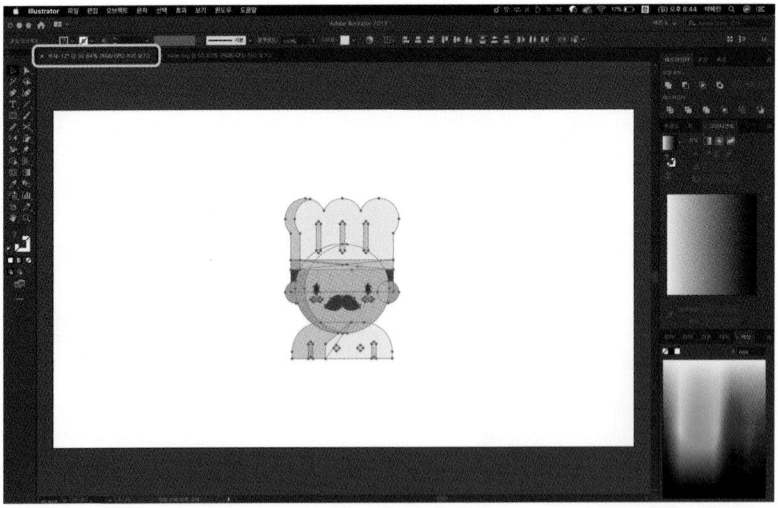

Icon made by Freepik from www.flaticon.com

⑪ 아트보드 빈 곳을 클릭해 선택 해제한 뒤, 필요 없는 개체를 클릭해서 Backspace를 눌러 지워줍니다.

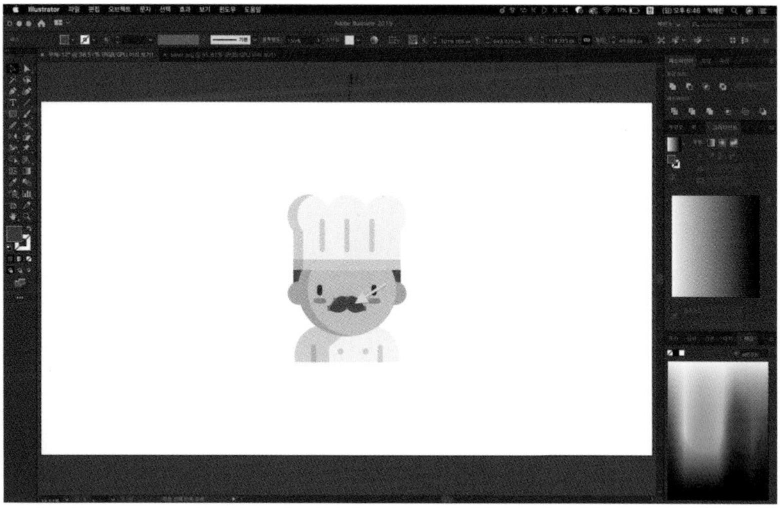

⑫ 빈 얼굴에 코와 입을 그려 나만의 캐릭터를 만들어봅시다.

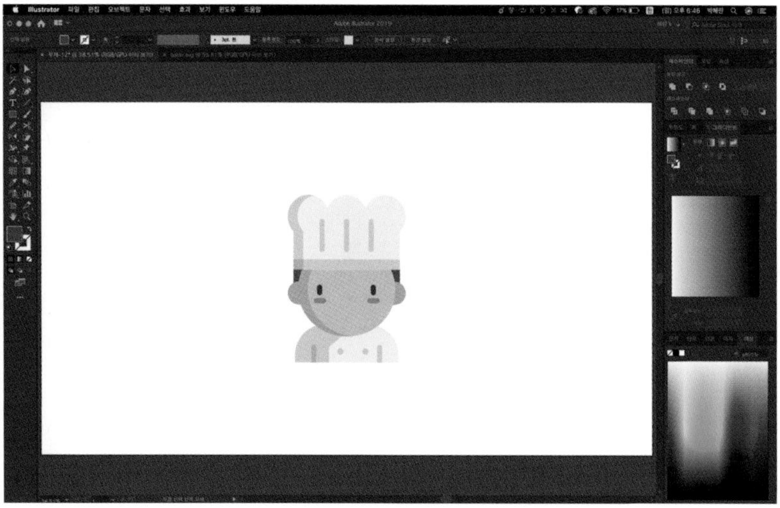

⑬ 펜 도구( )를 이용해 코를 그려줍니다. 펜 도구 사용이 어렵다면 Part 0을 참고해주세요.

⑭ 칠과 선 교체 버튼( )을 눌러 펜 도구로 그린 코를 선으로 만들어줍니다.

⓯ 획(Stroke) 패널에서 획 두께를 5pt 이내, 단면을 둥근 단면()으로 변경해줍니다. 만약 둥근 단면 버튼이 보이지 않는다면 우측 더 보기 표시()를 눌러 옵션을 활성화해주시면 됩니다.

⓰ Enter를 눌러 선을 끊고 마무리해줍니다.

⑰ 입도 동일한 방식으로 그려주세요.(13~16번)

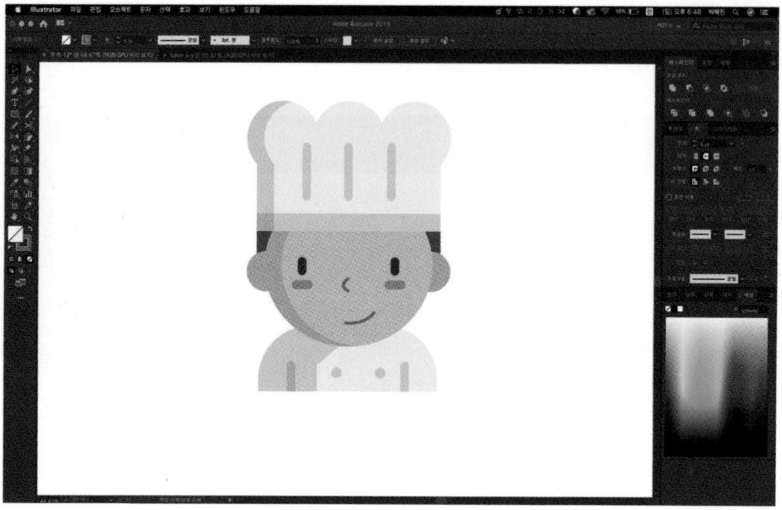

⑱ 기호에 따라 머리색, 옷 색 등을 바꿔주셔도 됩니다.

⑲ 포인트 색이 될 앞치마를 그려봅시다. 펜 도구를 이용해 클릭만으로 그려주세요.

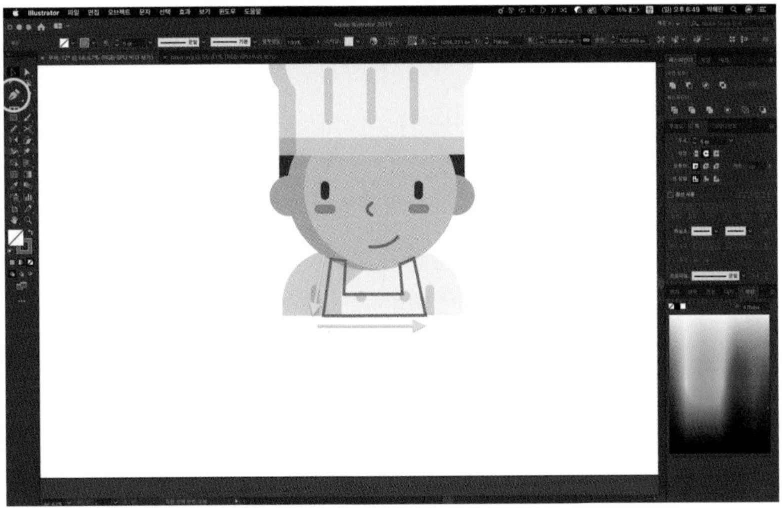

⑳ 앞치마를 클릭하고 칠 모양을 더블클릭해 원하는 색으로 지정합니다.

➔ **여기서 쓰인 색:** #47baba

㉑ 선 모양()은 클릭한 뒤 없음 표시()를 눌러 선이 없는 상태로 만들어줍니다.

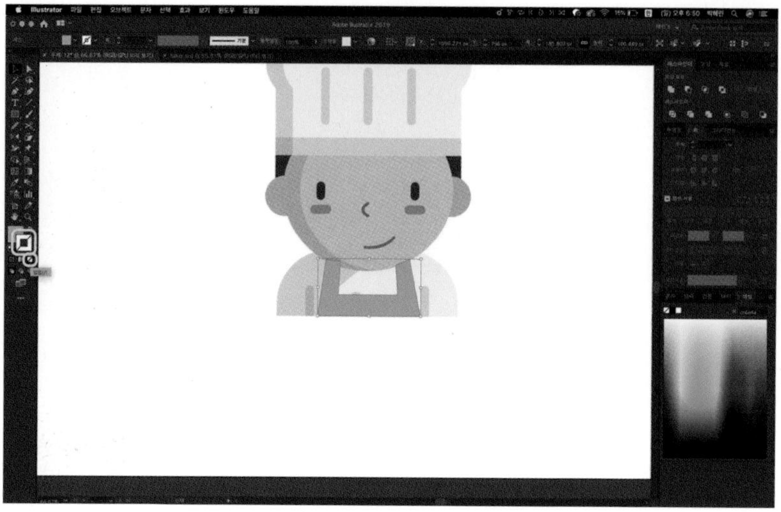

㉒ 앞치마가 얼굴 아래, 옷 위쪽으로 오도록 레이어 위치를 조절해봅시다. 앞치마가 선택된 상태에서 Ctrl + [ 를 여러 번 눌러 적절한 위치에 배치시켜줍니다.

**여기서 잠깐!**

Ctrl + [ 는 레이어 뒤로 보내기, Ctrl + ] 는 레이어 앞으로 보내기의 단축키입니다.

㉓ 사각형 도구(■)를 길게 누르면 나오는 원형 도구(●)로 배경이 될 도형을 그려준 뒤 Ctrl + Shift + [ 를 눌러 가장 뒤로 보내줍니다.

㉔ 칠 모양(■)을 더블클릭해 원하는 색으로 변경합니다.

➔ **여기서 쓰인 색:** #212121

㉕ 요리사 캐릭터를 원 안쪽 부분만 보이도록 만들어 봅시다. 먼저 방금 그린 원을 선택하고, Ctrl + C, Ctrl + B를 눌러 원을 제자리에 복사한 뒤, Ctrl + 2를 눌러 고정시켜 줍니다.

㉖ 선택 도구(▶)로 원을 선택한 뒤, Ctrl + Shift + ] 를 눌러 원이 맨 앞으로 오도록 만들어줍니다.

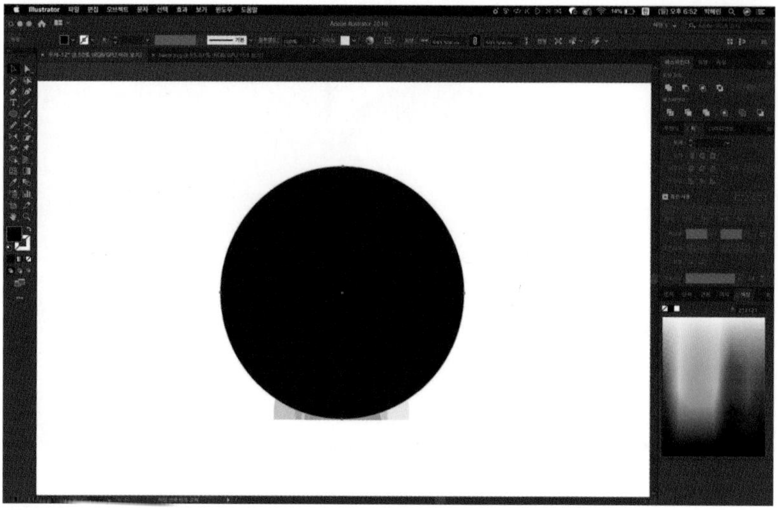

㉗ 드래그해서 전부 선택한 뒤, 개체 위에서 우클릭한 다음 클리핑 마스크 만들기(Make Clipping Mask)를 눌러줍니다.

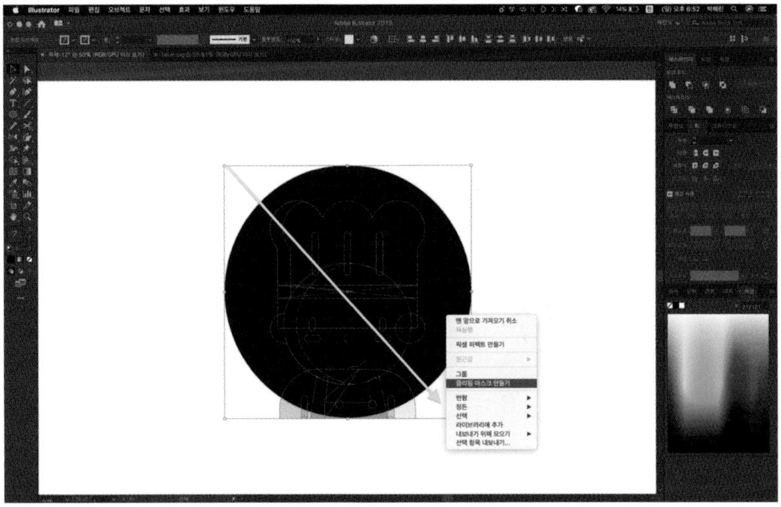

**여기서 잠깐!**

클리핑 마스크 만들기를 실행하면 가장 위 개체 모양을 제외한 나머지 부분은 일시적으로 안 보이게 됩니다. 맨 위 개체가 액자가 되는 원리라고 기억해주시면 됩니다!

㉘ 사진과 같은 모양이 되면 됩니다.

㉙ 캐릭터 위에 채널명을 적어봅시다. 먼저 글자가 들어갈 상자를 그려봅시다. 원형 도구( )를 길게 눌러 둥근 사각형 도구( )를 선택합니다.

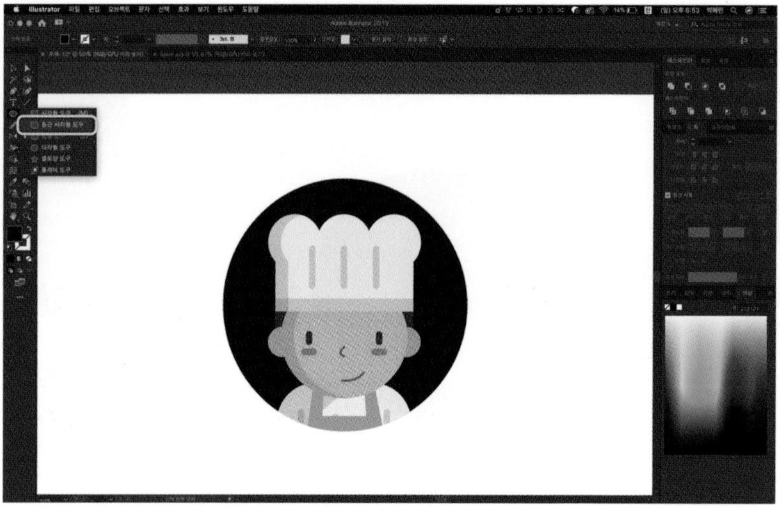

㉚ 캐릭터 머리 위쪽에 긴 사각형을 그려줍니다.

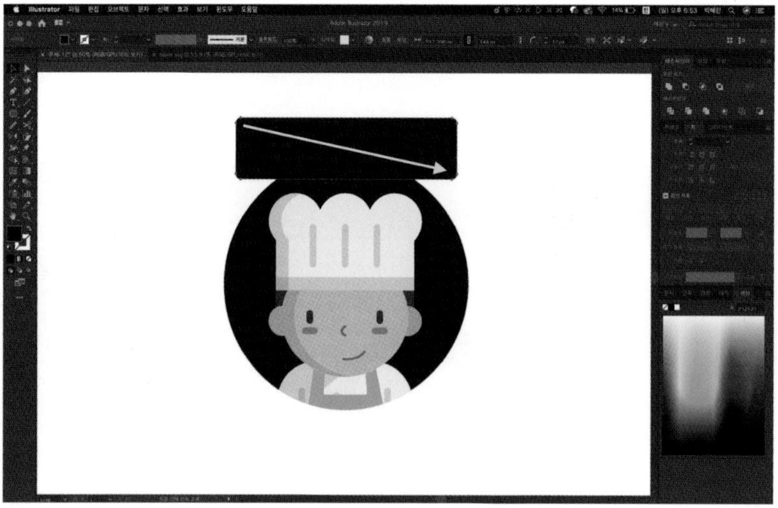

31 사각형 귀퉁이 부분에 있는 둥근 점을 안쪽으로 드래그해서 사각형의 모서리를 좀 더 둥글게 만들어줍니다.

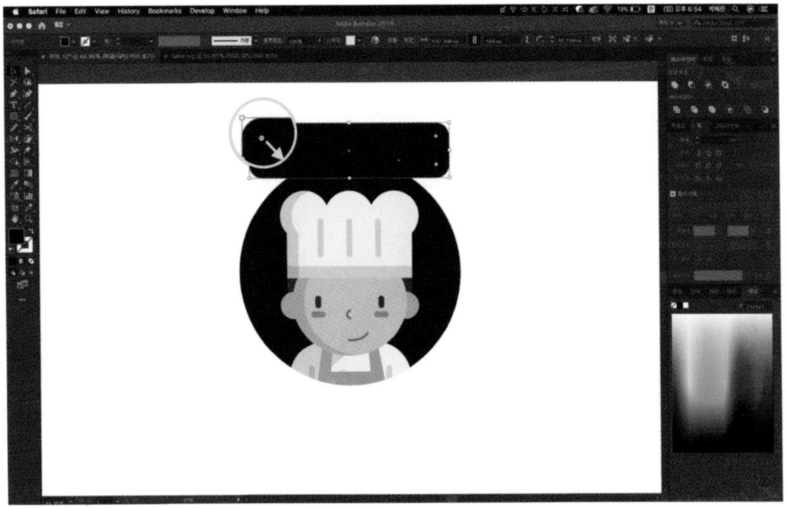

32 칠 모양(■)을 더블클릭해 사각형의 색을 변경해줍니다.

➔ **여기서 쓰인 색:** #47baba

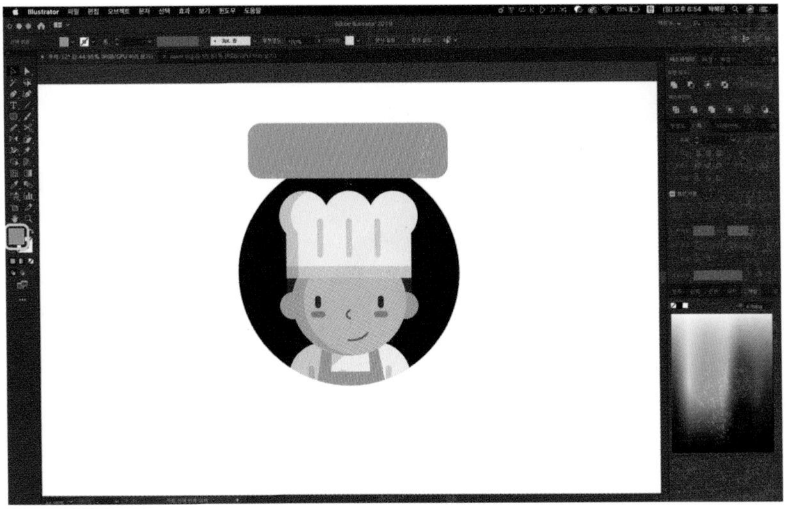

㉝ 채널명을 써봅시다. ❶문자 도구(T)를 선택하고 ❷아트보드를 한 번 클릭한 뒤 글자를 써줍니다. 글자 설정을 변경하고 싶다면 글자를 드래그한 후 ❸제어 패널에서 변경할 수 있습니다.

➜ **여기서 쓰인 폰트:** 맨발의청춘, Bold, 77pt

㉞ 글자를 가운데로 옮겨주면 완성입니다.

㉟ 배경이 없는 이미지로 저장해봅시다. 선택 도구로 드래그해 도형 전부를 선택한 뒤 우클릭합니다. 내보내기 위해 모으기(Collect For Export) → 단일 자산(As Single Asset)을 클릭합니다.

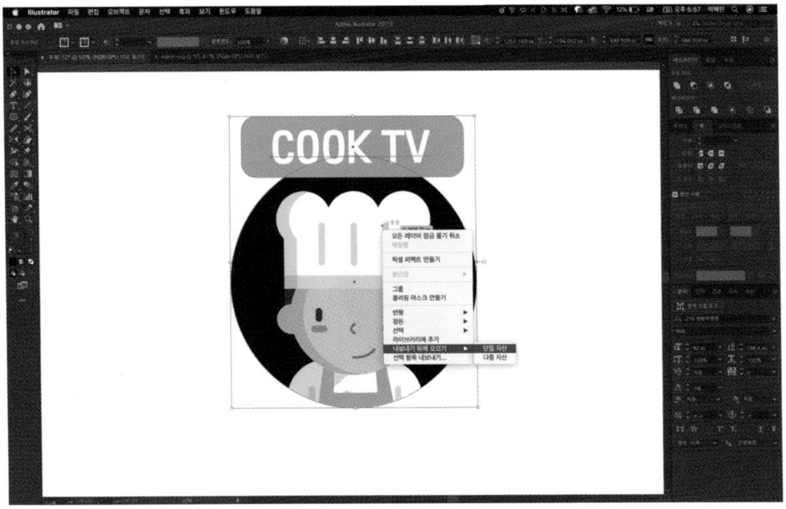


㊱ 내보내기(Export)를 클릭하고 저장할 위치를 지정한 뒤 선택을 누르면 됩니다.

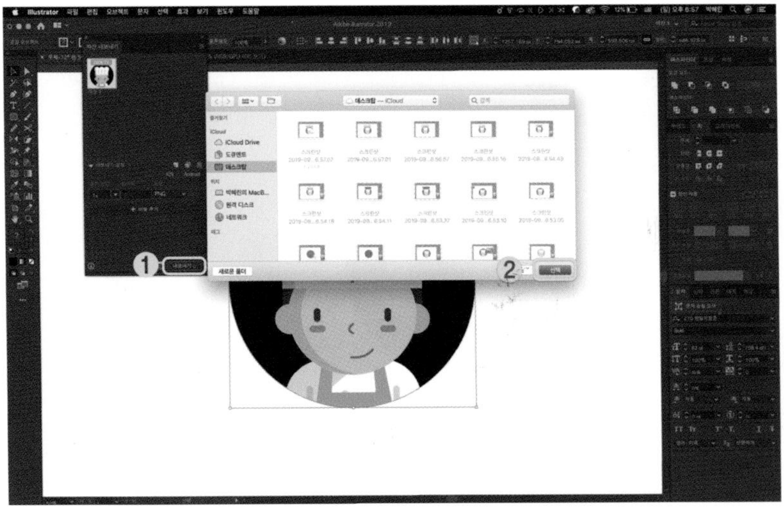

㊲ 저장된 이미지 파일(PNG)을 확인합니다.

㊳ 추후 수정할 수 있도록 illustrator 원본 파일로도 하나 저장해 둡니다.

❸❾ 유튜브 프로필에 적용해봅니다.

## 3 3D 글자로 로고 만들기

입체적인 글씨를 이용해 채널을 직관적이고 깔끔하게 표현해봅시다. 채널 이미지를 캐릭터나 사진만으로 표현하기 어렵거나 채널 이름을 눈에 띄게 표현해주고 싶을 때 사용하기 좋은 로고 형식입니다.

**여기서 배울 수 있는 기능**

❶ 3D 글자 만들기
❷ 3D 글자 확장 후 모양 변형, 색깔 변경하기

❶ 일러스트를 켜서 ❶새로 만들기(New) → ❷웹(Web) → ❸웹용 대형 → ❹제작(Create)을 눌러 아트보드를 하나 만듭니다.

❷ 문자 도구(T)를 선택하고 아트보드를 한 번 클릭한 뒤, 채널명을 써줍니다.

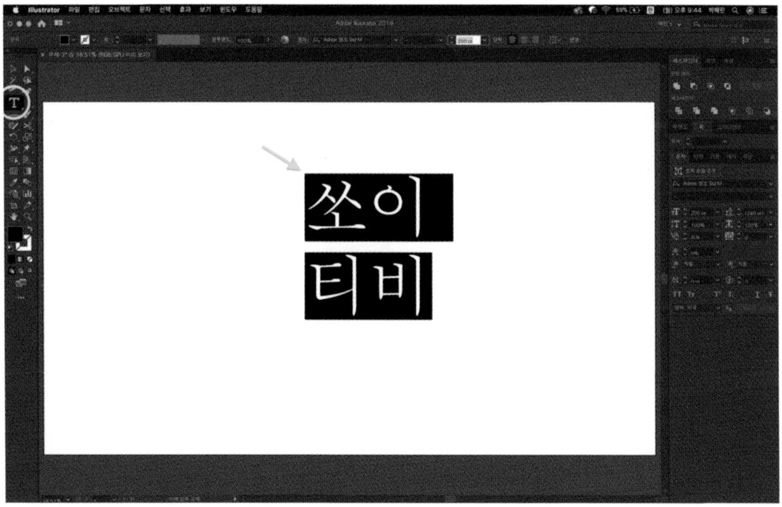


❸ 글자 크기, 폰트 종류 등을 문자(Character) 패널에서 설정해 줍니다.

➜ **여기서 쓰인 폰트:** 검은 고딕(BlackHanSans), 200pt, 행간 183pt, 자간 0, 가로 크기 95%

❹ 글자에 색을 넣어 봅시다. 먼저 선택 도구로 글자를 선택한 뒤, ❶칠 모양(■)을 더블 클릭해 ❷색을 바꿔주고 ❸확인을 눌러 설정을 완료합니다.

➔ **여기서 쓰인 색:** #ff7300

❺ 글자에 입체감을 줘 봅시다. 글자가 선택된 상태에서 효과(Effect) → 3D → 돌출과 경사(Extrude & Bevel)를 누릅니다.

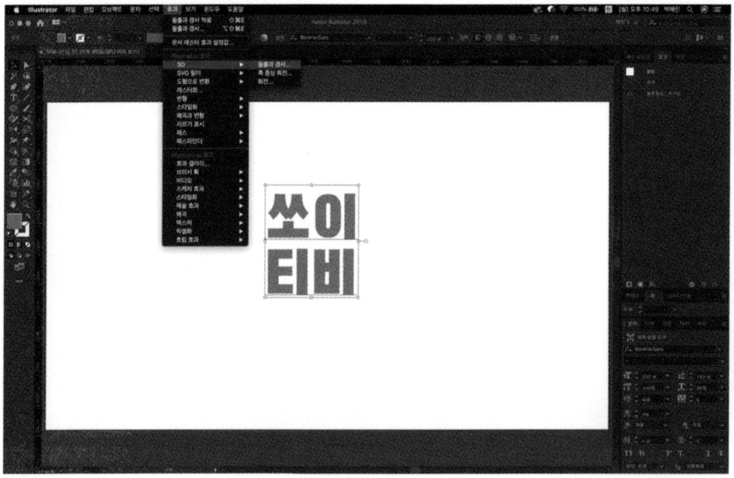


**여기서 잠깐!**

글자가 드래그된 상태에서는 실행되지 않으므로 반드시 선택 도구로 선택이 된 상태에서 실행해주세요.

❻ 새로 열리는 창에서 ❶미리보기를 눌러 3D 모양을 미리 볼 수 있는 상태로 만들어 준 뒤, ❷돌출 깊이를 입력해 두께를 조절합니다. (여기서는 80pt) ❸설정이 완료되면 확인을 누릅니다.

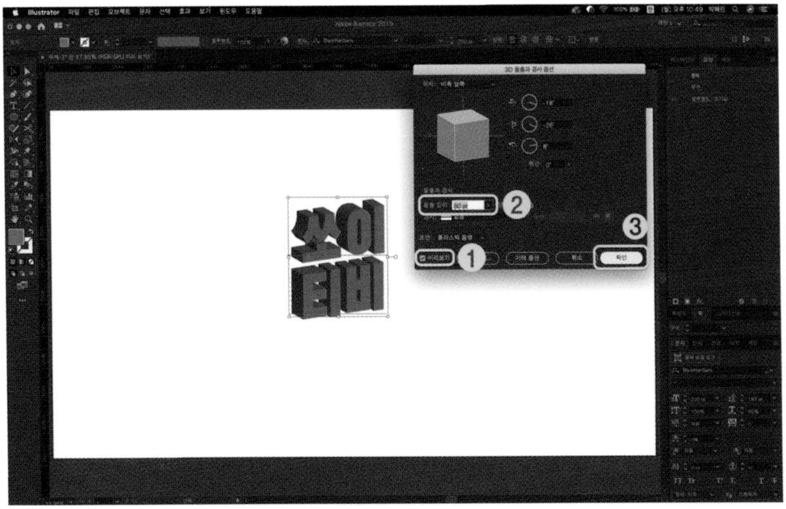

❼ 글자의 색을 하나씩 따로 바꿀 수 있도록 분해해봅시다. 오브젝트(Object) → 모양 확장(Expand Appearance)을 선택하면 됩니다.

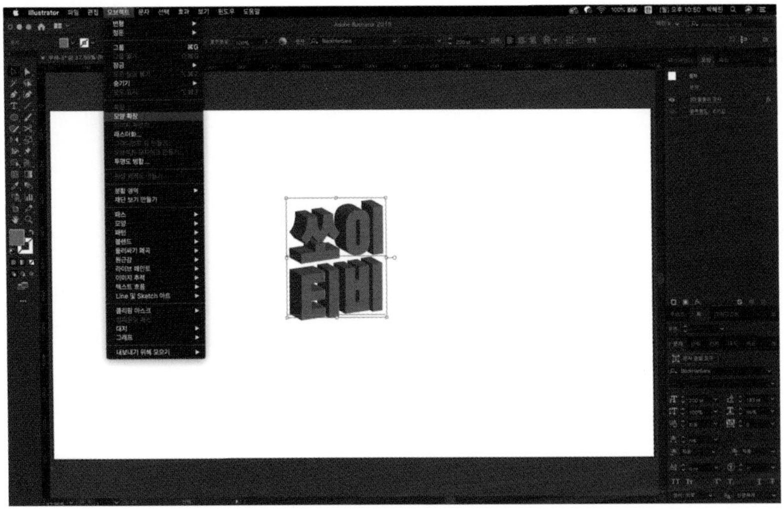

❽ 모양 확장을 누르면 사진과 같이 모든 글자가 분리됩니다.

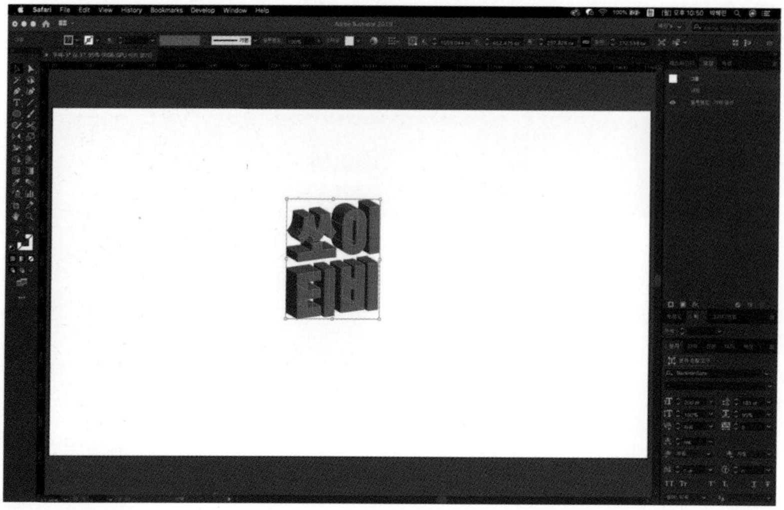

❾ 원하는 모양만 선택할 수 있도록 Ctrl + Shift + G를 눌러 그룹을 풀어줍니다.

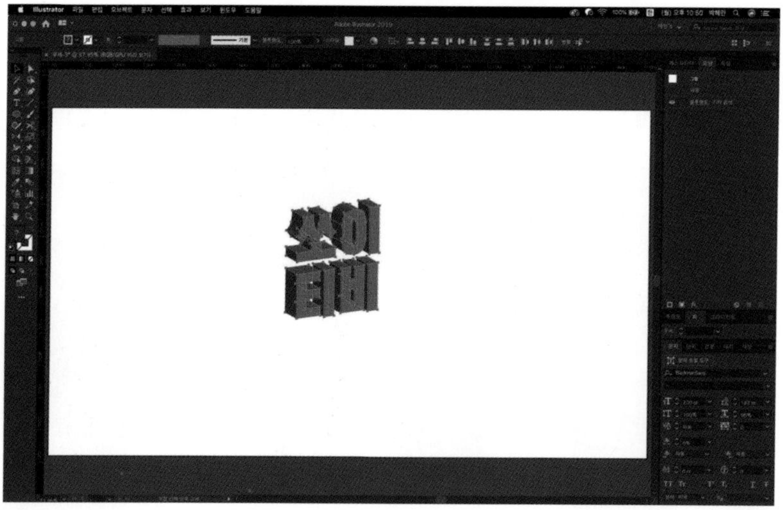

⑩ 빈 아트보드를 한 번 클릭해 모든 개체를 선택 해제한 뒤, 원하는 모양을 클릭하고 방향키(↑↓←→)를 눌러 위치를 이동시켜줍니다. (예시 사진은 'ㅣ' 선택 후 아래 방향키 ↓를 이용해 아래로 내려 주었습니다.)

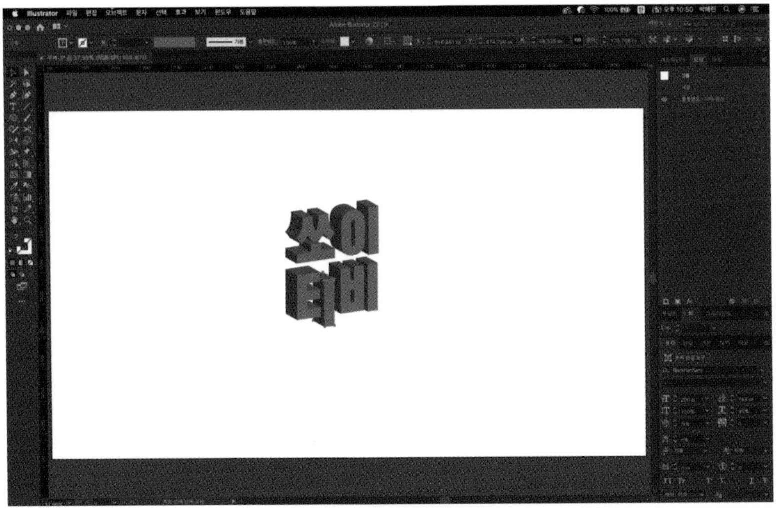


⑪ 10번과 동일한 방식으로 원하는 개체를 클릭하고 방향키로 이동해 사진과 같이 만들어줍니다. (예시 사진에서는 ㅆ, **ㅗ**, **ㅇ**, ㅣ, ㅌ, **ㅣ**, **ㅂ**, **ㅣ** 중 굵은 글씨인 것만 아래로 내려주었습니다.)

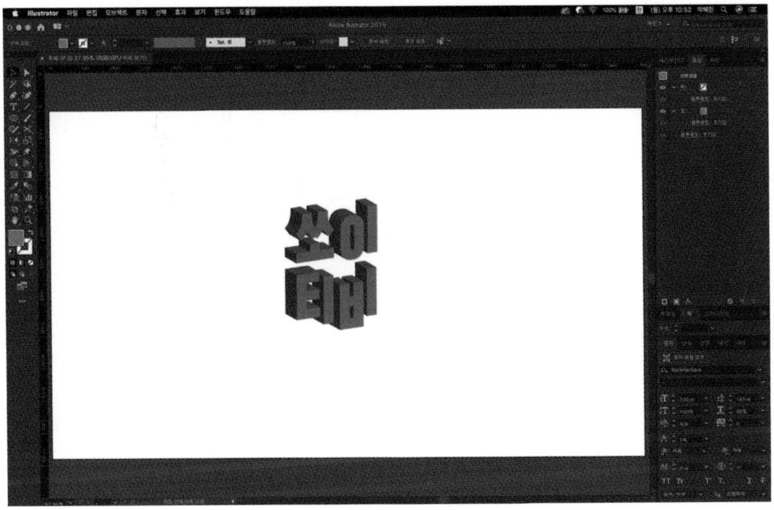

⑫ 글씨 뒤에 배경색을 넣어봅시다. 원형 도구(◉)를 선택한 뒤, 글씨가 다 가려지도록 글씨 위에 원을 하나 그려줍니다.

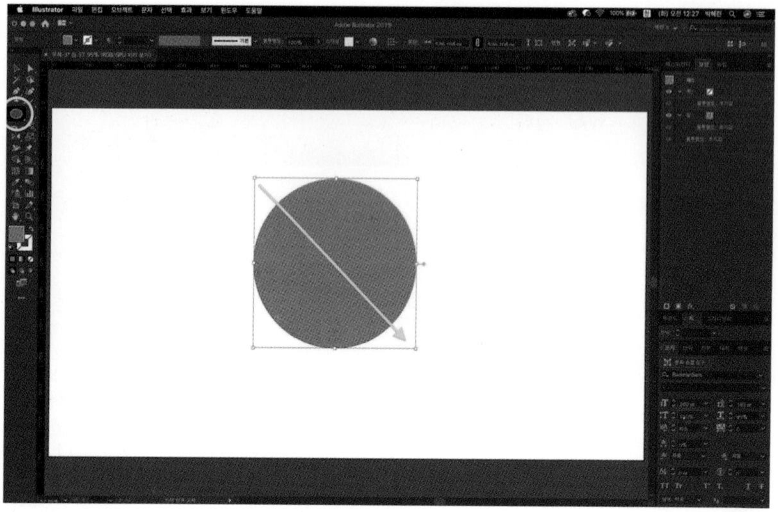

⑬ 원이 선택된 상태에서 ❶칠 모양(■)을 더블클릭해 ❷색을 바꿔준 뒤 확인을 누릅니다.

➾ **여기서 쓰인 색:** #0e2e66

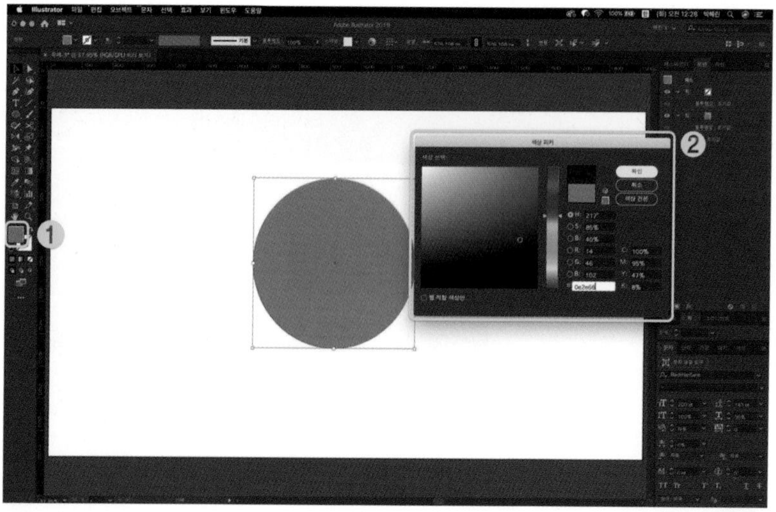

⑭ Ctrl + Shift + [ 를 눌러 배경색을 맨 뒤로 보내주고 방향키로 글씨가 중심에 오도록 원의 위치를 조절해줍니다.

⑮ Ctrl + 2를 눌러 움직이지 않도록 고정시켜줍니다.

⑯ 일부 글자에 포인트 색을 적용해봅시다. 우선 글자를 선택하기 편리하도록 Ctrl + (+)를 두세 번 눌러 화면을 확대합니다.

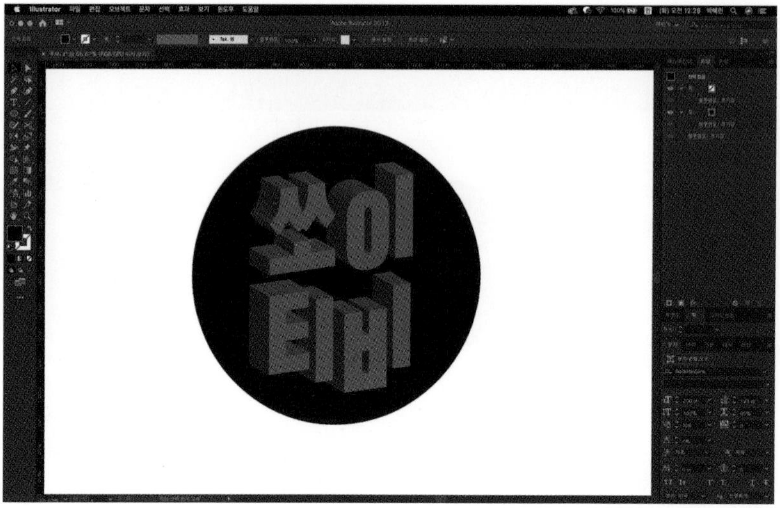

⑰ 선택 도구(▷)로 글자 부분을 드래그해서 전부 선택한 뒤, Ctrl + Shift + G를 눌러 그룹을 한 번 더 풀어줍니다.

⑱ 빈 아트보드를 한 번 클릭해 전부 선택 해제한 뒤 Shift를 누른 채로 ㅆ, ㅇ, ㅌ, ㅂ 처럼 모음만 클릭해 함께 선택해줍니다. 꼭 모음이 아니라 포인트가 되는 다른 글자를 선택하셔도 괜찮습니다.

⑲ 칠 모양(■)을 더블클릭한 뒤 색상을 변경해줍니다. (13번과 동일)

→ **여기서 쓰인 색:** #ffb624

⑳ 나머지 자음도 동일한 방식으로 색을 변경해주면 됩니다. (18~19번과 동일)

➔ **여기서 쓰인 색:** #df6a00

㉑ 글씨의 옆면을 배경색과 맞춰 좀 더 세련된 형태로 변형해 봅시다. (24번 참고) 먼저 옆면 하나를 선택합니다.

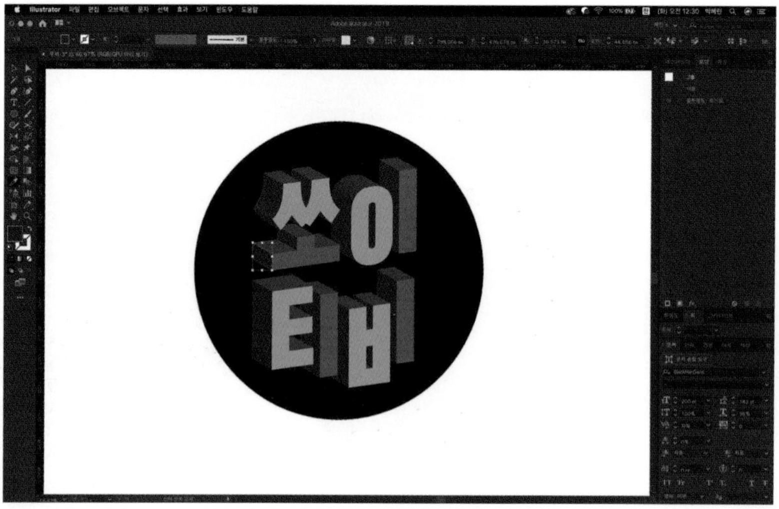

㉒ ❶스포이드 도구()를 선택하고 ❷배경 부분을 클릭해 색을 따옵니다.

㉓ 동일한 방식으로 옆면을 모두 배경색과 동일하게 맞춰줍니다. (21~22번과 동일)

㉔ 완성입니다. 저장하기 위해 배경 원의 고정을 풀어줍시다. Ctrl + Alt + 2를 누르면 고정이 해제됩니다.

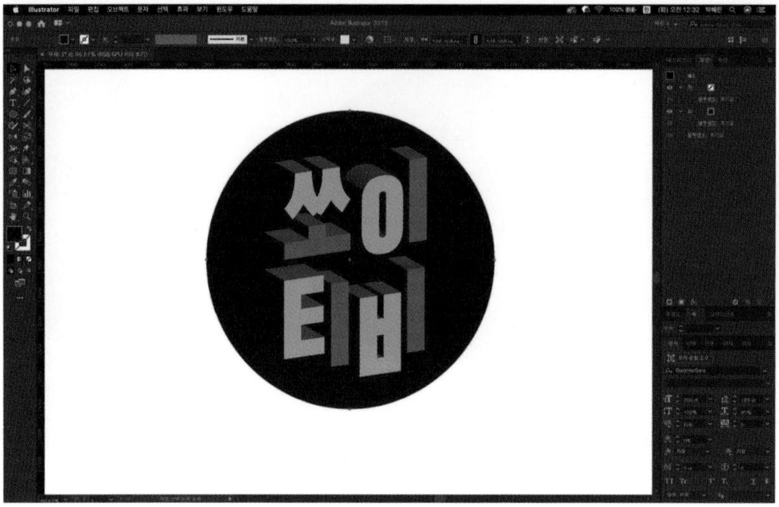

㉕ 이제 배경이 없는 PNG 형태로 저장해봅시다. 선택 도구(▷)로 배경과 글씨를 전부 선택한 뒤 우클릭합니다. 내보내기 위해 모으기(Collect For Export) → 단일 자산(As Single Asset)을 클릭합니다.

㉖ 내보내기(Export)를 클릭하고 저장할 위치를 지정한 뒤 선택을 누르면 저장됩니다.

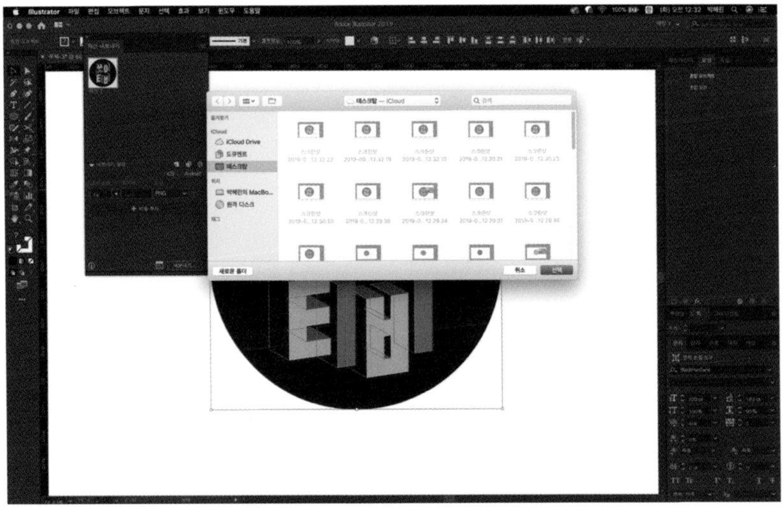

㉗ 저장된 이미지 파일(PNG)을 확인합니다.

㉘ 추후 수정을 위해 일러스트 원본 파일 형태로도 저장해 둡니다.

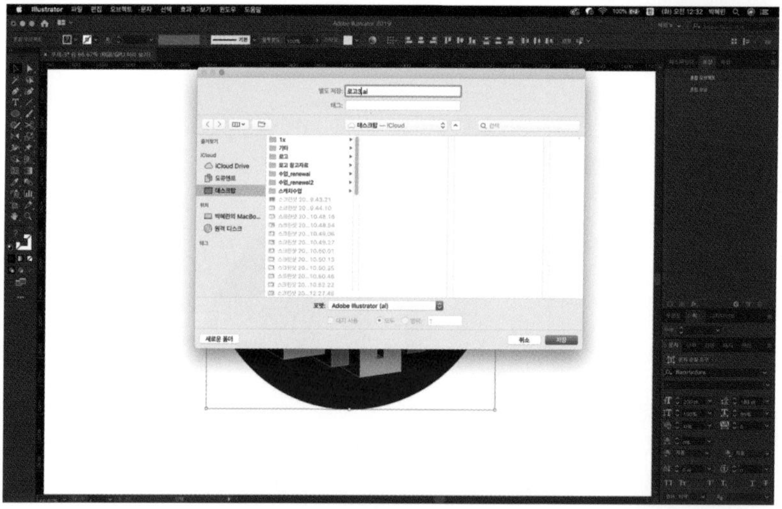

㉙ 유튜브 프로필에 적용해 봅니다.

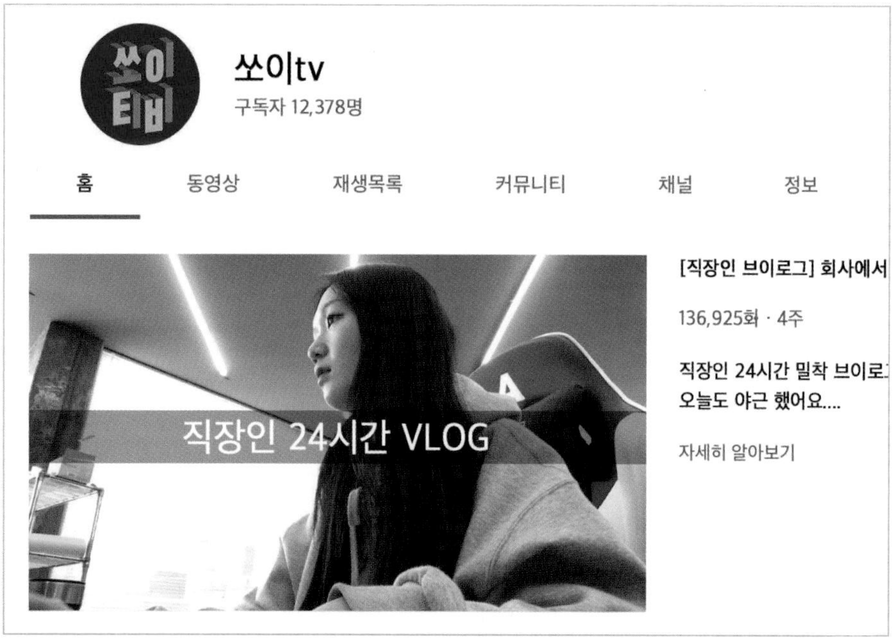

막간 꿀팁 1

## 분위기에 맞는 폰트 고르는 팁(산세리프체, 세리프체)

작업물에 따라 분위기에 맞는 폰트를 고르는 방법에 대해 알아봅시다. 제가 자주 쓰는 무료 폰트도 몇 가지 추천 드릴게요!

아래 카드뉴스 두 장은 레이아웃, 문구, 사진 등 다른 모든 요소는 동일하고 폰트 종류만 서로 다릅니다. 두 작업물의 분위기가 사뭇 달라 보이지 않나요?
이처럼, 폰트 하나만 바뀌어도 작업물의 전체 분위기가 크게 달라집니다.

그렇다면 작업물에 따라 어떤 폰트를 사용해야 할까요?
우선 폰트는 크게 두 가지 타입으로 나뉩니다. 하나는 왼쪽 카드뉴스에 쓰인 것과 같은 산세리프체(고딕체), 다른 하나는 오른쪽 카드뉴스에 쓰인 것과 같은 세리프체(명조체)입니다.

산세리프체는 '장식이 없다(산=없다, 세리프=장식)' 라는 뜻으로 글자에 꺾임 등의 장식이 없는 올곧은 서체를 의미합니다. 우리가 흔히 알고 있는 고딕체가 이에 속합니다. 산세리프체를 사용하면 정갈한, 모던한, 영(Young)한 느낌을 낼 수 있고 폰트에 따라 역동적인 분위기를 띄기도 합니다.
세리프체는 '장식이 있다'는 의미로, 명조체가 이에 속합니다. 여기서 장식은 글씨 끝부분의 꺾임 등을 의미합니다. 세리프체를 사용하면 감성적인, 고전적인, 차분한 느낌을 낼 수 있습니다. 이렇게 각 폰트마다 풍기는 분위기가 다르므로 작업물에 표현하고 싶은 분위기에 따라 폰트를 잘 골라야 합니다.

아래는 제가 자주 쓰는 폰트 모음입니다. 왼쪽 줄은 산세리프체, 오른쪽 줄은 세리프체로 볼 수 있습니다. 요즘에는 몬소리체처럼 세리프체와 산세리프체의 경계에 있는 폰트들도 존재합니다.

| | |
|---|---|
| 노토산스 (Noto Sans) | 노토 세리프(Noto Serif) |
| 나눔스퀘어 | 제주명조 |
| 검은고딕 | 몬소리체 |
| 잘난체 | 빙그레체2 |
| 빙그레체 | |

폰트를 분위기에 맞게 적절히 사용해 완성도 높은 작업물을 만들어보세요.

➔ 잘난체 사용

➔ 제주명조 사용

막간 꿀팁 2

# 폰트 다운로드 사이트

마음에 드는 폰트는 골랐지만 어디서 다운받아야 할지 모르겠나요? 그런 여러분들을 위해 사이트 두 곳을 추천해 드립니다.

## 1 한글 폰트 사이트 '눈누'

https://noonnu.cc

상업적으로 무료 사용이 가능한 한글 폰트들이 모여있는 사이트입니다. 세부 허용 범위는 사용하고 싶은 폰트를 클릭하면 확인하실 수 있습니다.

## 2 영문 폰트 사이트 'dafont'

https://www.dafont.com

무료로 다운로드 가능한 영문 폰트들이 모여있는 곳입니다. 상업적 무료와 개인적 무료로 나뉘어 있으므로 다운로드 전 반드시 확인 후 사용하세요.

PART

# 03

**"내 PPT는 왜 항상 어딘가 2% 부족한 걸까?"**

살면서 누구나 한번 쯤은 프레젠테이션 자료를 만들게 됩니다. 대학 과제에서 필요할 수도, 회사 회의에서 필요할 수도 있습니다. 그런데 왜 내가 만든 PPT는 항상 뭔가 조금씩 부족해 보이는 걸까요? PPT를 잘 만드는 사람들의 비밀은 뭘까요? 바로 '디자인'입니다. 일러스트를 이용해 시각적으로 좀 더 편하고 세련된 프레젠테이션 자료를 만드는 방법에 대해 알아봅시다.

# 프레젠테이션(PPT)을 위한 일러스트레이터

CHAPTER 01 발표를 업그레이드해 줄 프레젠테이션 자료(PPT) 만들기

실습에 필요한 자료를 다운로드 받을 수 있는 [진짜 하루만에 시리즈] 학습자료실
네이버카페 주소 ▶ https://cafe.naver.com/realonedayclass

CHAPTER 01

# 발표를 업그레이드해 줄 프레젠테이션 자료(PPT) 만들기

프레젠테이션 자료를 만들기 위해 필요한 일러스트 기능들을 알려드릴게요. 센스 있는 첫 페이지 디자인 방법부터, 일러스트를 파워포인트처럼 이용하기 위한 팁들과 파워포인트에서 썼던 기능들의 심화 버전까지 알아봅시다.

## 1 센스 있는 첫 페이지 만들기

사람들의 시선을 확 사로잡으면서도 깔끔하고 쉽게 제작할 수 있는 첫 페이지를 만들어봅시다.

**여기서 배울 수 있는 기능**

❶ 블렌드 모드를 이용해 사진에 색 입히기
❷ 모서리가 둥근 사각형, 선 만들기
❸ 스포이드 도구로 색 추출해서 같은 색으로 만들기

❶ 먼저 PPT에 적합한 사이즈로 아트보드를 만들어줍시다. ❶새로 만들기(new) → ❷웹(Web) → ❸일반을 선택한 뒤 ❹제작(Create)을 누릅니다.

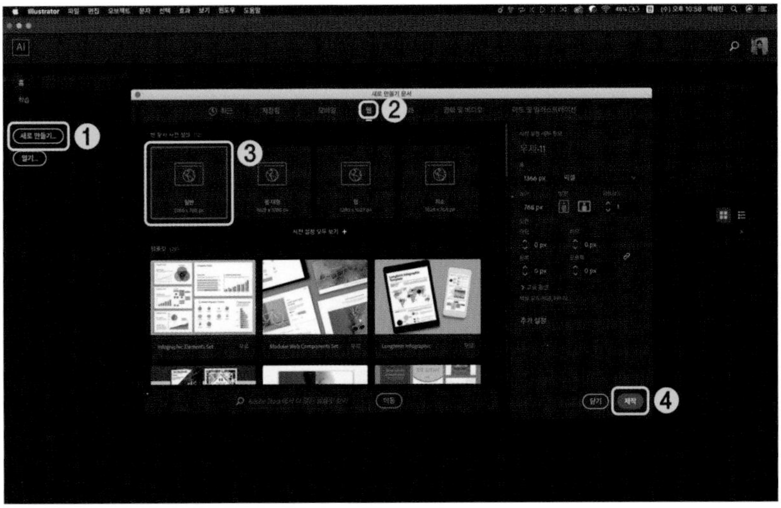

❷ 배경이 될 사진을 아트보드 위로 드래그해 일러스트에 불러와 줍니다.

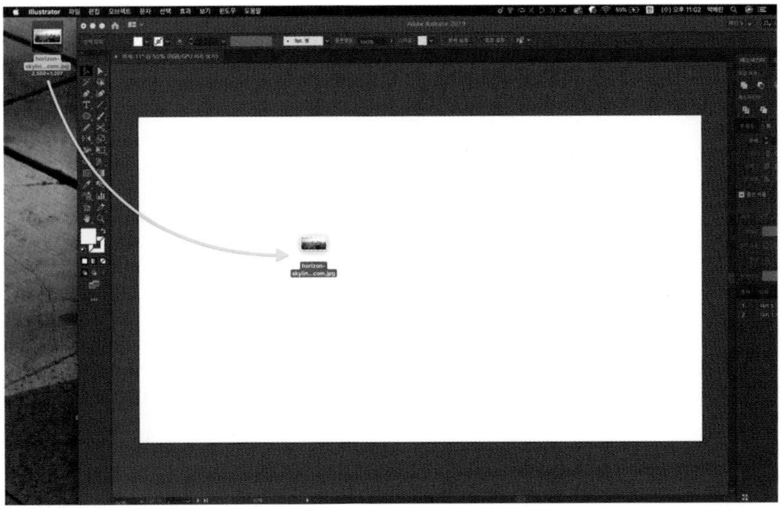

❸ 작업이 편하도록 Ctrl + (-)를 여러 번 눌러 아트보드를 작게 줄인 다음, 사진을 적절한 위치에 놓아줍니다.

❹ 아트보드 위에 사진을 적절히 놓았다면, Ctrl + 2를 눌러 더 이상 움직이지 않도록 고정시켜줍니다.

❺ 사진 위에 쓸 글씨가 잘 보이도록 어두운색 사각형을 깔아줍시다. 먼저 사각형 도구 (■)로 아트보드보다 큰 사이즈의 사각형을 하나 그려줍니다.

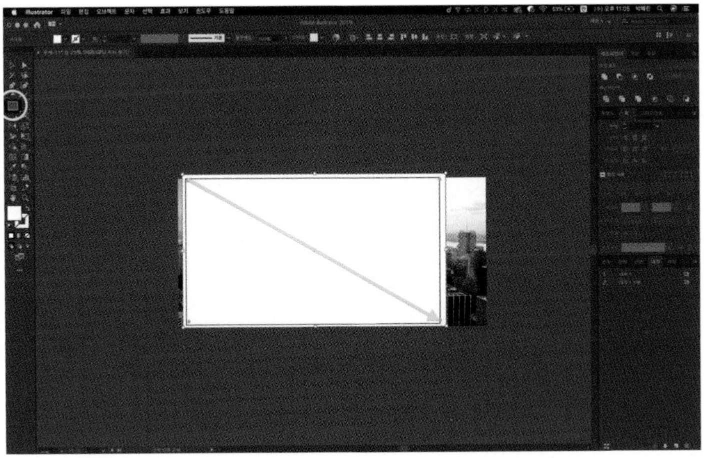

❻ ❶칠 모양을 더블클릭해 ❷색상 피커에서 원하는 색으로 지정한 뒤 ❸확인을 눌러 색을 변경시켜줍니다.

→ 여기서 쓰인 색: #132a2f

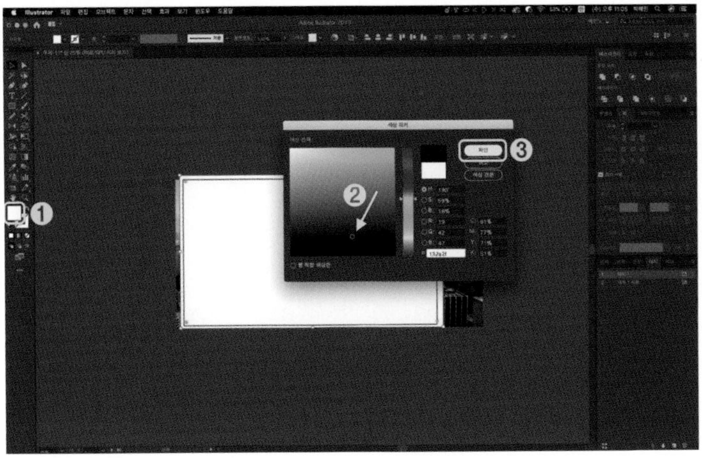

**여기서 잠깐!**

검은색이 아니라 붉은기나 푸른기가 도는 어두운색으로 설정하면 좀 더 분위기 있는 사진을 만들 수 있습니다.

❼ 배경 사진이 보이도록 사각형 불투명도를 조절합시다. 먼저 투명도(Transparency) 패널을 열어줍니다.

❽ 불투명도(Opacity)를 45% 정도로 낮춰줍니다.

❾ 불투명도 왼쪽에 있는 표준 모드를 곱하기(Multiply)로 바꿔줍니다. 이전보다 배경이 선명하게 살아나고 사각형의 색과 사진이 자연스럽게 섞이는 것을 볼 수 있습니다.

⑩ Ctrl + 2를 눌러 고정시켜줍니다.

⑪ 이제 글자와 도형을 이용해 내용물을 완성해봅시다. 우선 Ctrl + 0 을 눌러 아트보드를 화면 크기에 맞춰줍니다.

⑫ 문자 도구(T)를 선택한 뒤, 아트보드를 한 번 클릭해서 글자를 써줍니다.

⑬ 글자의 정렬, 폰트, 글자 크기 등을 제어 패널에서 조절해줍니다.

➜ **여기서 쓰인 폰트:** Noto Sans CJK KR, Black, 숫자 71pt, 영어 80pt

⓮ 글자가 선택된 상태에서 칠 모양(■)을 더블클릭해 색을 흰색(#ffffff)으로 설정한 다음 확인을 누릅니다.

⓯ ❶ 2019 글자만 드래그한 뒤, ❷칠 모양(□)을 더블클릭해 ❸포인트 색으로 변경해 줍니다.

→ **여기서 쓰인 색:** #f4970f

⑯ 글자를 아트보드 가운데로 정렬시켜봅시다. 먼저 제어 패널에서 선택 항목에 정렬 모양(▦)을 클릭해서 대지에 정렬(Align to Artboard)로 바꿔줍니다. 정렬 모양이 없다면, '정렬(Align)' 글씨를 클릭하면 볼 수 있습니다.

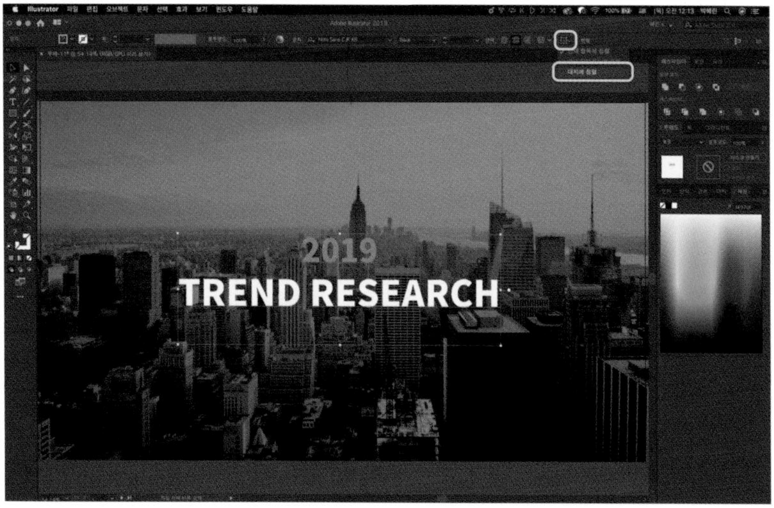


**여기서 잠깐!**

이미 대지에 정렬이 활성화되어 있다면 이 과정을 생략하고 바로 17번으로 넘어가셔도 좋습니다.

⑰ 활성화된 정렬 아이콘 중, 두 번째 있는 가운데 정렬 아이콘(▣)을 클릭하면 됩니다.

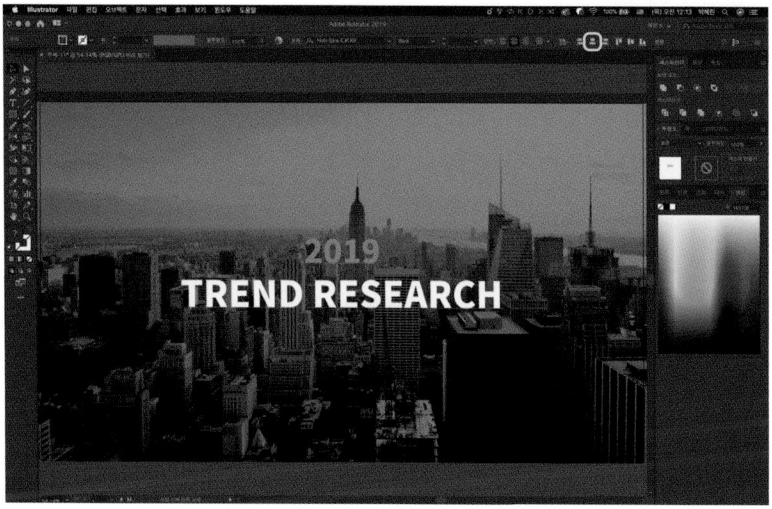

⑱ 문자 도구(T)로 메인 텍스트 하단에 서브 텍스트를 써줍니다. (12~14번과 동일)

⑲ 선을 이용해 PPT를 꾸며 봅시다. 먼저 칠 모양과 선 모양을 바꿔주는 바꾸기 표시( )를 눌러 흰 선으로 설정해 줍니다.

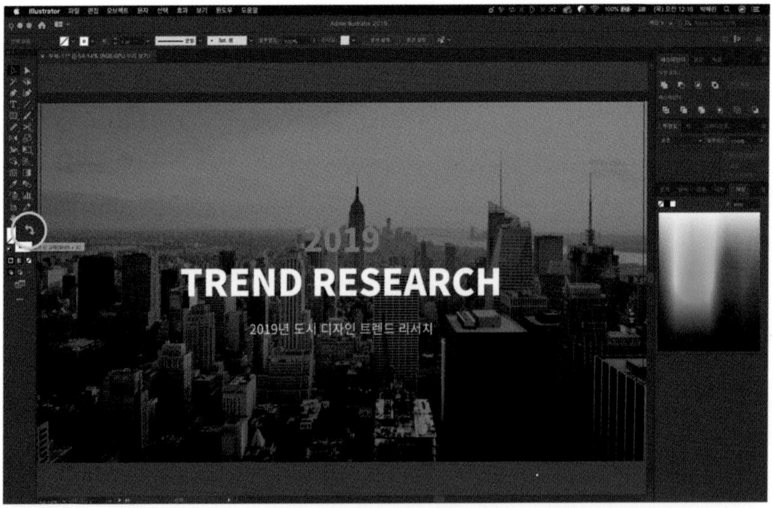

⑳ 펜 도구(펜 도구 아이콘)를 선택하고 ❶번 지점과 ❷번 지점을 순서대로 클릭해 선을 하나 만듭니다.

2019
TREND RESEARCH
2019년 도시 디자인 트렌드 리서치
❶
❷

㉑ 바로 3번 지점을 클릭해서 꺾인 선을 하나 만들고 Enter를 눌러 선을 끊어줍니다.

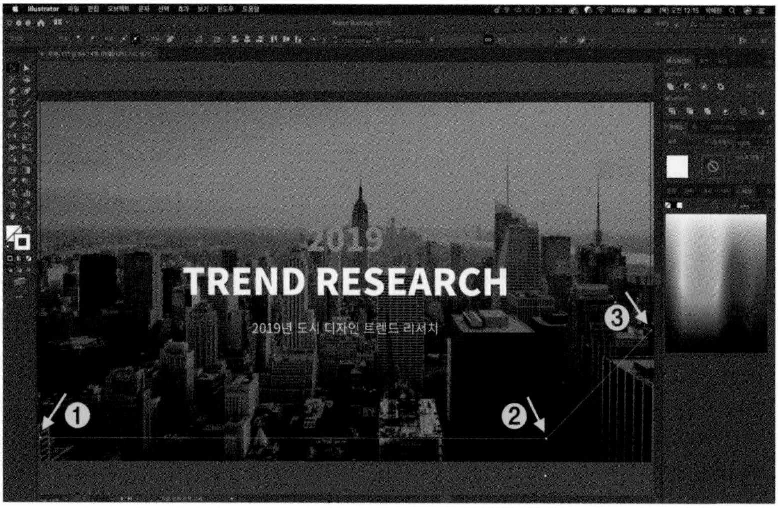
2019
TREND RESEARCH
2019년 도시 디자인 트렌드 리서치
❸
❶
❷

㉒ 직접 선택 도구(▶)를 선택한 다음, 모서리 부분 점(2번 점)을 클릭합니다. 점을 클릭 하면 안쪽에 생기는 둥근 점을 안쪽으로 드래그해서 모서리를 둥글게 만들어줍니다.

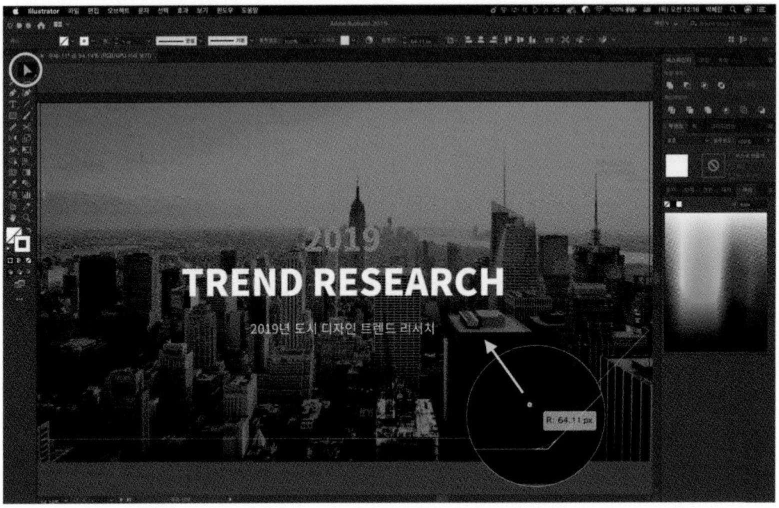
2019
TREND RESEARCH
2019년 도시 디자인 트렌드 리서치
R: 64.11 px

㉓ 예시 사진과 같은 모양이 되면 완성입니다.

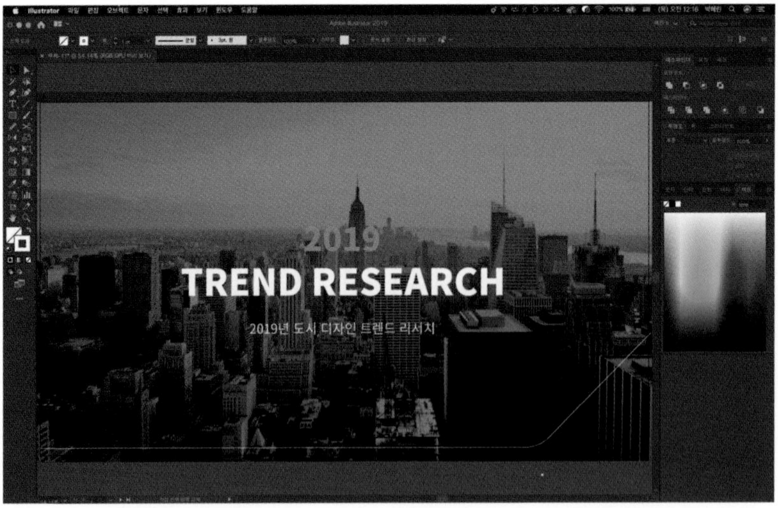
2019
TREND RESEARCH
2019년 도시 디자인 트렌드 리서치

㉔ 만든 선을 복사해 위쪽에도 배치해줍시다. 선택 도구(▶)로 바꿔준 뒤, Alt를 누른 채 선을 드래그해서 복사합니다.

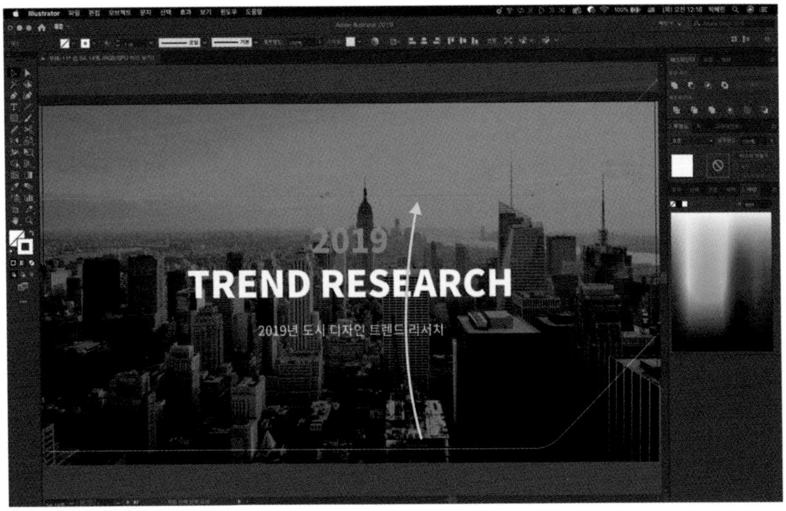


**여기서 잠깐!**

정확히 선을 잡아 드래그해야만 복사됩니다.

㉕ 복사한 선 위에서 우클릭한 뒤, 변형(Transform) → 회전(Rotate)을 선택합니다.

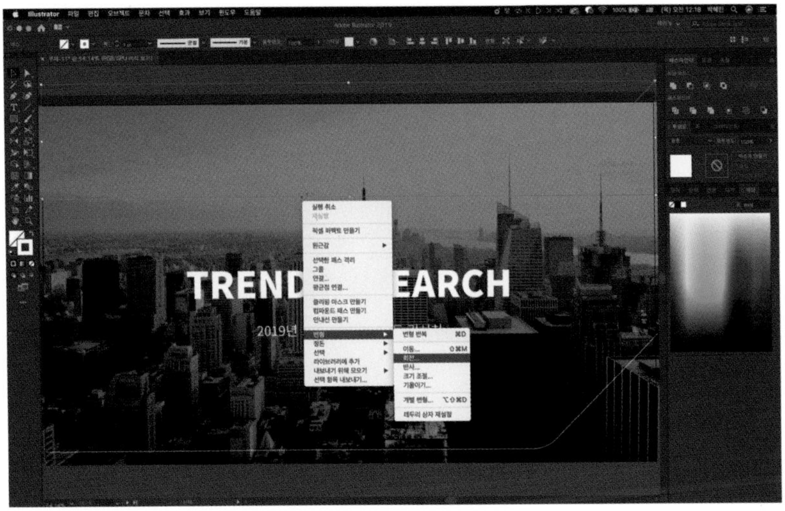

㉖ ❶각도를 180도로 지정하고 ❷확인을 누릅니다.

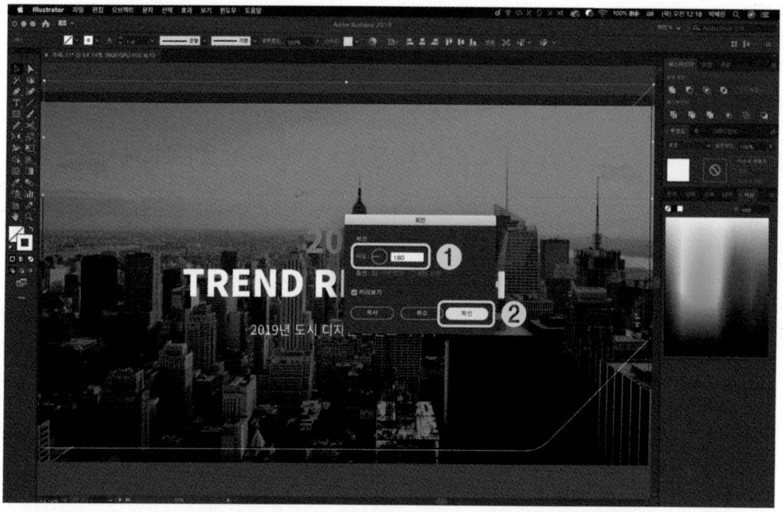
TREND R
2019년 도시 디자
180
①
②

㉗ 회전 후 적절한 위치로 이동시켜주면 됩니다.

2019
TREND RESEARCH
2019년 도시 디자인 트렌드 리서치

㉘ 프로젝트 이름을 써줄 상자를 하나 만들어 봅시다. 사각형 도구(■)를 선택한 뒤 드래그해서 왼쪽 귀퉁이에 사각형을 하나 그려줍니다.

2019
TREND RESEARCH
2019년 도시 디자인 트렌드 리서치

㉙ 스포이드 도구(✎)를 선택하고 포인트 색이 있는 글자를 클릭해 색을 추출합니다.

2019
TREND RESEARCH
2019년 도시 디자인 트렌드 리서치

㉚ 왼쪽 위 모서리와 오른쪽 아래 모서리 부분을 둥글게 만들어 봅시다. 직접 선택 도구(▶)를 선택한 뒤, Shift를 누른 채 오른쪽 아래와 왼쪽 위 모서리 부분의 점을 각각 선택합니다.

2019
TREND RESEARCH
2019년 도시 디자인 트렌드 리서치

㉛ 둥근 점을 안쪽으로 드래그해 모서리를 둥글게 만들면 됩니다. (22번과 동일)

2019
TREND RESEARCH
2019년 도시 디자인 트렌드 리서치

㉜ 상자에 글씨, 로고, 이름 등을 넣어 마무리합니다.

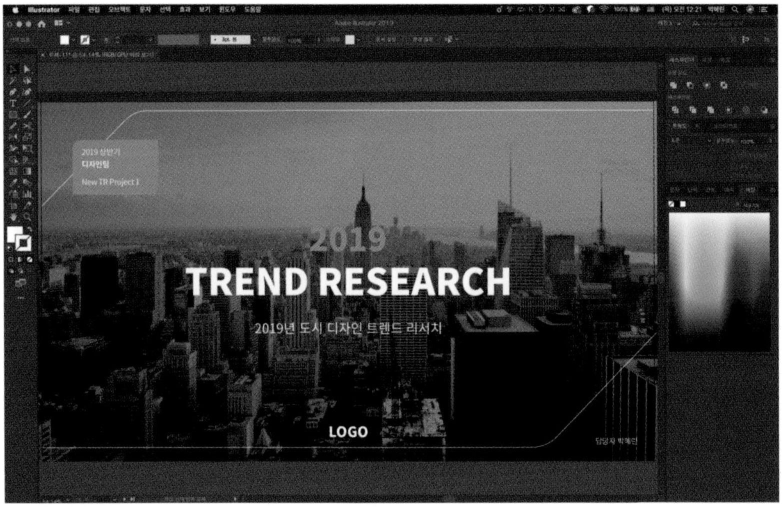
2019 상반기
디자인팀
New TR Project 1
2019
TREND RESEARCH
2019년 도시 디자인 트렌드 리서치
LOGO

㉝ 마지막으로 그림자를 넣어 입체감을 줍시다. 메인 텍스트를 선택하고 효과(Effect) → 스타일화(Stylize) → 그림자 만들기(Drop Shadow)를 클릭합니다.

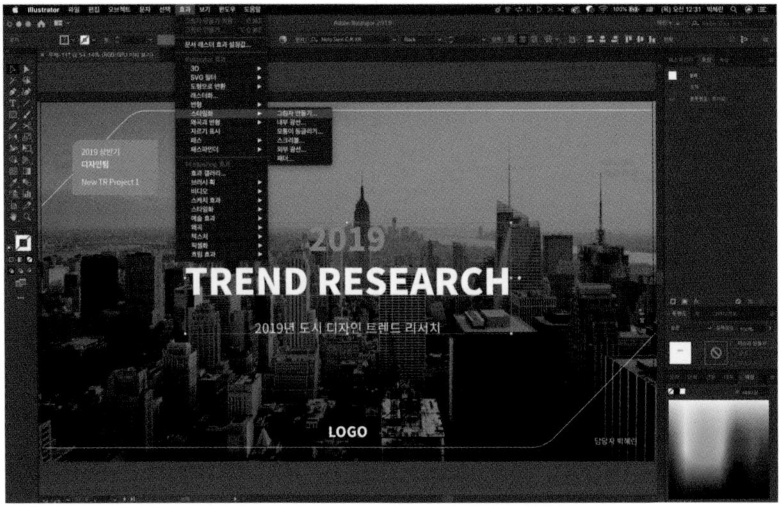
2019 상반기
디자인팀
New TR Project 1
2019
TREND RESEARCH
2019년 도시 디자인 트렌드 리서치
LOGO

㉞ 불투명도 40%, X 옵셋 0px, Y 옵셋 0px, 흐림 효과 3px로 설정하고 확인을 누릅니다.

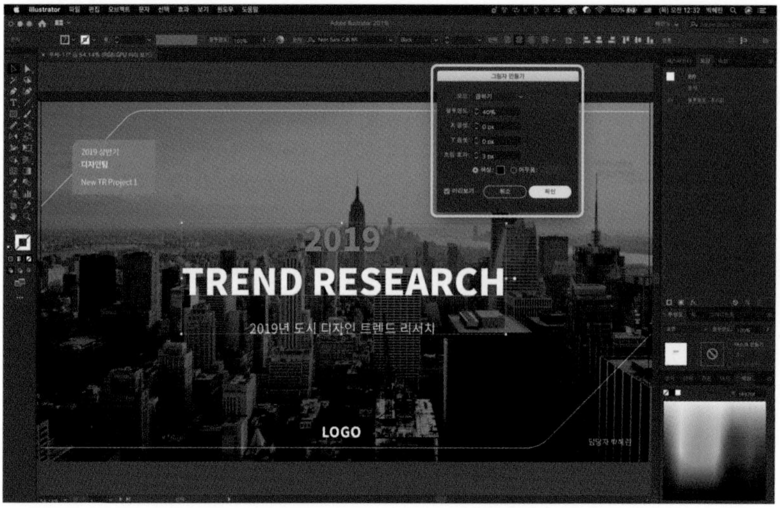
2019
TREND RESEARCH
2019년 도시 디자인 트렌드 리서치
LOGO

㉟ 동일한 방식으로 사각형 박스의 그림자는 20%, 3px, 3px, 3px로 설정해줍니다. (33~34번)

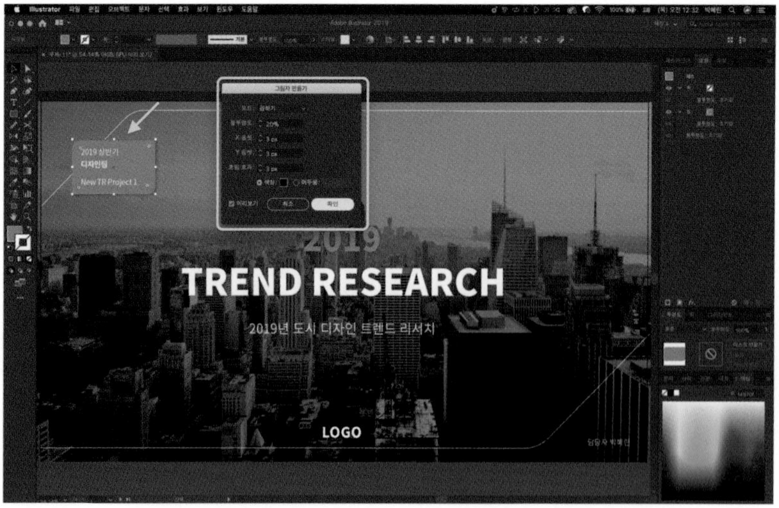
2019
TREND RESEARCH
2019년 도시 디자인 트렌드 리서치
LOGO

㊱ 완성입니다.

2019 상반기
디자인팀
New TR Project 1
2019
TREND RESEARCH
2019년 도시 디자인 트렌드 리서치
LOGO
담당자 박혜인

㊲ 다음 페이지를 만들기 전, 저장을 눌러 일러스트 원본 파일로 임시 저장을 해둡니다.

2019
TREND RESEARCH
2019년 도시 디자인 트렌드 리서치
LOGO
담당자 박혜인

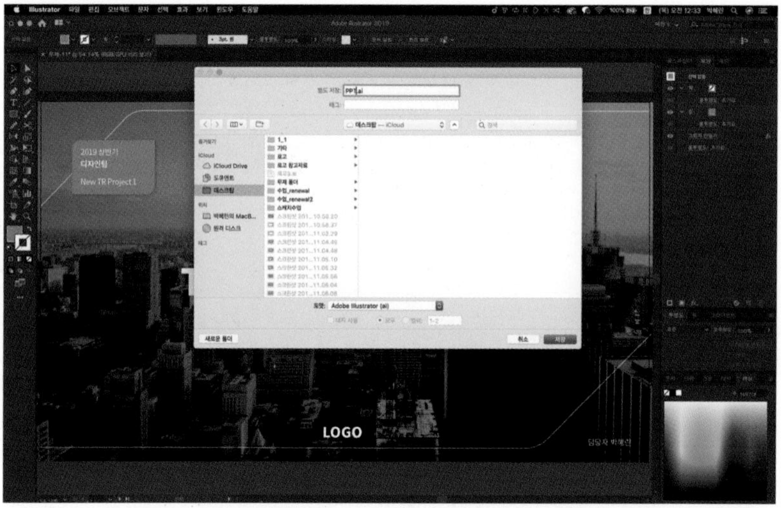
2019 상반기
디자인팀
New TR Project 1
LOGO

㊳ 이미지 파일(JPEG)로 추출해 한번 확인해 봅시다. (저장 시 '대지 사용(Use Artboard)'을 꼭 체크해주세요!)

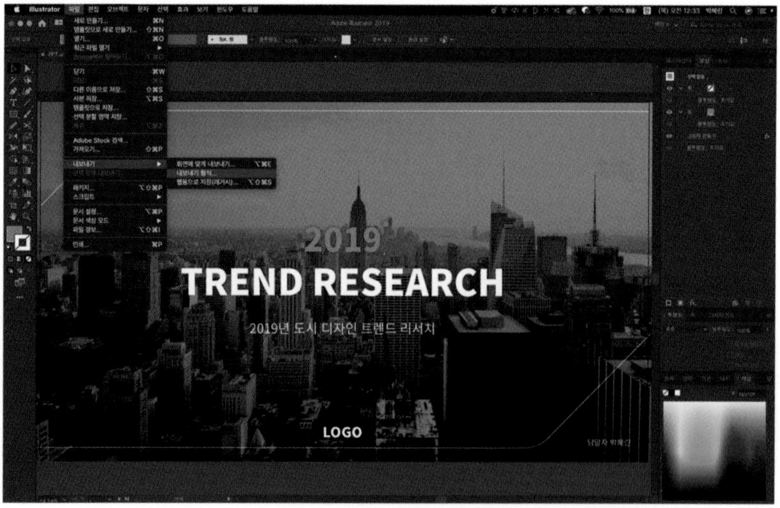
2019
TREND RESEARCH
2019년 도시 디자인 트렌드 리서치
LOGO

*

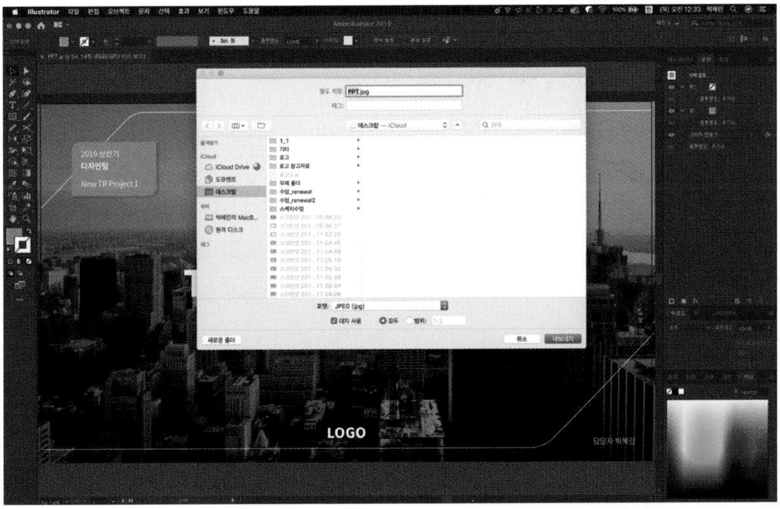
2019 상반기
디자인팀
New TR Project 1
LOGO
담당자 박혜린

㊴ 저장된 이미지 파일을 확인합니다.

2019 상반기
디자인팀
New TR Project 1
2019
TREND RESEARCH
2019년 도시 디자인 트렌드 리서치
LOGO
담당자 박혜린

## 2 여러 장을 한 번에 디자인하기

파워포인트처럼 목차부터 본문까지 모두 한 화면에서 디자인하는 방법에 대해 알아봅시다.

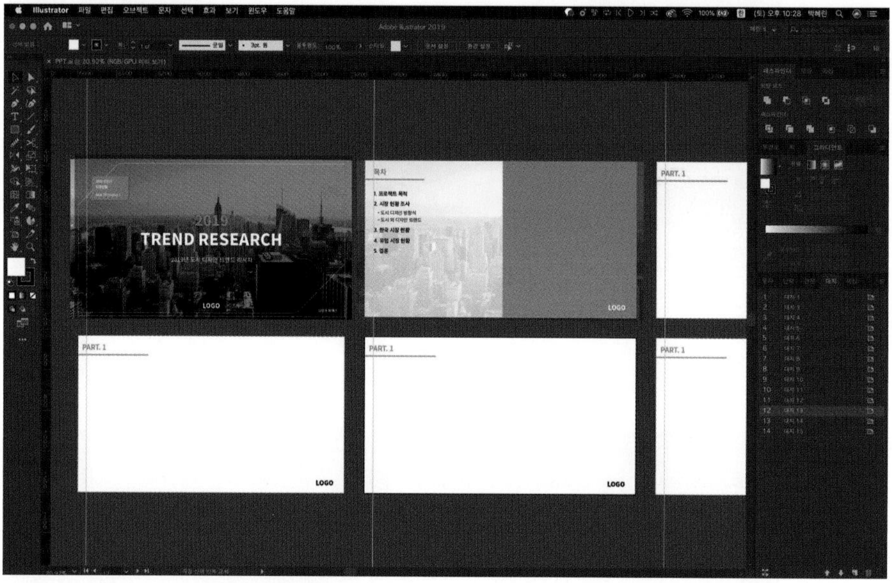


**여기서 배울 수 있는 기능**

❶ 아트보드 여러 개 만들기
❷ 동일한 위치에 개체 붙여넣기
❸ 한 번에 모든 페이지에 개체 붙여넣기
❹ 가이드 선 만들기
❺ 발표용 파일로 저장하기

❶ PPT 첫 페이지를 만들었던 일러스트 파일을 열어줍니다.

2019 상반기
디자인팀
New TR Project 1
2019
TREND RESEARCH
2019년 도시 디자인 트렌드 리서치
LOGO
담당자 박혜인

❷ 다음 페이지들을 첫 페이지 옆에 만들 수 있도록 Ctrl + (-)를 두세 번 눌러 아트보드를 작게 보이도록 만들어줍니다.

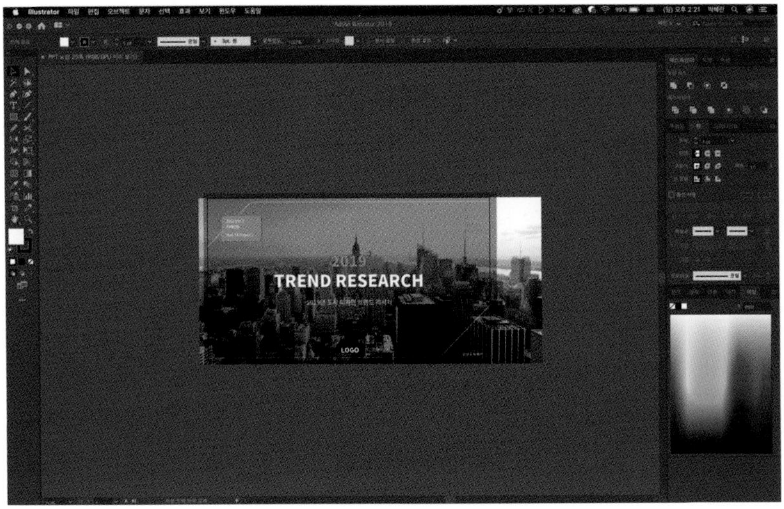
2019
TREND RESEARCH
LOGO

❸ 대지(Artboard) 패널을 열고, 우측 하단 부분 새 대지 아이콘(◼)을 눌러주면 오른쪽에 아트보드가 하나 생깁니다.

❹ 새 대지 아이콘(◼)을 여러 번 눌러 새 페이지들을 원하는 만큼 만들어줍니다.

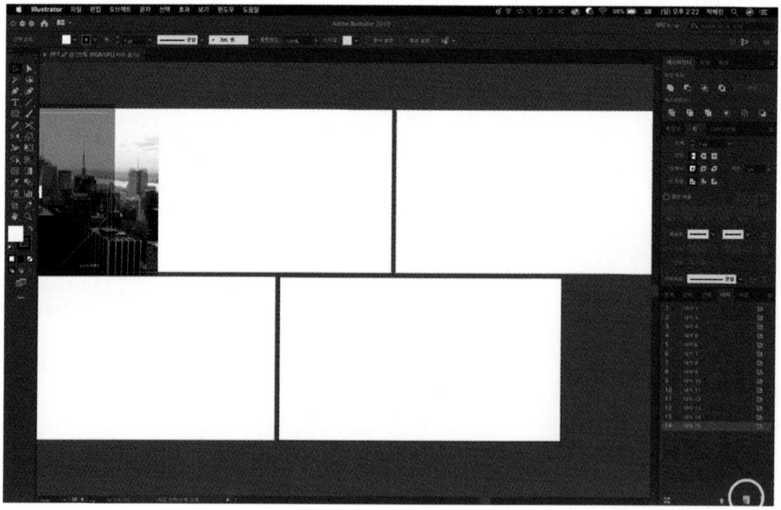

❺ Ctrl + (-)를 길게 눌러 만든 아트보드가 전부 보이게 만들어봅시다.

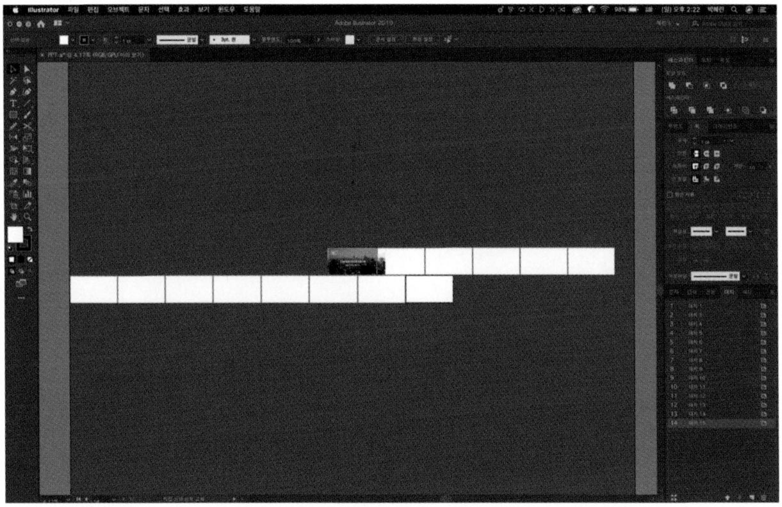

❻ 아트보드를 보기 좋게 정돈해봅시다. 우선 Ctrl + Alt +2를 눌러 이전 챕터에서 잠가 두었던 배경을 잠금 해제 시켜줍시다.

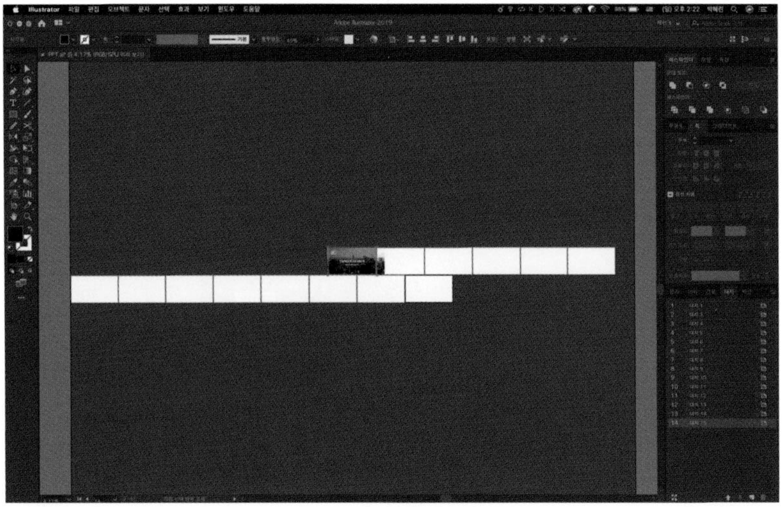

**여기서 잠깐!**

아트보드 정돈 시에는 꼭 모든 개체의 잠금을 해제해주세요!

❼ 대지(Artboard) 패널에서 더 보기 표시(☰)를 클릭한 뒤 모든 대지 재정돈(Rearrange Artboards)을 누릅니다.

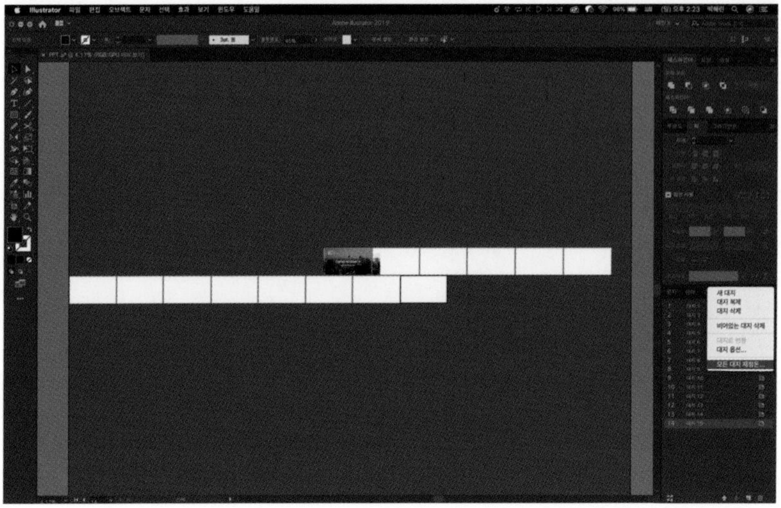

❽ 열린 창에서 대지 레이아웃과 열, 간격을 설정합니다.

➜ **여기서 사용된 설정:** 열 10, 간격 100px

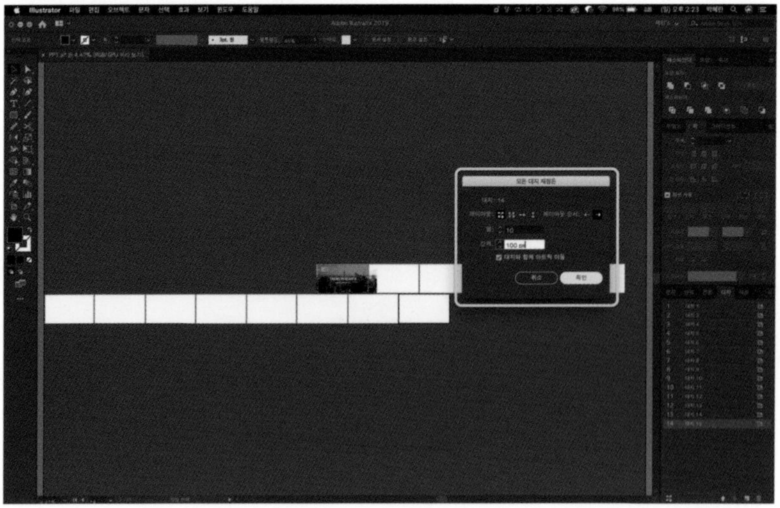

❾ 확인을 누르면 설정한 열과 간격에 따라 대지가 정돈됩니다.

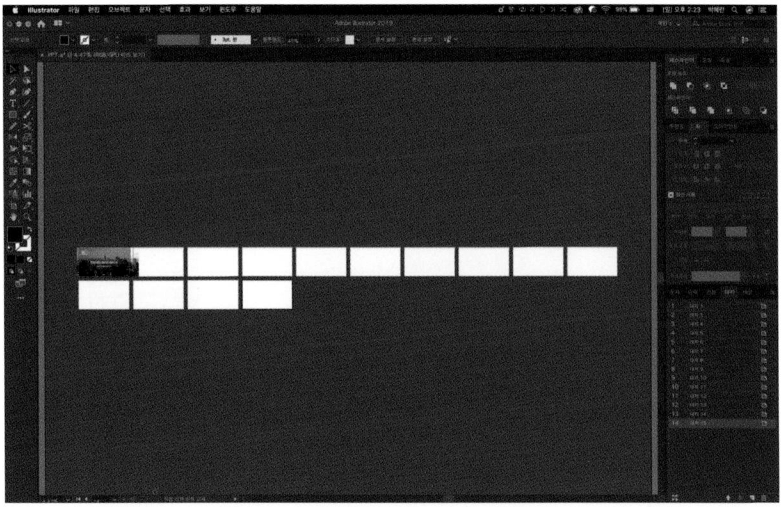

❿ 원하는 아트보드만 크게 보려면 선택 도구(▷)로 아트보드를 클릭한 뒤, Ctrl + 0 (화면 맞춤)을 눌러주면 됩니다. 지금은 첫 페이지를 클릭해서 실행해봅시다.

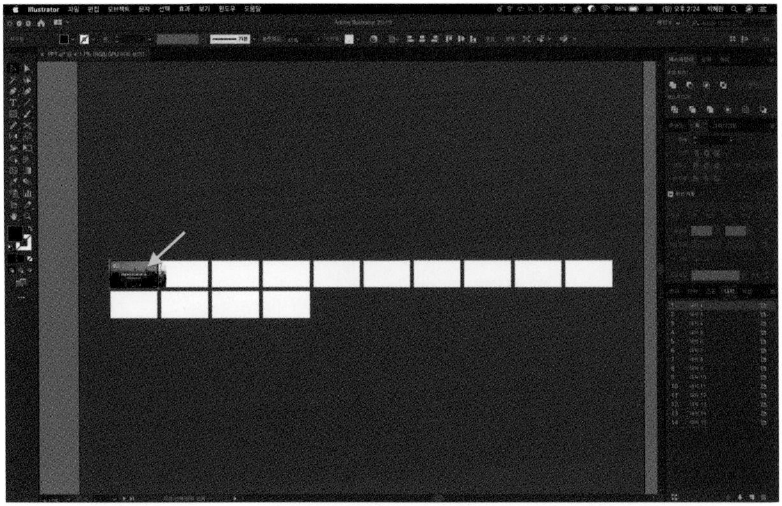

⑪ Space bar를 누른 채로 오른쪽으로 드래그해 대지 2를 보면 첫 페이지(대지 1)의 배경 사진이 대지 2까지 튀어나와있는 것을 볼 수 있습니다. 2번 페이지를 만드는 데 방해가 되지 않도록 튀어나온 부분을 지워봅시다.

**여기서 잠깐!**

Space bar를 누른 채로 드래그하면 원하는 위치로 화면을 이동할 수 있습니다.

⑫ Ctrl + (-)를 눌러 화면을 작게 만든 뒤 Space bar를 누른 채로 왼쪽으로 드래그해 첫 페이지가 보이도록 만들어줍니다. 사각형 도구(■)를 이용해 사각형을 대지 1보다 약간 큰 사이즈로 하나 만들어줍니다.

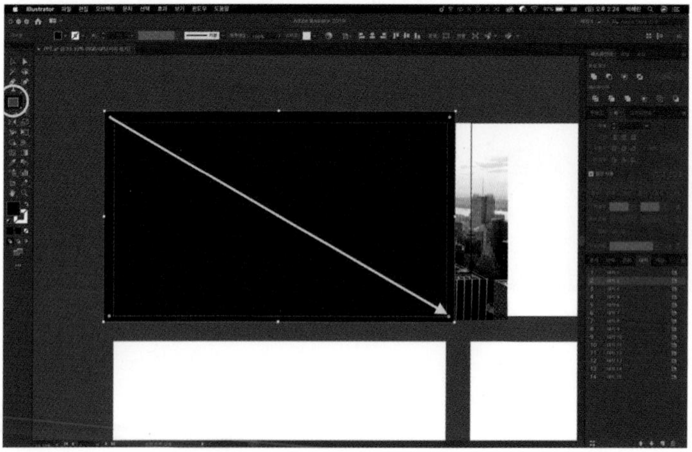

⑬ Shift를 누른 채 선택 도구( )로 사각형과 사진을 각각 클릭해 같이 선택해줍니다.

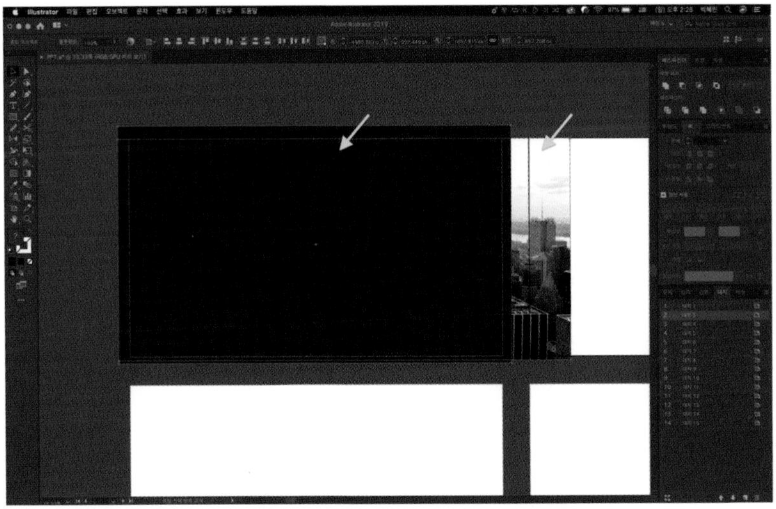

⑭ 사각형 위에서 우클릭한 뒤, 클리핑 마스크 만들기(Create Clipping Mask)를 선택합니다.

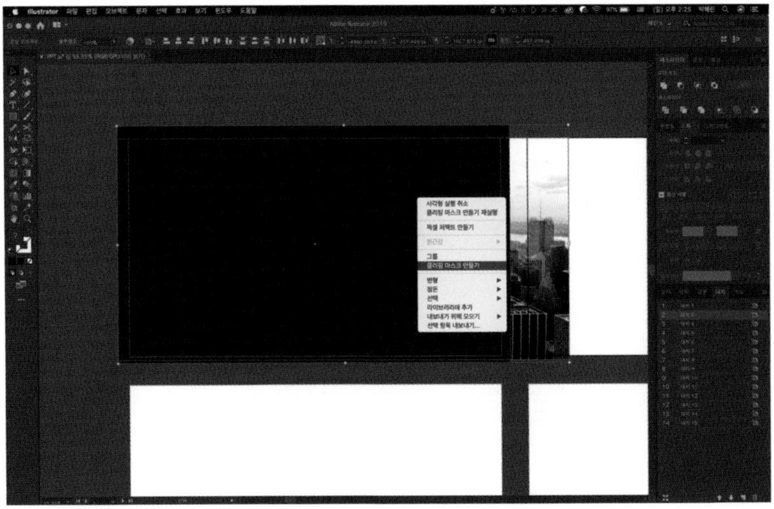

⑮ 예시 사진과 같이 새로 그린 사각형 크기로 배경 사진이 잘리는 것을 보실 수 있습니다.

**여기서 잠깐!**

일러스트에서 사진을 원하는 모양으로 자르고 싶을 때는 방금과 같이 틀(혹은 액자)이 될 도형을 사진 위에 둔 뒤 클리핑 마스크를 만들어주면 됩니다. 자주 쓰이므로 기억해 둡시다.

⑯ Ctrl + [ 를 여러 번 누르거나 Ctrl + Shift + [ 를 한 번 눌러 사진을 다시 맨 뒤로 보내줍니다.

2019
TREND RESEARCH
2019년 도시 디자인 트렌드 리서치
LOGO

⑰ 이번에는 목차나 로고 등을 다른 페이지의 동일한 위치에 복사하는 방법에 대해 알아봅시다. 우선 도형과 문자 도구를 이용해 예시 사진과 같이 만들어줍니다. (연습이라면 아무 도형으로 대체해도 좋습니다.)

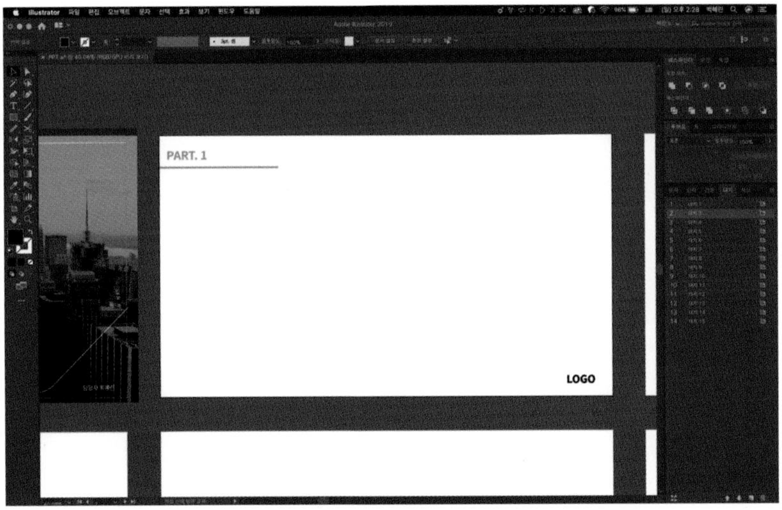


⑱ 먼저 Ctrl + (-)를 눌러 2개 이상의 아트보드가 화면에 보이도록 합니다. 복사할 개체가 있는 아트보드를 선택 도구로 한 번 클릭한 뒤, 복사할 개체를 드래그해서 전부 선택합니다. Ctrl + C로 복사합니다.

⑲ 붙여넣기할 아트보드를 한 번 클릭한 뒤, Ctrl + F를 눌러 제자리에 붙여넣기 해주면 됩니다. 같은 방식으로 붙여넣기를 원하는 아트보드를 클릭하고 Ctrl + F를 누르면 다른 페이지에도 동일한 위치에 복사해줄 수 있습니다.

⑳ 이번에는 모든 페이지에 한 번에 복사하는 법을 배워봅시다. 마찬가지로 복사할 개체가 있는 아트보드를 클릭하고 복사할 개체들을 선택합니다. Ctrl + C로 복사합니다.

㉑ Ctrl + Alt + Shift + V를 누르면 모든 아트보드에 한 번에 복사됩니다.

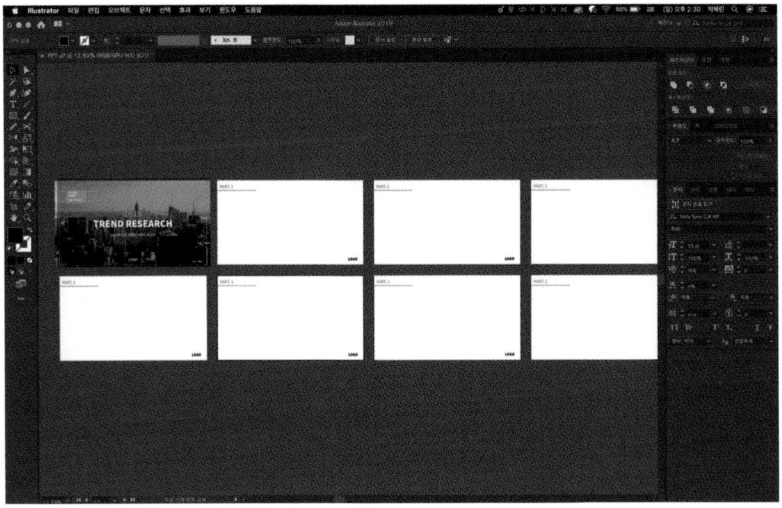


㉒ 첫 페이지처럼 복사가 잘못된 부분들은 개체를 선택해 Backspace를 눌러 삭제해주면 됩니다.

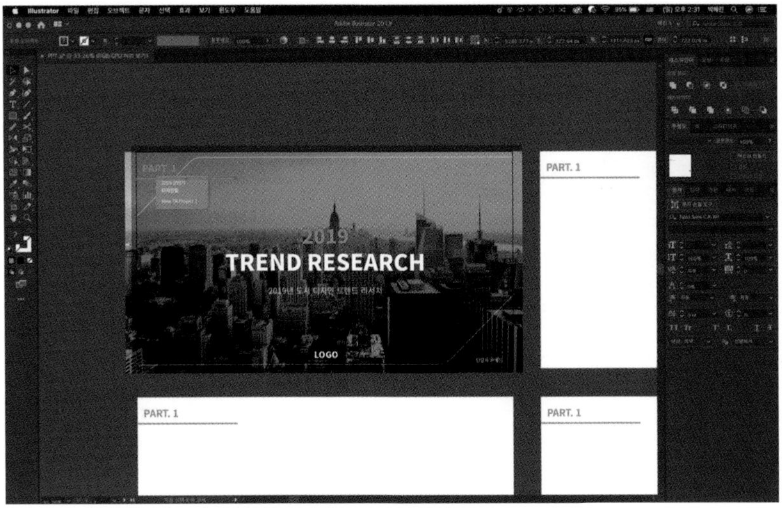

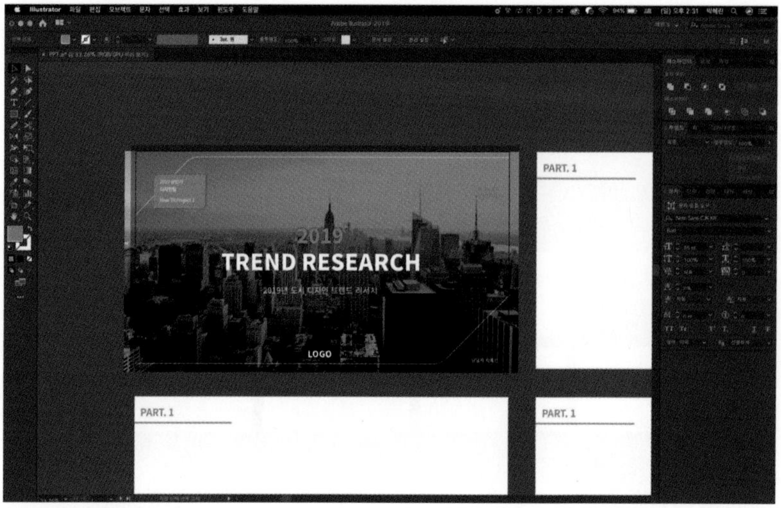


㉓ 내부 페이지를 디자인하는 방법에 대해 알아봅시다. 두 번째 페이지가 중앙에 오도록 화면을 조정합니다.

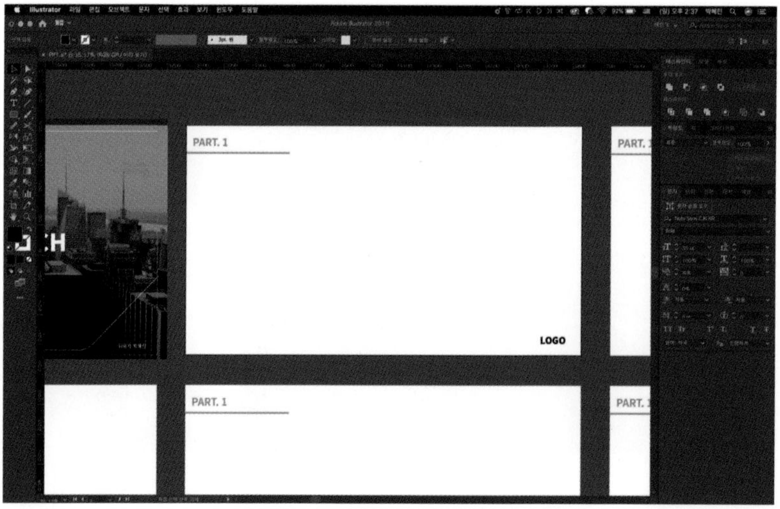

㉔ 먼저 정돈된 PPT 디자인을 위해 가이드 선을 만들어줘야 합니다. Ctrl + R을 눌러 눈금자를 만들어준 뒤, 왼쪽 눈금자에서 아트보드 방향으로 드래그해서 가이드 선을 하나 만듭니다.

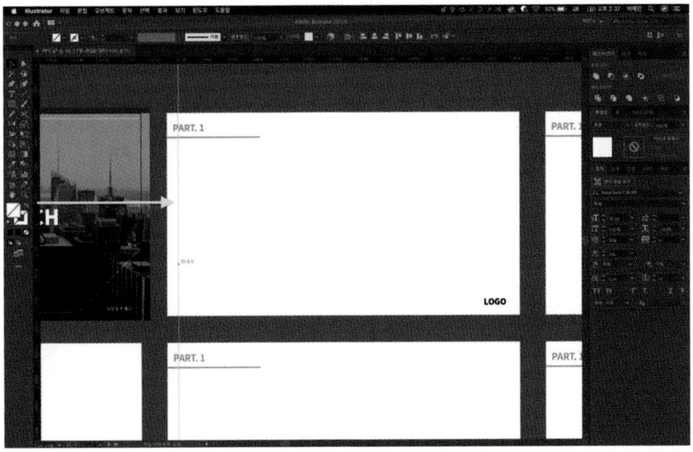


**여기서 잠깐!**

눈금자가 있다가 없어졌다면 Ctrl + R을 한 번 더 누르면 됩니다.

㉕ 선택 도구를 이용해 가이드 선을 메인 문구(PART)의 두 번째 글자(A)에 맞게 옮겨줍니다.

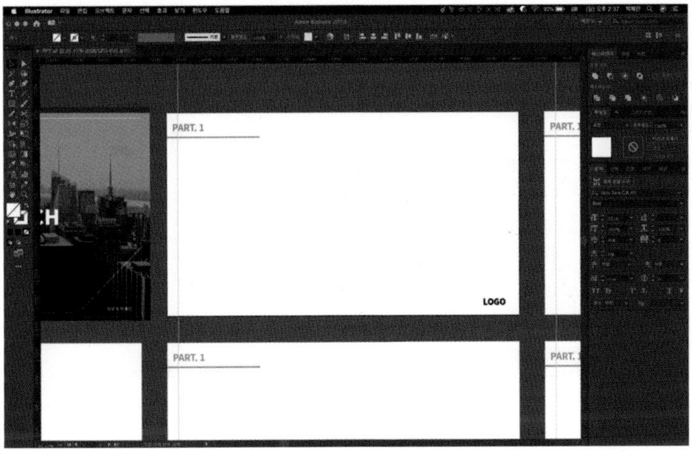

㉖ 가이드 선에 맞게 글자를 써 봅시다. 문자 도구(T)를 선택한 뒤 아트보드에서 글자를 넣을 부분만큼 드래그해서 텍스트 박스를 하나 만들어줍니다.

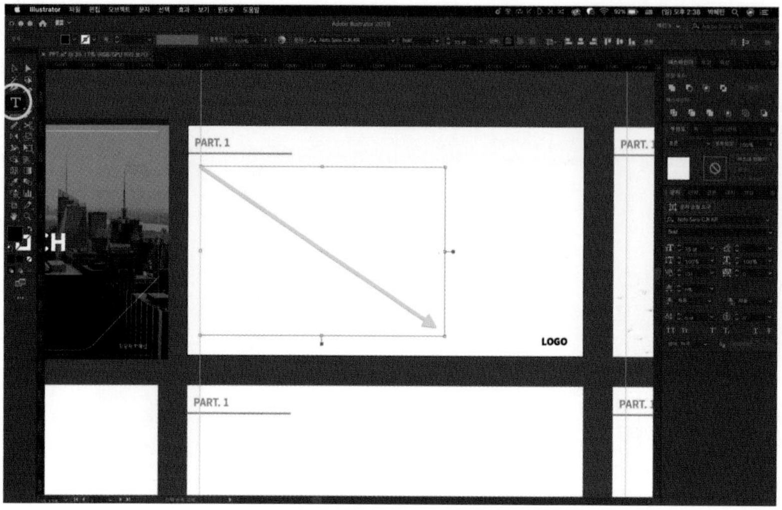


**여기서 잠깐!**

대부분의 경우에는 클릭 후 글자를 써주는 것이 좋으나, PPT나 문서 등 글이 많은 경우에는 드래그하여 텍스트 박스를 만들어 써주시는 것이 편리합니다.

㉗ 자동으로 나오는 글자들을 무시하고 글자를 써주면 됩니다.

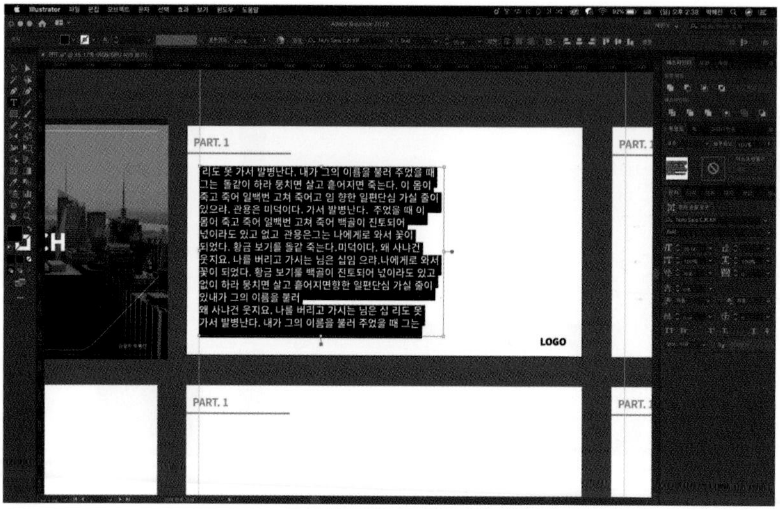

㉘ 글자의 속성은 문자(Character) 패널에서 변경해줄 수 있습니다.

➔ **여기서 쓰인 폰트:** Noto Sans CJK KR, 27pt, 행간 48pt

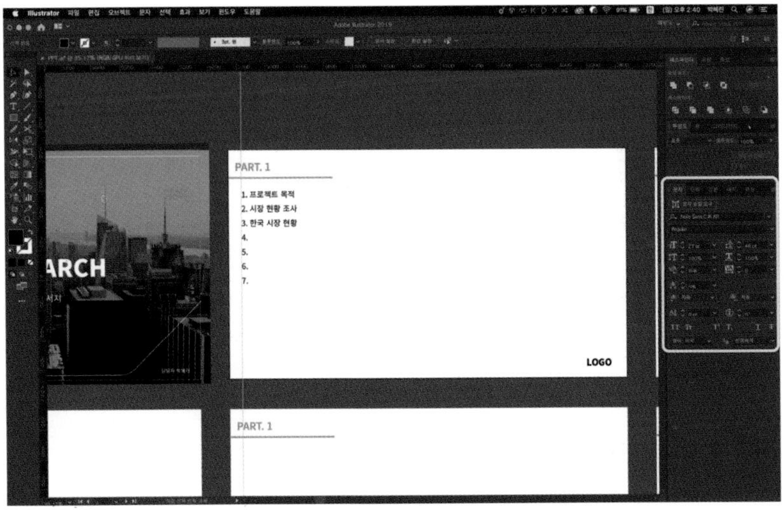


㉙ 도형과 사진을 이용해 꾸며줍니다. 아래 예시 사진은 첫 페이지에 쓰인 사진을 복사해 불투명도를 낮춰주고 사각형 도구로 포인트 색 사각형을 오른쪽에 그려주었습니다.

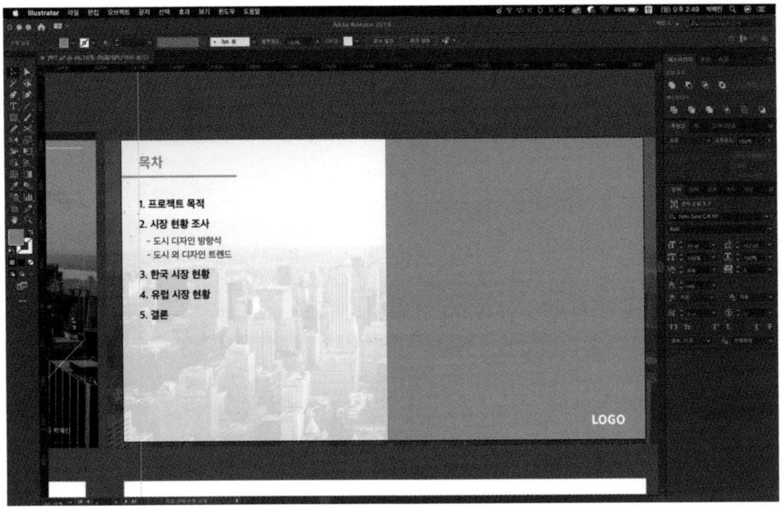

㉚ 모든 페이지를 전부 만들었다는 가정하에 발표할 수 있는 자료로 저장해봅시다. 파일(File) → 저장(Save)을 누르고 PDF 형식을 선택합니다.

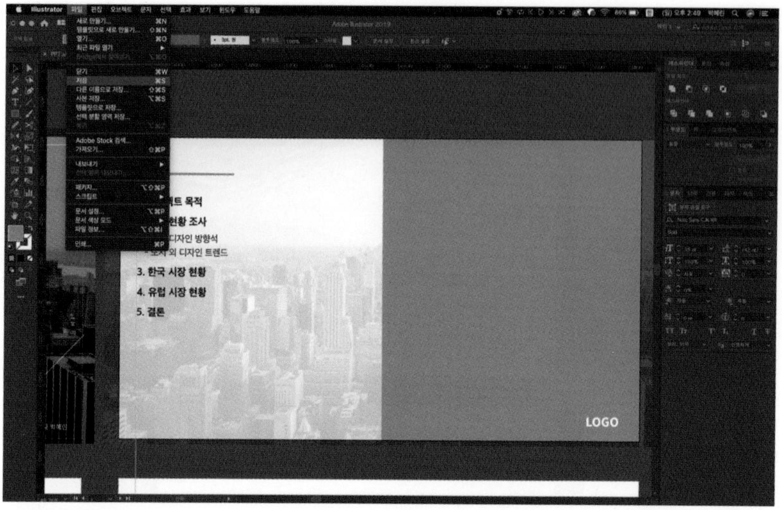


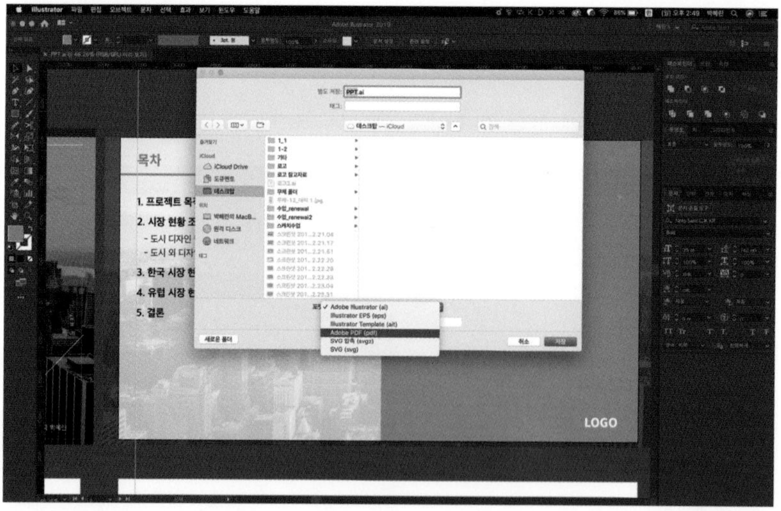

㉛ 모두를 선택하거나, 범위를 선택해 저장할 페이지 번호 (ex. 1-13/ 1페이지부터 13페이지까지 선택) 를 입력한 뒤, 확인을 누릅니다.

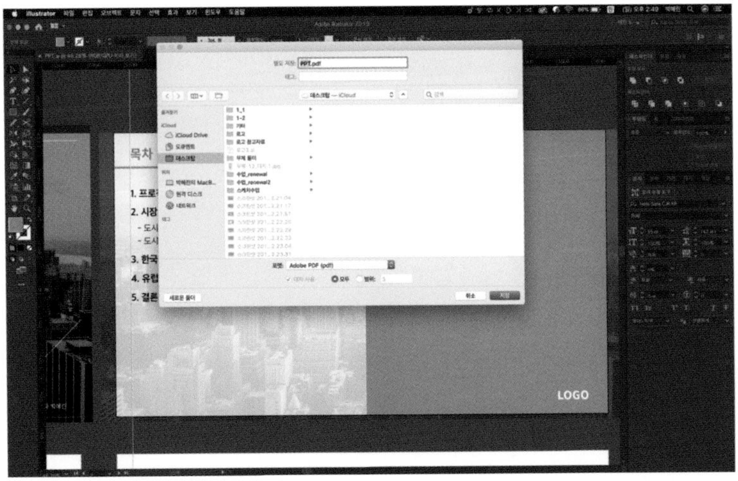

㉜ 'illustrator 편집 보존'을 체크 해제하고, '빠른 웹 보기를 위해 최적화'를 체크한 뒤, 저장을 눌러주면 됩니다.

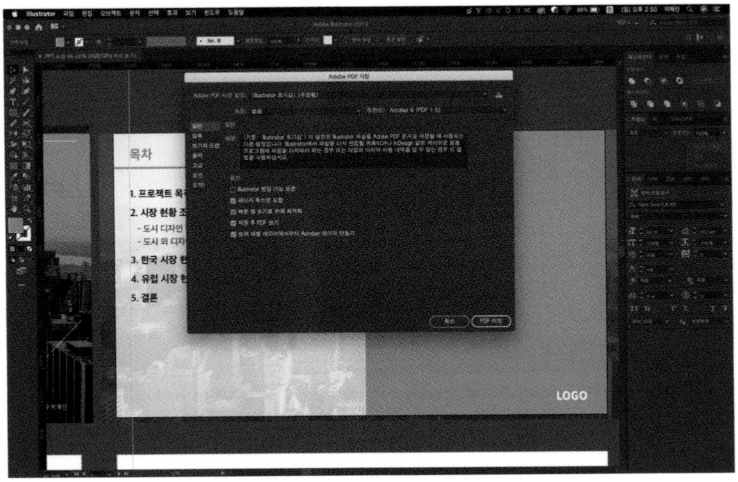

**여기서 잠깐!**

'illustrator 편집 보존'을 사용하면 추후에 편집이 가능하나 용량이 너무 커지므로 발표/제출용 파일에서는 반드시 해제해주시는 것이 좋습니다.

㉝ 파일(File) → 다른 이름으로 저장(Save As)을 눌러 일러스트 원본 파일로도 하나 저장해 둡시다.

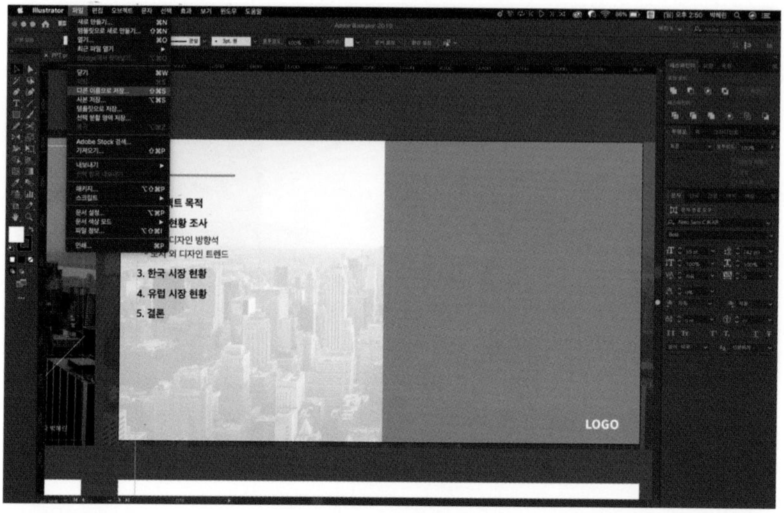


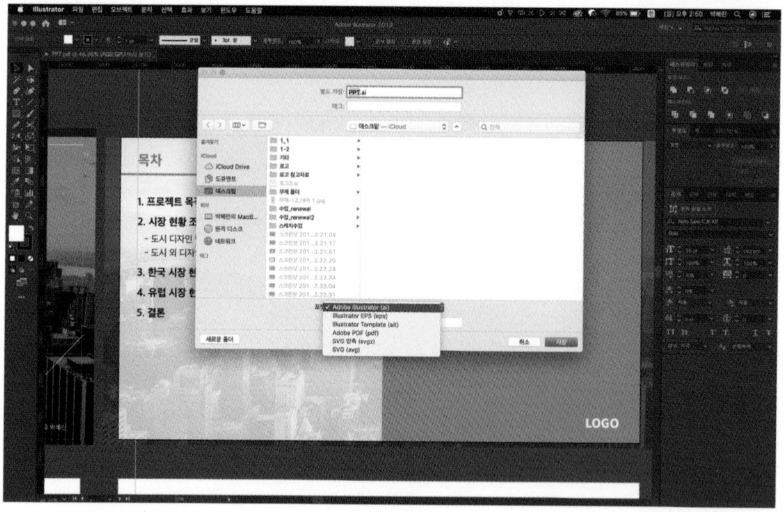

㉞ 저장된 PDF 파일을 확인합니다.

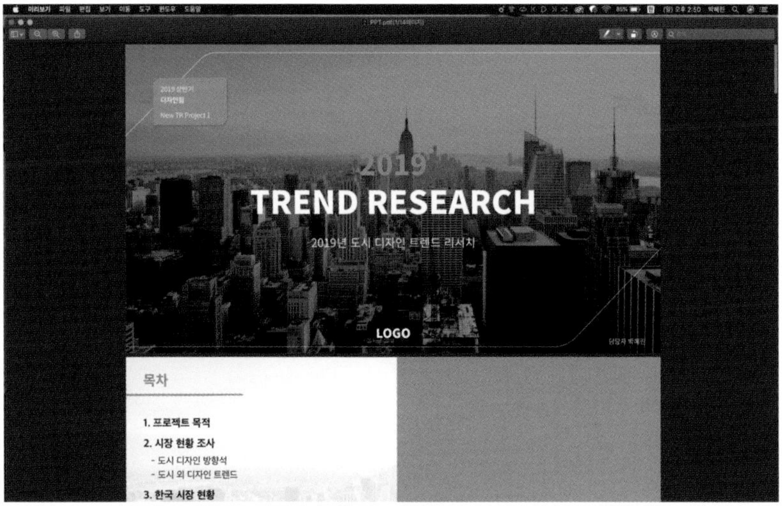


㉟ Ctrl + L 을 눌러 전체화면 슬라이드로 사용하시면 됩니다.

## 3 다양한 그래프 그리기

발표 자료에서 꼭 필요한 그래프를 그리는 방법에 대해 알아봅시다. 원본 데이터를 불러와 수치를 정확히 입력하고 보기 좋게 디자인하는 방법에 대해 알아봅시다.

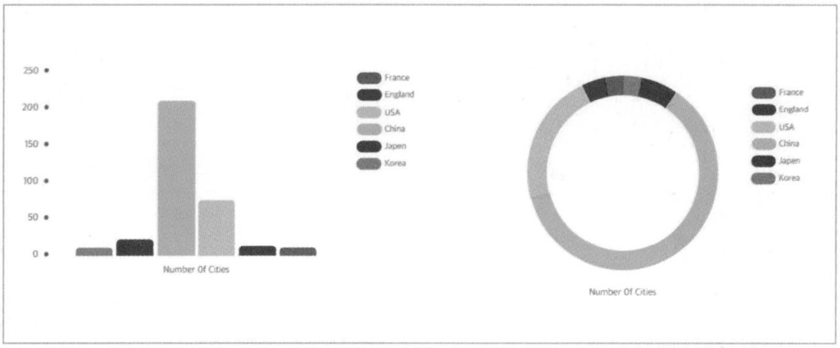


**여기서 배울 수 있는 기능**

❶ 막대그래프 그리기
❷ 원형 그래프 그리기
❸ 일러스트 그래프에 엑셀 데이터 불러오기

❶ 이전 챕터에서 사용했던 아트보드에 바로 그래프를 그려봅시다. 먼저 막대그래프를 그려봅시다. 막대그래프 도구( )를 선택하고 아트보드에서 적당한 크기로 드래그합니다.

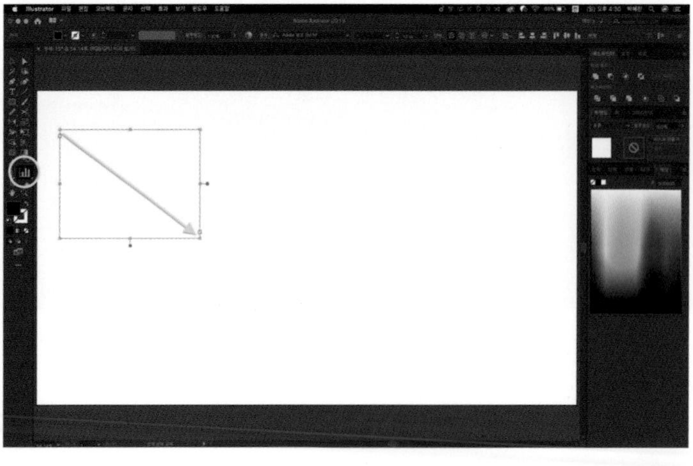

❷ 드래그하면 상단에 수치를 입력하는 창이 나옵니다. 숫자를 직접 입력하거나 엑셀 데이터를 불러오면 됩니다. 여기서는 엑셀 데이터를 사용해봅시다.

❸ 엑셀 창의 데이터를 전부 드래그해 Ctrl + C로 복사합니다. (엑셀 사용이 어렵다면 일러스트에서 바로 수치를 입력해주세요!)

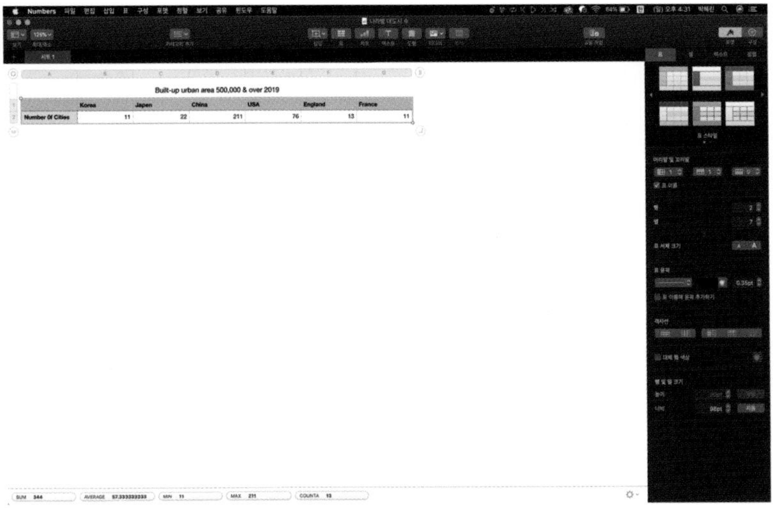

❹ 일러스트로 넘어와 수치를 입력하는 창에 Ctrl + V 를 눌러 데이터를 붙여넣기합니다.

❺ 데이터를 붙여넣은 뒤, 체크 표시를 누르면 적용됩니다.

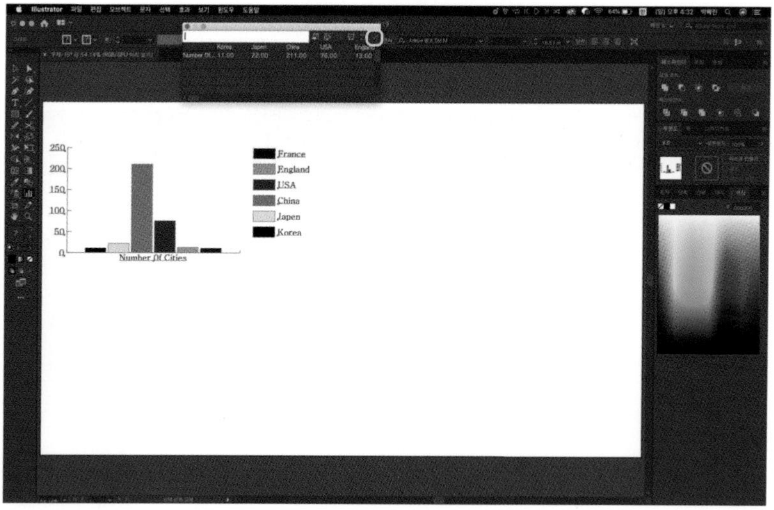

❻ 선택 도구로 빈 아트보드를 한 번 클릭해 선택 해제합니다.

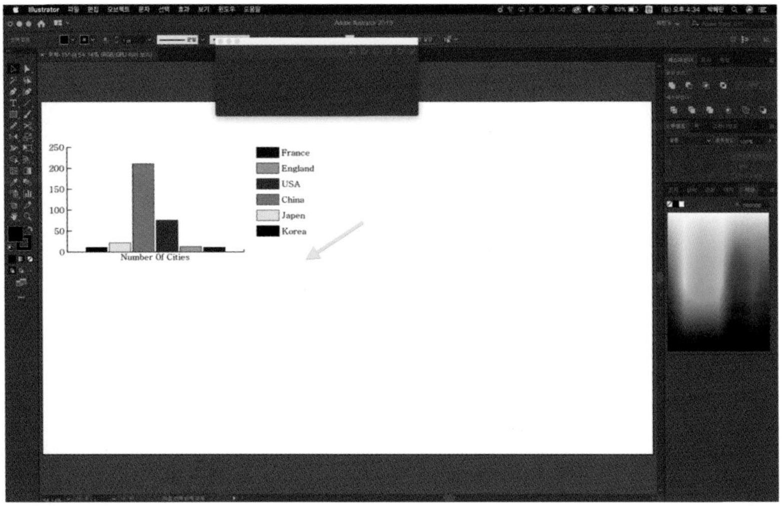


❼ 그래프에 색을 넣어 봅시다. 직접 선택 도구(▶)로 그래프에서 색을 바꿀 막대를 선택합니다.

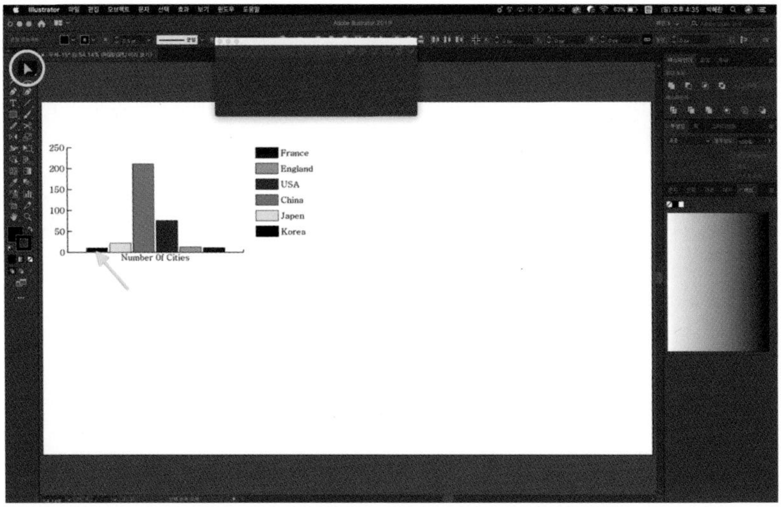

❽ ❶ 칠 모양(■)을 더블클릭한 뒤, ❷ 원하는 색을 선택하고 확인을 눌러 색을 변경합니다.

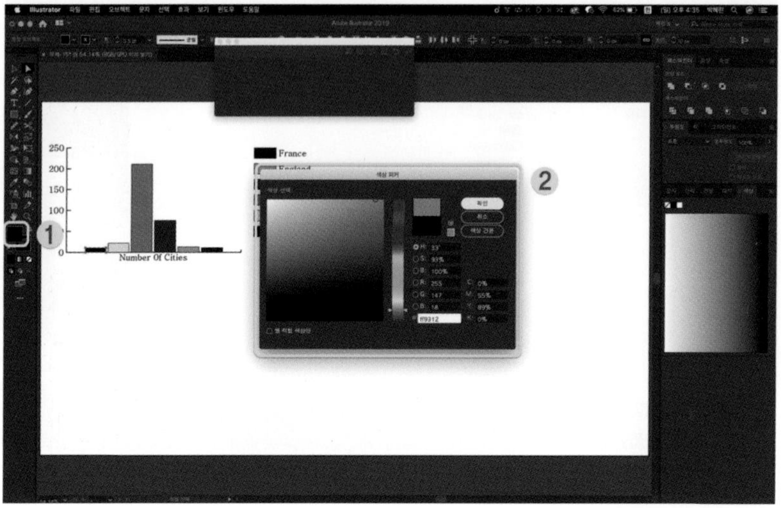


❾ 색이 변경되지 않는다면 색(Color) 패널 → 더 보기 모양(☰)을 눌러 RGB로 색 모드를 바꿔주세요!

⑩ 색 모드를 변경하면 색이 바뀐 걸 보실 수 있습니다. (바뀌지 않는다면 8번 과정을 다시 진행해보세요.)

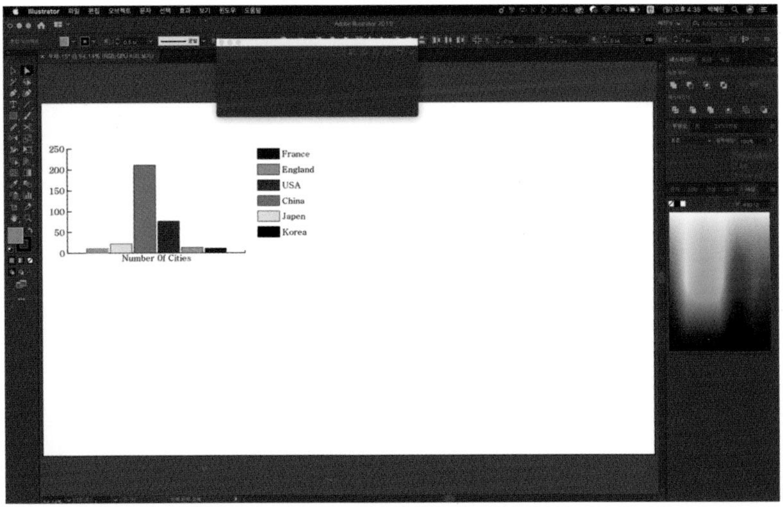


⑪ 다른 막대들도 동일하게 색을 변경해주세요. (7~10번과 동일)

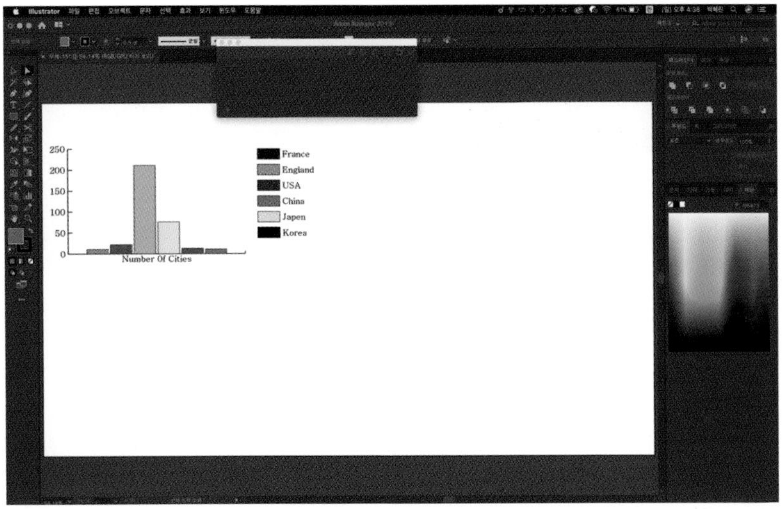

⓬ 조금 더 세련된 그래프를 위해 그래프의 외곽선을 없애 봅시다. Shift를 누른 채 직접 선택 도구(▶)로 각 막대를 클릭해 모두 선택합니다.

⓭ 선 모양(■)을 한 번 클릭해 칠 모양 위로 올라오도록 만든 뒤, 없음 표시(☒)를 클릭해 선을 전부 없애 줍니다.

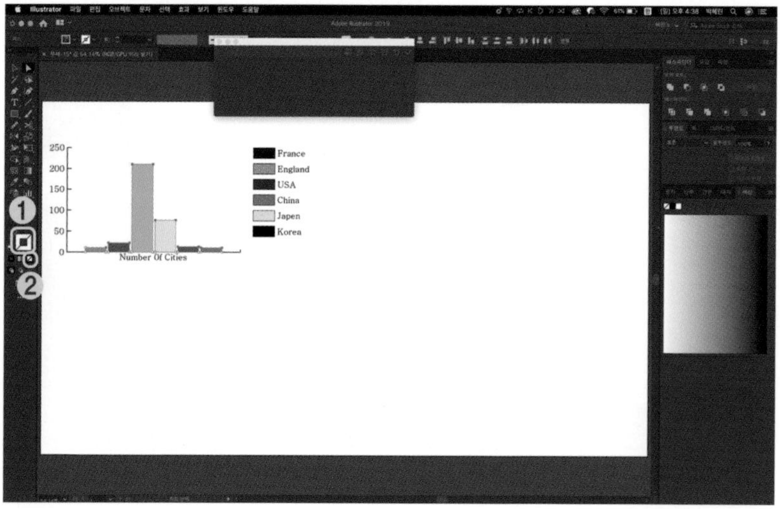

⑭ 오른쪽의 컬러 박스들을 막대와 동일한 색으로 채워봅시다. ❶직접 선택 도구(▶)로 ❷원하는 박스를 선택한 뒤, ❸스포이드 도구(🖉)로 ❹추출할 색을 클릭하면 됩니다.

⑮ 동일한 방식으로 전부 색을 넣어준 뒤, 막대와 동일하게 선을 없애주세요. (12~13번과 동일)

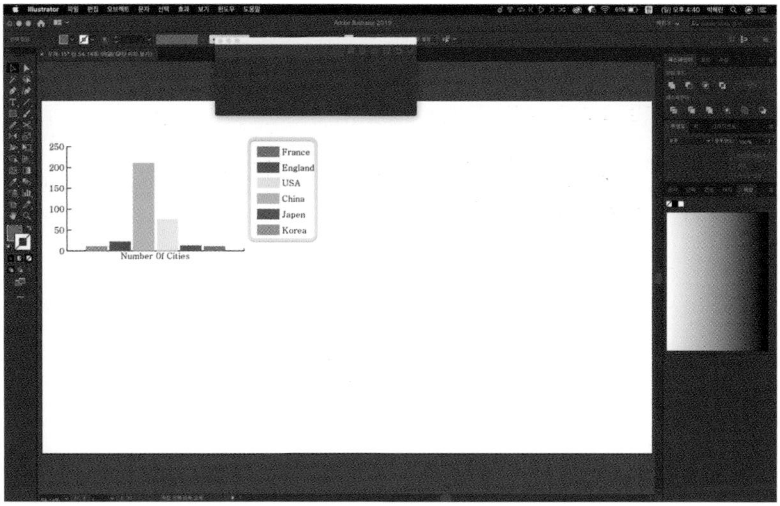

⑯ 그래프에 사용된 폰트를 바꿔봅시다. 먼저 선택 도구로 그래프 전체를 선택합니다.

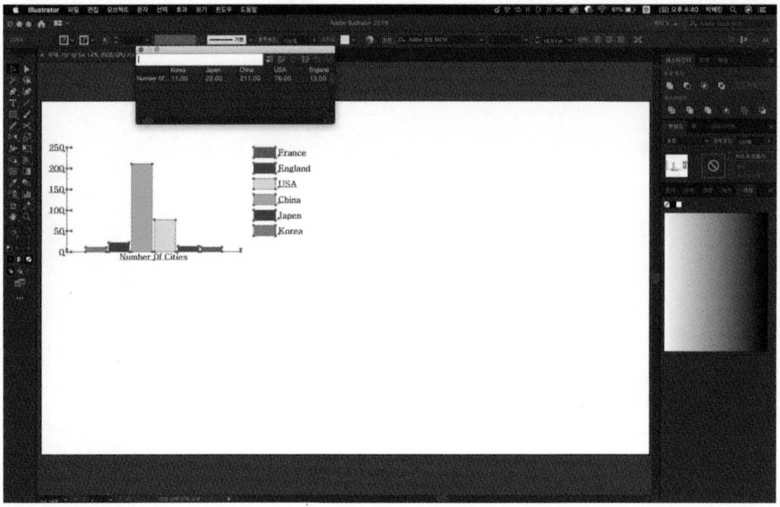


**여기서 잠깐!**

그래프는 그룹이 묶여 있으므로 드래그하지 않고 클릭으로 선택하셔도 됩니다.

⑰ 선택 후 상단 제어 패널에서 폰트 종류, 크기를 설정하실 수 있습니다. 우선 폰트 종류만 변경해봅시다.

➔ **여기서 쓰인 폰트:** Apple 산돌고딕 Neo, Medium

⑱ 예시 사진과 같이 완성되었다면, 이번에는 그래프 모양과 폰트 등을 더 센스 있고 깔끔하게 변형하는 방법에 대해 알아봅시다.

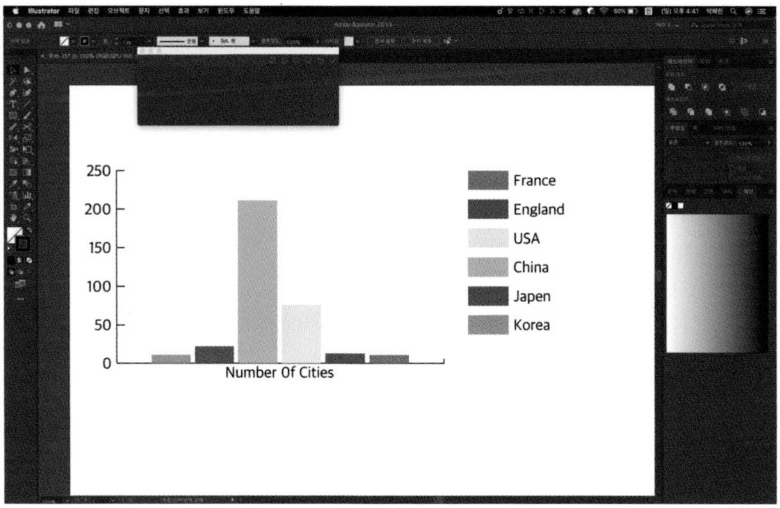


⑲ 우선 선택 도구로 그래프를 선택합니다. 그리고 상단에 계속 떠 있던 수치 입력 창을 X 표시를 눌러 꺼줍니다.

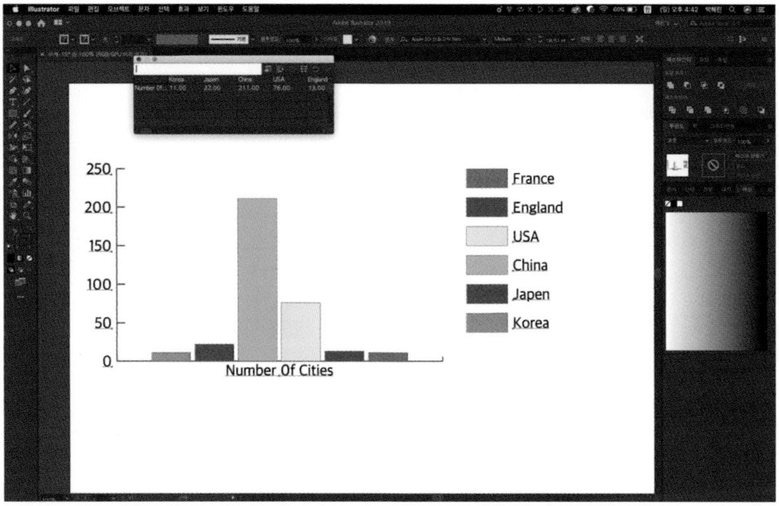

⑳ Ctrl + Shift + G를 눌러 그룹을 해제합니다. 경고 창이 뜨면 그대로 확인을 누르면 됩니다.

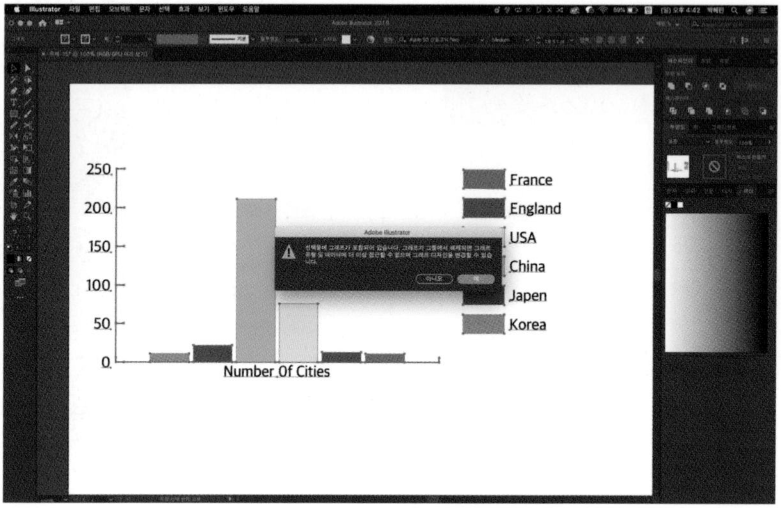


**여기서 잠깐!**

경고 창의 확인을 누르면 그래프의 수치를 더 이상 변경할 수 없습니다. 신중히 진행해주세요.

㉑ 빈 아트보드를 클릭해 선택 해제합니다.

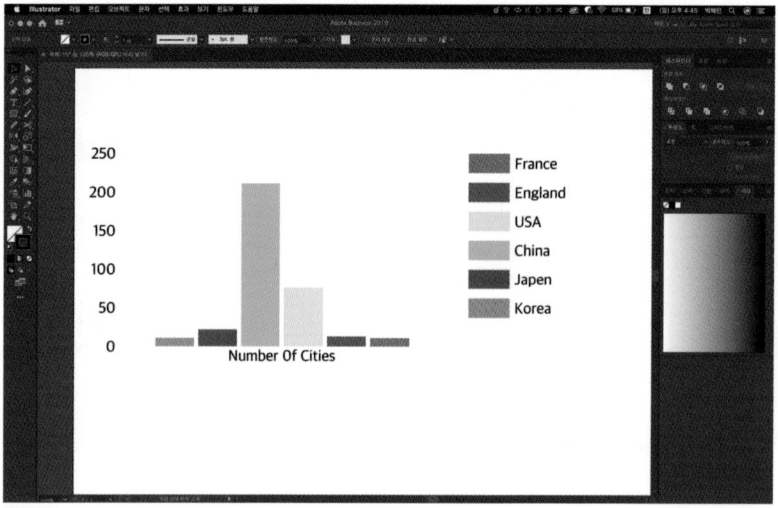

㉒ Shift를 누른 채 선택 도구로 모든 글자를 선택하고 제어 패널에서 폰트 사이즈를 적당히 변경합니다.

➔ **여기서 쓰인 폰트 크기:** 12pt

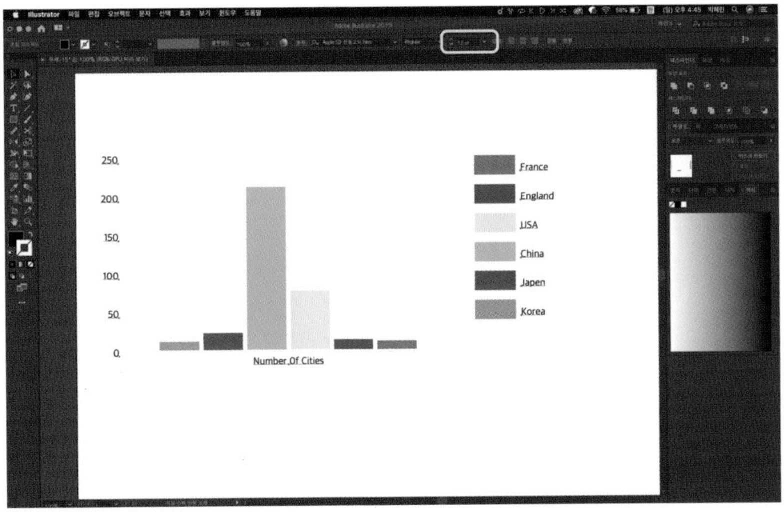


㉓ 폰트 색, 그래프의 둥글기 등을 원하는 만큼 조절하고 도형을 그려 넣어, 보기 좋게 만들어주면 완성입니다. (둥글기를 조절하는 법은 Part 3의 1. 센스 있는 첫 페이지 만들기 30~31번을 참고해주세요.)

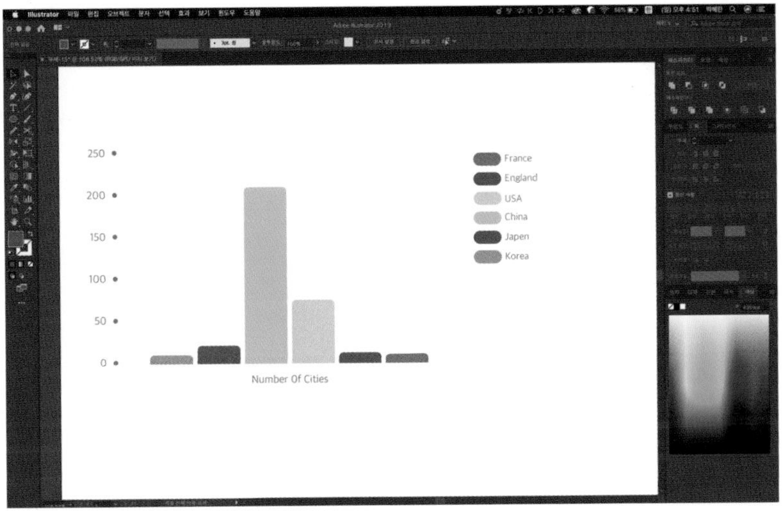

㉔ 동일한 방식으로 원형 그래프(파이 그래프)를 그려봅시다.

Ctrl + 0을 눌러 아트보드를 화면 크기에 맞춰준 뒤, 파이 그래프 도구()를 선택합니다.

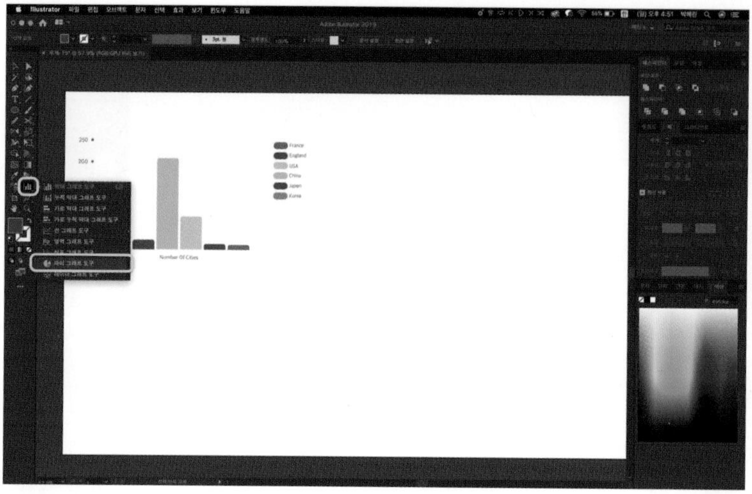

㉕ Shift를 누른 채 드래그해, 그래프를 적당한 크기로 그려줍니다.

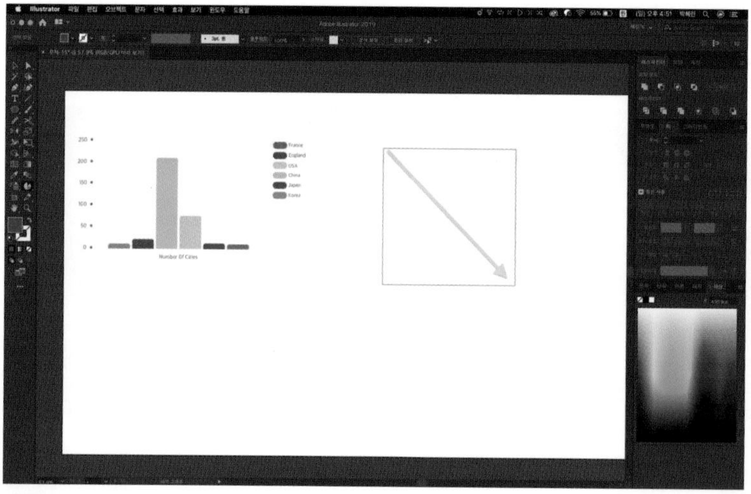

**여기서 잠깐!**

Shift는 비율 고정의 단축키입니다.

㉖ 막대그래프와 동일하게 수치를 복사 붙여넣기 합니다. (3~4번과 동일)

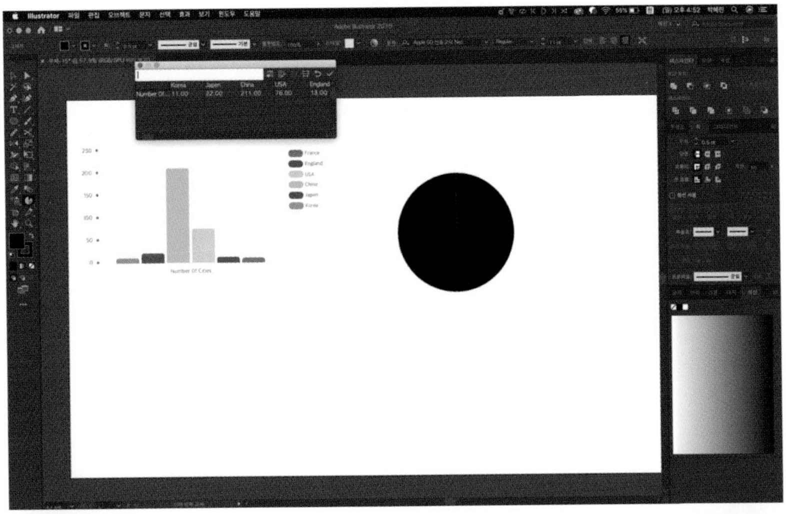


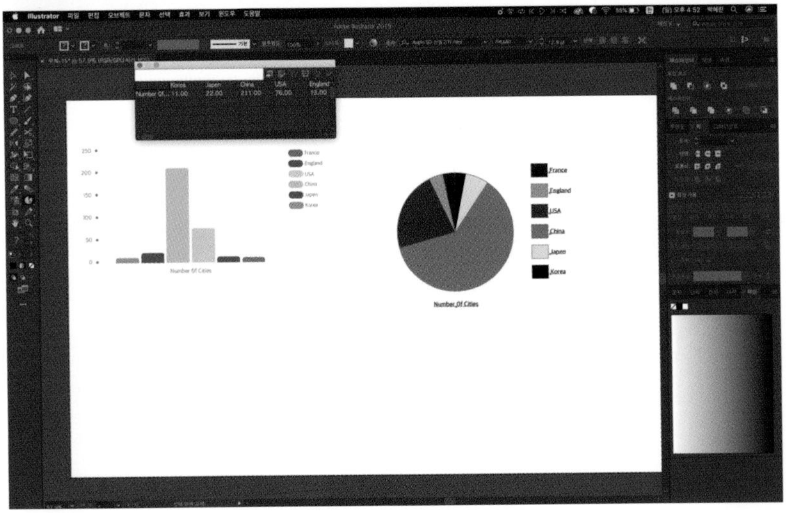

㉗ 막대그래프와 동일하게 색을 넣고 외곽선을 제거하고 폰트를 변경해줍니다. (복습으로 생각하고 과정을 짚어가며 따라해보세요!) (5~23번과 동일)

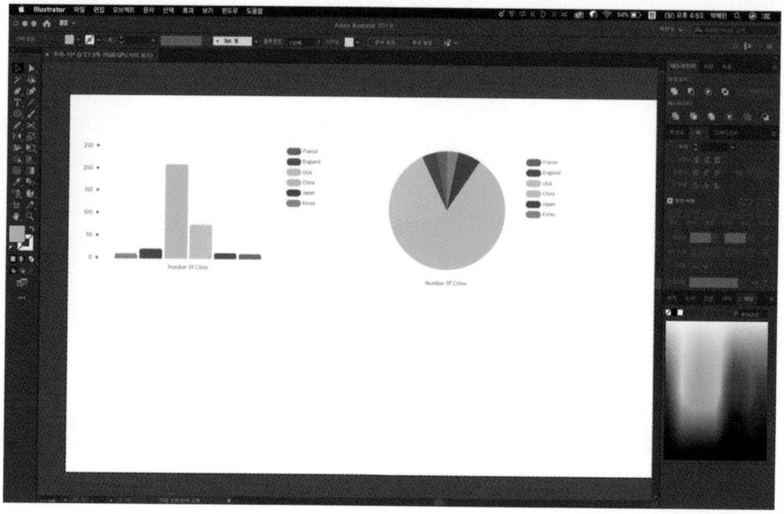

㉘ 먼저 상단에 떠 있던 수치 입력 창을 끄고, Ctrl + Shift + G 를 눌러 그래프의 그룹을 해제해줍니다.

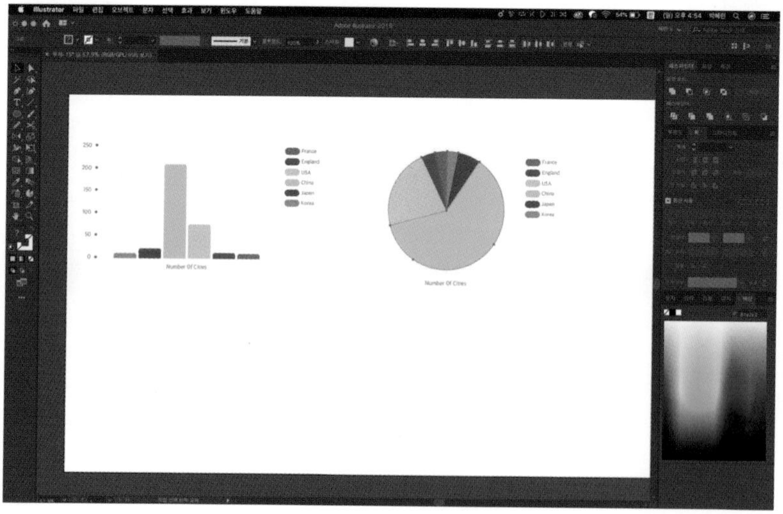

㉙ 그래프의 중앙 부분을 뚫어 좀 더 세련된 형태로 만들어 봅시다. 우선 원형 도구()를 선택하고 원의 중심부에서 Shift 와 Alt를 같이 누른 채로 원을 하나 그려줍니다.

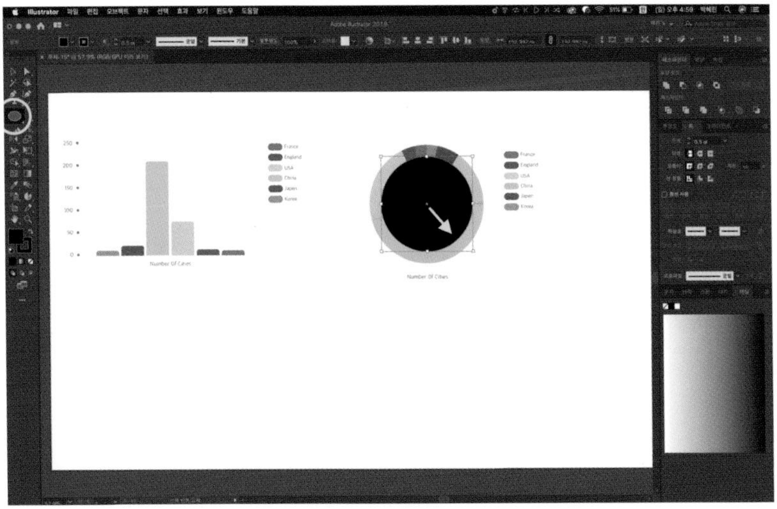

**여기서 잠깐!**

Alt를 누른 채로 도형을 그리면 도형이 중심부부터 생성되어 중심을 맞추기 편리합니다.

㉚ 직접 선택 도구()로 방금 그린 원과 그래프를 드래그해 전부 선택합니다. (글씨와 컬러 박스 제외)

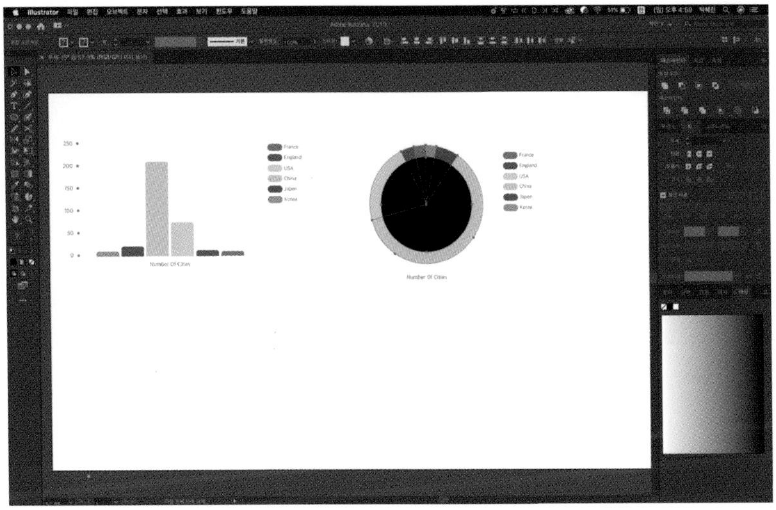

㉛ 패스파인더(Pathfinder) 패널에서 하단 두 번째에 있는 동색 오브젝트 분리( )를 클릭합니다.

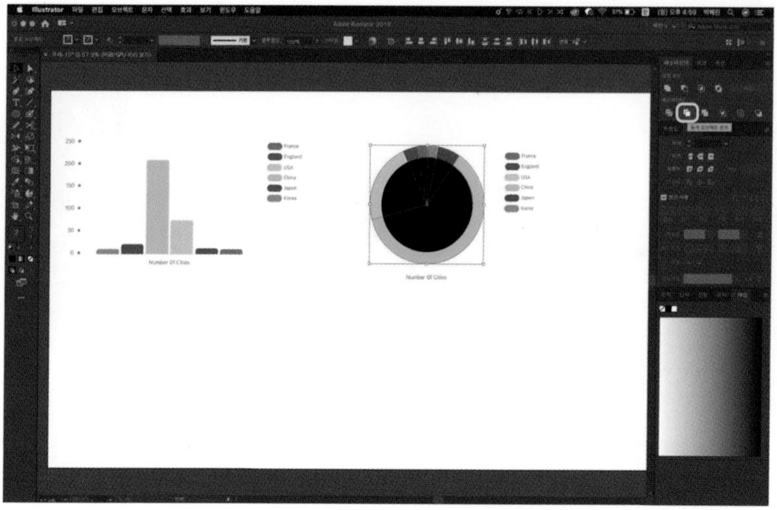

㉜ Ctrl + Shift +G 를 눌러 그룹을 해제합니다.

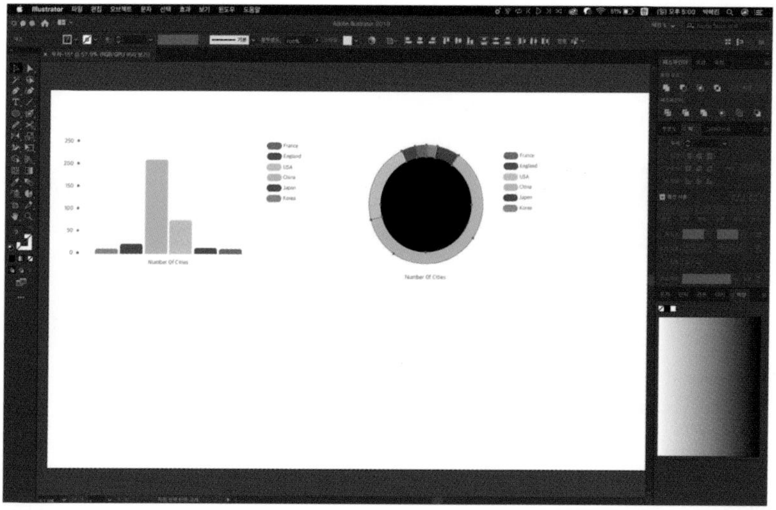

㉝ 빈 아트보드를 한 번 클릭한 뒤, 가운데 검은색 원을 지워주면 끝입니다!

㉞ 완성입니다. PPT에서 원하는 위치에 넣어 사용하면 됩니다.

막간 꿀팁

# PPT에 쓰기 좋은 아이콘 사이트 및 아이콘 사용 시 주의사항

PPT에 사용하기 좋은 아이콘 사이트와 아이콘 사용 시 디자인적으로 주의해야 할 점에 대해 알아봅시다.

## 1 아이콘 사이트

### ❶ icon8

https://icons8.com/icons#

홈페이지 내에서 아이콘의 컬러, 외곽선 등을 바로 변경할 수 있는 아이콘 사이트입니다. 상업적으로 이용 시, 링크를 삽입해야 합니다.

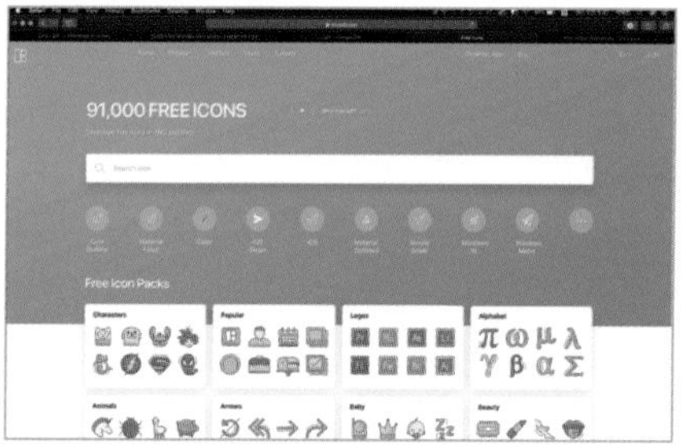


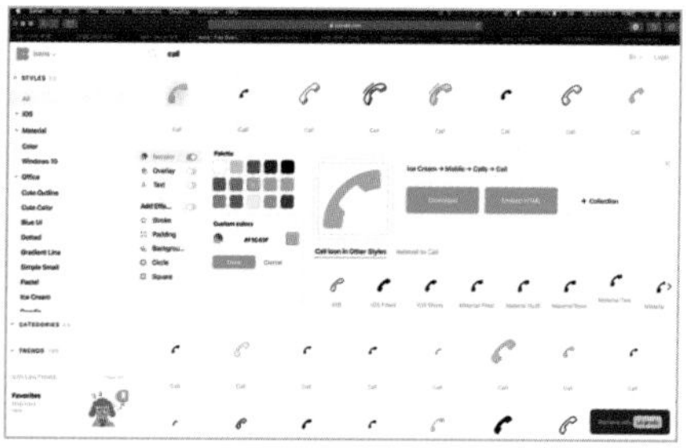

### ❷ flaticon

https://www.flaticon.com/

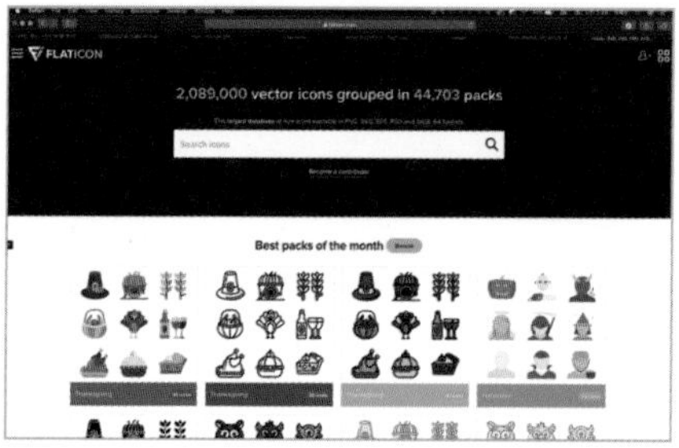


타입별(외곽선 유뮤, 컬러 흑백 등)로 보기 용이한 아이콘 사이트입니다.
모두 상업적으로 무료 사용 가능한 아이콘이나, 링크를 삽입해야 합니다.

### ❸ iconfinder

https://www.iconfinder.com

링크 삽입 없이 상업적으로 무료로 이용 가능한 아이콘이 있는 사이트입니다. 원하는 아이콘 검색 후, License Type을 'No Link Back'으로 선택해 검색하면 상업적으로 이용 가능하면서 링크를 삽입하지 않아도 되는 아이콘들을 찾을 수 있습니다.

### ❹ 구글 머터리얼 디자인

https://material.io/resources/icons/?style=baseline

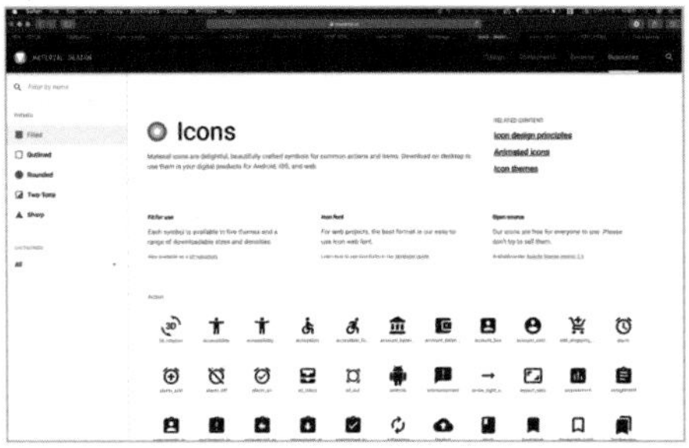


구글에서 가이드로 제시하는 아이콘들이 모여있는 사이트입니다. 모두 무료로 상업적 사용이 가능합니다.
좌측에서 타입별로 검색할 수 있습니다.

## 2 아이콘 사용 시 유의사항

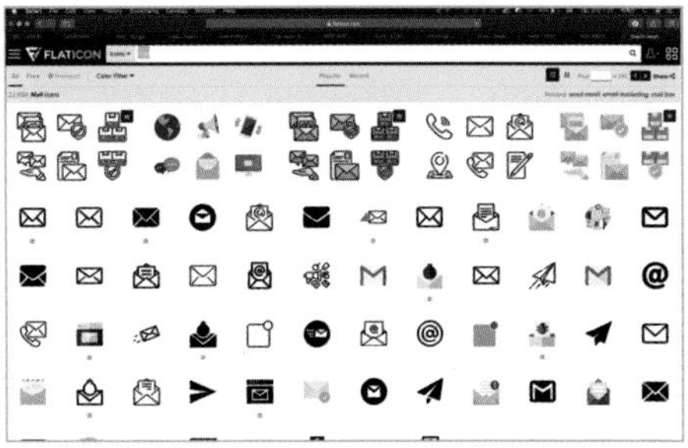


많은 초보자 분들이 아이콘을 사용할 때 간과하는 부분이 있습니다. 바로 '한 작업물 내에는 한 가지 타입의 아이콘 세트만 사용하는 것이 좋다'는 사실입니다. 여기서 작업물은 PPT가 될 수도, 앱이나 웹디자인, 포스터, 카드뉴스 등이 될 수도 있습니다.

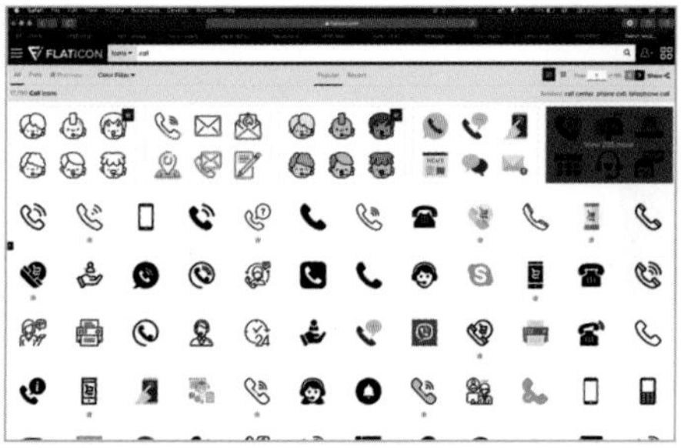

아이콘은 사용할 때에는 컬러 유무, 선 유무뿐만 아니라, 컬러 타입이나 컬러의 개수, 선의 두께, 선 끝의 둥글기나 마무리, 그라데이션이나 그림자 유무까지 동일한 아이콘으로 사용해야 합니다.

❶ 선의 두께에 따른 구분

❷ 블랙 컬러가 채워진 부분의 차이에 따른 구분

❸ 컬러의 유무와 선의 유무에 따른 구분

이렇게 특징이나 요소별로 아이콘 타입을 맞춰줘야 통일된 느낌으로 깔끔하게 작업물을 완성시킬 수 있습니다. 서로 다른 타입의 아이콘들을 사용하면 정돈되지 못한 느낌, 완성되지 않은 느낌, 아마추어가 만든 어설픈 느낌을 줄 수 있습니다.

아이콘 출처: https://www.flaticon.com/

이제 같은 타입별로 잘 맞춰서 사용할 수 있겠죠?

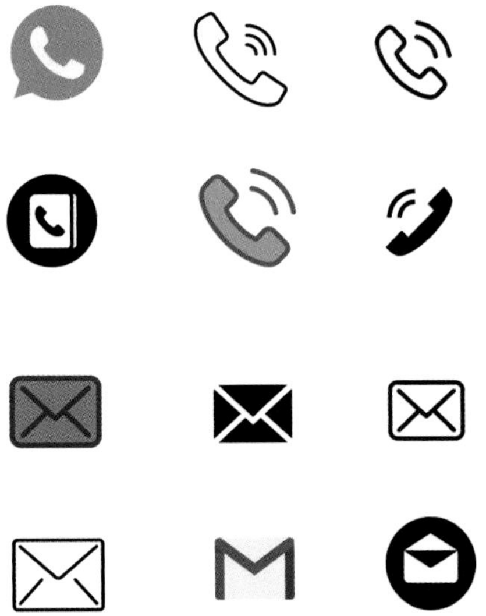

아이콘 출처: https://www.flaticon.com/

만약 세세한 사항들까지 맞추기 힘들다면, 아이콘 사이트에서 세트로 다운로드 받아 사용하시는 것도 좋습니다.

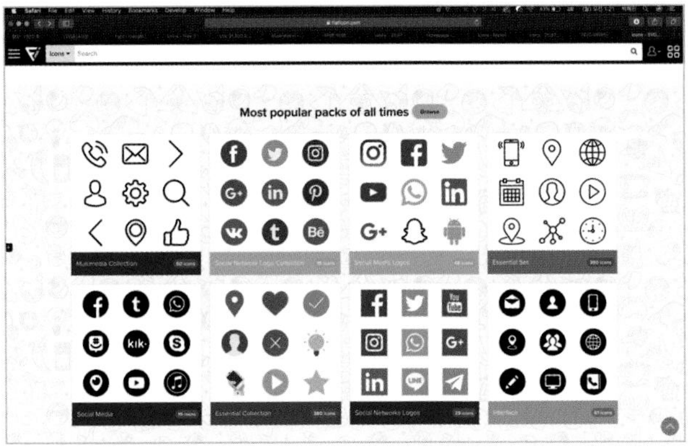

# PART

# 04

일러스트레이터는 회사 실무뿐만 아니라 공모전과 같은 대외 활동, 교내 학생회, 동아리 등 다양한 분야에서 활용할 수 있습니다. 이번에는 누구나 한 번쯤 만들게 되는 포스터와 취업 및 대외 활동에서 사용할 수 있는 나만의 이력서를 만들어 봅시다.

# 대학생·취준생을 위한 일러스트레이터

CHAPTER 01 포스터 만들기

CHAPTER 02 이력서 만들기

실습에 필요한 자료를 다운로드 받을 수 있는 [진짜 하루만에 시리즈] 학습자료실

네이버카페 주소 ▶ https://cafe.naver.com/realonedayclass

CHAPTER 01

# 포스터 만들기

대학생 때 가장 많이 접하게 되는 디자인 작업물이 바로 포스터입니다. 대외 활동부터 교내 학생회, 동아리, 공모전까지 포스터는 정말 다양한 분야에서 활용됩니다. 일러스트로 근사한 포스터를 만들어 팀의 디자인 담당자가 되어 봅시다.

## 1 글씨가 강조된 포스터 만들기

그림과 사진 없이 글자가 강조된 포스터를 만들어봅시다. 글자만으로도 허전하지 않은 포스터를 디자인하는 방법도 배워봅시다.

**여기서 배울 수 있는 기능**

❶ 다양한 각도로 글자 기울이기
❷ 가이드 선 기울이기
❸ 선을 활용해 포스터 꾸미기

❶ 먼저 인쇄할 포스터의 크기와 동일한 사이즈로 아트보드를 하나 만들어줍니다. 일러스트를 켜서, ❶새로 만들기(New) → ❷인쇄(Print) → ❸A4 → ❹제작(Create)을 눌러 A4 사이즈 아트보드를 하나 만듭니다.

❷ 문자 도구(T)를 선택한 뒤, 아트보드를 한 번 클릭하고 글자를 써줍니다.

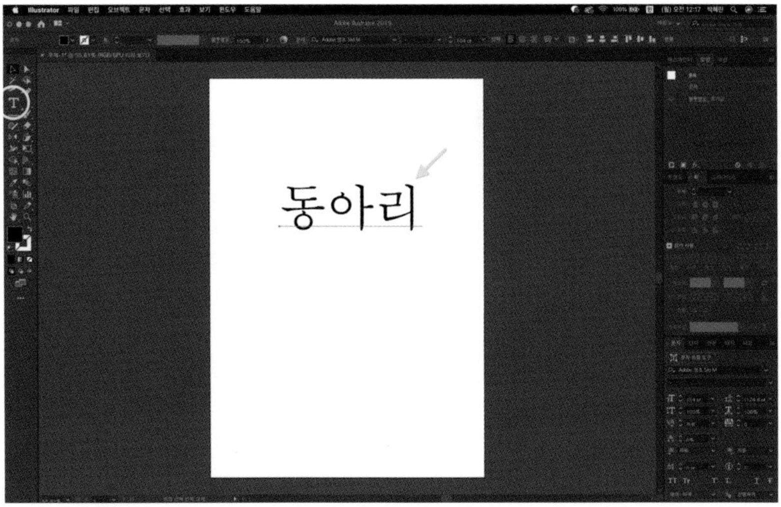

❸ 글자가 드래그 혹은 선택된 상태에서 제어 패널을 통해 폰트 종류, 크기 등 글자 속성을 변경합니다.

➔ **여기서 쓰인 폰트:** 검은 고딕(BlackHanSans), 163pt

❹ 동일한 방식으로 하단 부분에 그림자 형태로 들어갈 글자를 써줍니다. 하단 부분 글자는 글자 수가 하나 더 많으므로 문자(Character) 패널에서 글자 폭()을 81% 정도로 줄여 길쭉하게 만들어줍니다.

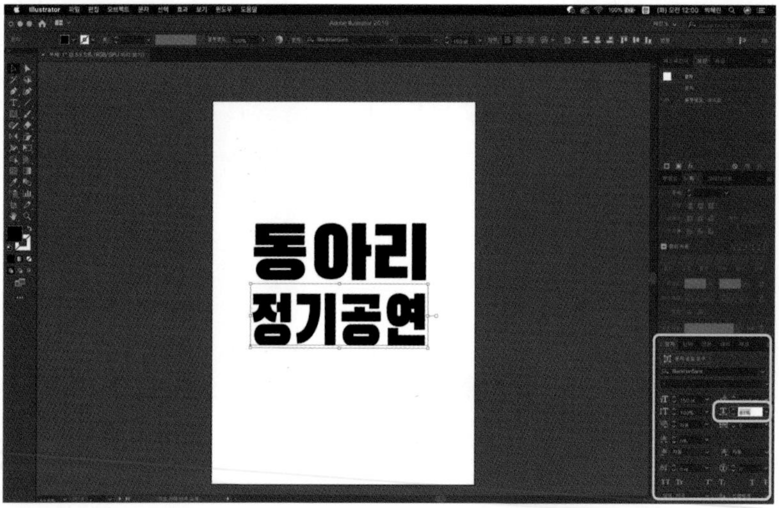

❺ 글자를 기울여 줍시다. 기울일 글자를 선택한 뒤, 크기 조절 도구()를 길게 눌러 기울이기 도구()를 선택합니다.

❻ ❶Alt를 누른 채로 선택된 글자 하단 시작 부분을 클릭해 고정점을 설정합니다. ❷기울이기 창이 뜨면 취소를 눌러 창을 꺼주세요.

❼ 글씨 끝부분을 잡고 위로 드래그하면 글씨를 기울일 수 있습니다.

❽ 하단 글자도 동일한 과정으로 기울여 주세요. (5~7번)

❾ 하단 글자는 상단 글자의 그림자처럼 보이도록 다시 한번 기울여 봅시다. 우선 하단 글자를 선택하고 기울이기 도구를 선택합니다. Alt를 누르고 이번에는 글자 상단 좌측 부분을 클릭해 고정점을 이동시켜줍니다. 기울이기 창이 나오면 취소를 눌러 주세요.

❿ 글자를 드래그해서 아래 그림처럼 만들어주면 됩니다.

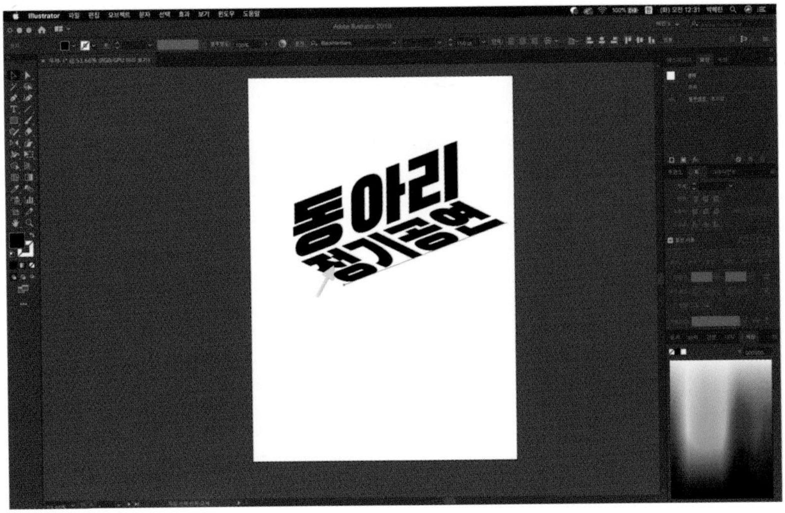

⑪ 배경색을 절반만 채워봅시다. 펜 도구(![pen])를 선택한 뒤, ❶ → ❷ → ❸ → ❹ 순으로 클릭하고 ❶번 점을 다시 한번 클릭해 도형을 만들어줍니다. ❷, ❸번을 클릭할 때는 하단 글씨 기울기와 동일하게 맞춰서 그려주세요.

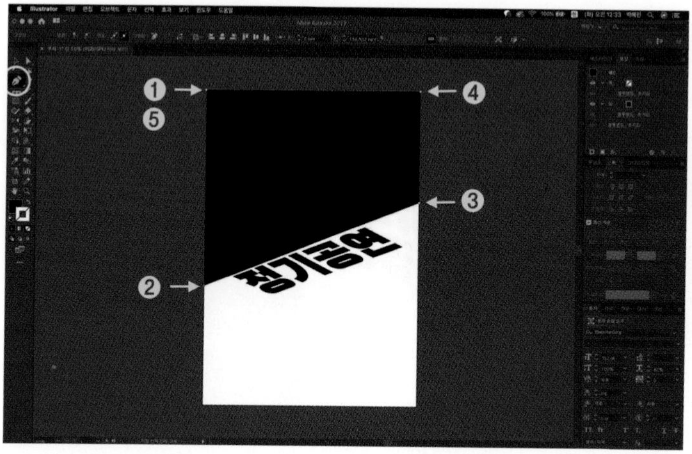


**여기서 잠깐!**

마지막에 ❶번 점을 정확히 눌러 마무리해야 하나의 도형이 됩니다.

⑫ 방금 그린 도형이 선택된 상태에서 Ctrl + Shift + [ 를 눌러 맨 뒤로 보내줍니다.

**여기서 잠깐!**

글자와 도형이 같은 색이므로, 도형을 뒤로 보내도 글씨가 보이지 않을 수 있습니다.

⓭ 글자가 잘 보이도록 흰색으로 바꿔 봅시다. ❶먼저 선택 도구( )로 글자가 있었던 부분을 클릭해 글자를 선택하고 ❷스포이드 도구( )를 선택한 뒤, ❸흰 아트보드를 한 번 클릭해주면 됩니다.

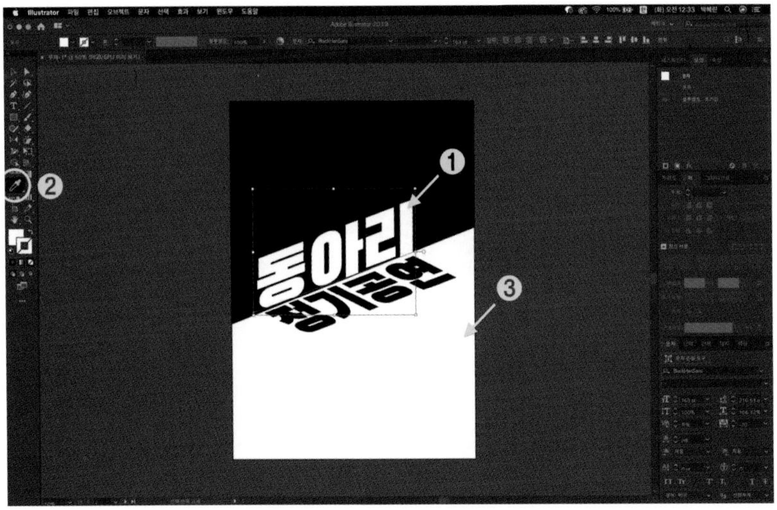


⓮ 도형의 기울기가 글씨와 완전히 일치하지 않는다면, 직접 선택 도구( )로 도형의 모서리 점을 클릭한 뒤 방향키 위아래(↑,↓)를 이용해 기울기를 맞춰주면 됩니다.

⑮ 이번에는 검은색 도형과 하단 글씨의 색을 바꿔봅시다. 먼저 선택 도구(▶)를 클릭한 뒤, Shift를 누른 채 배경색과 하단 글자를 클릭해 같이 선택합니다.

⑯ ❶칠 모양(■)을 더블클릭한 뒤, ❷원하는 색을 고르고 ❸확인을 눌러 설정을 완료합니다.

➜ **여기서 쓰인 색:** #182959

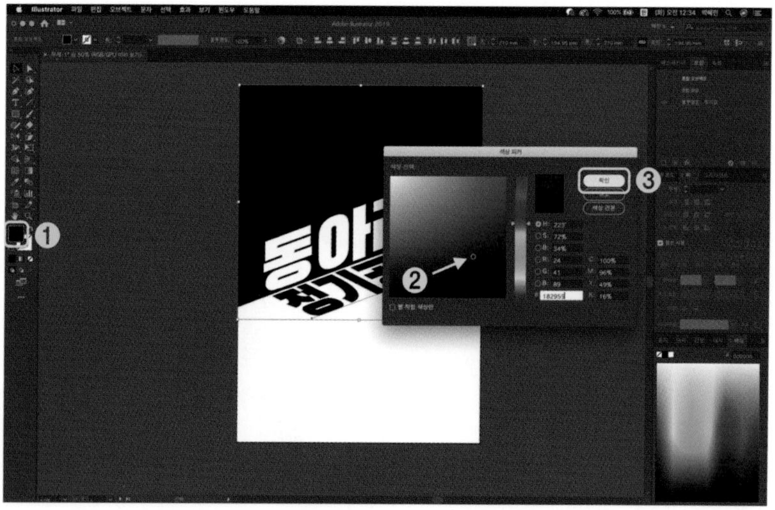

⑰ 선을 이용해 포스터를 꾸며 봅시다. 먼저 Ctrl + R 을 눌러 눈금자를 활성화시켜줍니다.

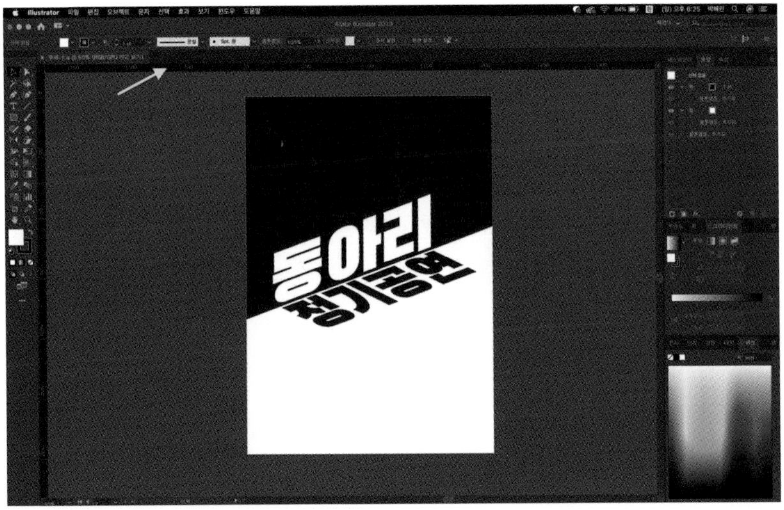


⑱ 상단 눈금자를 클릭한 채로 아트보드 쪽으로 드래그해 가이드 선을 하나 만들어줍니다. 가이드 선은 글자의 귀퉁이(여기서는 동아리의 '리')에 맞닿게 이동시켜주세요.

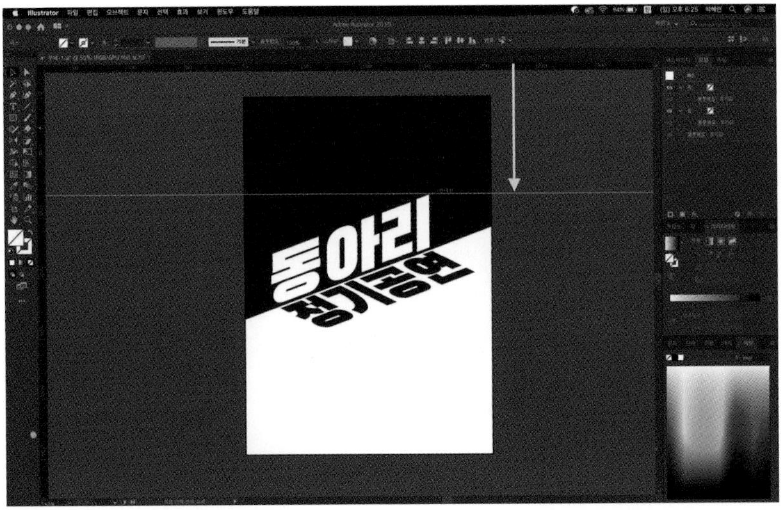


**여기서 잠깐!**

Ctrl+ R 은 눈금자 활성화의 단축키입니다. 눈금자를 다시 비활성화하고 싶다면 Ctrl + R을 다시 한번 눌러주세요.

⑲ 가이드 선을 글자와 같은 기울기로 기울여 봅시다. 먼저 기울기 중심을 설정해봅시다. 가이드 선이 선택(클릭)된 상태에서 기울이기 도구(◨)를 선택합니다. ❶Alt를 누른 채로 글자와 가이드 선이 맞닿은 부분을 클릭한 뒤 ❷기울이기 창이 뜨면 취소를 눌러줍니다. (6번과 동일)

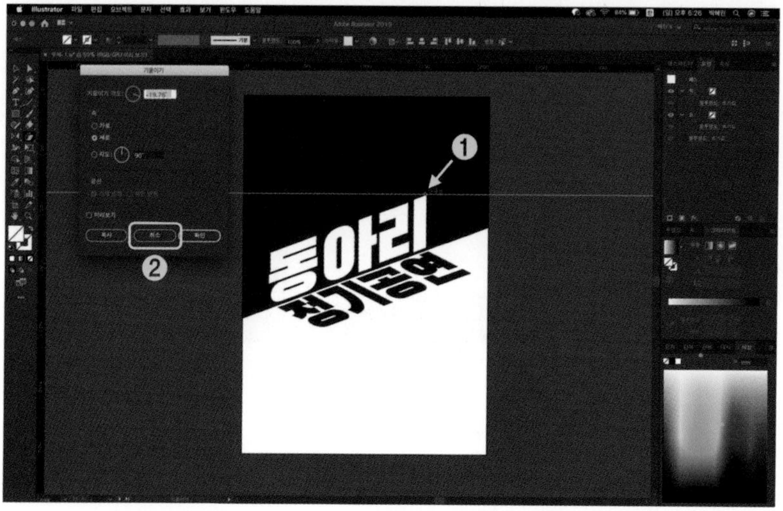


⑳ 가이드 선을 드래그해서 글자 기울기와 같게 기울여줍니다. (7번과 동일)

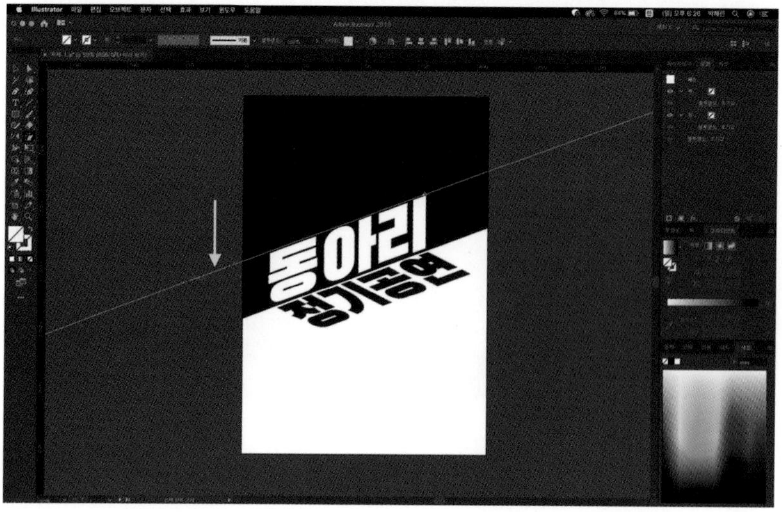

㉑ 선택 도구로 가이드 선을 글자 위쪽으로 이동시켜줍니다.

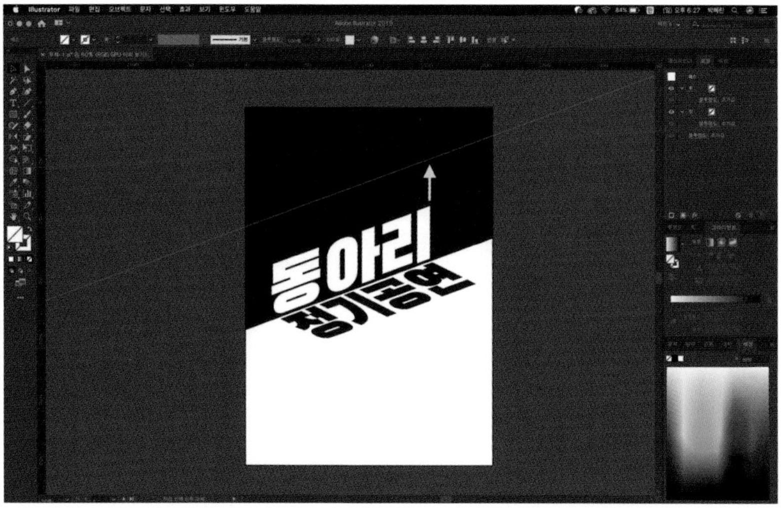

㉒ Alt를 누른 채 가이드 선을 드래그해 아래쪽에 복사합니다.

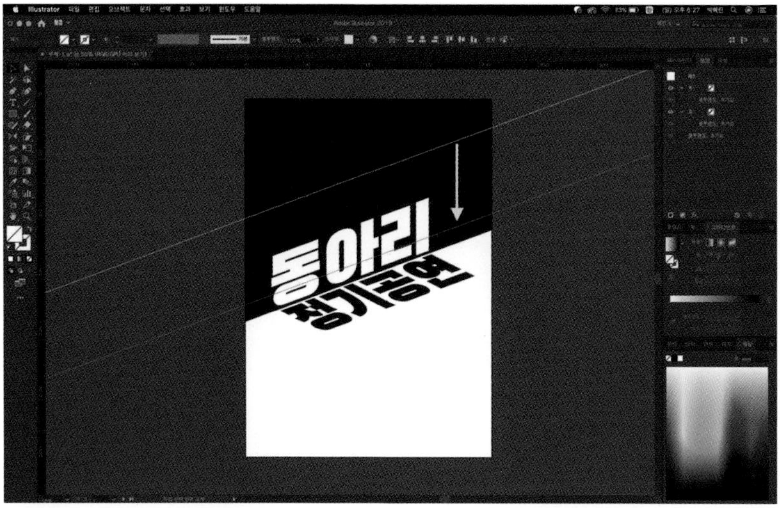

**여기서 잠깐!**

일러스트에서는 가이드 선도 도형이나 글자처럼 취급되므로, Alt + 드래그로 복사할 수 있습니다.

㉓ 이제 미리 설정해 둔 가이드 선에 맞춰 선을 그려봅시다. 먼저 칠은 없음(◪), 선은 흰색(▣)으로 설정합니다.

㉔ 펜 도구(✒)를 이용해 아래 노란색 선과 같이 선을 두 개 그려줍니다.

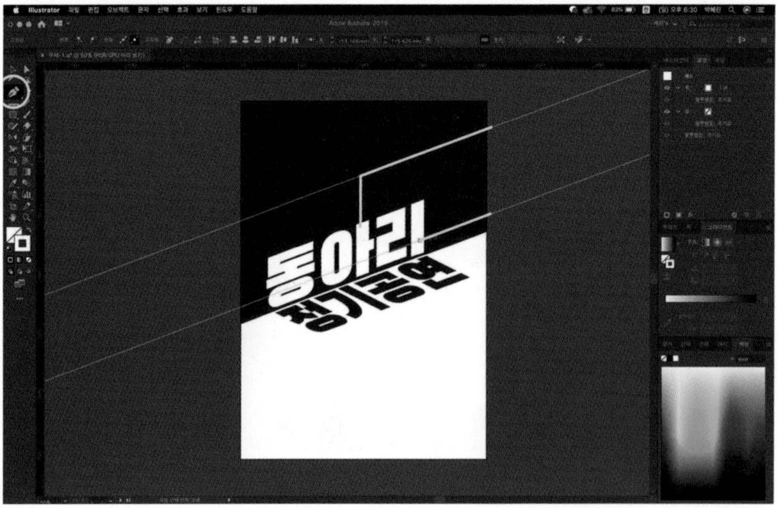


**여기서 잠깐!**

다른 선을 그리기 위해 그리던 선을 끊어줄 때는 Enter를 눌러주면 됩니다. 단, 도형을 그릴 때는 사용하지 마시고 선을 그릴 때만 끊기(Enter)를 사용해주세요.

㉕ 같은 방법으로 가이드 선과 펜 도구를 이용해 선을 다양하게 그려 줍니다. (18~24번)

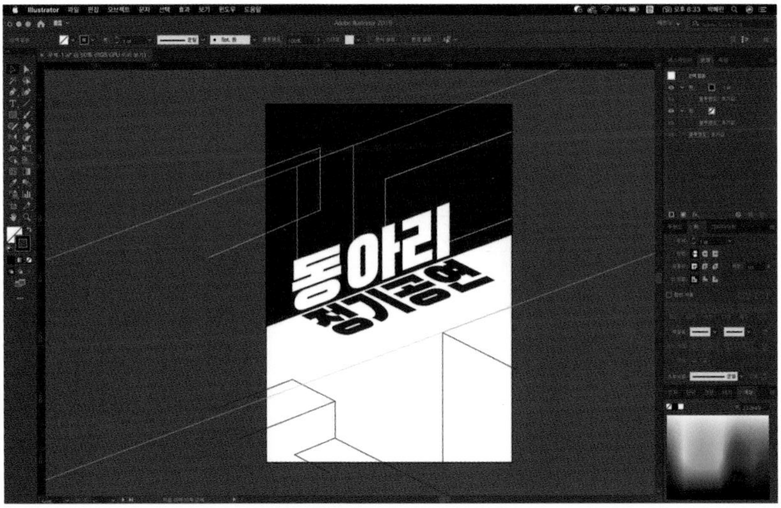


㉖ 필요 없는 선은 도형과 마찬가지로 선택 도구로 선택한 뒤, Backspace를 눌러 지워 주면 됩니다.

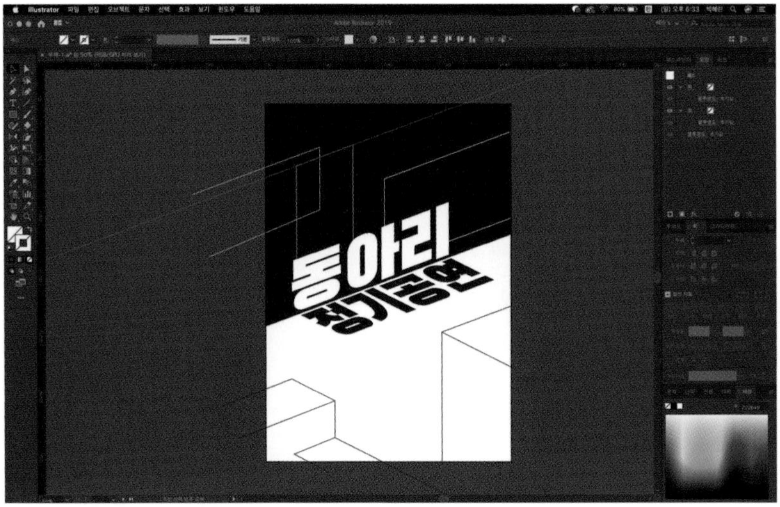

㉗ 사진과 같이 선을 정리해주면 전체적인 디자인은 거의 완성되었습니다.

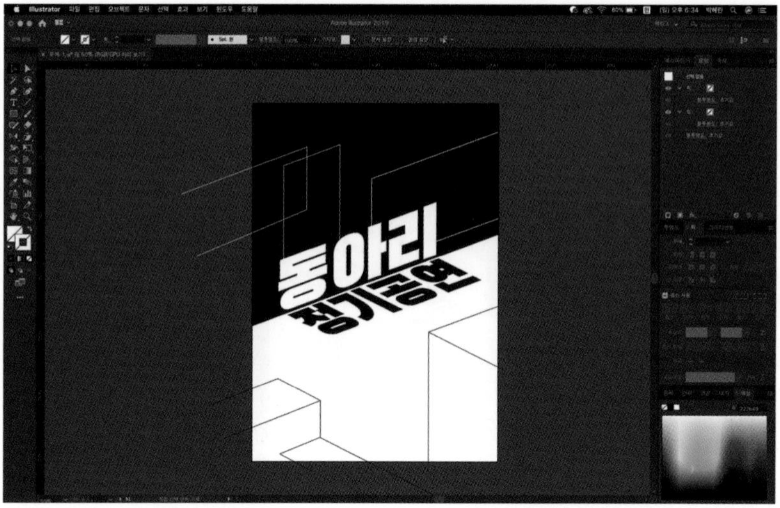


㉘ 이제 상세 내용을 넣어 봅시다. 먼저 상세 내용이 들어갈 상자를 그려봅시다. 비어있던 칠 모양(▨)을 더블클릭해 흰색(#ffffff)으로 지정합니다.

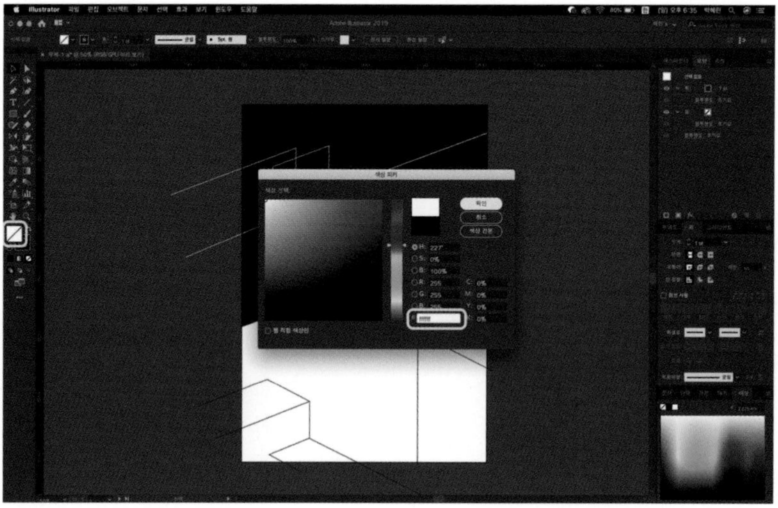

㉙ 사각형 도구(■)를 선택한 뒤 오른쪽 모서리에 적당한 크기로 사각형을 그려주면 됩니다.

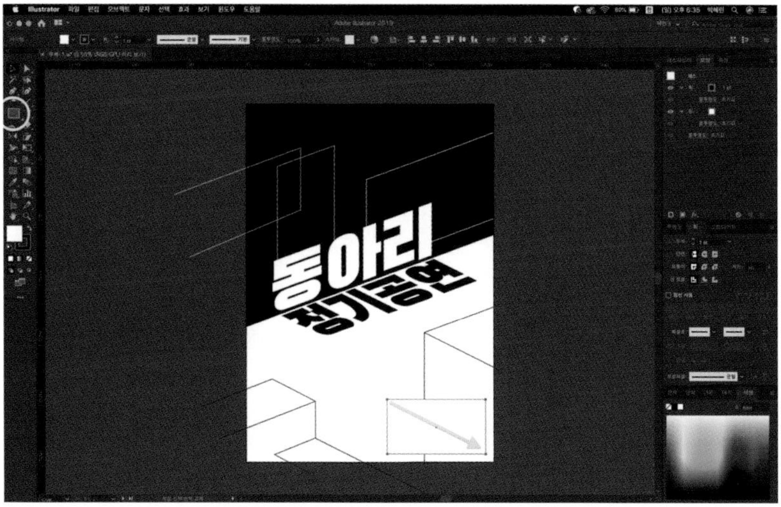


㉚ 이제 나머지 세부적인 글씨들을 써봅시다. 문자 도구(T)를 선택한 뒤 아트보드를 한 번 클릭하고 글자를 써줍니다. 폰트 종류와 크기 등은 상단 제어 패널에서 설정해줍니다.

➔ **여기서 쓰인 폰트:** Apple 산돌고딕 Neo, UltraLight, 22pt

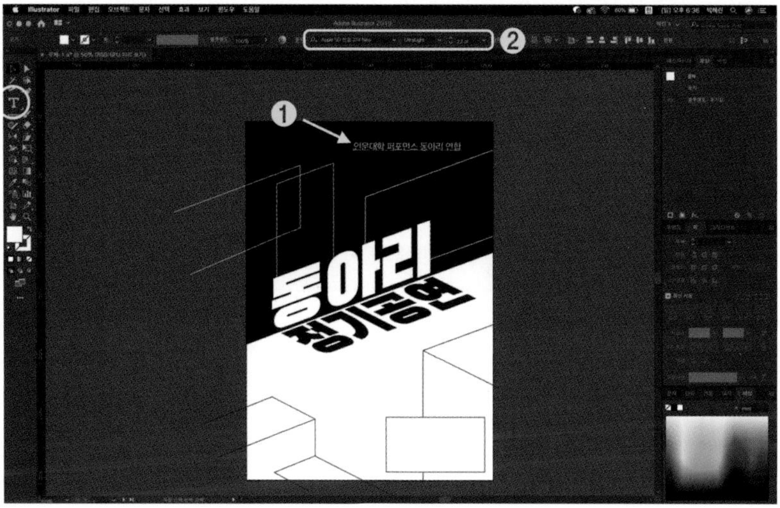

㉛ 기울이기 도구()를 사용해 선에 맞춰 글자를 기울여 줍시다. (5~7번과 동일)

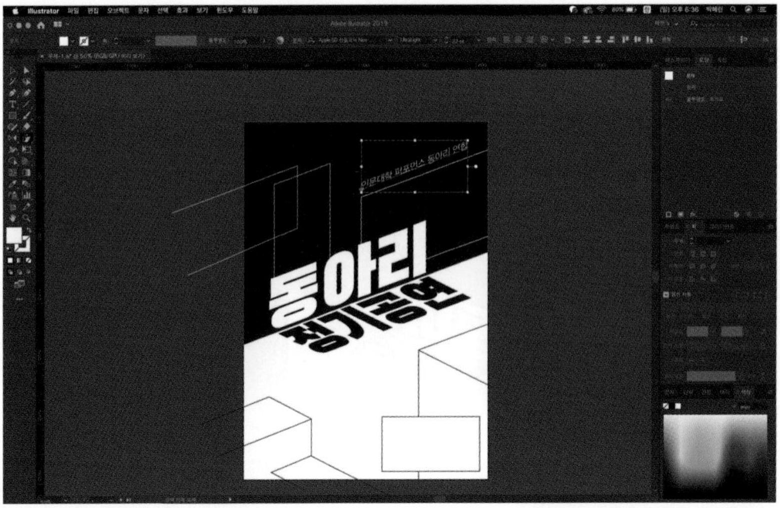


㉜ 같은 방식으로 다른 글자들도 써줍니다.

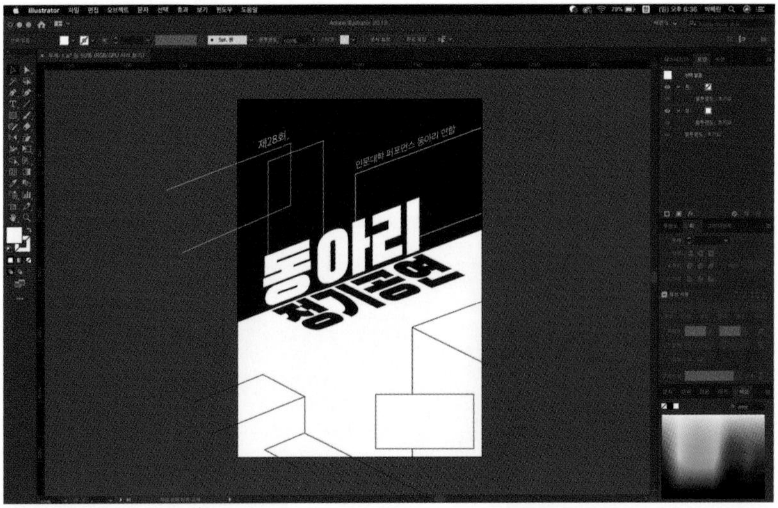

㉝ 미리 그려둔 사각형 안에도 세부적인 내용을 넣어줍니다.

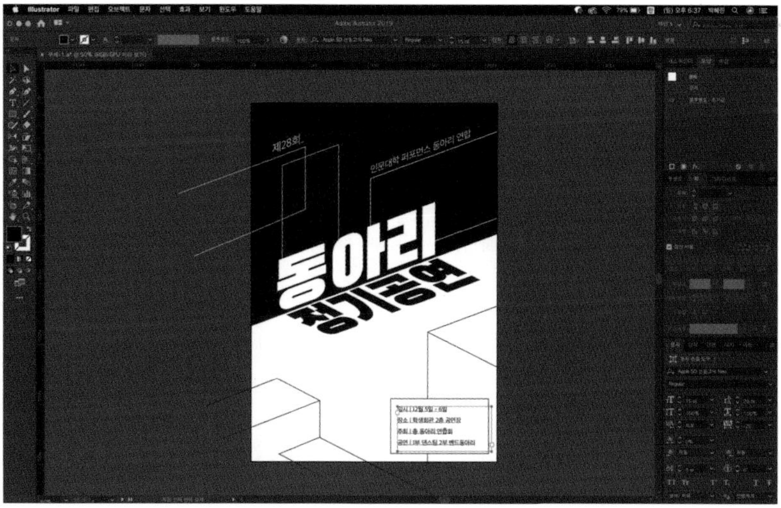


**여기서 잠깐!**

문자 도구 이용 시, 입력할 내용이 세 줄 이상이라면 클릭 대신 드래그를 한 뒤 글자를 써주시는 것이 더 좋습니다.

㉞ 완성입니다.

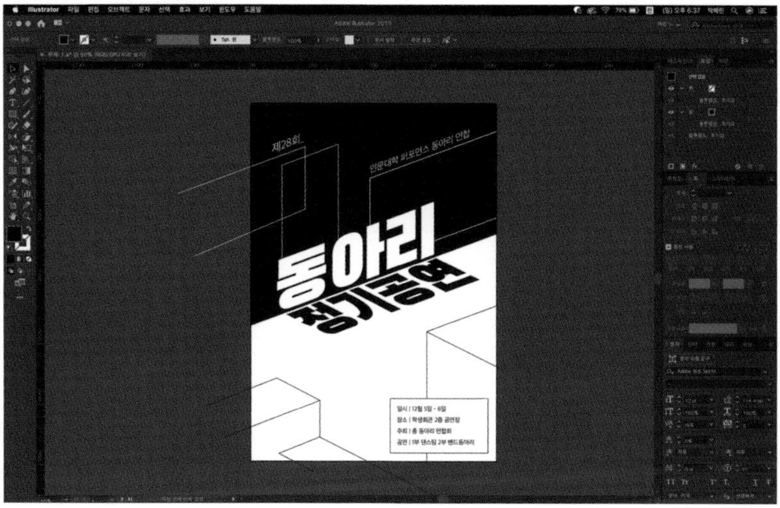

㉟ 파일(File) → 저장(Save)을 눌러 일러스트 원본 파일을 저장합니다.

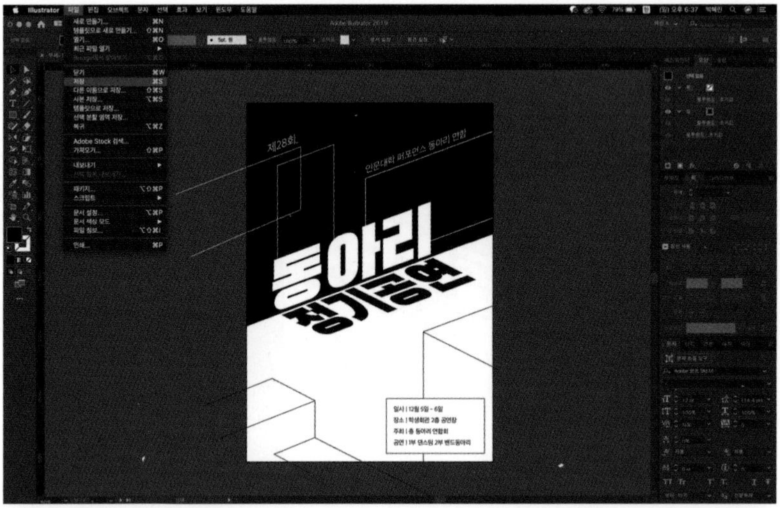


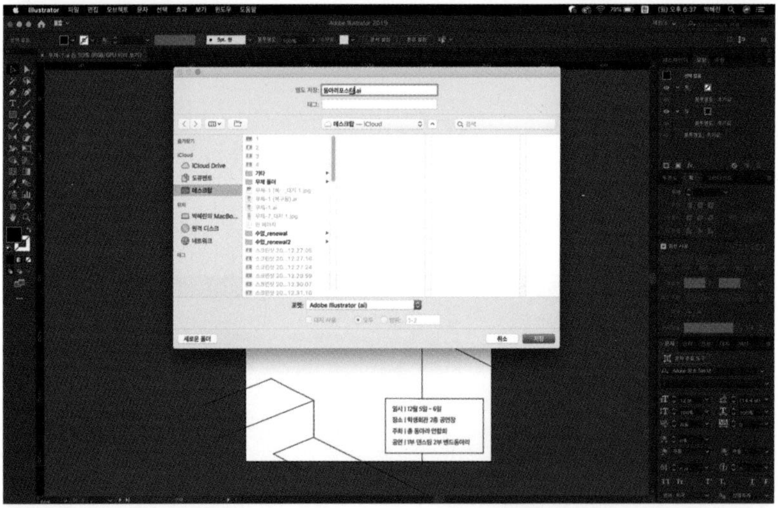

㊱ 파일(File) → 내보내기(Export) → 내보내기 형식(Export As)을 누른 뒤, JPEG 이미지 파일로도 하나 저장합니다.

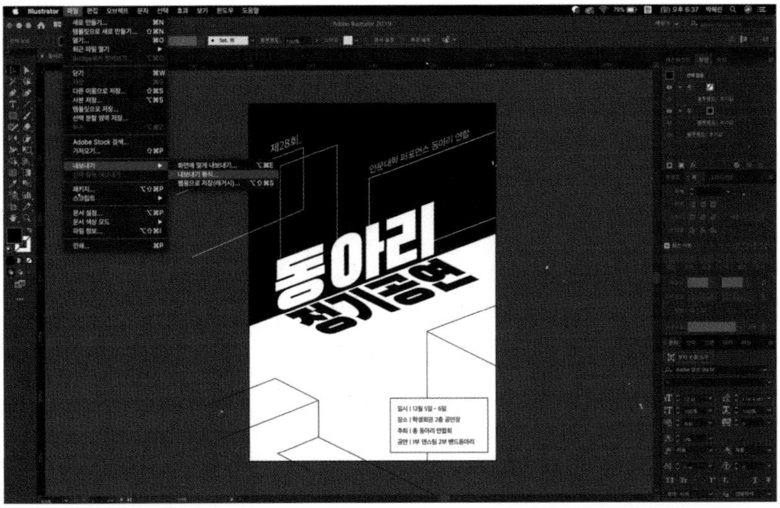


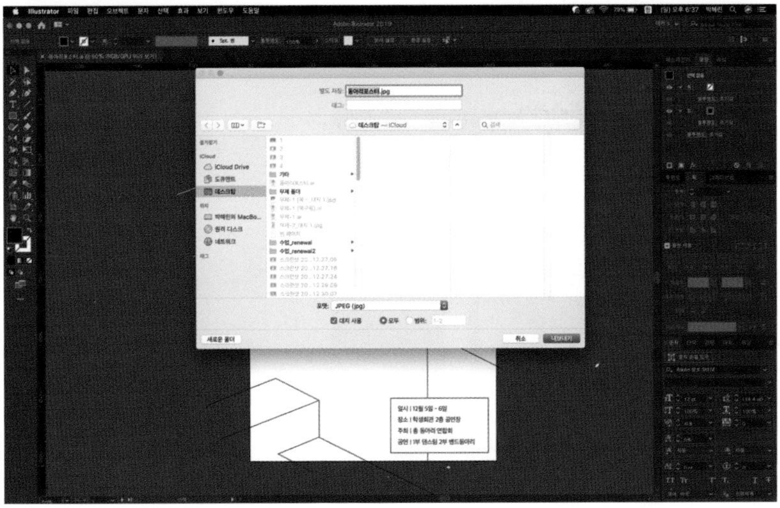

㊲ 인쇄용이라면, 이미지 파일로 저장 시 해상도를 300ppi로 설정하고 확인을 눌러 최종 저장을 해주시면 됩니다.

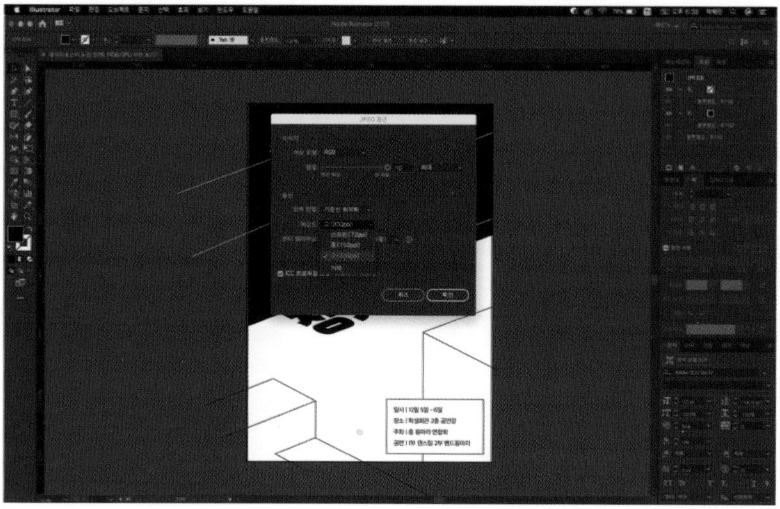

㊳ 저장된 이미지 파일을 확인합니다.

## 2 사진이 포함된 포스터 만들기

전달하고자 하는 내용을 담은 사진이 분위기 있게 잘 드러나도록 포스터를 만들어봅시다.
사진의 일부만 원하는 모양으로 드러나도록 하는 방법도 알아봅시다.

**여기서 배울 수 있는 기능**

❶ 도형 왜곡하기
❷ 패스파인더를 이용해 도형 합치기
❸ 패스파인더를 이용해 가운데가 뚫린 도형 만들기
❹ 균등 정렬 기능 사용해 개체 간에 틈 없애기
❺ 양쪽 정렬 이용해 타이포 표현하기

❶ 인쇄할 포스터 크기와 동일하게 아트보드를 하나 만들어 줍시다. ❶새로 만들기(New) → ❷인쇄(Print) → ❸A4 → ❹제작(Create)을 눌러 A4 사이즈로 아트보드를 만듭니다.

❷ 먼저 배경색을 넣어봅시다. ❶사각형 도구(■)를 선택한뒤, ❷아트보드보다 크게 사각형을 하나 그려줍니다. 그리고 ❸칠 모양(□)을 더블클릭해 ❹컬러를 선택한 뒤 확인을 눌러 색을 채워주면 됩니다.

➔ **여기서 쓰인 색:** #f9f8f4

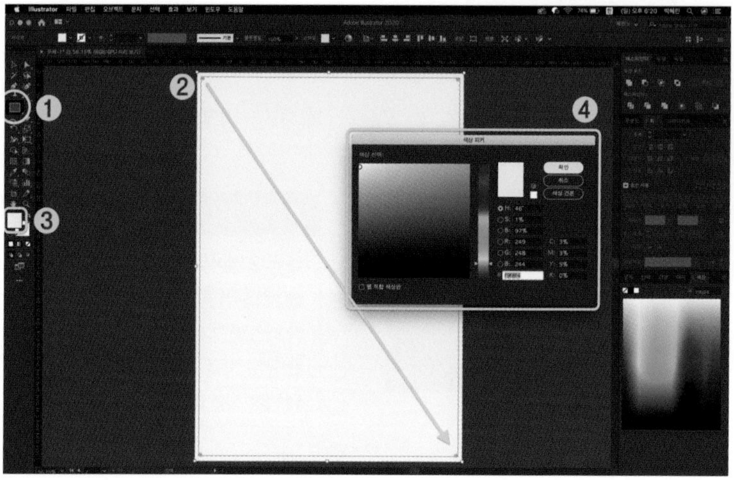


❸ 배경 뒤에 넣을 사진이 책 모양으로 보이도록 배경 사각형에 구멍을 뚫어 봅시다. 책 모양을 먼저 만들어 줍시다. 사각형 도구(■)를 이용해 아트보드 바깥쪽에 적절한 크기의 사각형을 그려줍니다.

❹ 선택 도구( )가 선택된 상태에서 Alt를 누른 채로 사각형을 드래그해 사각형을 왼쪽에 복사해줍니다.

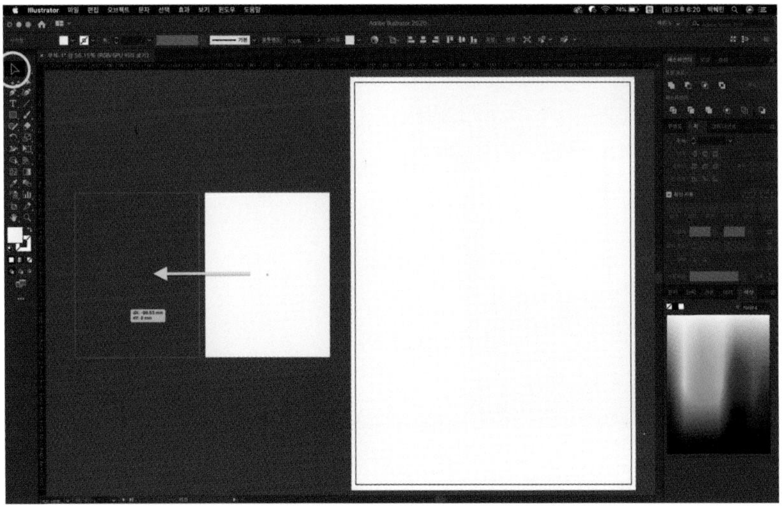

❺ 복사한 사각형을 변형시켜 책의 종이가 휜 것처럼 표현해봅시다. 사각형이 선택된 상태에서 효과(Effect) → 변형(Transform) → 아치(Arch)를 누릅니다.

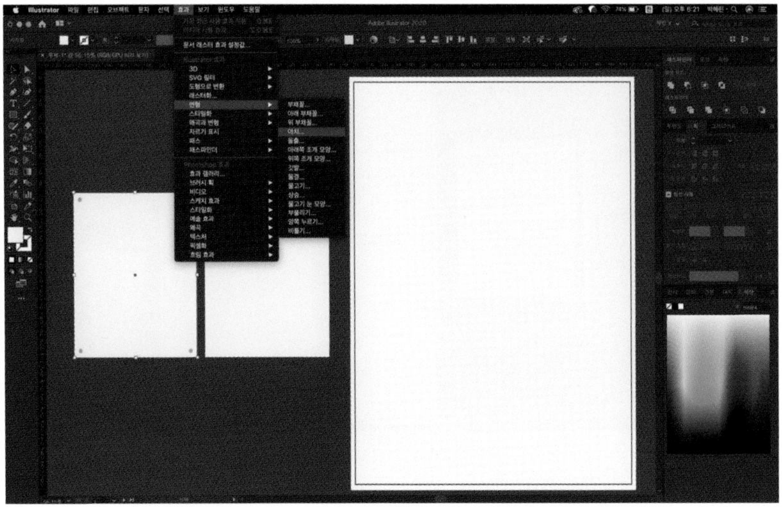

❻ 구부리기(Bend)를 42% 정도로 조절한 뒤 확인을 눌러 설정을 저장합니다.

❼ 두 사각형을 하나의 도형으로 합쳐주기 위해 왼쪽 도형을 확장시켜줍시다. 왼쪽 사각형이 선택된 상태에서 오브젝트 (Object) → 모양 확장(Expand Appearance)을 누릅니다.

**여기서 잠깐!**

'모양 확장'은 도형을 추가적으로 변형(왜곡이나 그림자 등)했을 때 변형된 효과를 원래의 도형에 완전히 적용시켜주는 것을 의미합니다.

❽ 왼쪽 사각형을 우측 사각형과 거의 맞닿도록 이동시켜줍니다.

❾ (심화 과정이므로 건너뛰고 진행해도 괜찮습니다.)

직접 선택 도구(▶)를 이용해 왼쪽 사각형의 모양을 좀 더 책 모양과 비슷하게 변형시켜줍니다.

⑩ 두 사각형을 패스파인더로 합치기 전에 틈이 없도록 완전히 붙여 줍시다. 윈도우(Window) → 정렬(Align)을 눌러 정렬 패널을 열어줍니다.

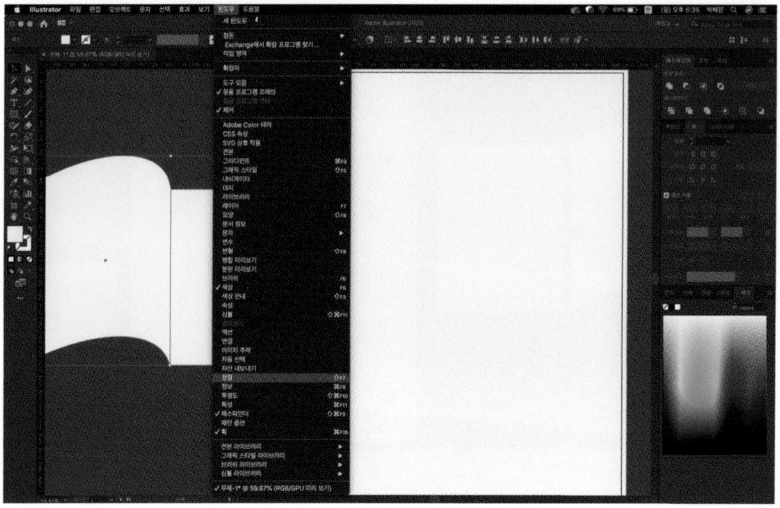

⑪ 선택 도구로 ❶두 도형을 같이 선택한 뒤, ❷Alt을 누른 채 왼쪽 도형을 클릭해 정렬의 기준이 되는 도형을 왼쪽 도형으로 설정합니다.

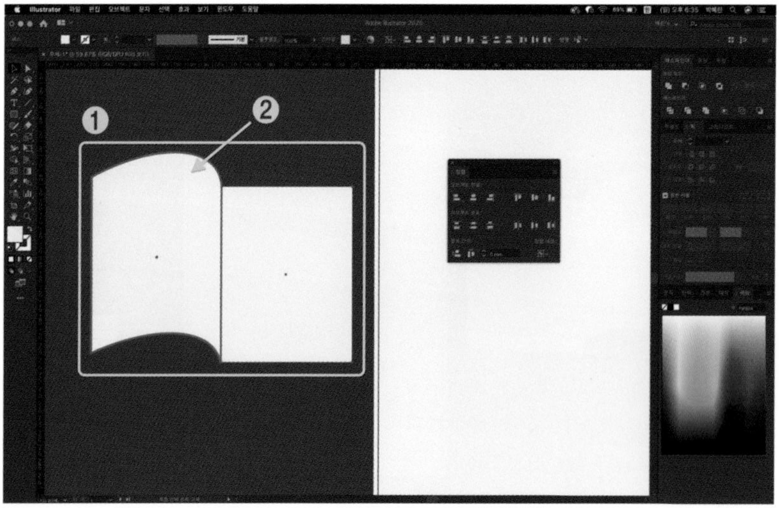

⑫ 정렬 패널에서 정렬 대상을 '주요 오브젝트에 정렬( )'로, 분포 간격을 가로 분포( ), 0mm로 설정합니다. 이때, 이미 두 도형이 완전히 붙어있다면 가로 분포가 눌리지 않으니 참고해주세요.

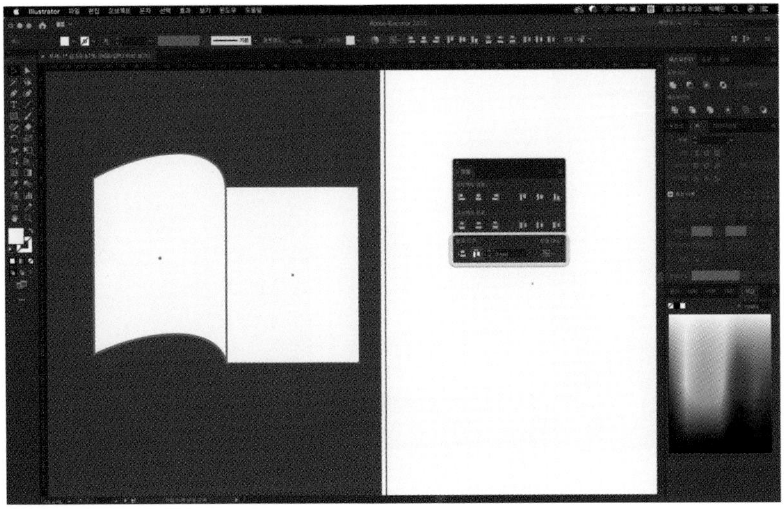

⑬ 두 도형이 같이 선택된 상태에서 패스파인더 패널의 합치기( )를 눌러 하나의 도형으로 합쳐줍니다. 사진처럼 되었다면 책 모양 완성입니다.

⑭ 만들어진 도형을 이용해 배경에 구멍을 뚫어봅시다. 먼저 만든 도형을 아트보드 위의 적절한 위치에 가져다 놓습니다.

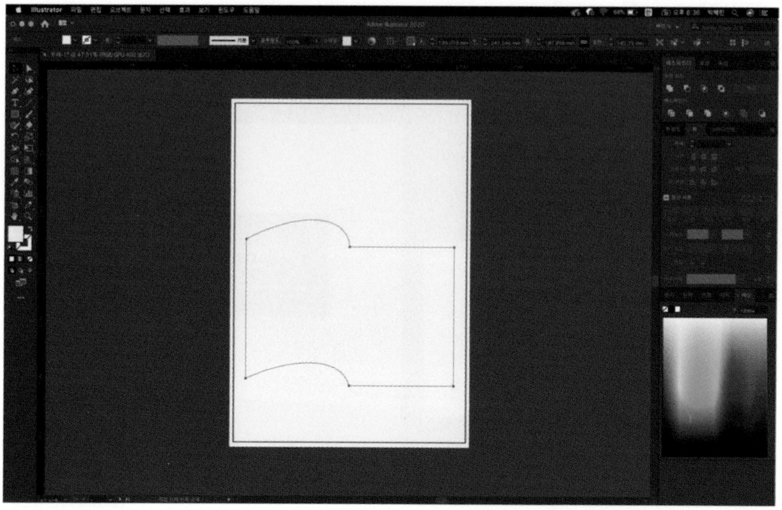

⑮ 아트보드 위의 사각형과 책 모양 도형을 같이 선택한 뒤, 패스파인더 패널의 앞면 오브젝트 제외()를 눌러 배경 도형에서 책 모양 도형을 빼줍니다.

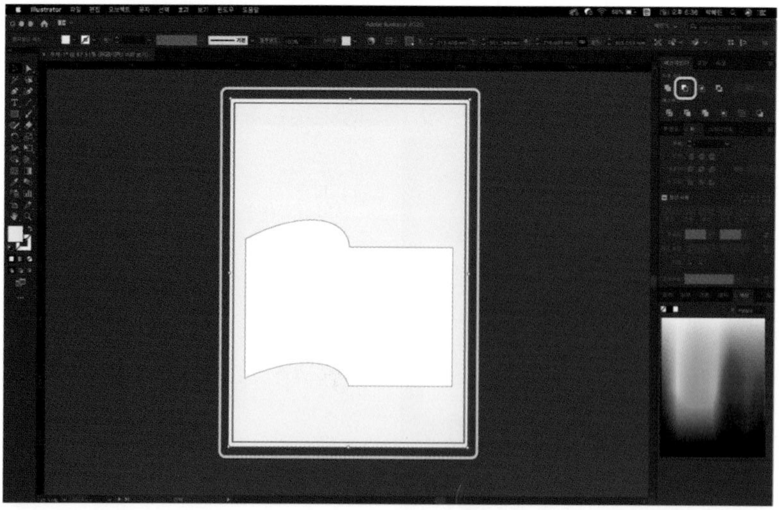

⑯ 이제 사진을 불러옵시다. 미리 다운받아 놓은 사진을 일러스트 아트보드에 드래그해 넣어 줍니다.

⑰ Ctrl + [ 를 눌러 사진을 배경 도형 뒤로 넣어줍니다.

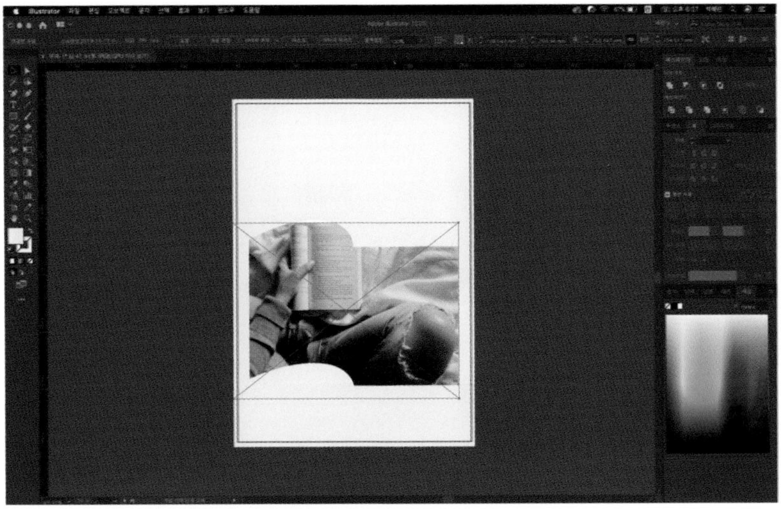

⓲ 적절한 위치로 이동시켜줍니다.

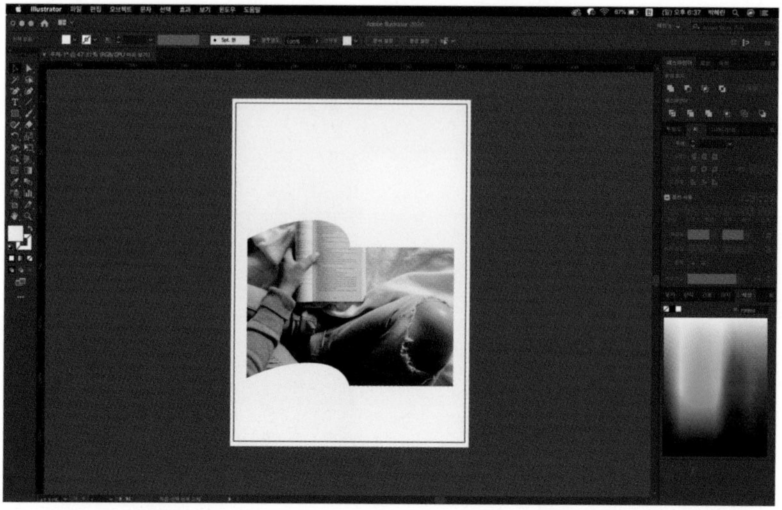

⓳ 사진과 도형을 같이 선택합니다.

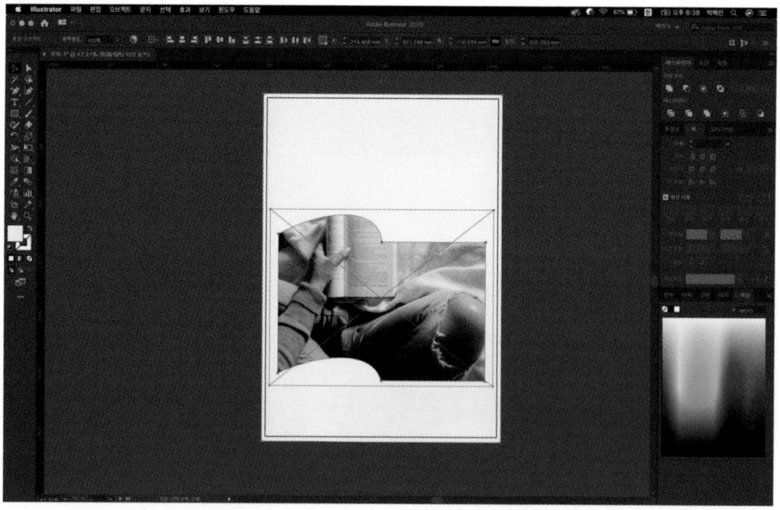

⑳ Ctrl + 2를 눌러 움직이지 않도록 고정시켜줍니다.

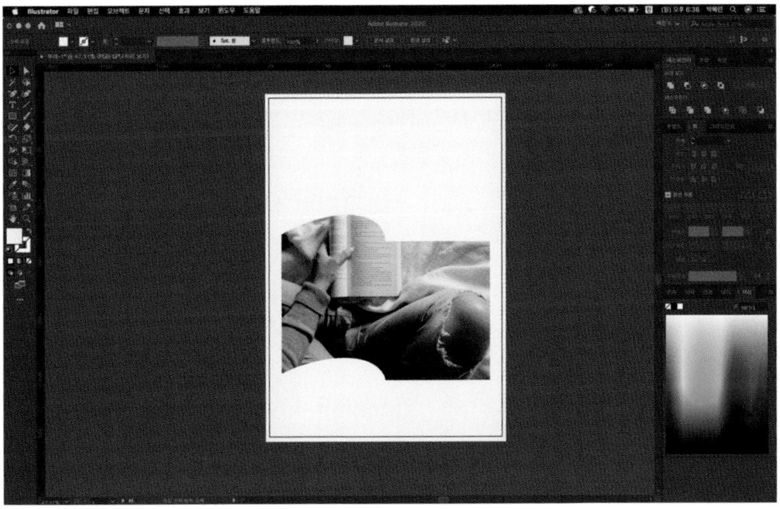

㉑ 이제 글자를 써줍시다. 문자 도구(T)를 선택한 뒤 아트보드 상단에서 드래그해 사각형 모양의 텍스트 박스를 만들어줍니다.

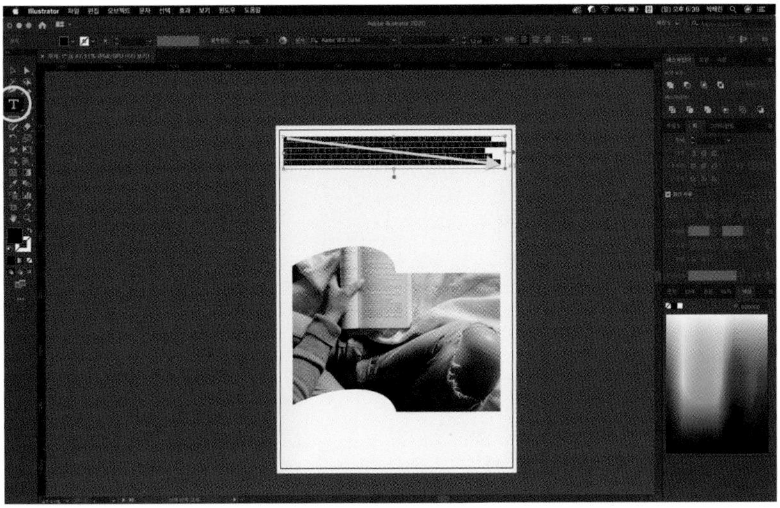

㉒ 자동으로 채워지는 글자를 무시하고 글자를 써준 뒤, 제어 패널에서 폰트 종류, 두께, 크기를 지정해줍니다.

➔ **여기서 쓰인 폰트:** 본고딕, Regular, 29pt

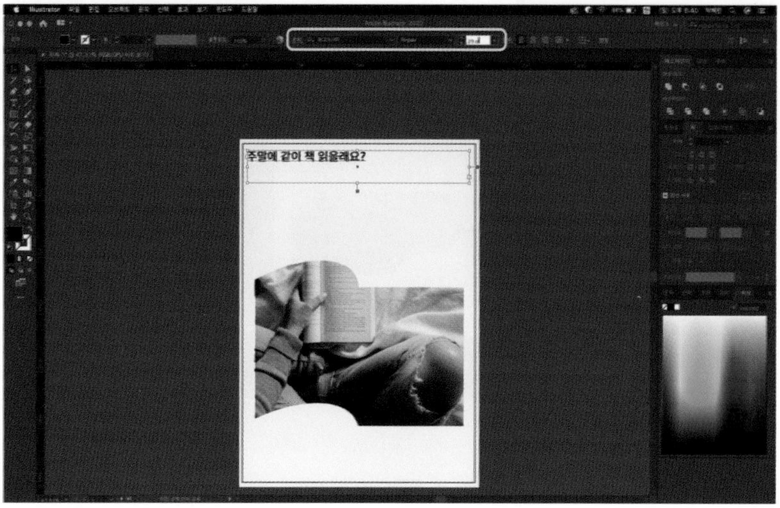

주말에 같이 책 읽을래요?

㉓ 글자를 텍스트 박스 양쪽에 정렬되도록 만들어봅시다. 선택 도구로 글자를 선택하고 단락(Paragraph)패널을 연 뒤, 아이콘 중 가장 우측에 있는 강제 정렬(▤)을 클릭합니다.

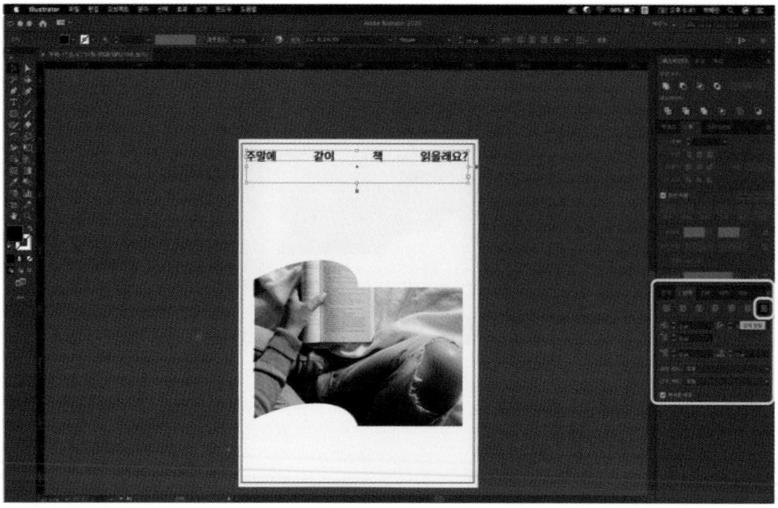

주말에 같이 책 읽을래요?

㉔ 자간을 조절해 봅시다. 문자(Character)패널에서 자간(VA)을 400으로 설정해 넓혀 줍니다.

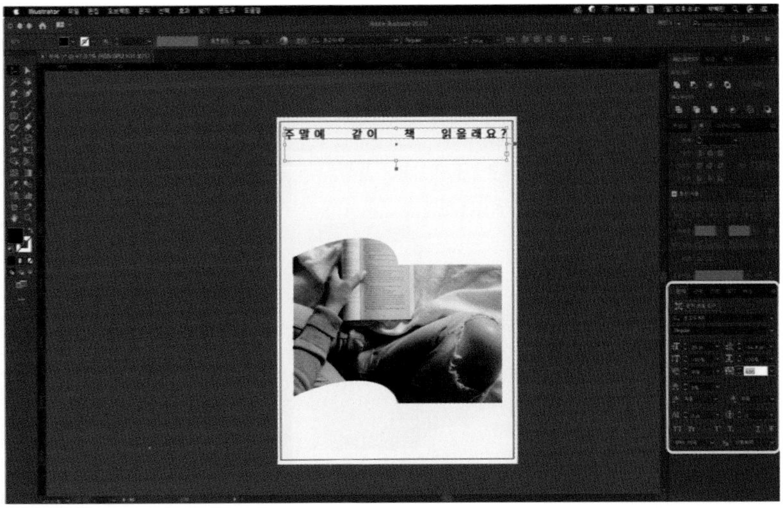
주말에 같이 책 읽을래요?

㉕ 단락과 자간 설정을 모두 완료했다면, 선택 도구를 이용해 적절한 위치에 놓아줍니다.

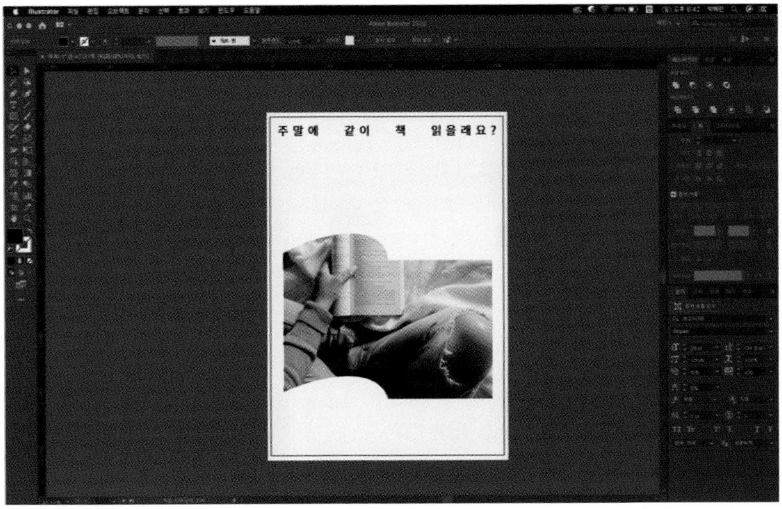
주말에 같이 책 읽을래요?

㉖ 글자의 색을 변경합시다. 선택 도구로 글자가 선택된 상태에서(드래그 ×) ❶칠 모양(■)을 더블클릭해 색상 피커를 열어준 뒤, ❷원하는 색(#aba9ac)을 선택하고 ❸확인을 누릅니다.

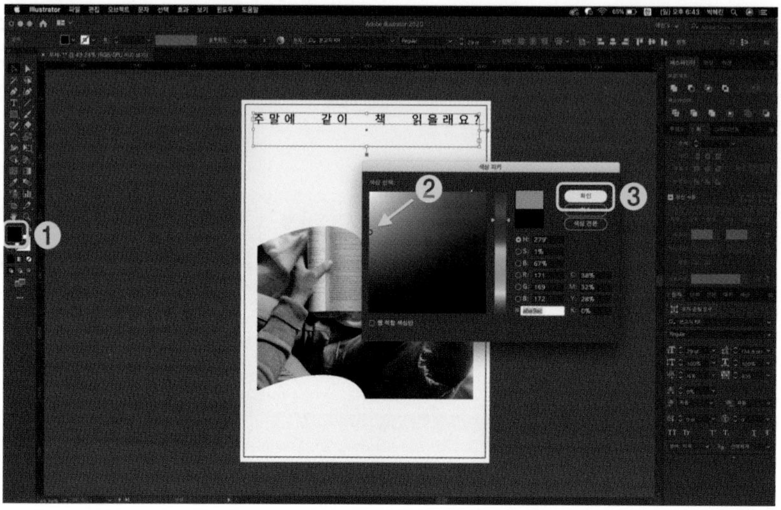


㉗ 강조하고 싶은 글자를 굵게 만들어줍시다. ❶문자 도구(T)로 변경하고 싶은 글자를 드래그한 뒤, ❷제어 패널에서 두께를 Bold로 변경합니다.

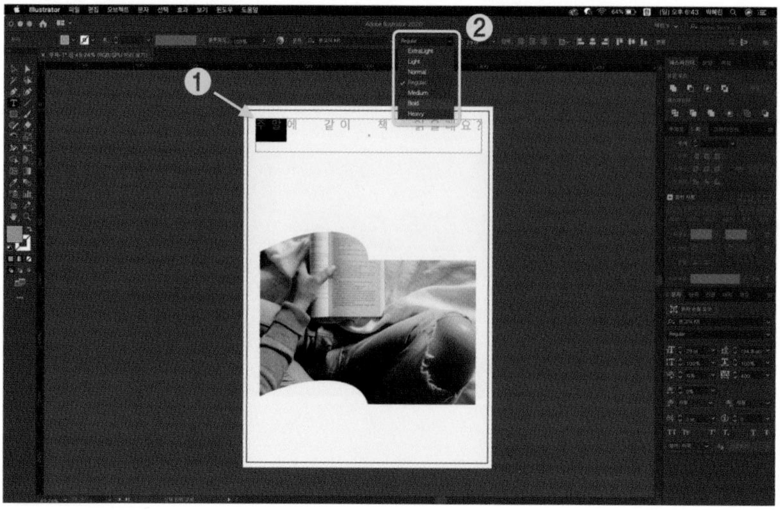

㉘ 글자 사이에 원을 그려 넣어 봅시다. Ctrl + (+)를 여러 번 눌러 아트보드를 확대한 뒤, Space Bar를 누른 채 드래그해 원을 그려줄 글자 부분으로 이동합니다. 그다음 원형 도구( )를 이용해 글자 사이에 원을 그려 넣어주면 됩니다.

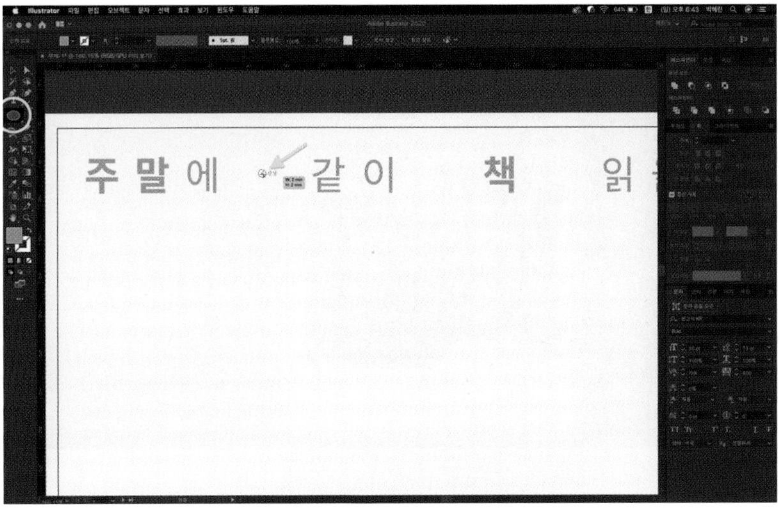


㉙ 글자 사이에 모두 원을 그려 넣어주면 상단 글자 부분 완성입니다.

㉚ 이번엔 사진 안쪽에 글자를 넣어봅시다. 상단 글자와 동일하게 문자 도구(T)로 텍스트 박스를 만들어 준 뒤, 글자를 써줍니다. (21~22번과 동일)

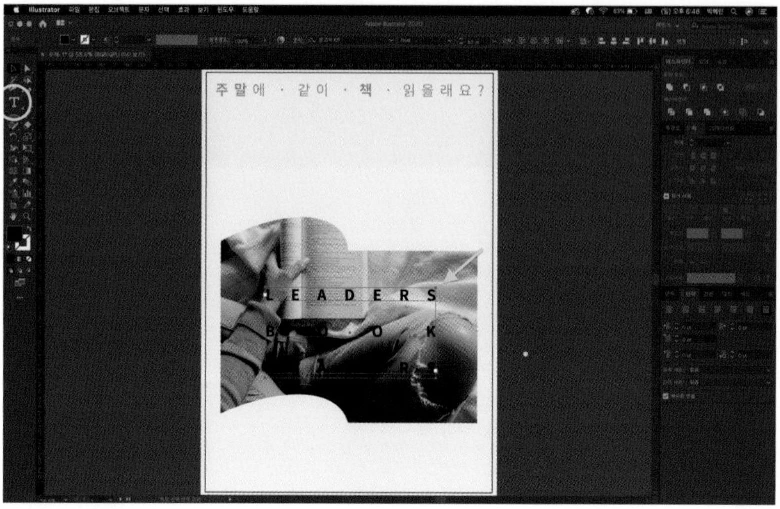


㉛ 문단의 정렬을 바꿔봅시다. 첫 번째 줄을 드래그한 뒤, 단락(Paragraph)패널에서 왼쪽 정렬을 선택해 왼쪽으로 정렬시켜줍니다.

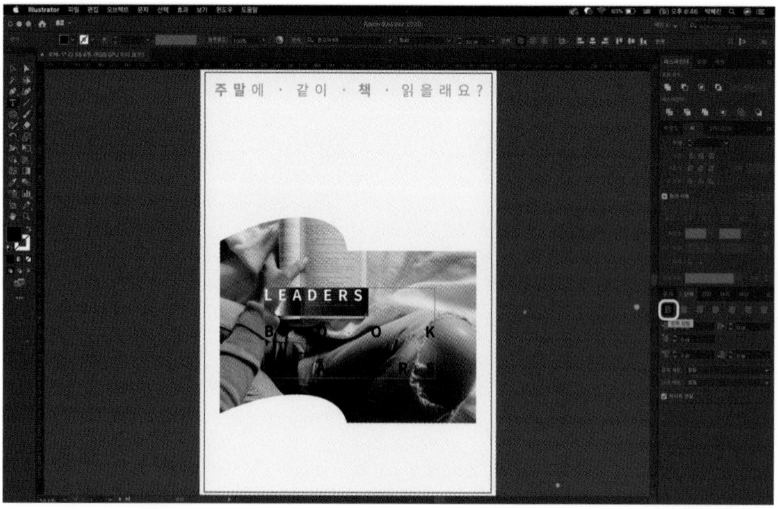

㉜ 가운뎃줄은 가운데 정렬, 맨 아랫줄은 오른쪽 정렬로 설정해줍니다. (31번과 동일)

㉝ 문자(Character) 패널에서 글자의 크기와 두께 등을 설정해 줍니다.

➜ **여기서 쓰인 폰트:** 본고딕, 30pt, 행간 43pt, 자간 -40 / 가운뎃줄만 Bold

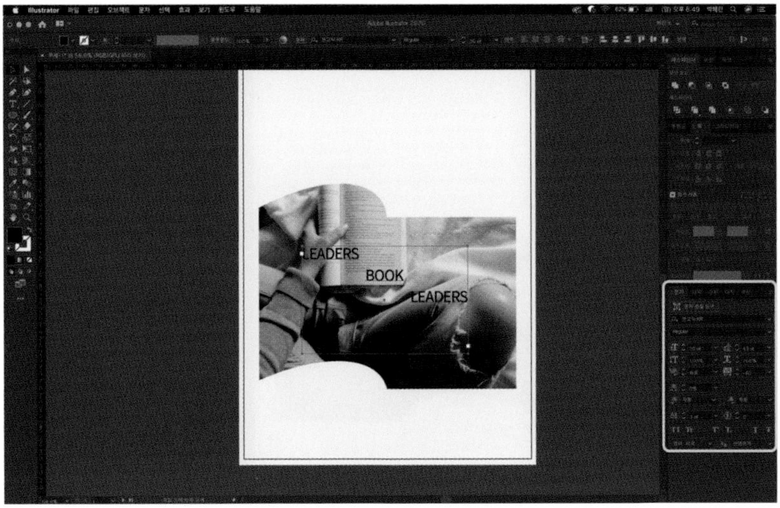

㉞ 글자가 선택된 상태에서 칠 모양(□)을 더블클릭해 글자색을 흰색(#ffffff)으로 설정합니다.

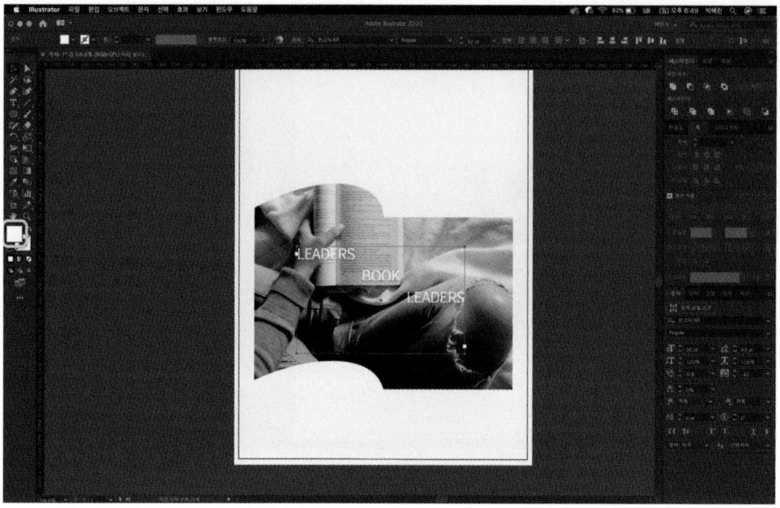


㉟ 이렇게 사진 안쪽 글자까지 모두 완성했습니다.

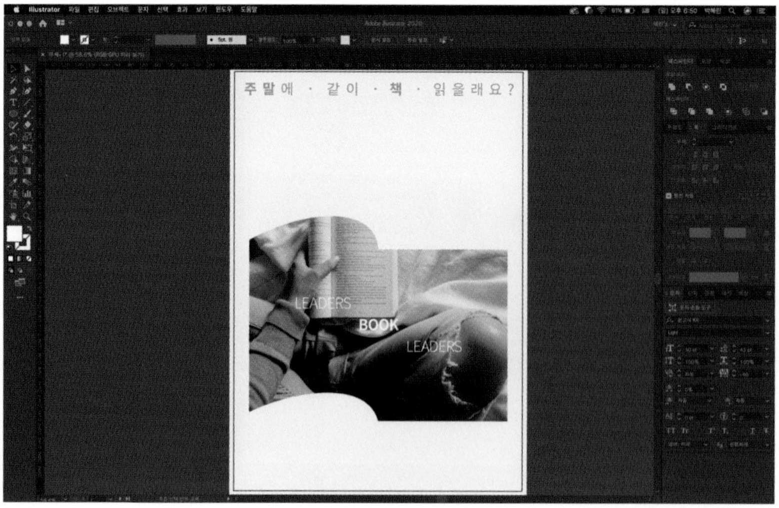

❸❻ 문자 도구를 이용해 사진 위쪽에 메인 텍스트를 써줍니다. (30, 33번과 동일)

❸❼ 메인 텍스트의 윗줄을 강조하기 위해 뒤쪽에 사각형을 그려줍시다. 사각형 도구(■)를 이용해 글자 위를 전부 덮도록 작은 사각형을 그려준 뒤 Ctrl + [ 를 한 번 이상 눌러 사각형을 글자 뒤로 보내줍니다.

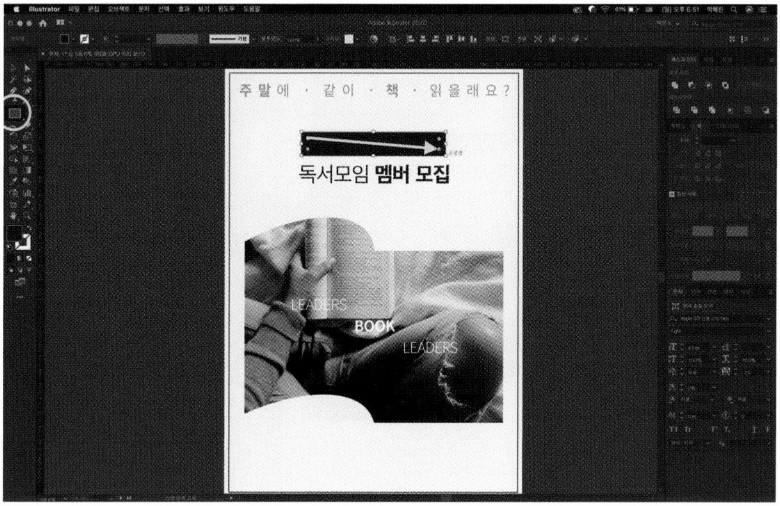

㊳ ❶선택 도구( )를 누른 뒤 ❷사각형 윗부분에 보이지 않는 글자를 클릭해 선택합니다. ❸스포이드 도구( )를 누른 뒤, ❹배경 부분을 클릭해 글자의 색을 배경색과 동일한 색으로 맞춰줍니다.

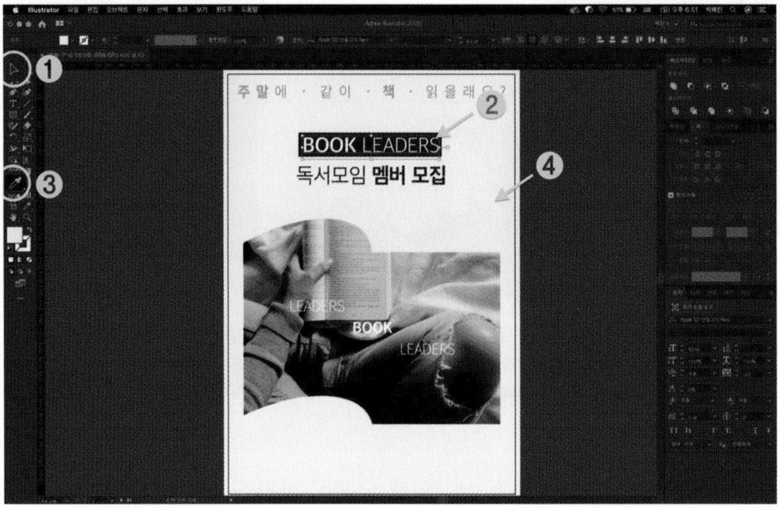


㊴ 마지막으로 하단 부분에 세부적인 글자를 써서 마무리하면 완성입니다.

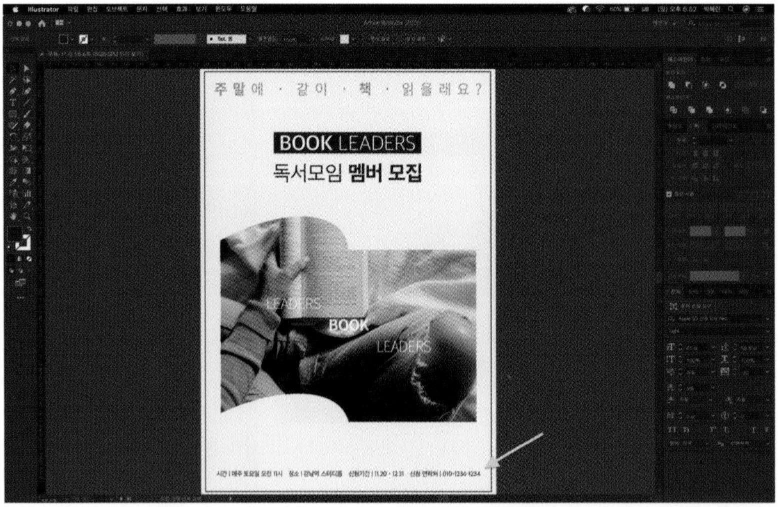

40 이제 저장을 해봅시다. 먼저 추후에 수정할 수 있는 원본 AI 파일로 저장해봅시다. 파일(File) → 저장(Save)을 눌러 저장해주면 됩니다.

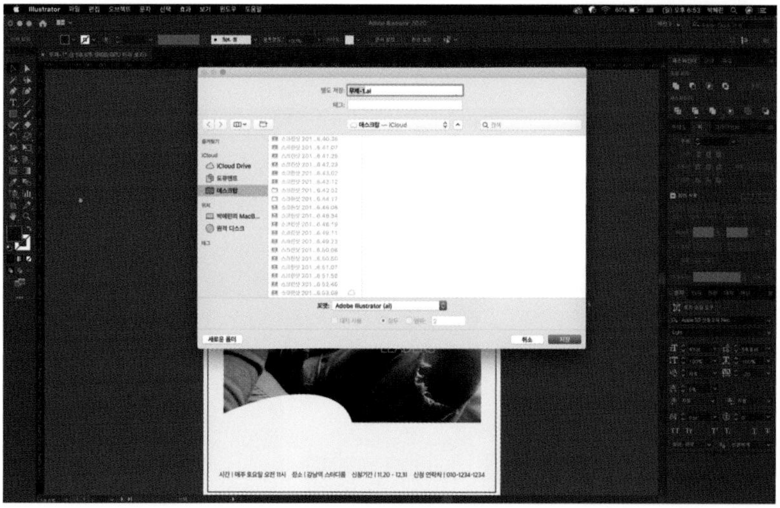

41 이번엔 인쇄할 이미지 파일로 저장해봅시다. 파일(File) → 내보내기(Export) → 내보내기 형식(Export As)을 눌러 JPEG파일로 저장해줍니다.

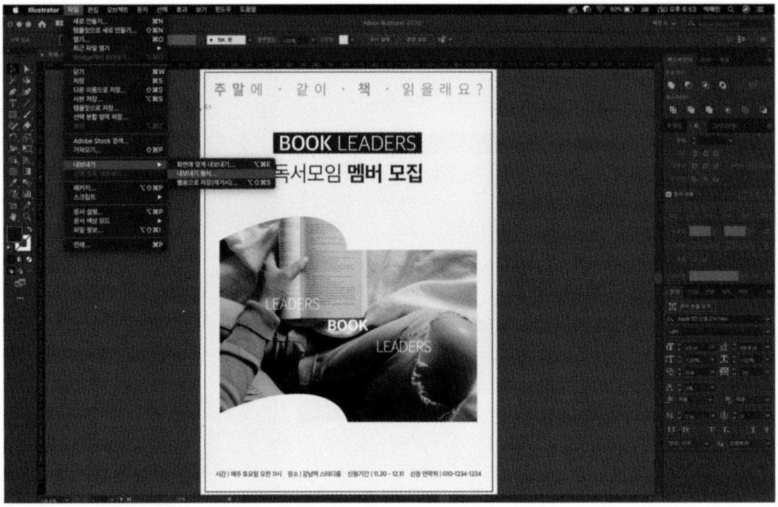


➜ 이미지 파일로 저장 시, 인쇄가 목적이라면 해상도를 300ppi로 설정해 저장하면 됩니다.

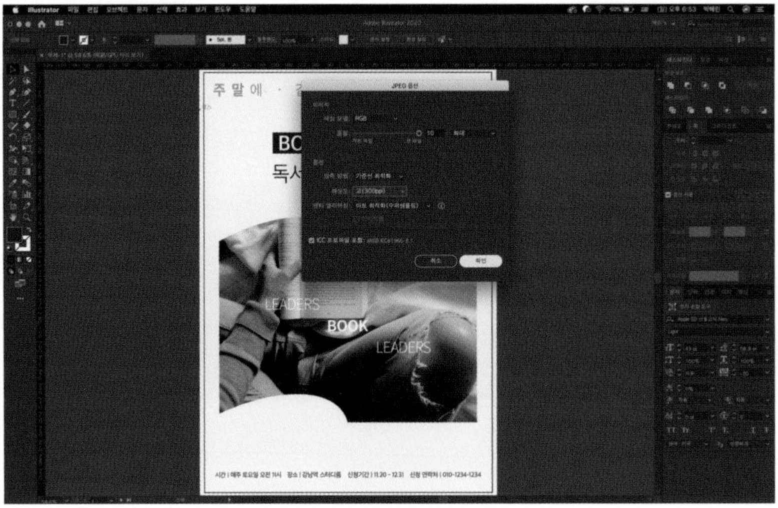

42 저장된 이미지 파일을 확인합니다.

CHAPTER 02

# 이력서 만들기

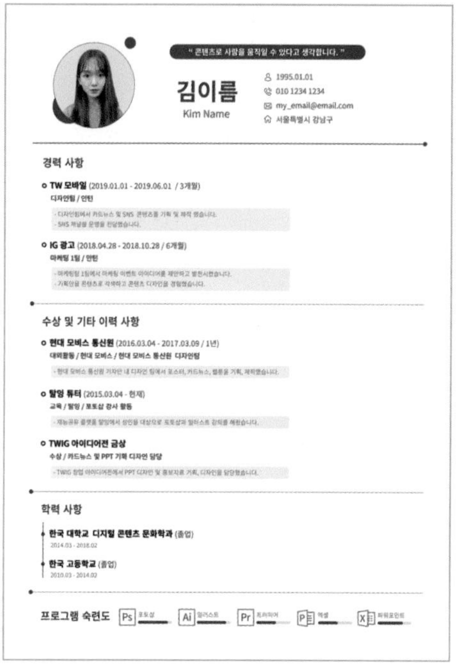


대외활동 지원부터 스타트업 취업까지, 요즘에는 자유 형식 이력서가 많은 곳에서 활용됩니다. 지금까지 배웠던 일러스트 기능들을 활용해 나만의 컬러가 잘 드러나는 깔끔한 이력서를 만들어봅시다. 또한 반복해서 사용되는 컬러를 컬러칩으로 만들어 활용하는 방법도 익혀봅시다.

→ 이번 챕터는 이전 챕터들을 공부하고 나서 복습하는 느낌으로 가장 마지막에 실습해 보시는 걸 추천드립니다.

**여기서 배울 수 있는 기능**

❶ 여백 가이드 선 만들기
❷ 같은 간격으로 복사하기
❸ 컬러칩 만들어 사용하기
❹ PDF 형식으로 저장하기

❶ 이력서는 인쇄를 염두에 두고 만들어야 하므로, 인쇄용지 표본 사이즈인 A4 사이즈로 아트보드를 하나 만들어줍니다.

❶새로 만들기(New) → ❷인쇄(Print) → ❸A4 → ❹제작(Create)

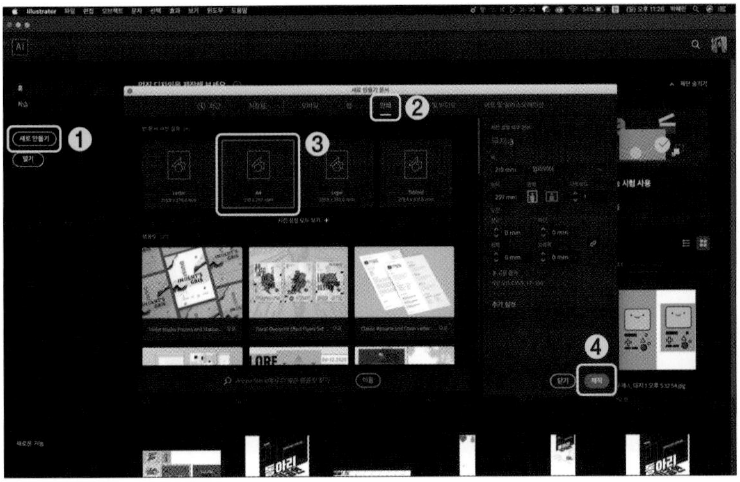

❷ 먼저 글자가 잘 정렬되도록 여백 안내선을 만들어봅시다. ❶사각형 도구(■)를 선택한 뒤 ❷아트보드 왼쪽 모서리 부분을 클릭합니다. ❸창이 뜨면 현재 아트보드와 동일하게 너비, 높이를 각각 210mm, 297mm로 설정한 뒤 확인을 눌러 사각형을 만들어줍니다.

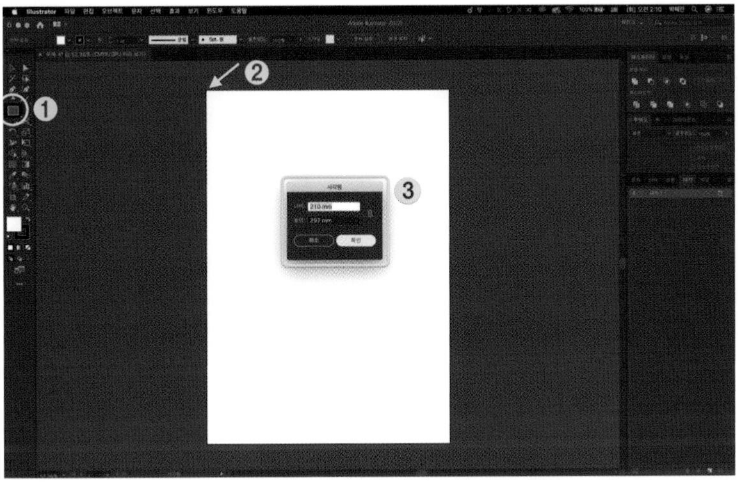

❸ 사각형 네 변이 동일한 수치만큼 안쪽으로 이동하도록 설정해봅시다. 오브젝트(Object) → 패스(Path) → 패스 이동(Offset Path)을 눌러줍니다.

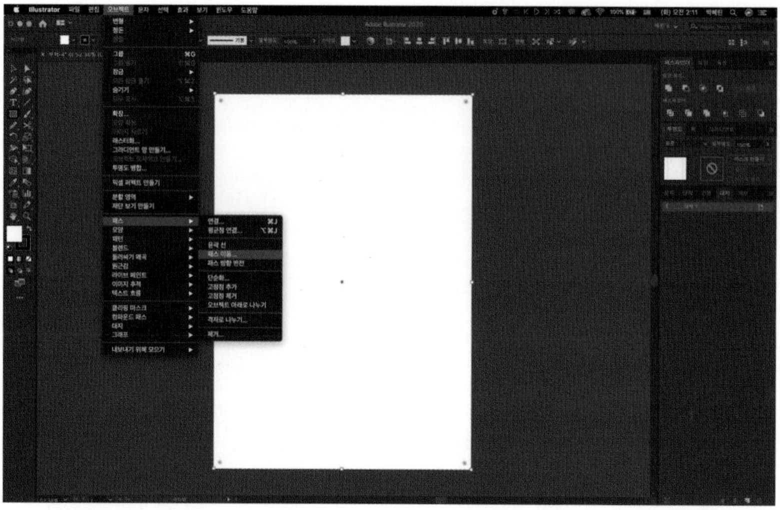

❹ -10mm 이동으로 설정하고 확인을 누릅니다.

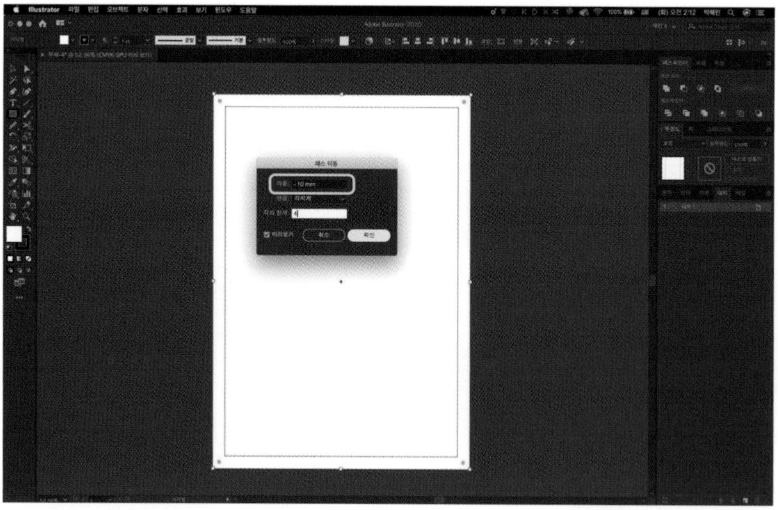

❺ 만들어 놓은 사각형에 맞게 가이드 선을 만들어봅시다. Ctrl + R를 눌러 눈금자를 활성화하고 선택 도구로 눈금자를 클릭한 채 사각형 방향으로 드래그해 가이드 선을 만듭니다. 선 모양(◪)을 더블클릭해 사각형 선의 색을 눈에 띄는 색으로 지정해주면 조금 더 수월하게 진행할 수 있습니다.

❻ 동일한 방식으로 사각형 네 변에 모두 가이드 선을 만들어줍니다.

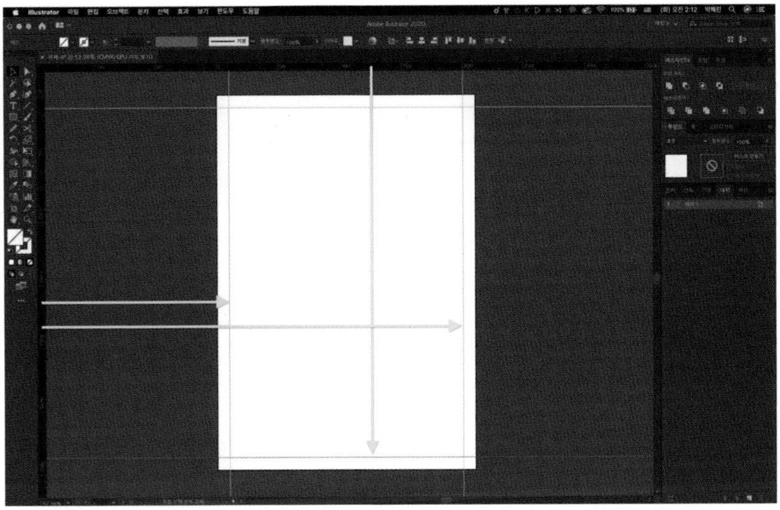

❼ 가이드 선이 움직이지 않도록 고정해봅시다. Shift를 누른 상태에서 선택 도구로 네 개의 가이드 선을 클릭해 다 같이 선택합니다. 선을 클릭해 선택하기 어렵다면, 아트보드 바깥쪽 선을 드래그하는 식으로 선택해도 됩니다. 선택이 완료되면 Ctrl + 2를 눌러 고정시켜줍니다.

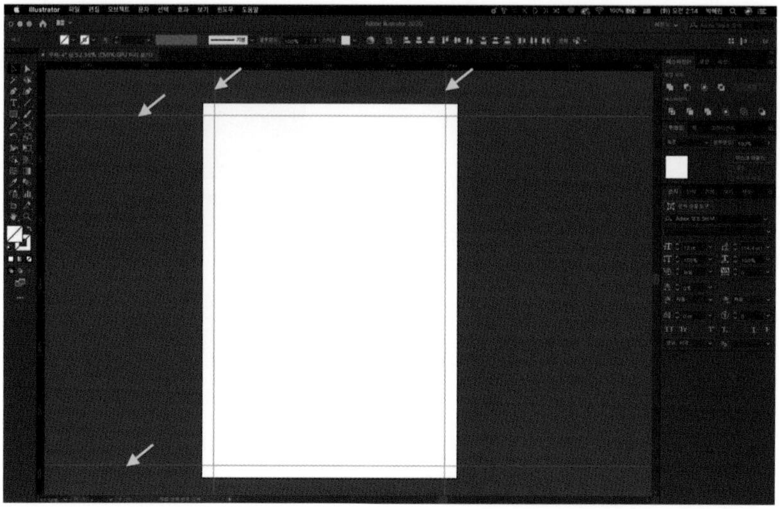

❽ 가이드 선을 만들기 위해 그렸던 사각형 두 개를 지워줍시다. 선택 도구로 아트보드 전체를 드래그해 두 사각형을 같이 선택한 뒤, Backspace를 눌러 지워주면 됩니다.

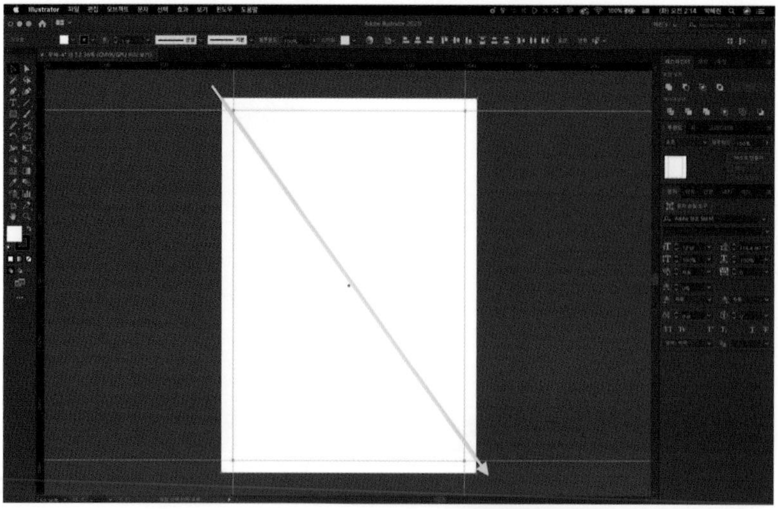

❾ 가장 상단에 기본 프로필을 만들어봅시다. 이름, 주소 등 기본 정보와 한마디 멘트를 문자 도구( )를 이용해 적어주고 사진이 들어갈 부분을 원형 도구( )나 사각형 도구( )를 이용해 그려줍니다.

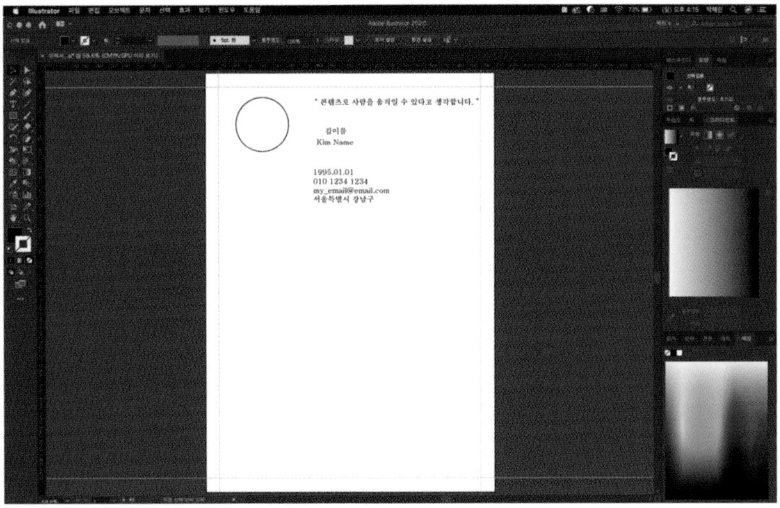


❿ 글자 크기와 폰트 두께 등을 적절하게 조절한 뒤 배치합니다.

➔ **여기서 쓰인 폰트:** 본고딕 / Bold, Nomal / 30pt, 13pt, 10pt

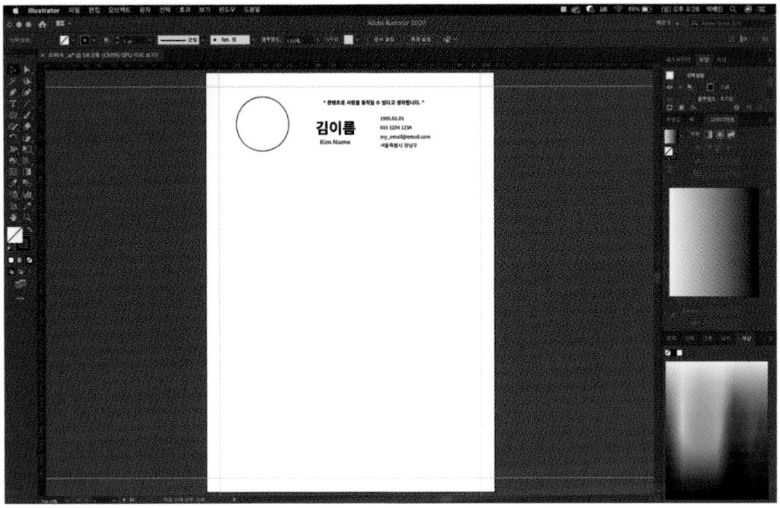

⓫ 선 도구( )를 이용해 하단에 구분선을 그려줍니다.

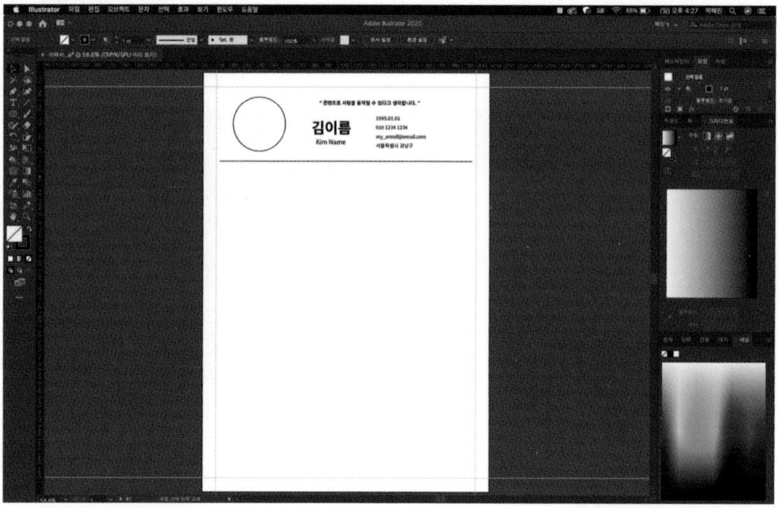


⓬ 같은 방식으로 프로필 하단에 경력 사항 등의 내용을 적고 배치합니다.

➔ **여기서 쓰인 폰트:** 본고딕 / Bold, Medium, Nomal / 14pt, 11pt, 9pt, 8pt

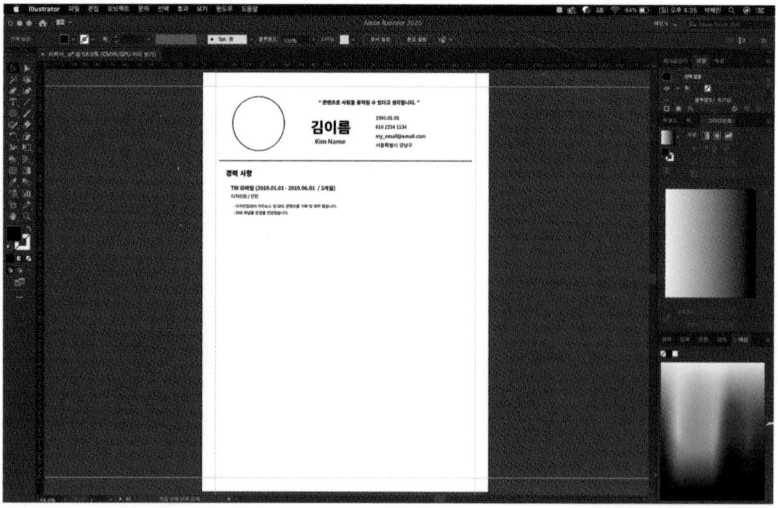

⑬ 반복되는 컬러를 지정해 계속 사용할 수 있도록 아트보드 바깥에 컬러칩을 만들어봅시다. 먼저 원형 도구로 원을 하나 그리고 복사해 아트보드 바깥쪽에 원 네 개를 만들어줍니다.

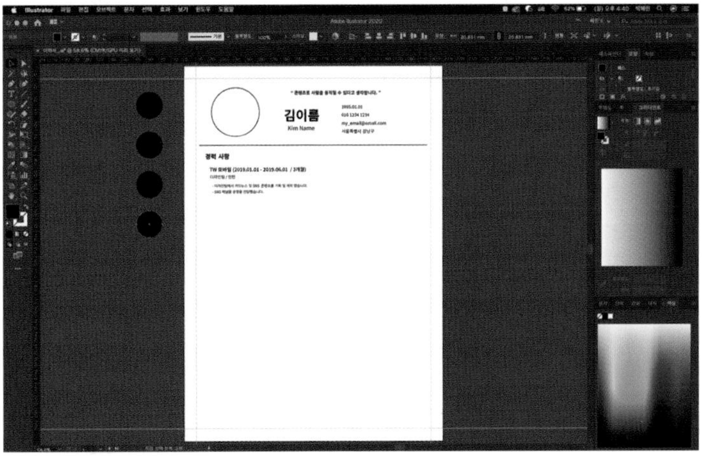

⑭ 원의 컬러를 포인트 컬러 하나와 검은색, 진한 회색, 연한 회색으로 변경해줍니다.

➔ **여기서 쓰인 색:** #2952a3, #181818, #545454, #707070

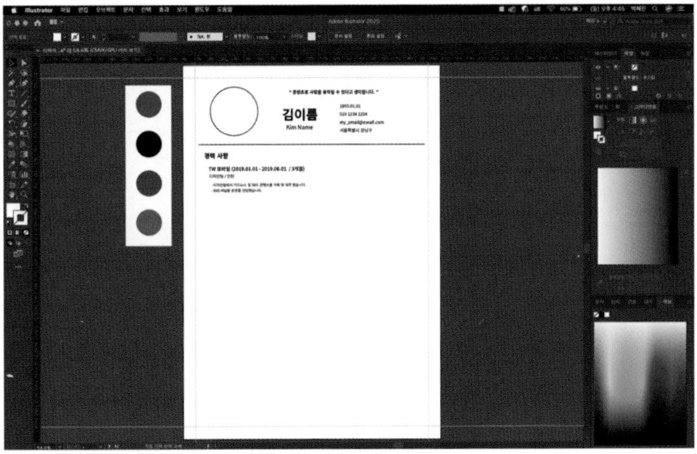

**여기서 잠깐!**

회색을 여러 단계로 잘 사용하면 밑줄이나 다른 요소를 사용하지 않아도 강조되는 부분과 그렇지 않은 부분을 자연스럽게 표현해줄 수 있습니다.

⑮ 가장 강조되는 부분에 포인트 컬러를 넣어봅시다. ❶강조할 부분을 선택한 뒤, ❷스포이드 도구( )를 누르고 ❸포인트 컬러칩을 클릭해주면 해당 컬러가 복사됩니다.

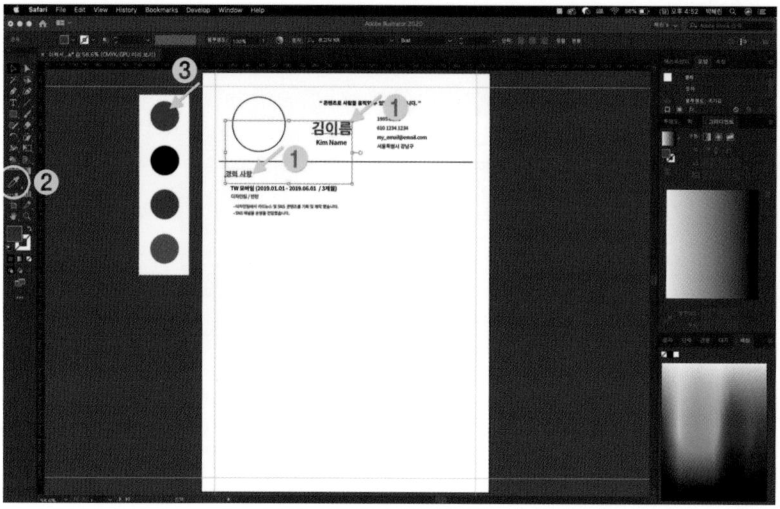

⑯ 같은 방식으로 강조하고 싶은 부분과 아닌 부분을 구분해 색을 각각 설정해줍니다.

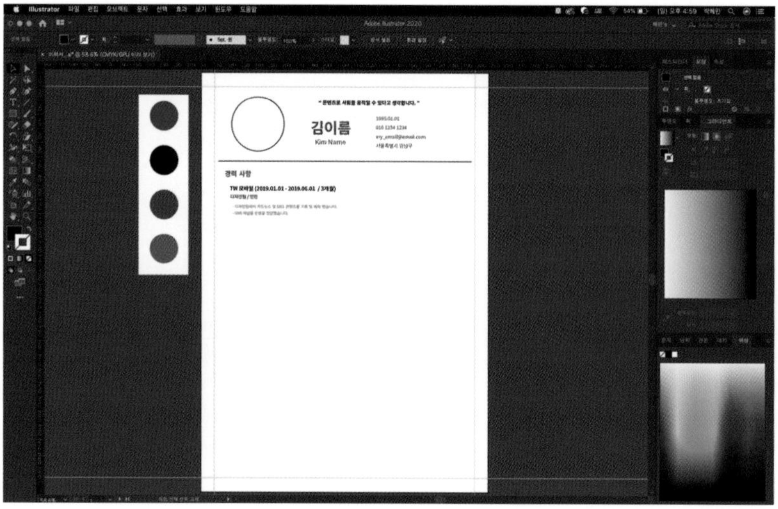

⑰ 만들어 둔 형식을 아랫부분에 복사해 다른 내용도 적어줍시다. 복사할 부분을 드래그해 선택한 뒤, Alt를 누르고 아래쪽으로 드래그해 복사해줍니다.

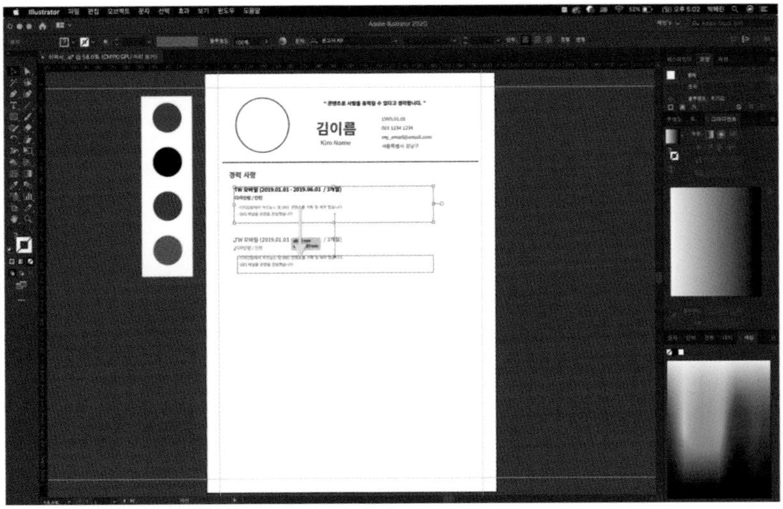


⑱ 복사한 부분의 내용을 변경해줍니다.

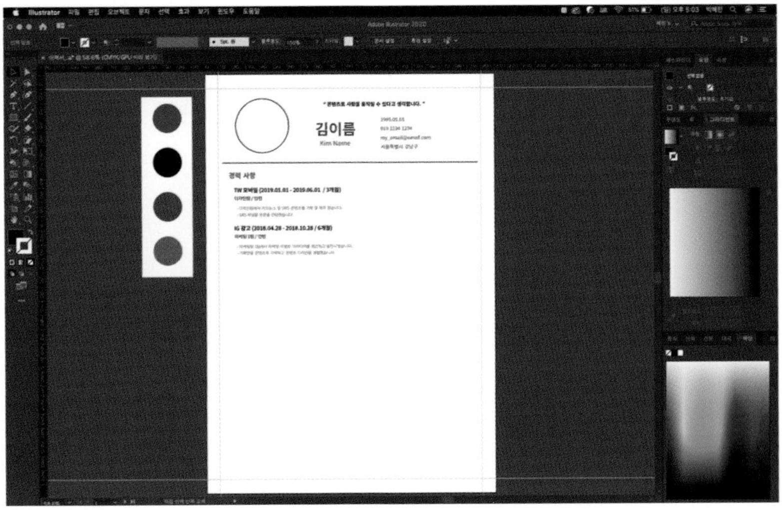

⓳ 구분선을 긋고 (11번과 동일) 구분선 아래도 형식을 복사해서 내용을 채워 넣어줍니다.

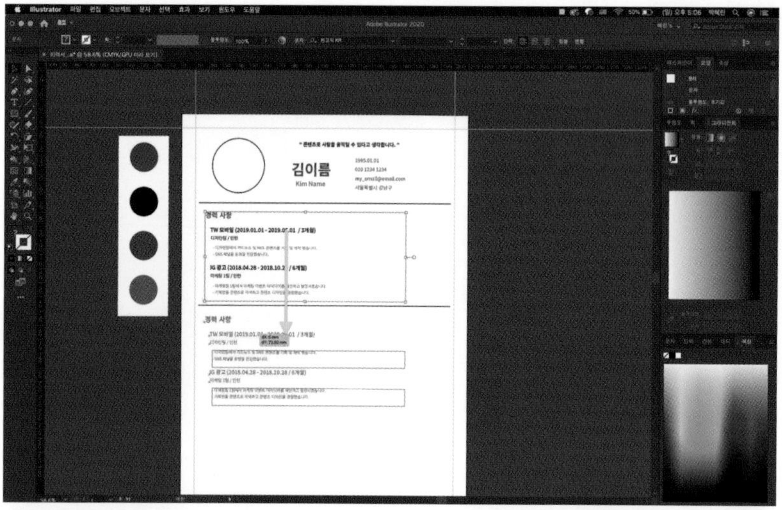


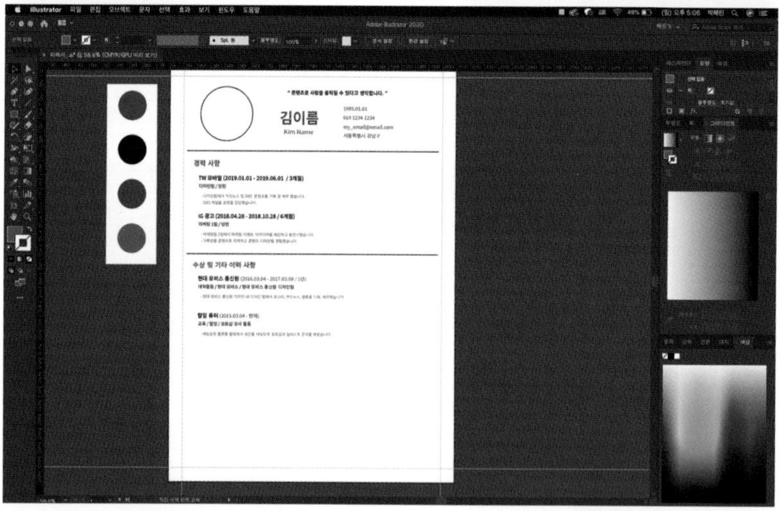

⑳ 글자 길이에 따라 방향키(→, ←, ↑, ↓)를 사용해 사이 간격을 다시 조정하고 추가로 써야 할 부분도 같은 방식으로 복사해 써넣어줍니다. (17~19번과 동일)

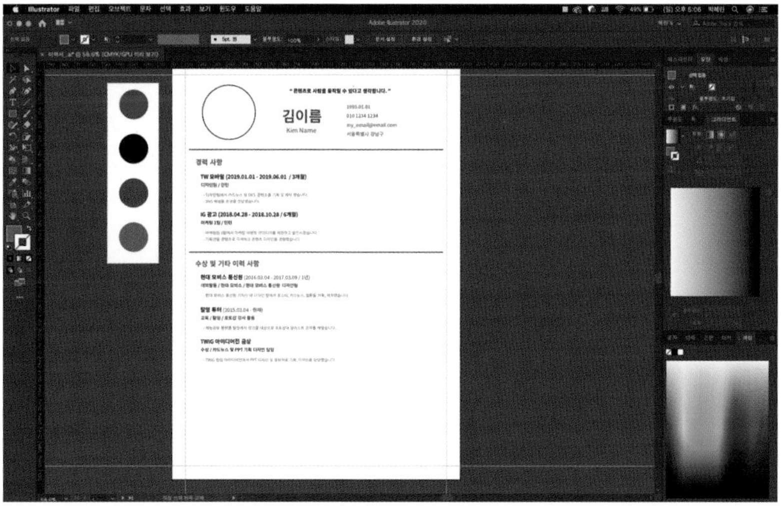

㉑ 앞의 과정을 항목의 개수에 따라 몇 번 더 반복합니다.

㉒ 이제 사진을 넣고 아이콘과 도형을 이용해 이력서를 보기 쉽게 정리하고 꾸며주면 됩니다. 먼저 사진을 넣어봅시다. 사진을 드래그해서 불러옵니다.

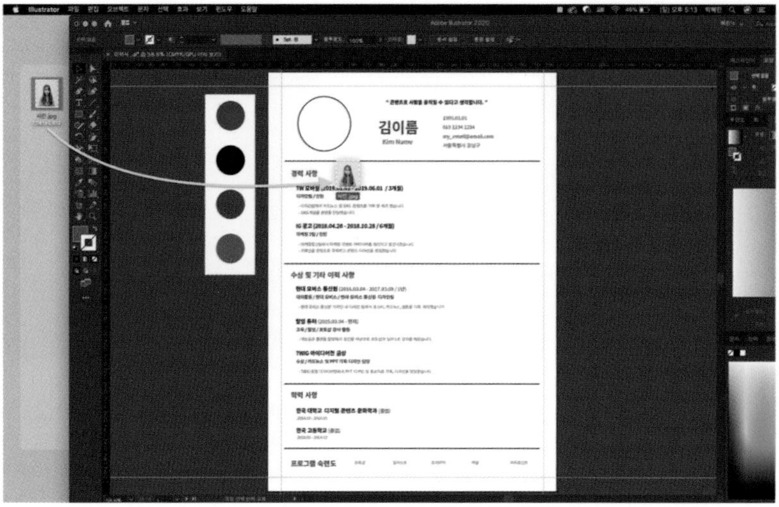


㉓ 사진 크기와 위치를 조절해 적절한 곳에 둡니다.

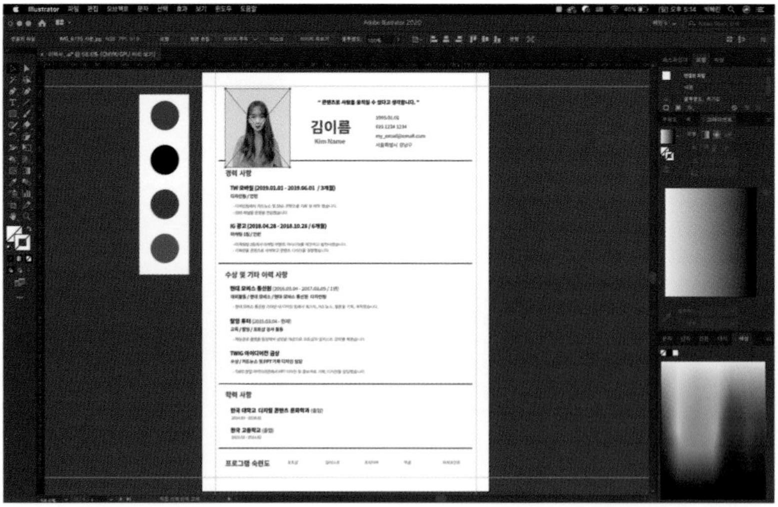

㉔ 사진이 선택된 상태에서 Ctrl + Shift + [ 를 눌러 사진이 미리 그려둔 원 뒤로 가도록 해줍니다.

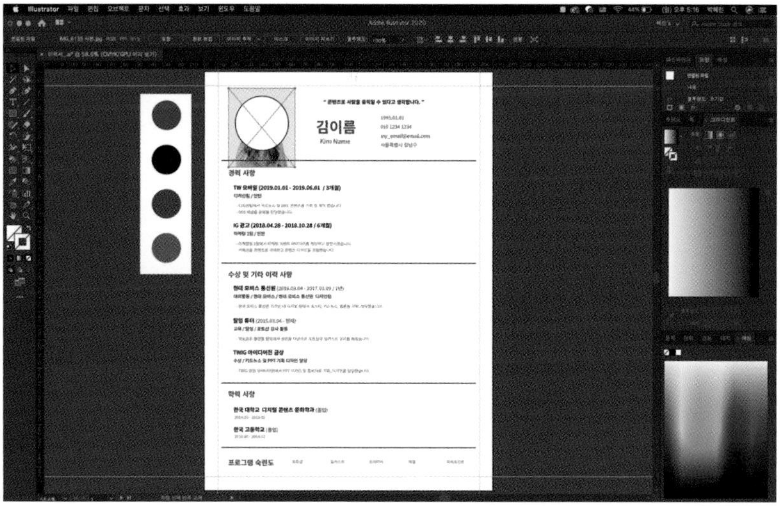


㉕ 원과 사진을 드래그해 같이 선택하고 원 위에서 우클릭한 뒤, 클리핑 마스크 만들기(Make Clipping Mask)를 클릭해 원 안에 사진이 들어가도록 해주면 됩니다.

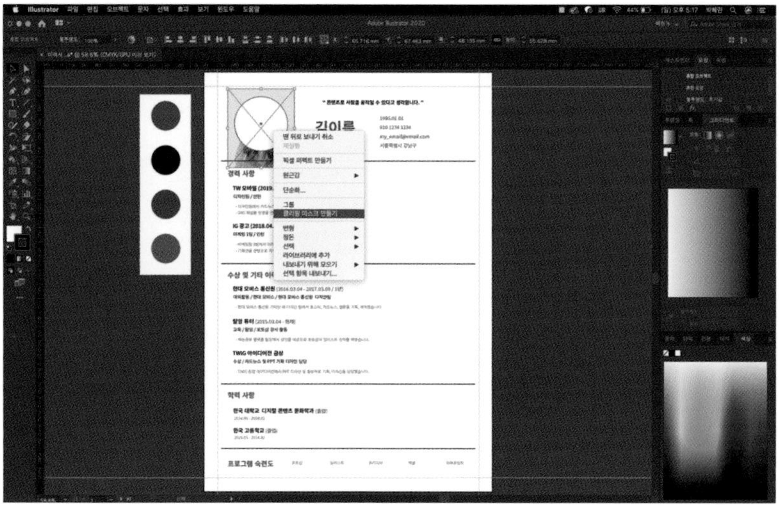

㉖ 이번엔 아이콘을 이용해 정보를 더욱 직관적으로 나타내봅시다. 다운받은 아이콘을 일러스트로 드래그해 가져옵니다.

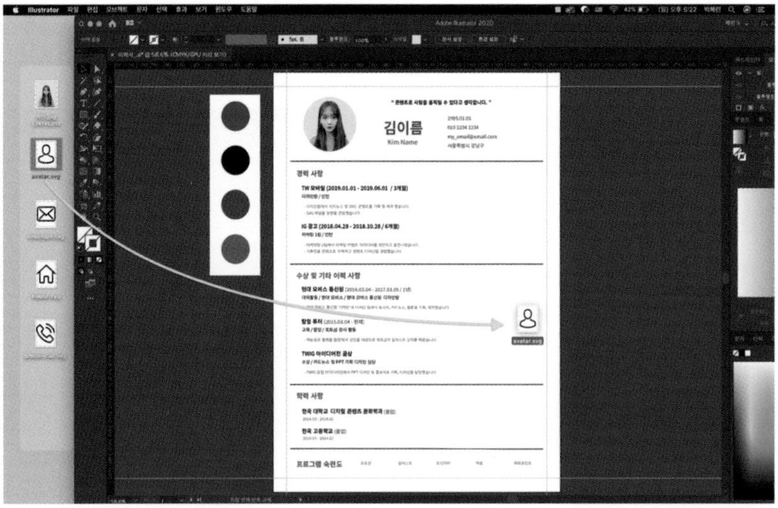

㉗ 새로 열린 창에서 아이콘을 선택한 뒤 Ctrl + C를 눌러 복사합니다.

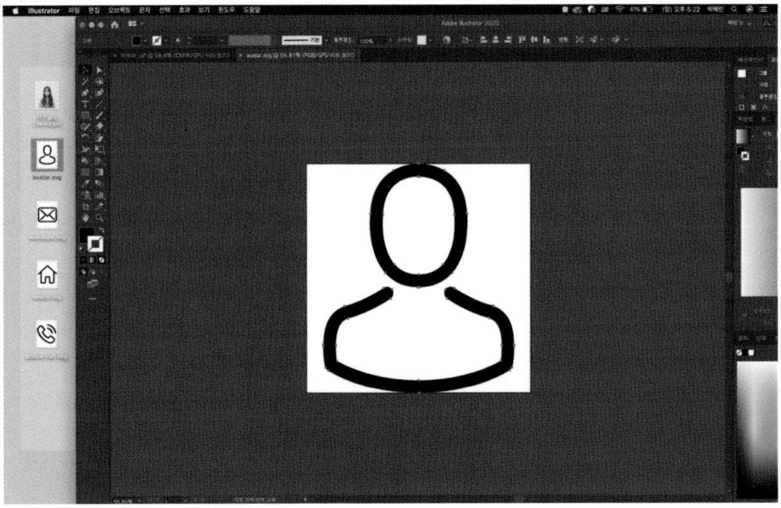

㉘ 다시 작업하던 탭을 눌러 이동한 뒤 Ctrl + V를 눌러 붙여 넣기 합니다.

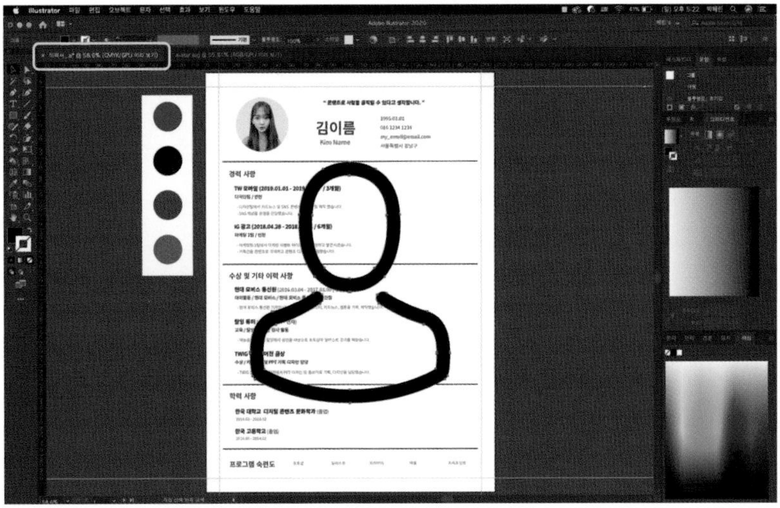

㉙ 동일한 방식으로 아이콘을 모두 작업하던 탭에 불러옵니다. (26~28과 동일)

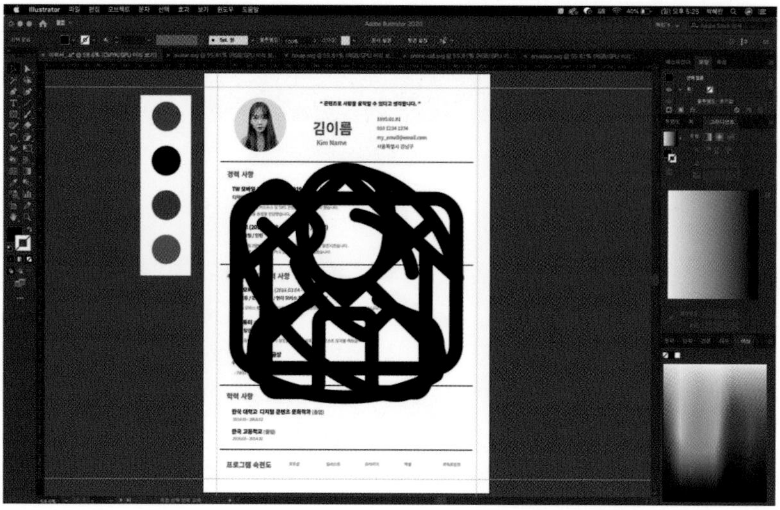


㉚ 아이콘 오른쪽 귀퉁이를 드래그해 네 아이콘을 전부 선택한 뒤, Shift를 누른 채로 크기를 작게 줄여줍니다.

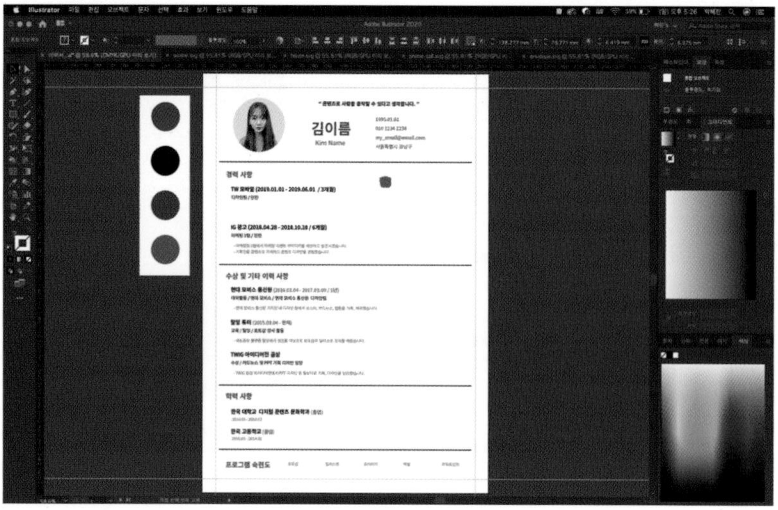


**여기서 잠깐!**

다른 글자들이 선택되지 않도록 주의해주세요!

㉛ Ctrl + (+)를 여러 번 눌러 화면을 확대하고, Space Bar를 누른 채로 드래그해 원하는 위치로 이동한 뒤, 아이콘들을 적절한 위치에 배치합니다.

㉜ 아이콘들을 모두 선택한 뒤, 스포이드 도구( )로 포인트 색 부분을 클릭해 포인트 컬러로 바꿔줍니다.

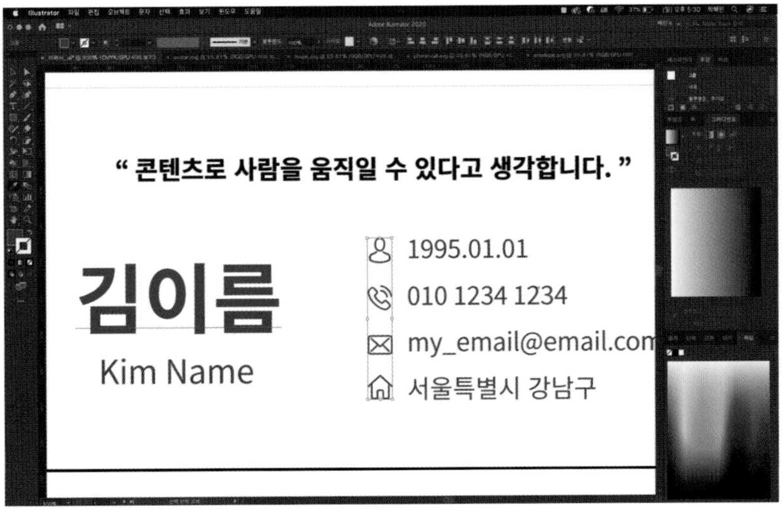

㉝ 이번에는 프로그램 숙련도 부분을 그래프와 아이콘으로 센스 있게 만들어봅시다. 먼저 미리 다운받아 놓은 아이콘을 드래그해서 불러옵니다. (저는 원하는 아이콘이 없어서 직접 그려서 사용했습니다. 필요하신 분들은 제가 그려놓은 자료를 다운로드 받아 사용해주세요!)

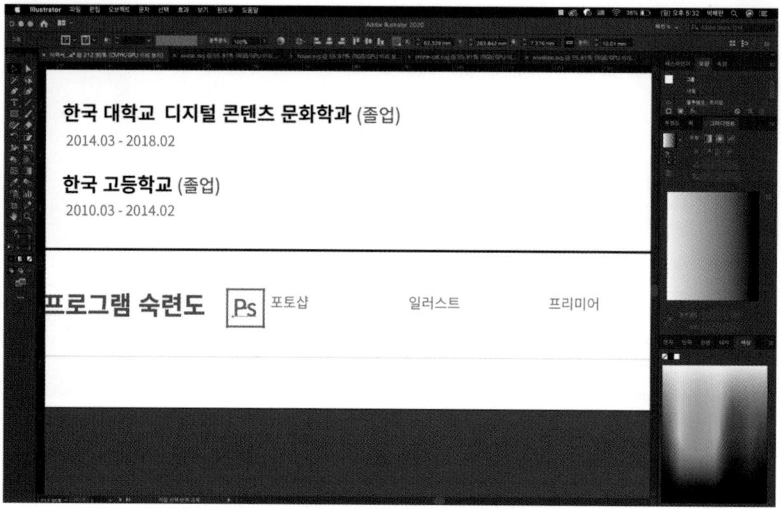


㉞ 글자 아랫부분에 둥근 사각형 도구()로 긴 도형을 하나 그려줍니다.

➔ **여기서 쓰인 색:** #e2e2e2

㉟ Ctrl + C, Ctrl + F 를 눌러 도형을 제자리에 복사한 뒤, 스포이드 도구( )를 이용해 포인트 컬러로 채워줍니다.

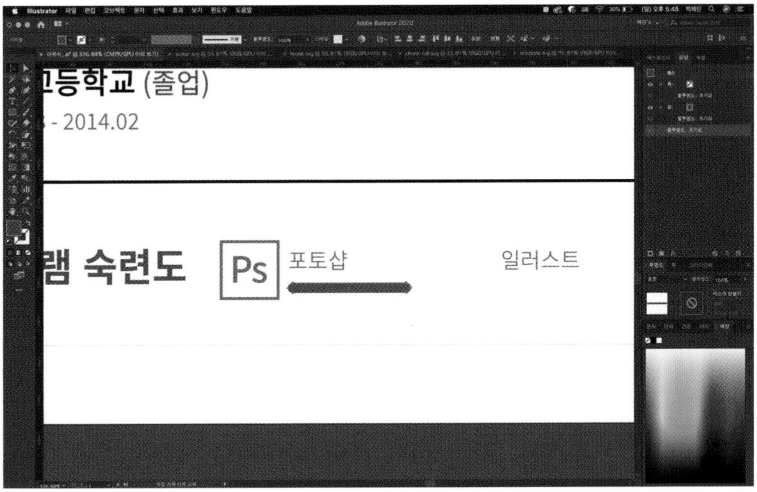


㊱ Ctrl + (+)를 몇 번 더 눌러 화면을 더 확대한 뒤, 선택 도구로 포인트 컬러가 채워진 도형의 길이를 조절해 프로그램 능숙 정도를 나타내주면 됩니다.

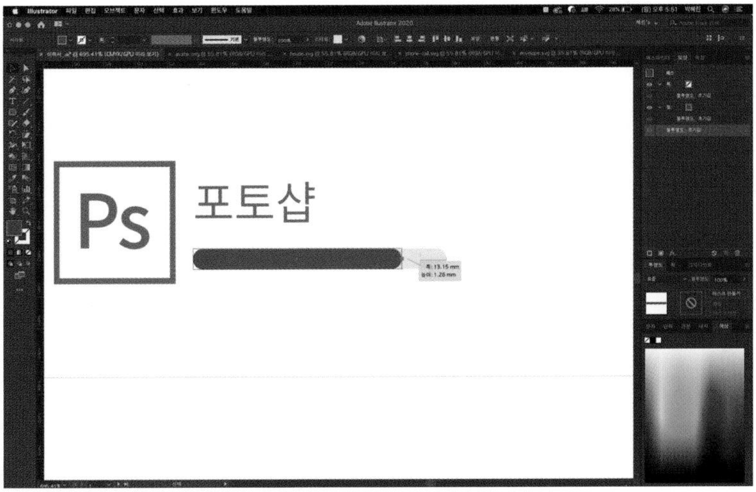

㊲ Ctrl + (-)를 눌러 화면을 다시 축소해 줍니다. 방금 그린 그래프를 선택한 뒤, Alt와 Shift를 동시에 누른 채 오른쪽으로 드래그해 복사합니다.

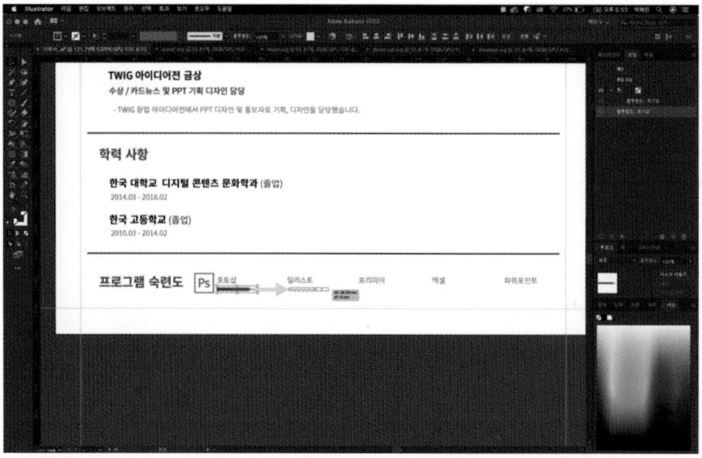


**여기서 잠깐!**

복사 시 Shift를 같이 누르면 정확하게 우측으로 복사할 수 있습니다.

㊳ Ctrl + D를 눌러 이전 행동을 반복합니다.

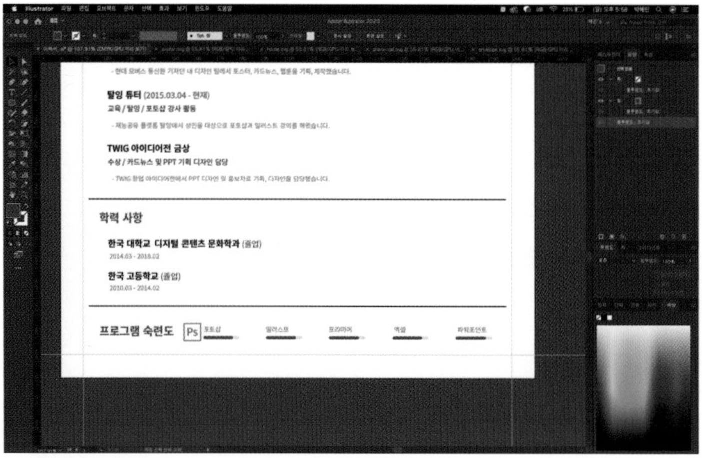


**여기서 잠깐!**

Ctrl + D를 누르기 전 첫 번째 복사를 완벽하게 진행해야 올바른 간격으로 복사가 가능합니다.

㊴ 화면을 확대한 뒤, 그래프의 수치를 각각 조절합니다. (36번과 동일)

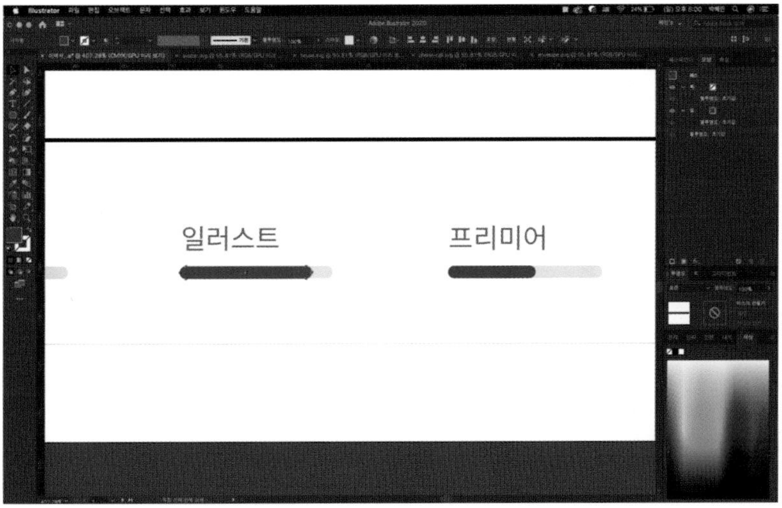


㊵ 다른 아이콘들도 넣어준 뒤, 간격을 조절해 정리해주면 됩니다.

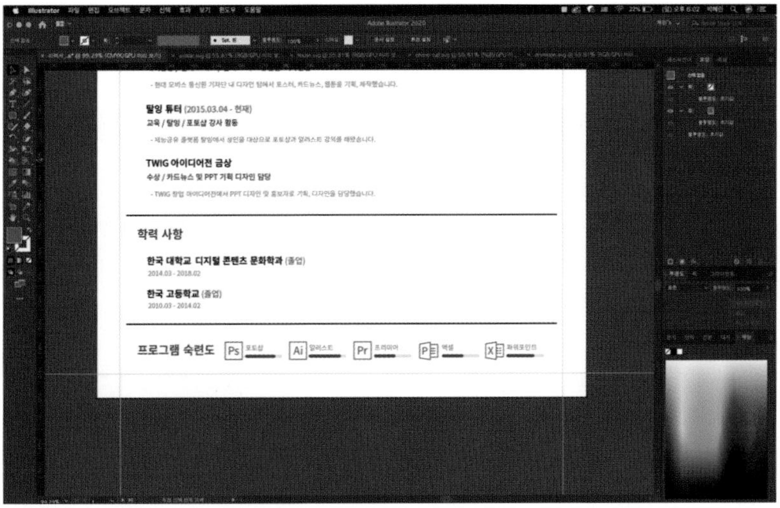

㊶ 마지막으로 앞에서 배웠던 내용을 활용해 도형과 선을 넣어 꾸며주면 됩니다!
(원형 도구와 선 도구를 이용해 예시 이력서와 비슷하게 따라해 보세요!)

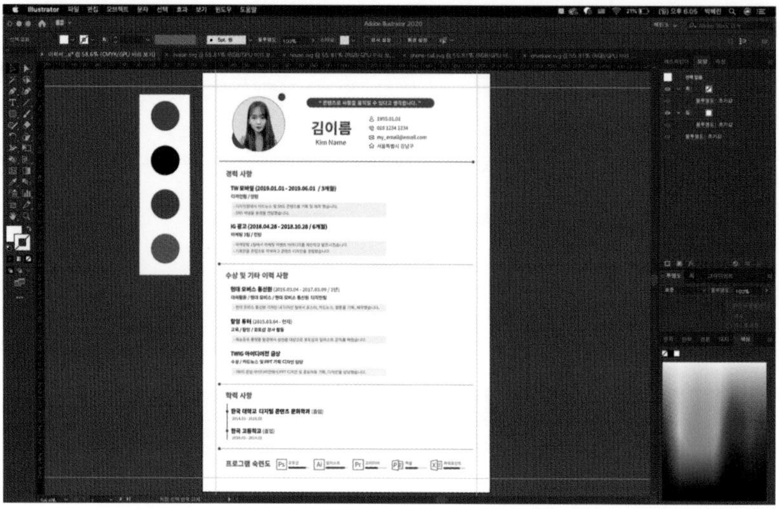


㊷ 이제 저장을 해봅시다. 먼저 수정 가능한 일러스트 원본 파일(AI)로 저장해줍니다. 파일(File) → 저장(Save) → AI 파일로 저장해주면 됩니다.

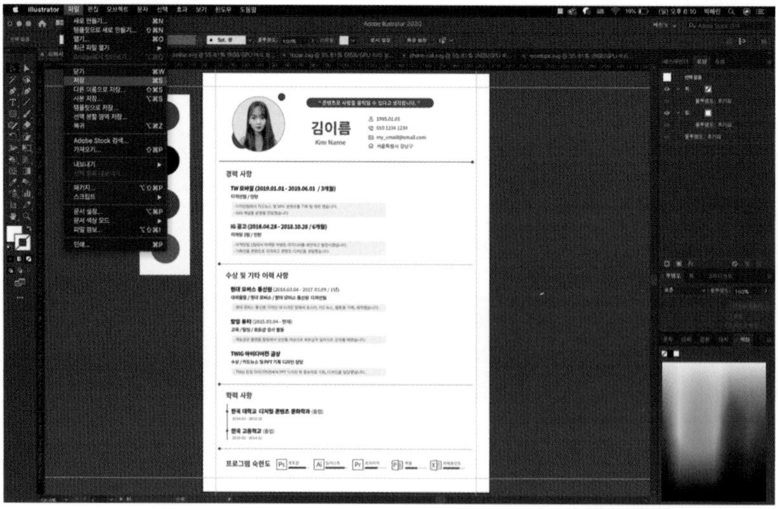

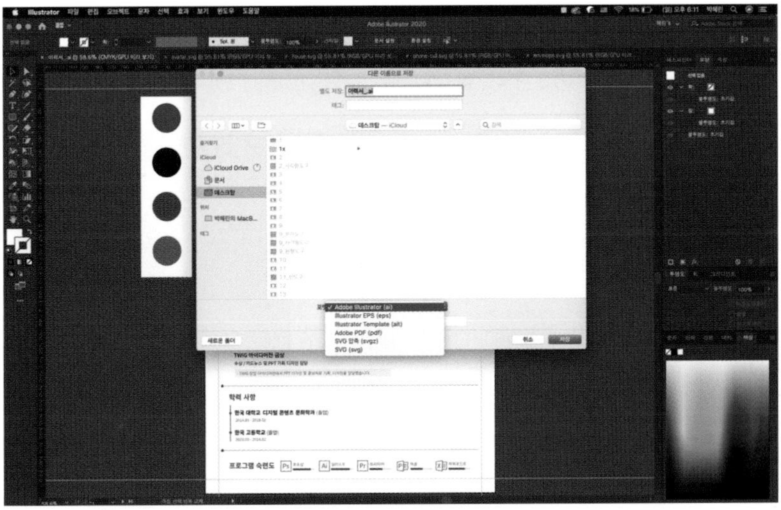


→ 마지막 단계에서 반드시 연결 파일 포함(Include Linked Files)을 체크해야 사진이 포함된 상태로 저장됩니다.

㊸ 이력서에 자주 사용되는 PDF 형식으로 저장해봅시다.

파일(File) → 다른 이름으로 저장(Save as)을 눌러 PDF 형식을 선택해주세요.

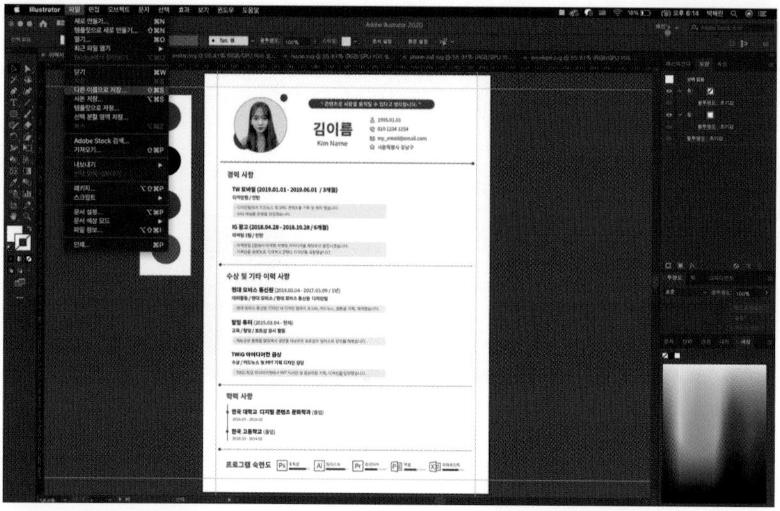

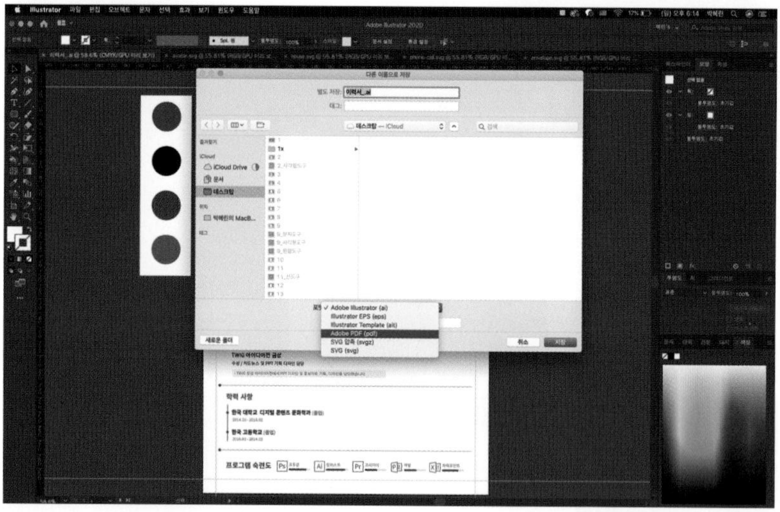

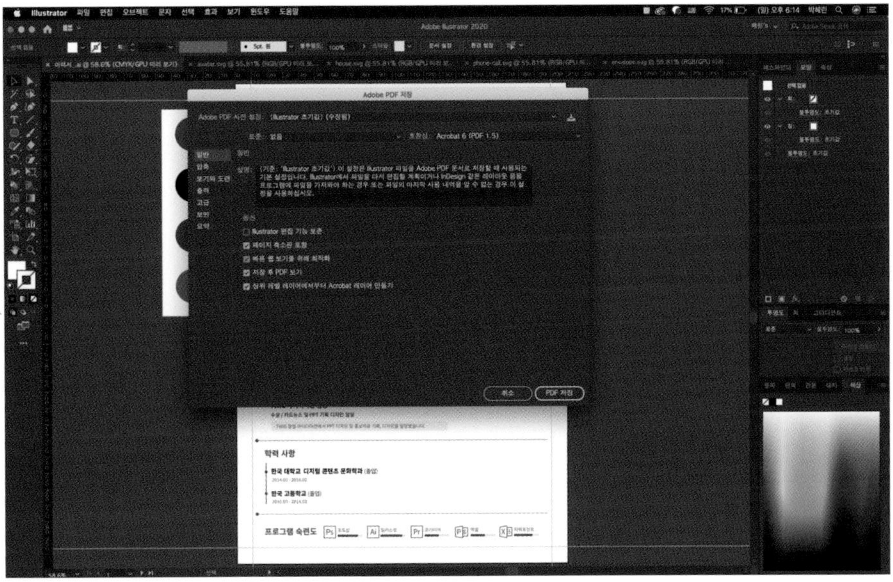


➔ (중요) 마지막 단계에서 Illustrator 편집 기능 보존(Preserve Illustrator Editing Capabilities)을 체크 해제하고 빠른 웹 보기를 위해 최적화(Optimize For Fast Web View)를 체크해주세요. 편집 기능 보존을 해제하지 않으면 파일 용량이 커지고 다른 사람이 파일을 수정할 수 있게 되므로 반드시 주의해주세요. 다른 옵션들도 사진과 동일하게 맞춰주세요!

44 저장된 PDF 파일을 확인해보세요.

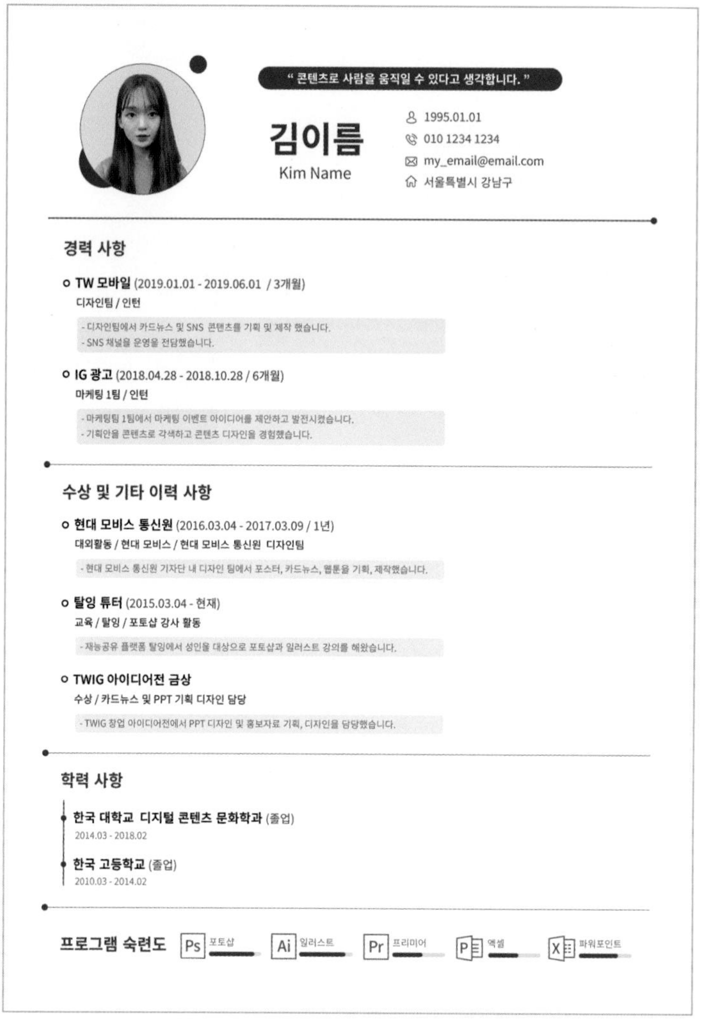

" 콘텐츠로 사람을 움직일 수 있다고 생각합니다. "
김이름
Kim Name
1995.01.01
010 1234 1234
my_email@email.com
서울특별시 강남구
경력 사항
TW 모바일 (2019.01.01 - 2019.06.01 / 3개월)
디자인팀 / 인턴
- 디자인팀에서 카드뉴스 및 SNS 콘텐츠를 기획 및 제작 했습니다.
- SNS 채널을 운영을 전담했습니다.
IG 광고 (2018.04.28 - 2018.10.28 / 6개월)
마케팅 1팀 / 인턴
- 마케팅팀 1팀에서 마케팅 이벤트 아이디어를 제안하고 발전시켰습니다.
- 기획안을 콘텐츠로 각색하고 콘텐츠 디자인을 경험했습니다.
수상 및 기타 이력 사항
현대 모비스 통신원 (2016.03.04 - 2017.03.09 / 1년)
대외활동 / 현대 모비스 / 현대 모비스 통신원 디자인팀
- 현대 모비스 통신원 기자단 내 디자인 팀에서 포스터, 카드뉴스, 웹툰을 기획, 제작했습니다.
탈잉 튜터 (2015.03.04 - 현재)
교육 / 탈잉 / 포토샵 강사 활동
- 재능공유 플랫폼 탈잉에서 성인을 대상으로 포토샵과 일러스트 강의를 해왔습니다.
TWIG 아이디어전 금상
수상 / 카드뉴스 및 PPT 기획 디자인 담당
- TWIG 창업 아이디어전에서 PPT 디자인 및 홍보자료 기획, 디자인을 담당했습니다.
학력 사항
한국 대학교 디지털 콘텐츠 문화학과 (졸업)
2014.03 - 2018.02
한국 고등학교 (졸업)
2010.03 - 2014.02
프로그램 숙련도
Ps 포토샵
Ai 일러스트
Pr 프리미어
P 엑셀
X 파워포인트

막간 꿀팁 1

# 알아두면 좋은 디자인 참고 사이트

디자인을 할 때 참고하면 좋은 사이트들을 알아봅시다!

## 1 핀터레스트

https://www.pinterest.co.kr

디자인 작업물, 패션, 사진 등을 올리고 공유하는 SNS로 가장 대중적으로 사용되는 디자인 사이트입니다. 구글에 검색하는 것보다 질 좋은 작품들을 찾을 수 있어 좋습니다.

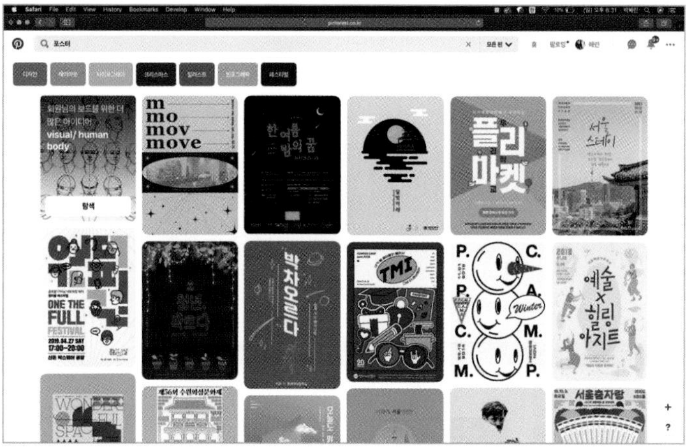


## 2 비핸스

https://www.behance.net

핀터레스트와 다르게 실제 창작자가 게시물을 올리는 사이트입니다. 많은 디자이너들의 포트폴리오 사이트로 사용되기도 합니다. 조금 더 예술적인 작업물이 많습니다.

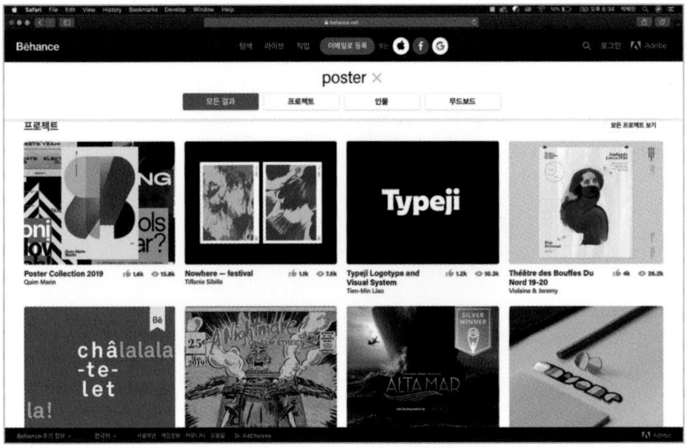


## 3 드리블

https://dribbble.com

작가 본인이 작업물을 올리는 사이트입니다. 그러나 비핸스나 핀터레스트처럼 모든 사람들이 게시물을 올릴 수 있는 사이트가 아니라 회원제로 진행되기 때문에 작업물의 퀄리티가 전체적으로 높습니다.

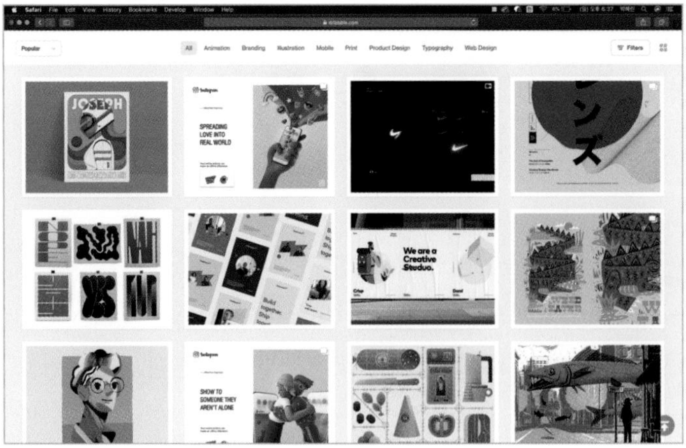

막간 꿀팁 2

# 꼭 알아둬야 할 인쇄 상식

포스터, 이력서 등 인쇄물을 디자인할 때 주의해야 할 사항에 대해 알아봅시다.

### 1 인쇄용 작업물은 처음부터 '인쇄' 카테고리에서 설정하자.

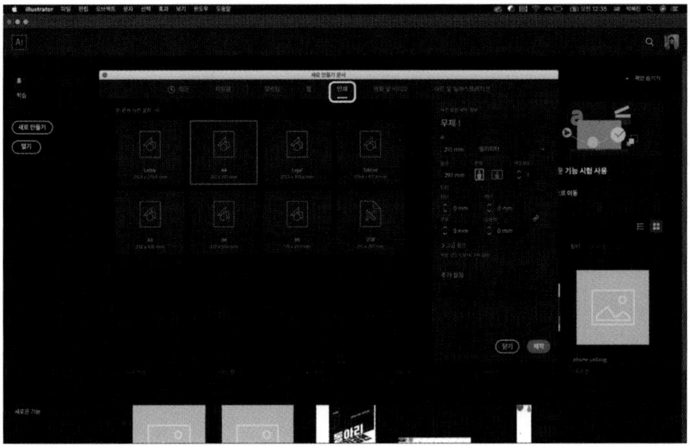

아트보드를 만들기 전 새로 만들기 창에서 '인쇄(Print)'로 설정하면 아트보드 사이즈와 컬러 모드, 해상도가 자동으로 인쇄 모드로 변경되므로 인쇄용 작업물을 만들 때는 인쇄 카테고리를 사용하는 것이 좋습니다.

## 2 인쇄할 때 단위는 mm, 색상모드는 CMYK, 해상도는 300ppi로 설정하자.

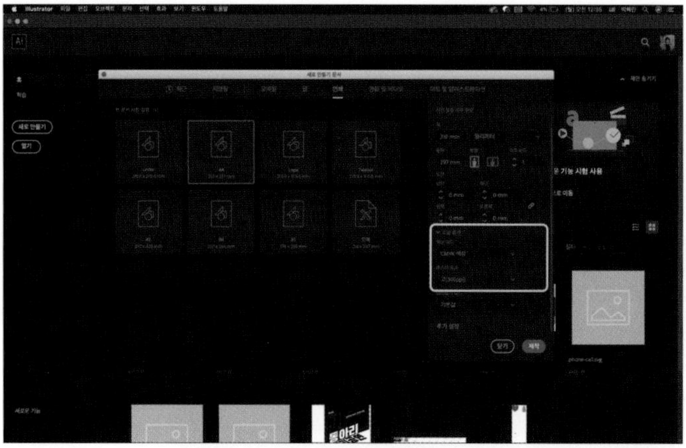

인쇄할 때는 우리가 웹상에서 주로 사용하던 px(픽셀)이 아니라 mm단위로 설정해야 합니다. 또한 컬러 모드는 RGB가 아니라 인쇄 색상인 CMYK로, 해상도는 300ppi 이상으로 설정해줘야 합니다. 이 값들은 앞에서 언급했던 것처럼 '인쇄' 카테고리에서 용지를 고르면 자동으로 세팅됩니다.

## 3 저장은 PDF 형식으로! JPG로 저장할 때는 해상도를 300ppi로 저장하자.

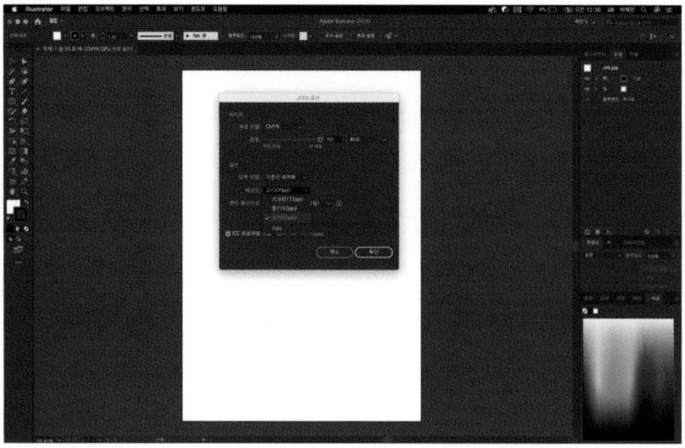

이력서 파트에서 다뤘던 것처럼 인쇄물을 저장할 때는 해상도에 문제가 없도록 PDF로 저장하는 것이 일반적입니다. 간혹 인쇄소에서 JPEG 이미지 파일을 요구할 때가 있는데 이런 경우에는 마지막 저장 시 해상도를 신경써서 저장해주세요!

### 4 저장하기 전에 모든 레이어를 오브젝트(Object) → '확장(Expand)' 해주자.

폰트나 선 등의 요소가 모두 아웃라인이 있는 개체로 처리되도록 '확장' 해주어야 폰트 변경 등의 오차 없이 인쇄가 가능합니다. 저장하기 전 항상 '확장' 후 저장해주세요.

* 정리

❶ 문서 단위는 mm

❷ 문서 컬러 모드는 CMYK

❸ 해상도는 300ppi

❹ 저장하기 전 모든 레이어 오브젝트(Object) → 확장(Expand) 하기

❺ 저장은 PDF로

# PART 05

요즘은 디자이너가 아닌 일반인들도 자신이 만든 캐릭터나 혹은 반려동물 사진 등으로 굿즈를 만들고 또 팔기도 합니다. 일러스트를 이용해 나만의 캐릭터를 만드는 방법부터 캐릭터를 활용한 핸드폰 케이스, 마스킹 테이프 등 굿즈를 만드는 방법까지 알아봅시다.

# 굿즈 제작을 위한 일러스트레이터



실습에 필요한 자료를 다운로드 받을 수 있는 [진짜 하루만에 시리즈] 학습자료실

네이버카페 주소 ▶https://cafe.naver.com/realonedayclass

CHAPTER 01

# 캐릭터 만들기

나만의 캐릭터를 그리고 일러스트로 옮기는 과정까지. 일러스트를 이용해 캐릭터를 완성하는 방법을 배워봅시다.

➔ Part.0을 반드시 먼저 실습한 후 진행해주세요.

❶ 펜으로 그려둔 그림을 스마트폰으로 찍어서 컴퓨터에 불러옵니다.

❷ 마스킹 테이프, 핸드폰 케이스처럼 인쇄물에 쓰일 캐릭터이므로, 일러스트를 켜서 인쇄용지 A4 사이즈로 아트보드를 하나 만들어줍니다. (❶새로 만들기(New) → ❷인쇄(Print) → ❸A4 → ❹제작(Create))

❸ 컴퓨터로 옮긴 사진을 드래그해서 일러스트에 불러옵니다.

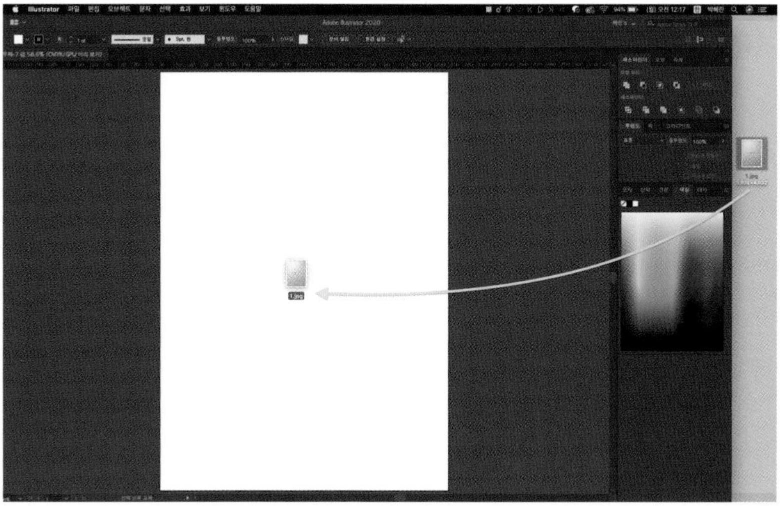

❹ 아트보드 안에 들어가도록 사진 크기를 줄여줍니다.

**여기서 잠깐!**

사진 크기를 줄일 때는 반드시 Shift를 함께 눌러 사진 비율이 깨지지 않도록 해주세요.

❺ 사진이 더 이상 움직이지 않도록 Ctrl + 2를 눌러 고정시켜줍니다.

❻ 이제 사진 위에 펜 도구(■)와 도형 도구(■■)들을 이용해 모양을 그대로 따라서 그려주면 됩니다. 먼저 새로 그려줄 선이 잘 보이도록 선(■)은 빨간색으로, 칠(□)은 없음(☐)으로 설정해줍시다.

❼ 가장 아래에 있는 개체부터 가장 위에 있는 개체 순으로 선을 따라서 그려줍니다. (아래 그림에서는 꼬리 → 몸 → 귀 → 얼굴 → 눈, 코, 입 순으로 그려줬습니다.)

**여기서 잠깐!**

반드시 모든 개체는 도형으로 마무리되어야 합니다. 도형을 그리는 중간에 Enter를 눌러 끊거나 선이 되지 않도록 주의해주세요!

❽ 배경에 깔린 사진을 지워봅시다. Ctrl + Alt + 2를 눌러 고정을 해제한 뒤 바로 Backspace를 눌러 지워줍니다.

❾ 그린 도형들에 칠 모양(□)을 이용해 색을 채워 넣어줍니다.

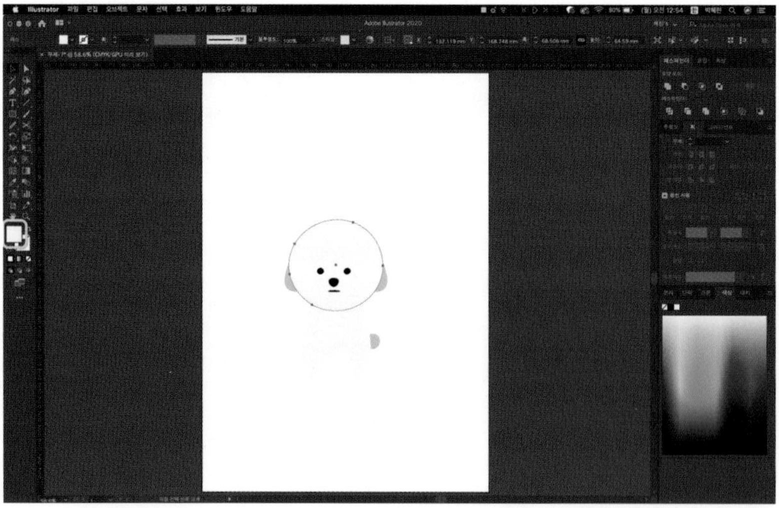

⑩ 캐릭터가 더 잘 보이도록 대비되는 컬러로 배경색을 채워봅시다. 사각형 도구(■)로 아트보드보다 큰 사이즈의 사각형을 그려줍니다.

⑪ 방금 그린 사각형이 선택된 상태에서 ❶칠 모양(□)을 더블클릭해 색상 피커 창을 열어주고 ❷원하는 색을 지정한 뒤 ❸확인을 눌러 사각형을 원하는 색으로 변경해줍니다.

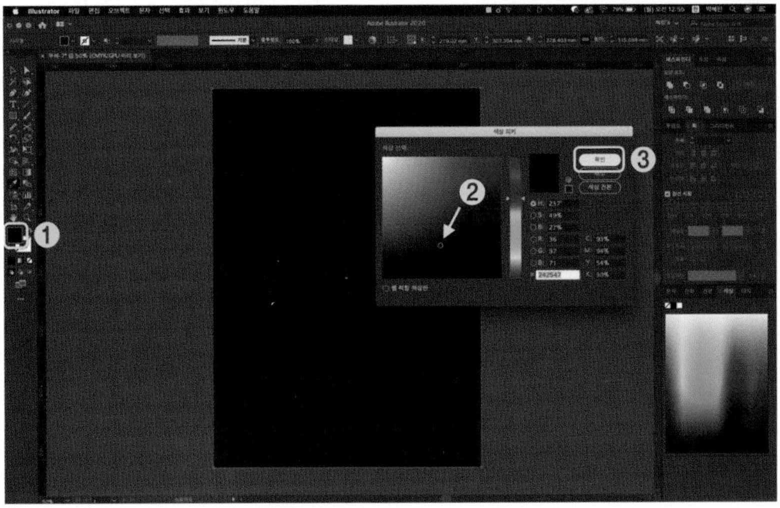

⑫ Ctrl + Shift + [ 를 눌러 사각형을 맨 뒤로 보내준 뒤 Ctrl + 2를 눌러 움직이지 않도록 고정시켜줍니다.

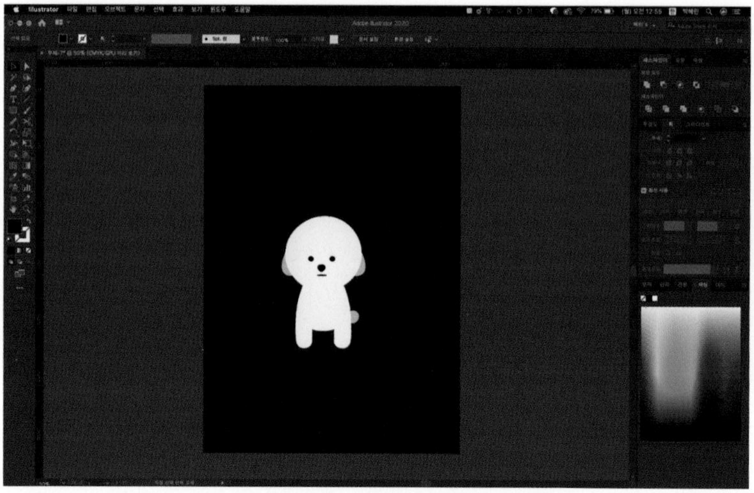

⑬ (심화 과정) 직접 선택 도구( )로 머리나 몸통 비율 등을 조절하고 펜 도구( )를 이용해 그림자를 그려 넣어 마무리합니다.

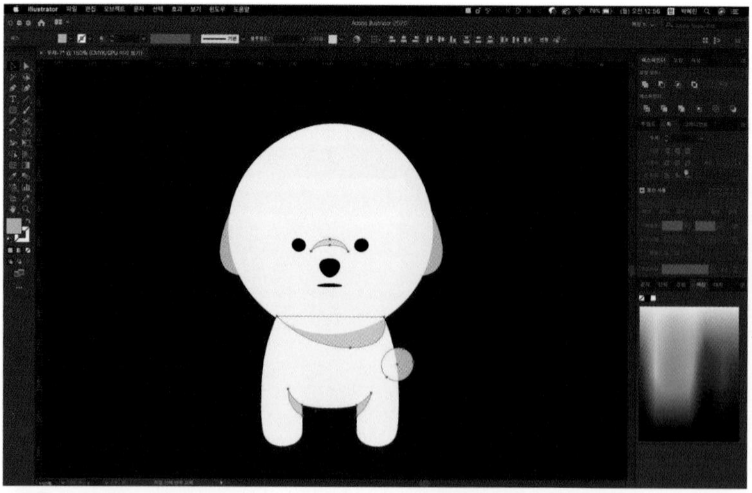

**여기서 잠깐!**

추가로 그려 넣은 개체들의 앞뒤 순서를 조절하고 싶을 때는 Ctrl + [ 혹은 Ctrl + ] 를 눌러주면됩니다.

⑭ 캐릭터를 추후에 변형해 사용하기 편리하도록 그룹으로 묶어 봅시다. 선택 도구( )로 캐릭터 전체를 드래그해 선택한 뒤, Ctrl + G를 눌러 그룹으로 묶어줍니다.

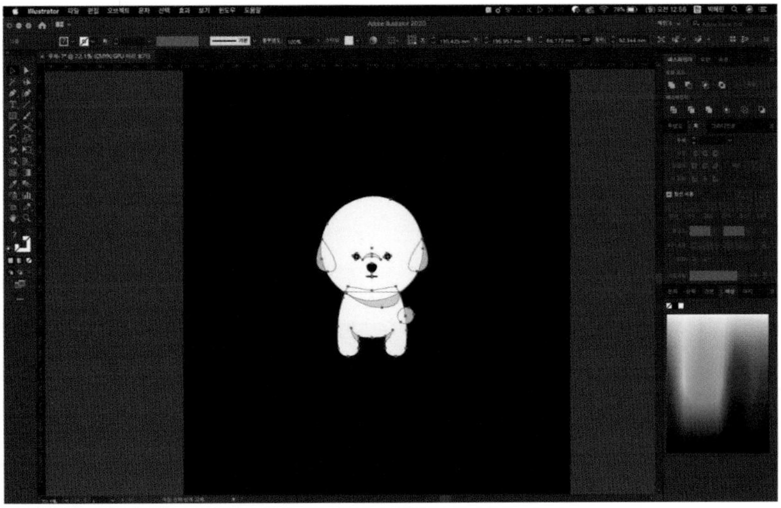

⑮ 캐릭터 그리기 완성입니다. 이제 마지막으로 원본 파일(AI)로 저장해주면 끝입니다. 파일(File) → 저장(Save)를 누른 뒤 illustrator(AI) 파일로 저장합니다.

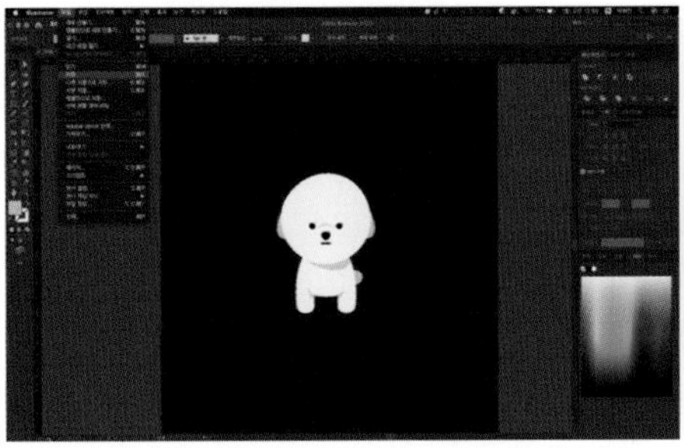

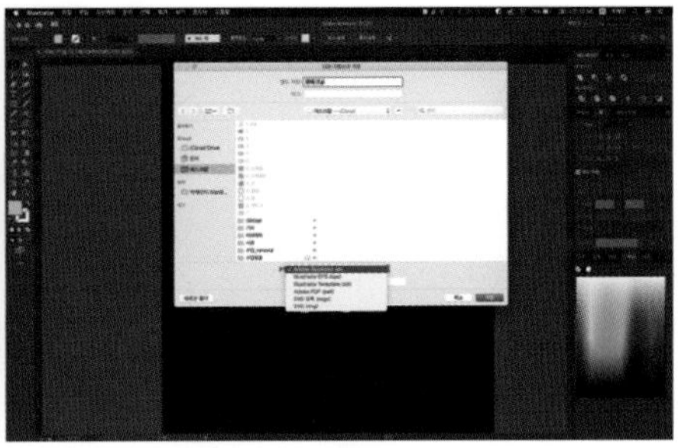

# CHAPTER 02 마스킹 테이프 만들기

내가 좋아하는 캐릭터 혹은 사진으로 마스킹 테이프를 만드는 방법에 대해 알아봅시다. (사진을 사용하는 경우에는 배경이 제거된 PNG 파일만 가능합니다.)

❶ 일러스트를 켠 뒤, 제작하고 싶은 마스킹 테이프의 사이즈에 맞춰 아트보드 사이즈를 지정해 봅시다. ❶새로 만들기(New) → ❷인쇄(Print) → ❸폭과 높이를 각각 원하는 사이즈로 지정한 뒤 (여기서는 100*15mm) → ❹제작(Create)을 눌러줍니다.

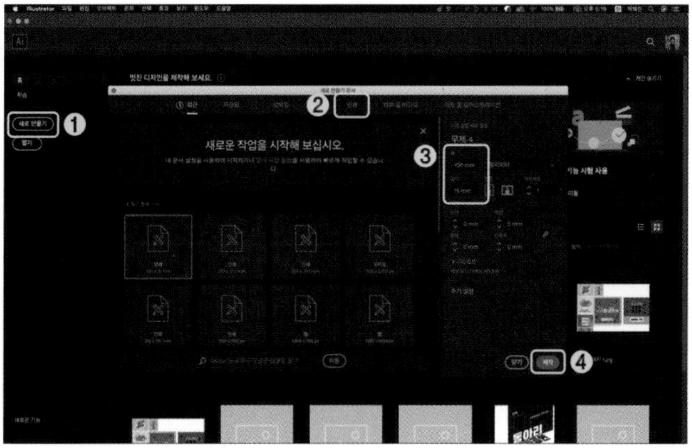

새로운 작업을 시작해 보십시오.

**여기서 잠깐!**

① 마스킹 테이프를 실제로 인쇄한다면 반드시 '인쇄'를 누른 후 수치를 입력해야 색상이나 단위가 자동으로 인쇄 모드로 변경됩니다.

② 마스킹 테이프의 사이즈는 사이트에 따라 세로는 10mm, 15mm, 20mm 종류로 나뉘며 가로는 자유롭게 길이를 지정해도 됩니다.

❷ 미리 그려둔 일러스트 파일을 엽니다. 캐릭터를 선택하고 Ctrl + C를 눌러 복사합니다. (사진이라면 드래그해서 불러오면 됩니다.)

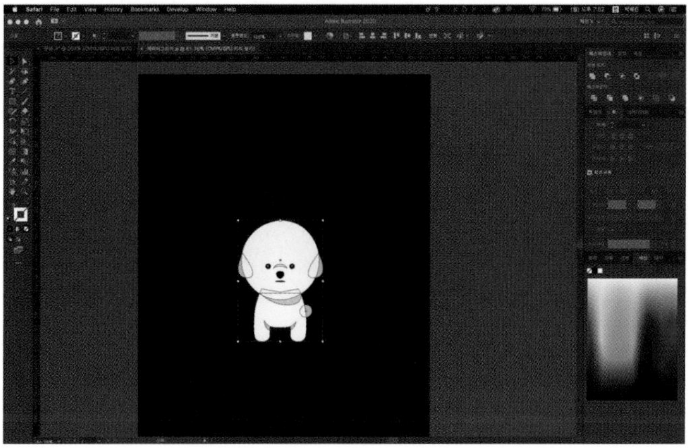

❸ 다시 마스킹 테이프를 위해 만들어 둔 일러스트 창으로 돌아온 뒤, Ctrl + V를 눌러 현재 창에 캐릭터를 붙여 넣습니다.

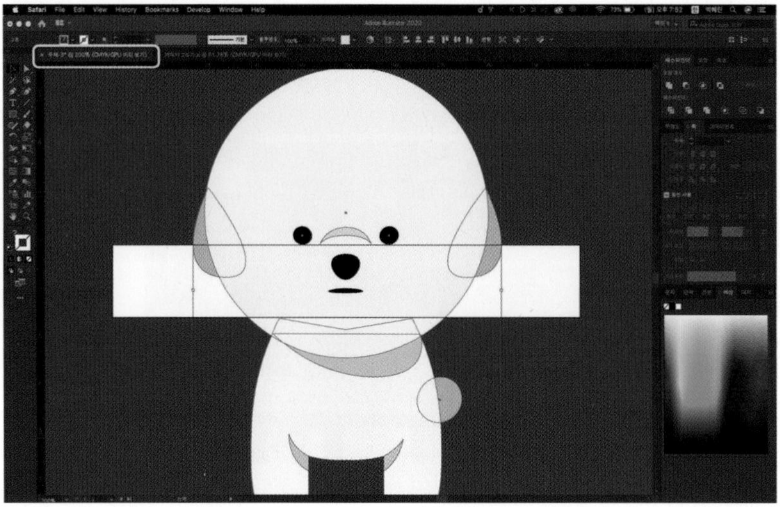

❹ Shift를 누른 채 크기를 줄여줍니다.

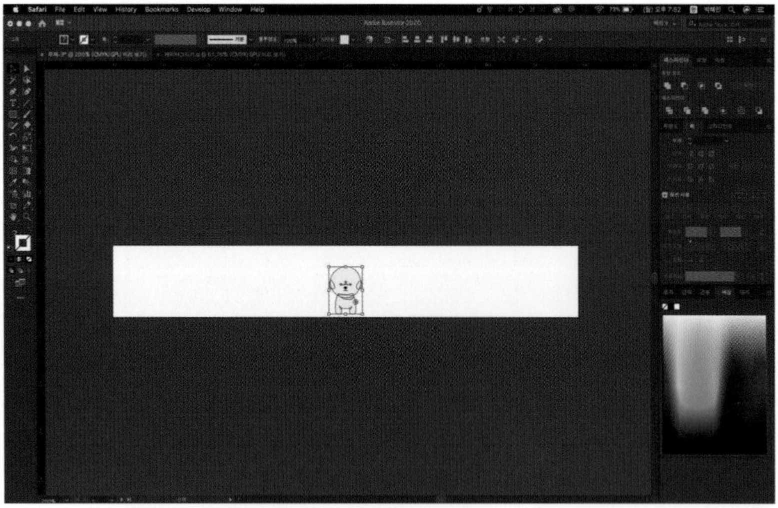

❺ 캐릭터를 배치하기 전에 먼저 배경색을 넣어줍시다. ❶사각형 도구(■)를 선택한 뒤 ❷아트보드보다 큰 사이즈의 사각형을 그려줍니다. 사각형이 선택된 상태에서 ❸칠 모양(□)을 더블클릭해 ❹원하는 색으로 지정한 뒤 ❺확인을 눌러 색을 변경해줍니다.

➔ **여기서 쓰인 색:** #242547

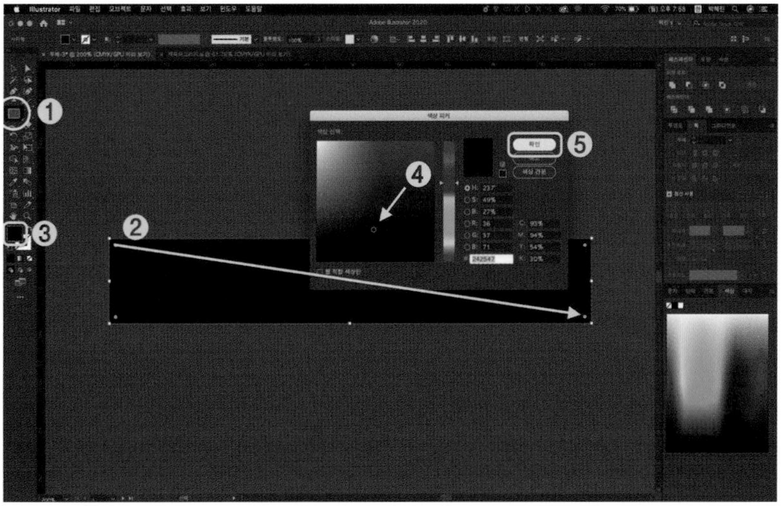


❻ Ctrl + Shift + [ 를 눌러 캐릭터 뒤로 사각형을 이동시킨 뒤, Ctrl + 2를 눌러 움직이지 않도록 고정합니다.

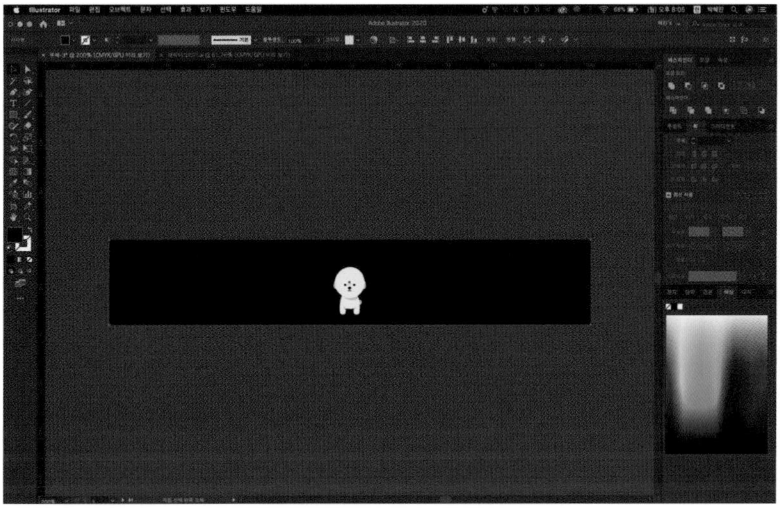

❼ 인쇄 밀림을 방지하기 위해 안전선(가이드 선)을 그려 봅시다. 먼저 Ctrl + R를 눌러 눈금자를 켜줍니다. ❶사각형 도구(■)를 선택한 뒤, ❷아트보드를 한 번 클릭합니다. ❸새로 뜨는 창에 2mm, 2mm를 입력한 뒤 확인을 눌러 2*2mm 사이즈의 사각형을 하나 만들어줍니다.

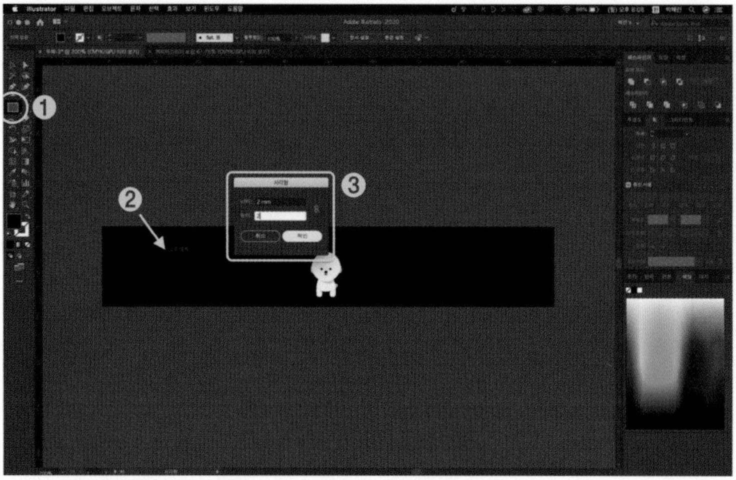

❽ 사각형이 잘 보이도록 색을 기본 값으로 바꿔봅시다. 2*2mm 사이즈로 만들어 둔 사각형이 선택된 상태에서 칠 모양 왼쪽 하단에 있는 '초기값 칠과 선(■)'을 눌러 사각형의 색을 초기화 시켜줍니다.

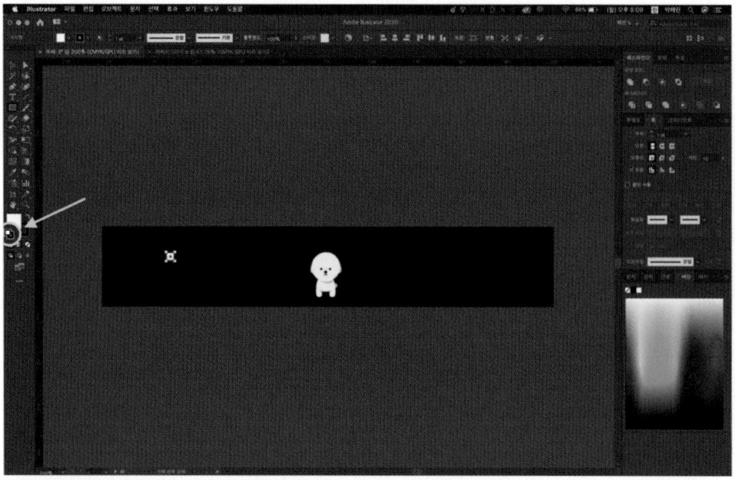

❾ ❶선택 도구( )로 ❷사각형을 선택한 뒤, 제어 패널에서 '세로 위 정렬( )' 버튼을 눌러 사각형이 대지 윗면에 정확하게 맞닿도록 만들어줍니다.

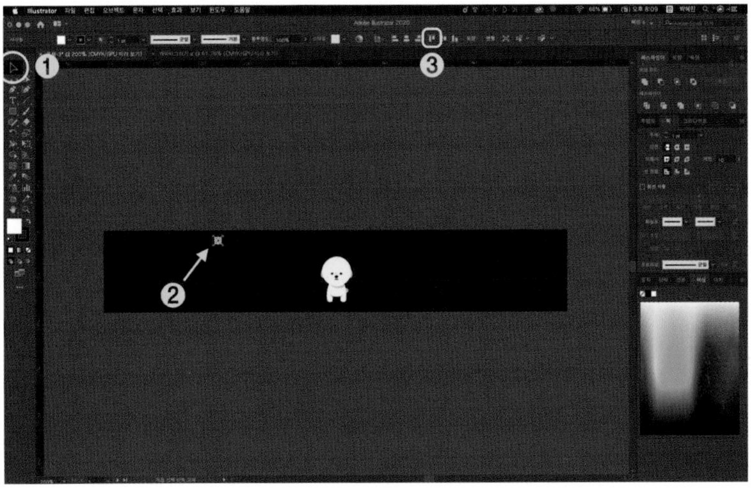


**여기서 잠깐!**

정렬 버튼이 보이지 않는다면, (정렬(Align) 글자를 클릭한 뒤) '선택 항목에 정렬( )' 모양을 눌러, '대지에 정렬'(Align Artboard)로 변경해주세요.

❿ Alt를 누른 채 사각형을 드래그해 복사한 뒤, 복사한 사각형을 '세로 아래로 정렬( )'을 눌러 대지 하단에 맞게 위치시켜줍니다.

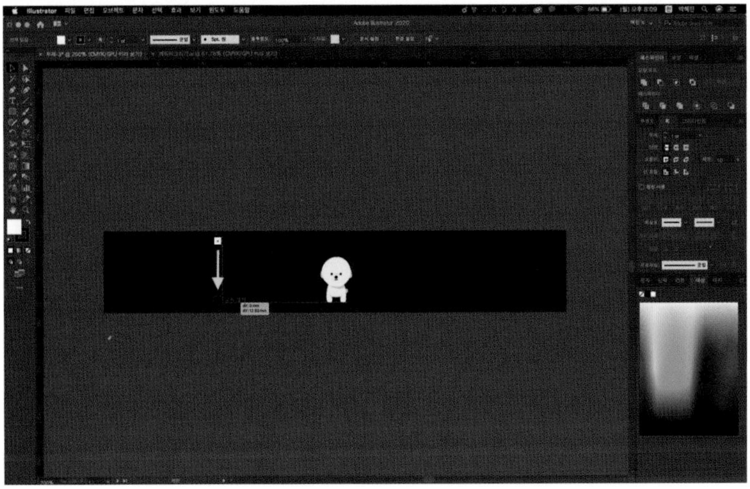

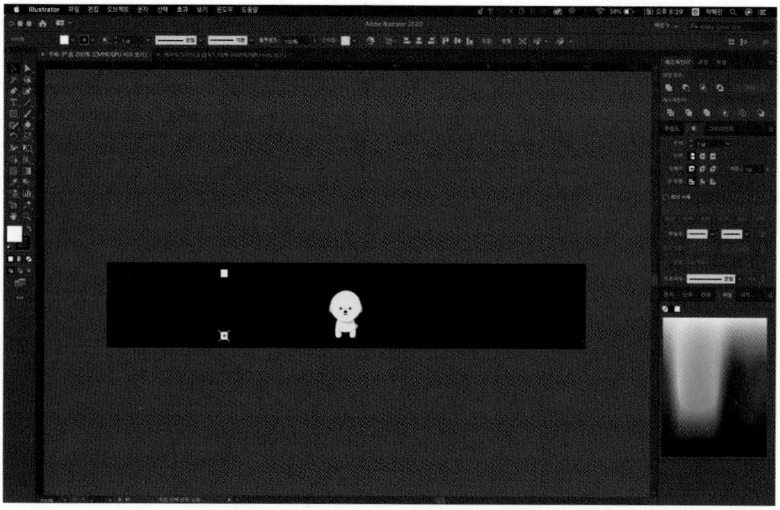


⑪ 선택 도구로 전환한 뒤, 눈금자에서 아트보드 쪽으로 드래그해 안전선을 만들어줍니다. 안전선을 사각형의 점이나 선분 쪽에 갖다 대서 스냅 되도록 하면 정확히 2mm 안쪽에 위치시켜줄 수 있습니다.

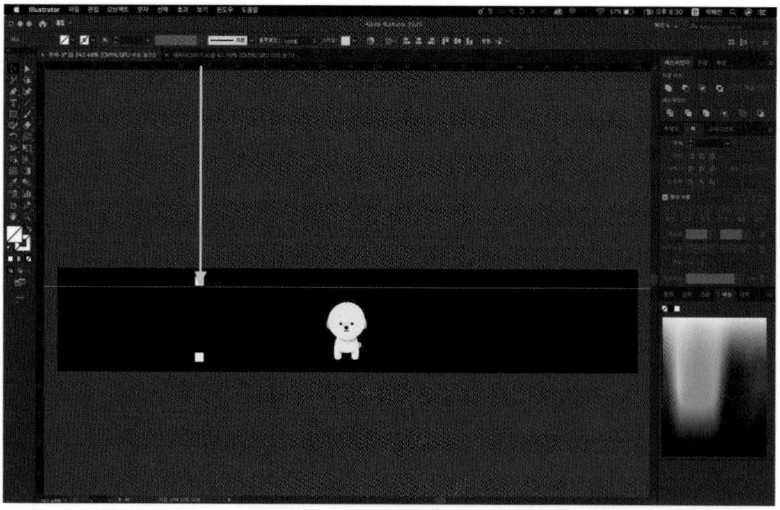

⓬ 동일한 방식으로 이번에는 하단 사각형 윗면에 스냅 되도록 안전선을 하나 더 만들어 줍니다.

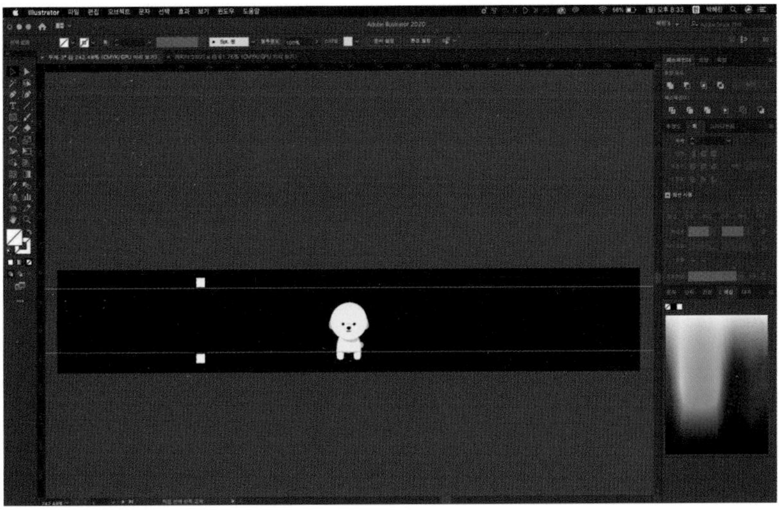

⓭ 안전선을 모두 그려줬으면 두 사각형을 선택한 후 Backspace를 눌러 지워줍니다.

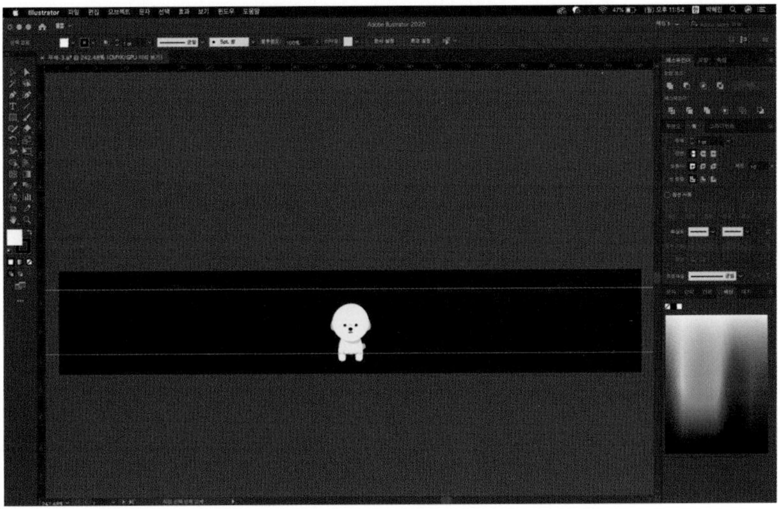

⑭ 선택 도구로 두 개의 안전선을 같이 선택한 후 Ctrl + 2를 눌러 고정시켜줍니다.

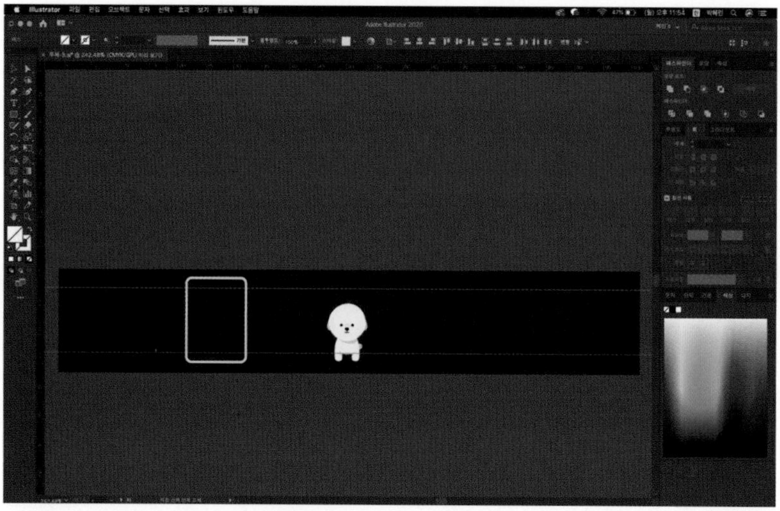

⑮ 캐릭터를 왼쪽 끝으로 옮겨줍니다. 이때, 안전선 밖으로 나가지 않도록 주의해주세요.

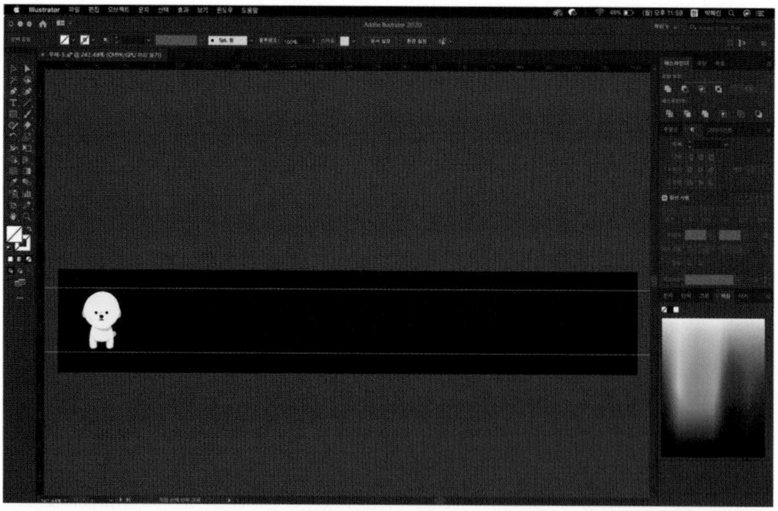

⑯ (선택 사항) 캐릭터 오른쪽에 꾸밈 요소를 넣어줍니다. 예시 사진에서는 원 도구를 이용해 그려주었습니다.

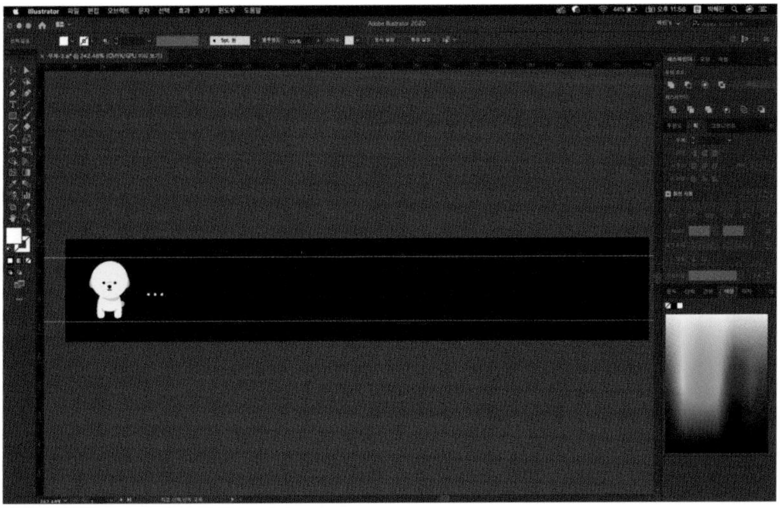

⑰ 이제 그려놓은 개체들을 같은 간격으로 복사해봅시다. 먼저 선택 도구로 드래그해 그려진 개체를 모두 선택합니다.

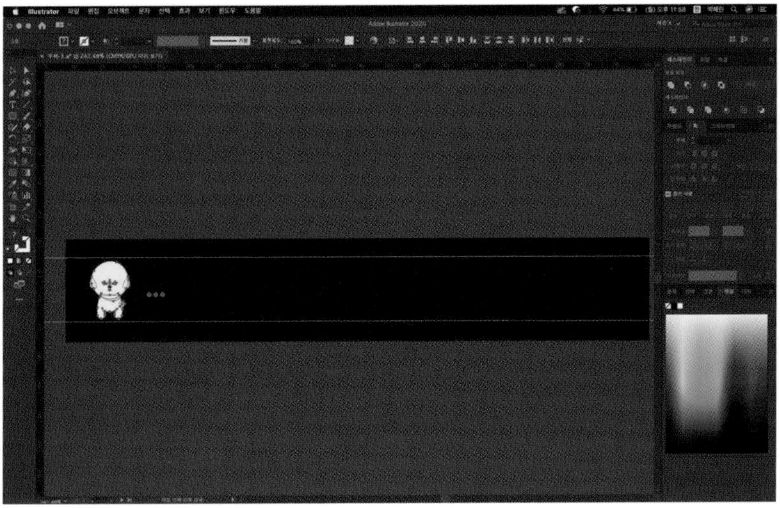

⑱ Alt를 누른 채로 우측으로 드래그해 개체를 복사해줍니다. 이때, Shift를 눌러주면 정확히 우측으로 이동시킬 수 있습니다.

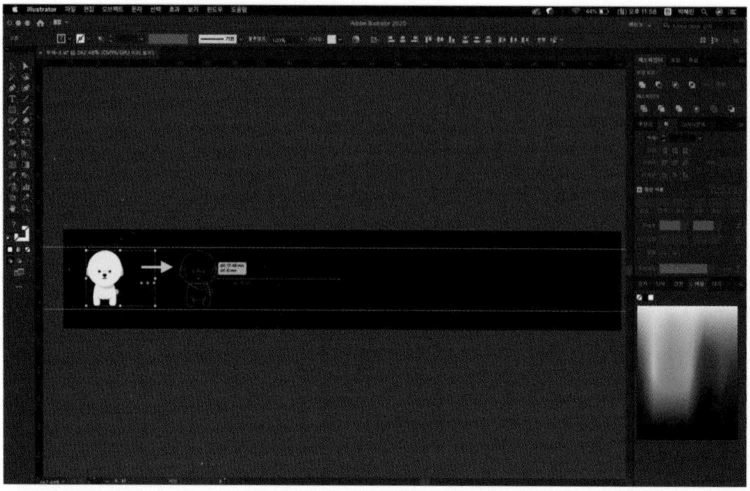

⑲ 하나를 복사한 뒤, Ctrl + D를 여러 번 누르면 같은 간격으로 우측에 복사할 수 있습니다.

**여기서 잠깐!**

Ctrl + D는 이전 행동 반복의 단축키입니다.

⑳ 마지막으로 만들어 둔 이미지가 계속 반복되도록 만들어줍시다. 해당 이미지 내에서 시작 부분과 끝부분이 연결되도록 처리해주면 됩니다. 먼저 Shift + O를 눌러 아트보드 사이즈를 변경할 수 있는 상태로 활성화시켜줍니다.

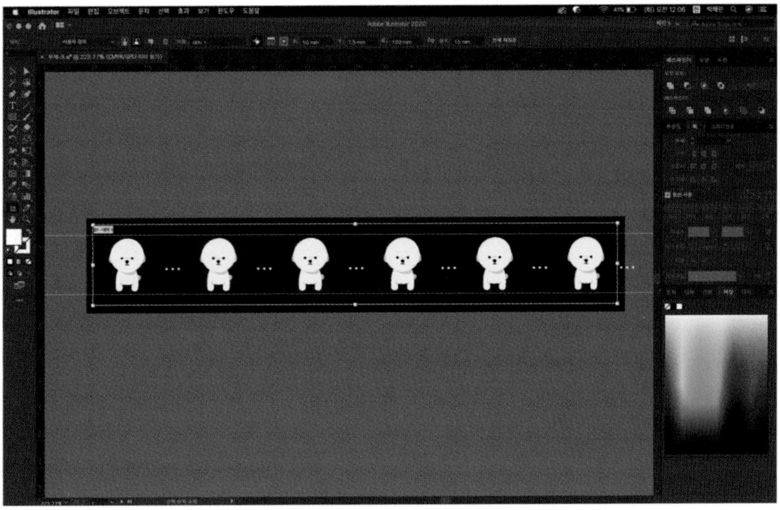

㉑ 아트보드 좌측 부분을 드래그해 캐릭터의 정중앙에 아트보드의 끝 선을 맞춰줍니다.

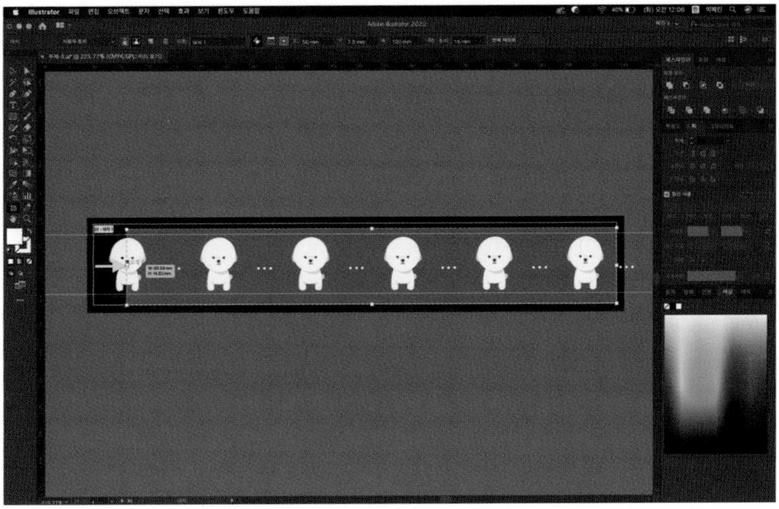

㉒ 우측 부분도 동일하게 처리해줍니다.

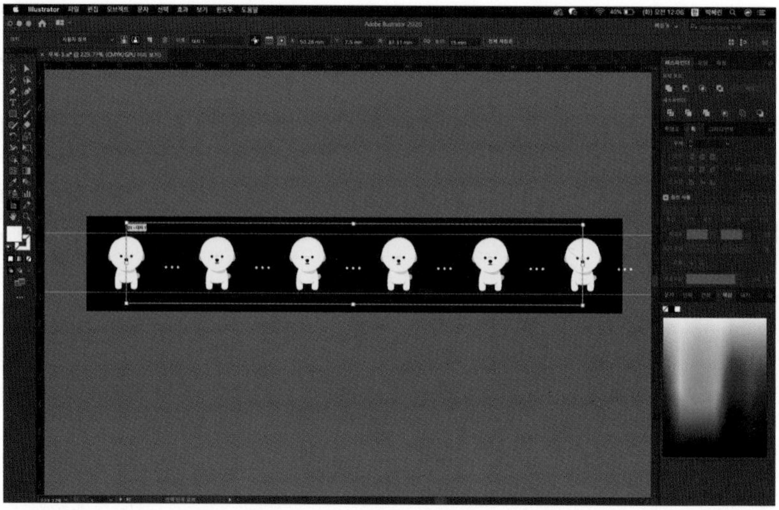

㉓ 선택 도구를 눌러 아트보드 변경 가능 상태를 비활성화 해주면 끝입니다.

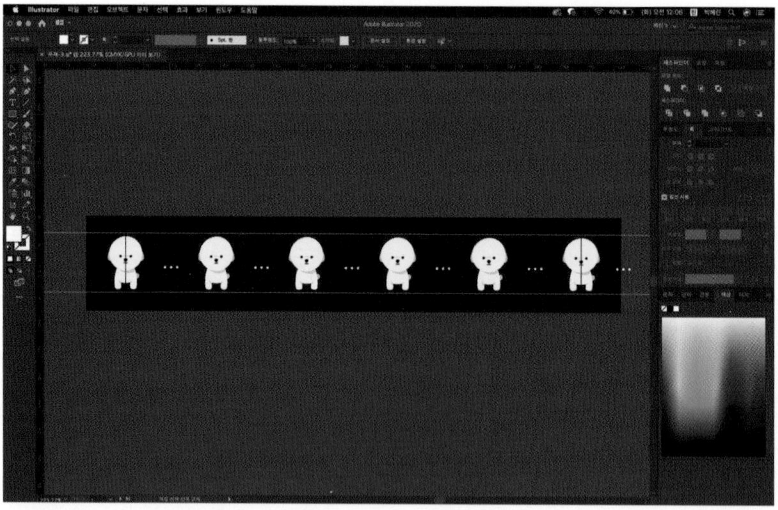

㉔ 이제 저장을 해줍시다. 업체에 따라 AI(일러스트 원본 파일) 혹은 PDF로 저장을 해주면 됩니다.

➔ AI(일러스트 파일)로 저장할 때는 파일(file) 저장(Save) AI(일러스트)로 설정한 뒤 저장하면 됩니다. 파일에 사진이 포함된 경우에는 반드시 마지막 단계에서 '연결 파일 포함(Include Linked Files)'를 체크해주세요.

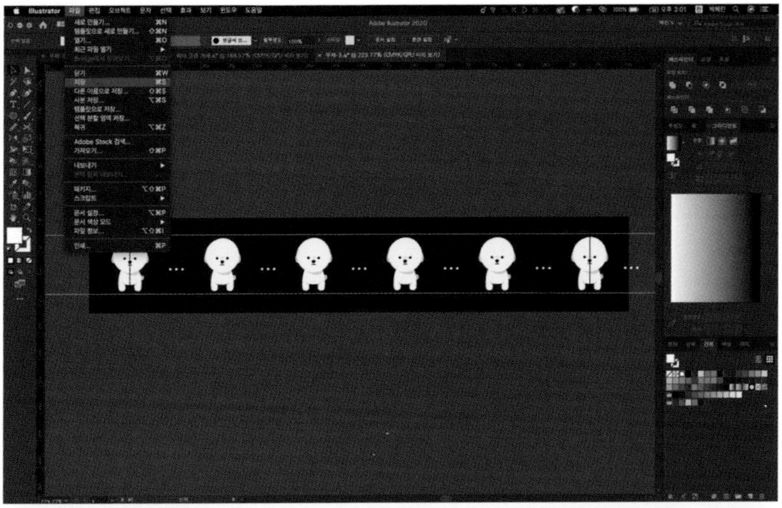

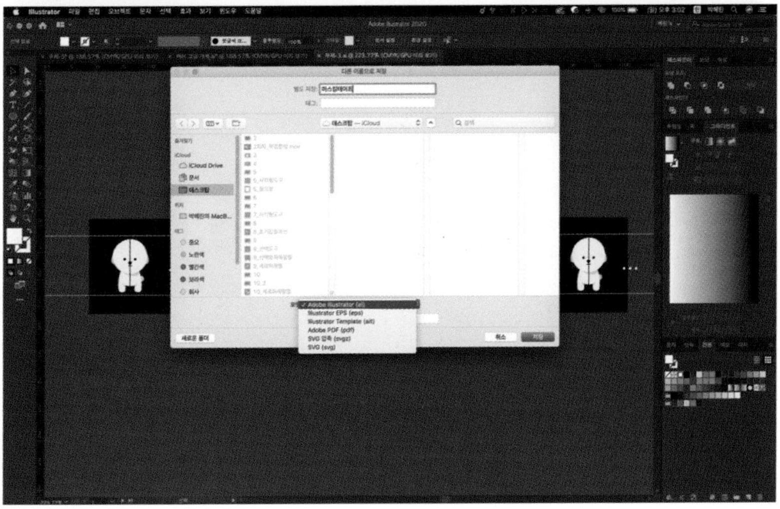

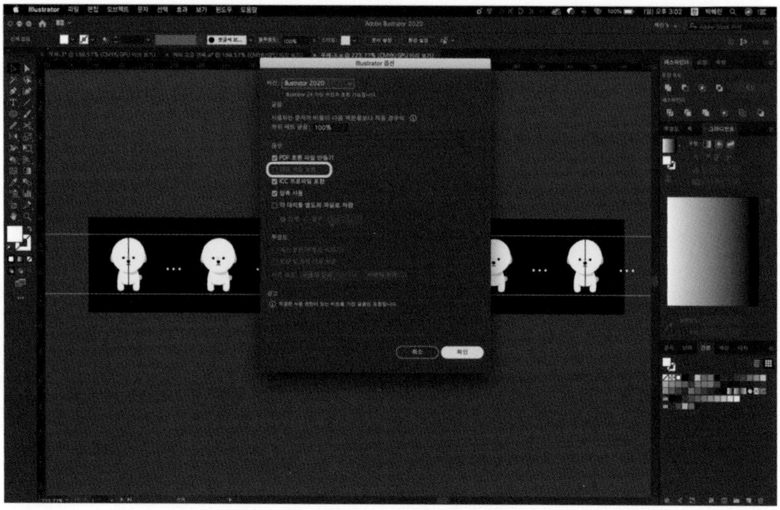


➔ PDF로 저장할 때는 파일(file)  저장(Save)  PDF (Adobe PDF)를 선택한 뒤 저장해주면 됩니다. 마지막 단계에서 'illustrator 편집 기능 보존(Preserve Illustrator Editing Capabilities)을 체크해 저장하면 PDF파일로 전달 시에도 일러스트 원본을 열어 수정할 수 있도록 저장됩니다. 인쇄소에서 요청하면 해당 기능을 체크해서 저장해주세요.

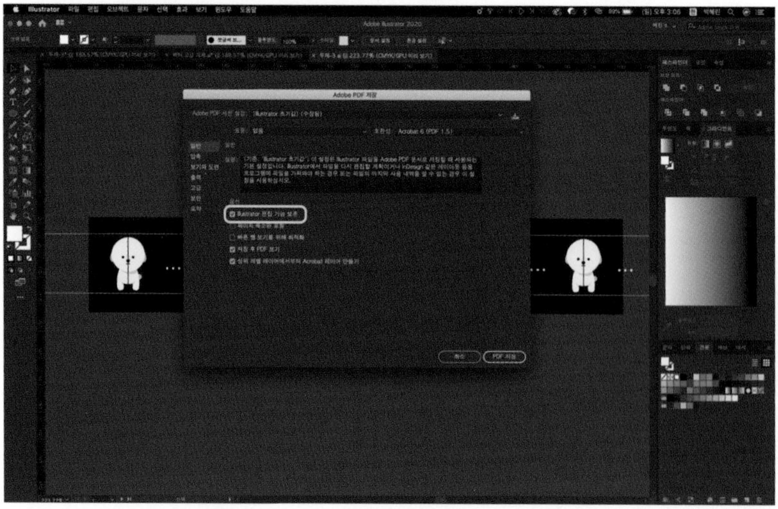

㉕ 저장한 AI 혹은 PDF 파일을 인쇄소에 넘기면 됩니다.

CHAPTER 03

# 핸드폰 케이스 만들기

좋아하는 캐릭터 혹은 사진으로 핸드폰 케이스를 만드는 법에 대해 알아봅시다. 캐릭터를 이용해 폰케이스를 디자인하고 직접 주문하는 방법까지 배워봅시다.

❶ 만들어 둔 캐릭터 원본 파일(AI)을 엽니다.

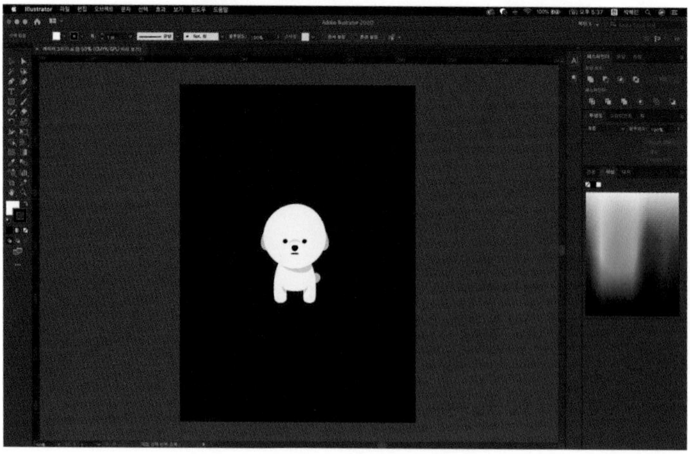

**여기서 잠깐!**

현재 원본 파일은 A4 사이즈로 되어있습니다. 원본 파일이 유실되었다면, 대지 크기를 반드시 출력물보다 크게 설정해주세요. 또한 컬러 모드를 CMYK로 지정해주세요.

❷ 문자 도구 혹은 펜 도구 등을 이용해 캐릭터 주변을 꾸며줍니다. 예시에서는 문자 도구를 이용해 흰색 글자를 써주었습니다.

➔ **여기서 쓰인 폰트:** Adobe 명조 Std M, 60pt

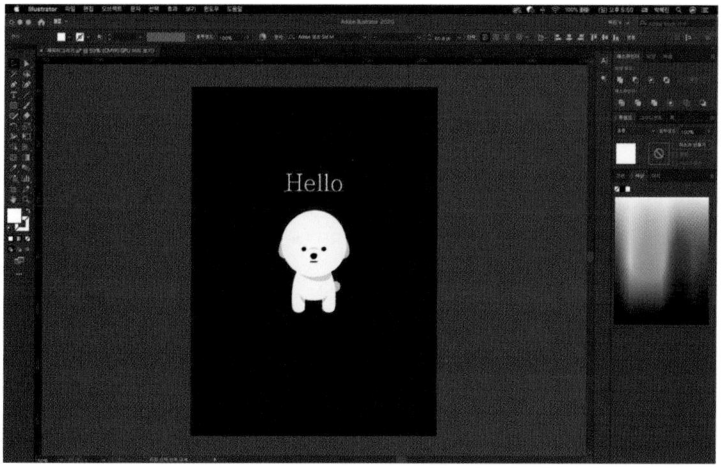


❸ 꾸미기가 완료되었다면, 이제 만든 이미지를 케이스에 적용해 주문할 수 있도록 저장해봅시다. 먼저 글씨 및 이미지 전체를 드래그해 선택합니다.

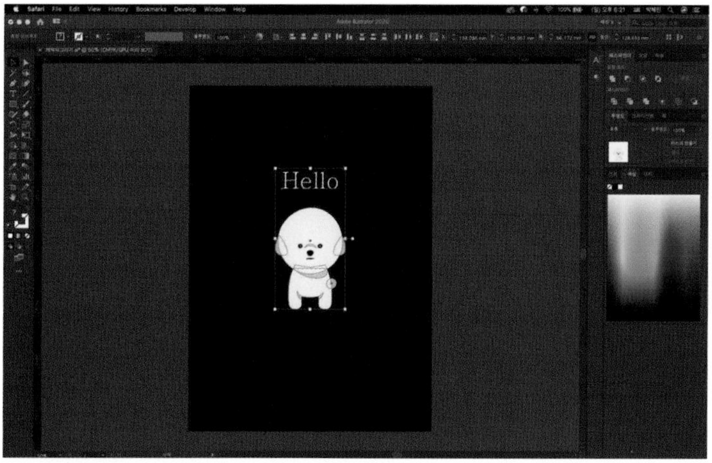


**여기서 잠깐!**

배경이 선택된다면 Shift를 누른 채 배경을 클릭해 선택 해제해줍니다.

❹ 선택한 이미지 위에서 우클릭한 뒤, 내보내기 위해 모으기(Collect For Export) → 단일 자산(As Single Asset)을 클릭합니다.

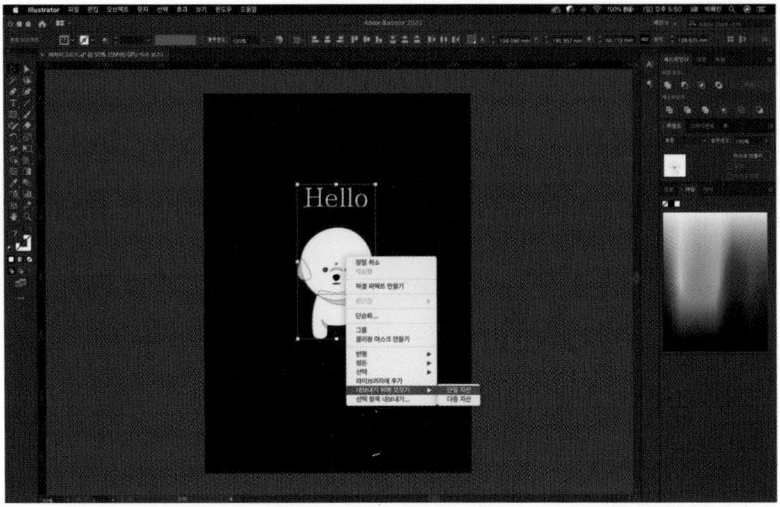


❺ 자산 내보내기 창에서 ❶크기는 300ppi, 포맷은 PNG로 선택한 후 ❷내보내기(Export) 버튼을 누릅니다.

❻ 저장 위치를 지정한 뒤 선택을 누르면 완료입니다. 수정을 대비해 Ctrl + S를 눌러 원본 파일로도 저장해둡시다.

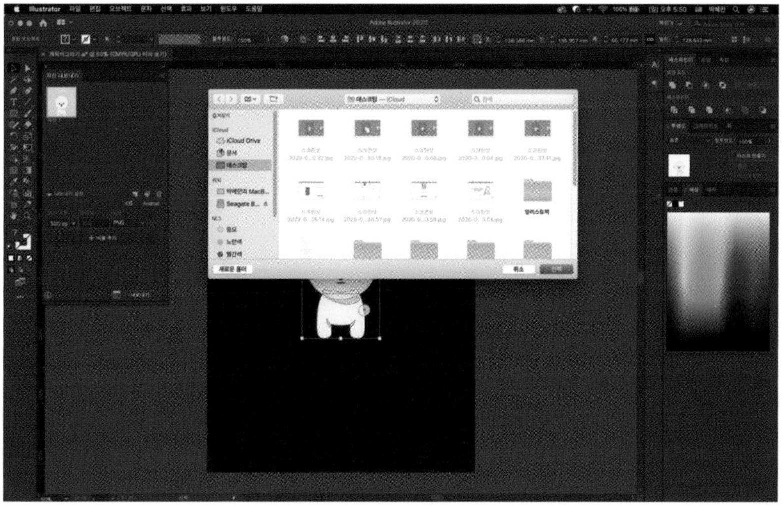

❼ 저장된 이미지가 배경 없이 잘 저장되었는지 확인합니다. 파일명은 지정한 위치에 '300ppi'로 저장되어 있습니다.

❽ 이제 커스텀 주문 사이트를 통해 케이스를 주문해봅시다. 제가 추천드리는 사이트는 마플이라는 사이트입니다. 마플 사이트에 접속합니다.

➜ **이미지 사이트 주소:** https://www.marpple.com/kr/

❾ 홈페이지에서 '폰 케이스' 항목을 클릭합니다.

⑩ 스크롤을 내려 ❶내 사진 올리기 클릭 후, ❷제작할 스마트폰 기종을 선택한 뒤 ❸폰 케이스 보러 가기 버튼을 클릭합니다.

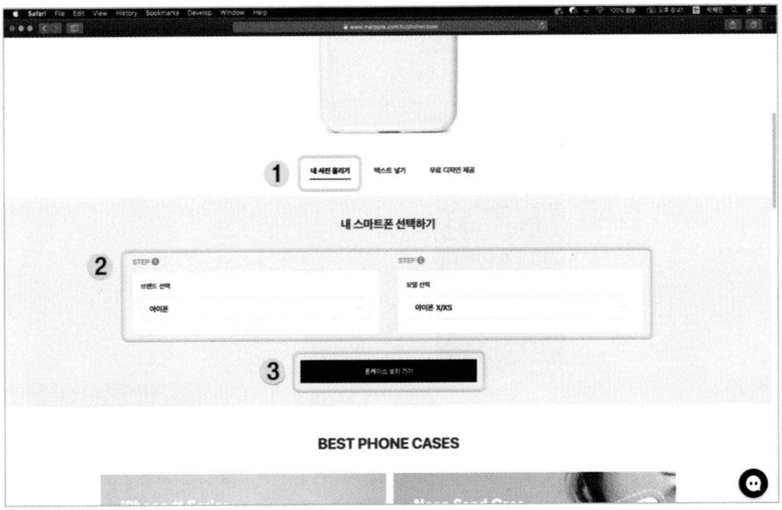


⑪ 원하는 핸드폰 케이스 타입을 고른 뒤 클릭합니다.

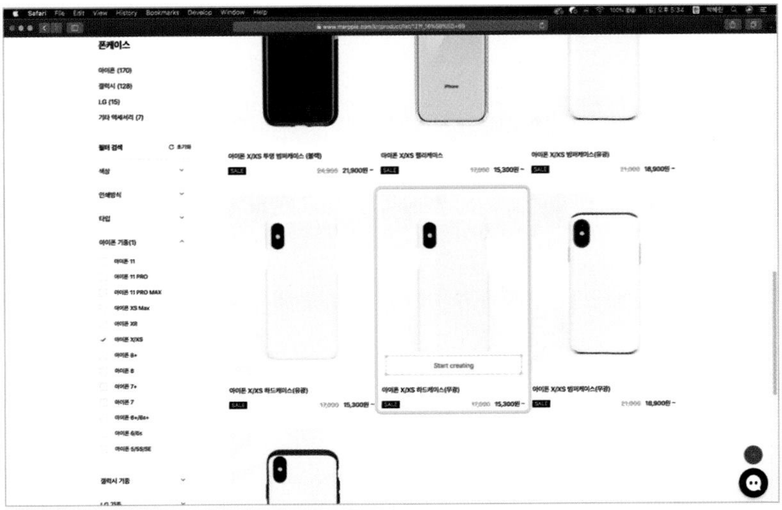

⑫ 먼저 케이스 컬러를 선택합니다. 예시 이미지에서는 네이비 컬러를 선택했습니다.

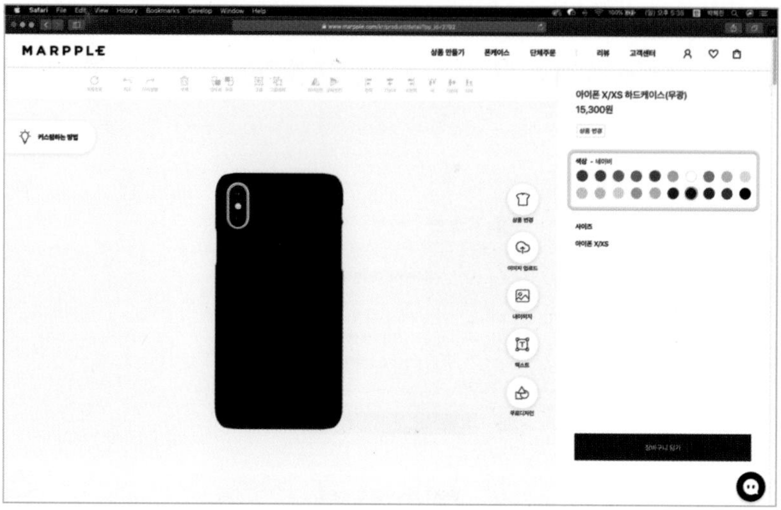


⑬ 이미지 업로드를 클릭한 뒤, 일러스트로 제작한 이미지를 선택해 업로드합니다.

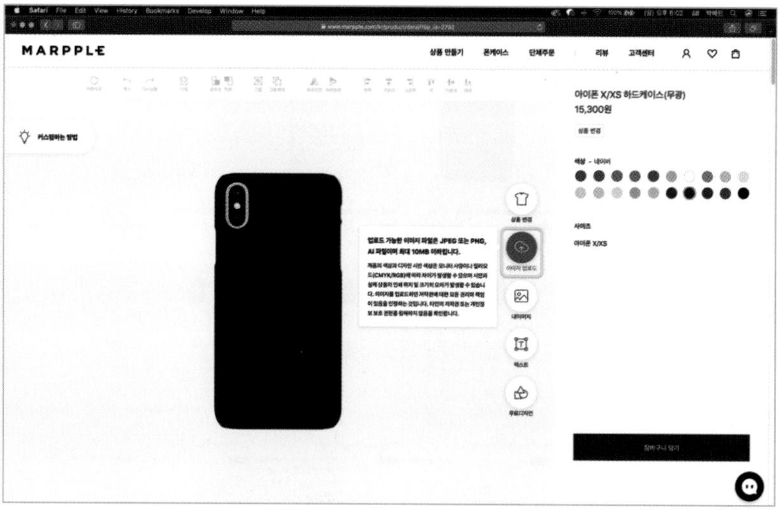

⑭ 업로드된 이미지를 적절한 사이즈로 조절해주면 끝입니다.

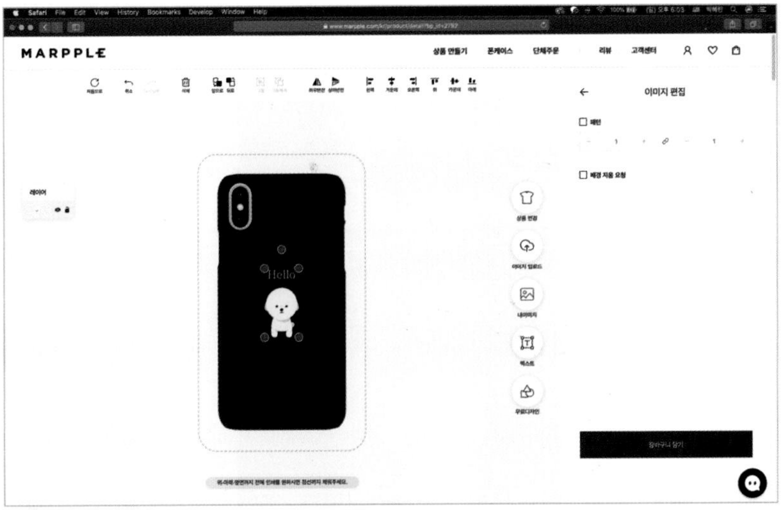


⑮ 장바구니에 담은 뒤, 결제를 진행하면 주문 완료입니다.

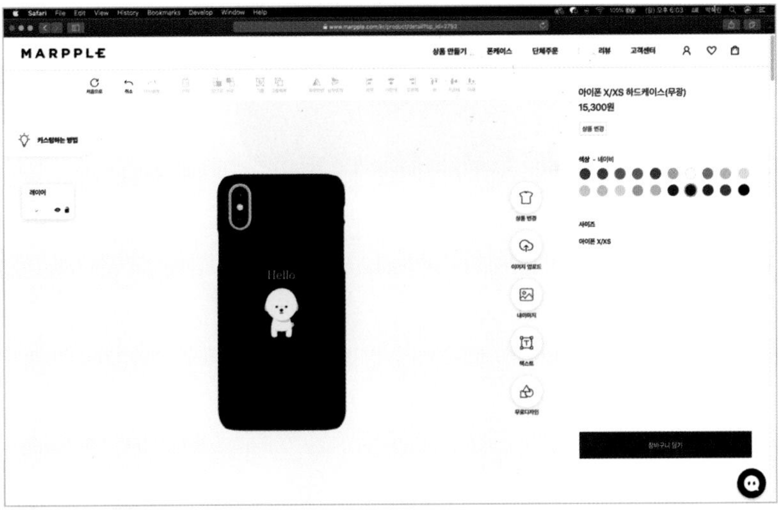

⑯ 주문 후 배송된 케이스의 인쇄 상태를 확인하면 됩니다.

# 꼭 알아둬야 할 단축키 모음

### ★ 필수 기능

| | |
|---|---|
| Ctrl+Z | 뒤로 가기 |
| Ctrl+Shift+Z | 앞으로 가기 |
| Alt+Drag | 개체 복사 |
| Ctrl+C, Ctrl+F | (앞으로) 제자리 복사 |
| Ctrl+C, Ctrl+B | (뒤로) 제자리 복사 |

### ★ 개체 및 레이어 설정

| | |
|---|---|
| Ctrl (+shift) +[ | 개체 (맨)뒤로 보내기 |
| Ctrl (+shift) +] | 개체 (맨)앞으로 보내기 |
| Ctrl+2 | 개체 고정 |
| Ctrl+Alt+2 | 모든 개체 고정 풀기 |
| Ctrl+G | 그룹 묶기 |
| Ctrl+Shift+G | 그룹 풀기 |
| Shit+Click | 여러 개체 동시 선택 |

### ★ 자주 쓰는 도구

| | |
|---|---|
| V | 선택 도구 |
| P | 펜 도구 |
| I | 스포이드 도구 |

### ★ 화면 확대 및 축소

| | |
|---|---|
| Ctrl + (+) | 화면 확대 |
| Ctrl + 0 | 화면 맞춤 |
| Ctrl + (-) | 화면 축소 |
| Space + Drag | 화면 이동 |

### ★ 대지 설정

| | |
|---|---|
| Ctrl + R | 눈금자 |
| Shift + O | 대지 편집 |

## 일러스트레이터 오류에 관하여

**Q** 펜 도구를 사용하는데 자꾸 픽셀 단위로만 이동이 돼요.

**A** 보기 → 픽셀에 물리기를 해제해주세요.

**Q** 상단에 제어 패널이 없어요.

**A** 윈도우 → 제어를 체크해 활성화 시켜주세요.

**Q** 책에서 말하는 도구들이 보이지 않아요.

**A** 윈도우 → 도구 → 고급 설정으로 설정해주세요.

**Q** 단축키가 작동하지 않아요.

**A** 한/영키를 눌러 영어로 전환해주세요.(한글 상태에서는 일부 단축키가 작동하지 않습니다.)

**Q** 오브젝트, 윈도우 등 상단 창이 아예 없어졌어요.

**A** F를 여러 번 눌러 원래 창 설정으로 되돌려주세요.

**Q** 대지 경계선이 없어졌어요.

**A** Ctrl + Shift + H를 눌러 대지 숨김을 해제해주세요.

**Q** 모든 개체들이 와이어프레임(검은 외곽선)으로 보여요.

**A** Ctrl + Y를 눌러 와이어프레임 설정을 해제해주세요.

**Q** 도형 테두리의 크기 조절 상자가 없어져서 도형의 크기를 조절할 수 없어요.

**A** Ctrl +shift +B 를 눌러 테두리 상자 숨기기를 해제해주세요.

이 도서의 국립중앙도서관 출판시도서목록(CIP)은 서지정보유통지원시스템(http://seoji.nl.go.kr)과
국가자료공동목록시스템(http://www.nl.go.kr/kolisnet)에서 이용하실 수 있습니다.
(CIP제어번호 : CIP2020010204)

**진짜 하루만에 끝내는**

# 일러스트레이터

**초판 1쇄 발행** 2020년 4월 22일
**초판 2쇄 발행** 2021년 6월 1일

**지은이** 박혜린
**펴낸곳** 티더블유아이지(주)
**펴낸이** 자몽

**편 집** 신슬아, 신미선
**디자인** 윤지은
**교정교열·윤문** 신미선
**마케팅** 자몽

**출판등록** 제 300-2016-34호
**주 소** 서울특별시 종로구 새문안로3길 36, 1139호 (내수동, 용비어천가)
**이메일** twigbackme@gmail.com


ISBN 979-11-969180-2-6 (13000)
CIP 2020010204